新工科·普通高等教育汽车类系列教材

智能驾驶系统设计与实践

胡远志　刘　西　魏嘉浩　编著

机械工业出版社

本书对智能驾驶系统、控制理论和配套的智能驾驶实践平台进行了简要介绍，内容包括智能驾驶所涉及的环境感知、规划决策、控制执行、ADAS多级辅助系统等方面；对车道保持辅助、主动转向避撞、自动紧急制动、自适应巡航和自动泊车这五个智能驾驶系统，从系统组成、工作原理、设计要求、算法开发、仿真测试和基于配套的智能小车开发实践进行了详细的实例讲解。

本书的目标读者为具有一定智能驾驶知识基础和语言编程基础，有意或已经进入智能驾驶领域的学生或工程师。本书可以作为车辆工程专业和智能车辆工程专业高年级本科生和研究生学习的教材及教师参考用书，也可作为汽车企业人才培训和理工科院校人工智能、自动化、电子电器、机器人等专业的学习参考教程。完成本书的学习能对智能驾驶系统开发设计有较为全面的认知，能迅速提升参与相关智能驾驶系统开发项目的工作能力。

本书配有PPT课件和部分演示视频，免费赠送给采用本书作为教材的教师，可登录www.cmpedu.com注册下载。

图书在版编目（CIP）数据

智能驾驶系统设计与实践/胡远志，刘西，魏嘉浩编著. —北京：机械工业出版社，2023.1

新工科·普通高等教育汽车类系列教材

ISBN 978-7-111-72032-4

Ⅰ.①智… Ⅱ.①胡… ②刘… ③魏… Ⅲ.①汽车驾驶-自动驾驶系统-高等学校-教材 Ⅳ.①U463.61

中国版本图书馆CIP数据核字（2022）第213713号

机械工业出版社（北京市百万庄大街22号 邮政编码100037）

策划编辑：宋学敏　　责任编辑：宋学敏　韩　静

责任校对：樊钟英　梁　静　　封面设计：张　静

责任印制：邓　博

天津嘉恒印务有限公司印刷

2023年5月第1版第1次印刷

184mm×260mm·14.25印张·332千字

标准书号：ISBN 978-7-111-72032-4

定价：49.00元

电话服务	网络服务
客服电话：010-88361066	机 工 官 网：www.cmpbook.com
010-88379833	机 工 官 博：weibo.com/cmp1952
010-68326294	金 书 网：www.golden-book.com
封底无防伪标均为盗版	机工教育服务网：www.cmpedu.com

前言

党的二十大报告提出“全面提高人才自主培养质量，着力造就拔尖创新人才，聚天下英才而用之”，对“办好人民满意的教育”作出了专门部署，为高等教育赋予了新的使命，也为高校事业发展提供了根本遵循。课程是教育思想、教育目标和教育内容的主要载体，集中体现国家意志和社会主义核心价值观，是学校教育教学活动的基本依据，直接影响人才培养质量。持续深化课程改革对落实立德树人根本任务、推进高等教育内涵式发展、让每个学生都能成为有用之才具有重要意义。

智能驾驶是一个集中运用了计算机、现代传感、信息融合、通信、人工智能及自动控制等技术，集环境感知、规划决策、多等级辅助驾驶等功能于一体的综合系统，是典型的高新技术综合体。

由于智能驾驶跨学科知识融合的背景，其人才培养要求教师注重课堂内外的有效融合，实施实践与理论并重的新型课堂教学模式，才能使人学以致用。国内智能驾驶书籍虽不在少数，但大多偏向于介绍智能驾驶系统组成及工作原理，偏向于科普层面，实践操作性较低，读者仅能从中了解技术原理及现状，很难获得直接的项目经验，导致人才培养难以满足产业发展的要求。

另外，智能驾驶对于超过一个班级（40人左右）的全专业人才培养，在实践方面由于师资力量、场地资金限制、课程时长安排等因素，大型的车规级实践教学设备必然存在设备台套数与学生人数的矛盾，因此基于桌面级智能小车的智能驾驶系统设计与实践是智能驾驶人才培养重要的学习手段。

本书配套桌面级智能小车，依托于车道保持辅助、主动转向避撞、自动紧急制动、自适应巡航和自动泊车五个智能驾驶系统项目案例，对于智能驾驶技术从系统组成、工作原理、设计要求、算法开发、仿真测试和基于配套的智能小车开发实践进行详细的实例讲解，实践性很强，结合智能网联小车开发平台即可实现原理层面的智能驾驶系统设计及测试，帮助读者建立起相关的设计实践流程，并对智能驾驶研究发展趋势有一定的了解。本书用最直接的方式引导读者分析和解决智能驾驶设计与实践问题，可让初学者以最快的方式和时间进入自动驾驶领域。

全书共8章，第1章智能驾驶系统概述，可让读者对于智能驾驶前沿技术有较为全面的了解；第2章智能驾驶实践平台简介，对于本书的实践平台——智能网联小车进行介绍；第3章控制理论基础，能够让读者掌握控制理论和车辆运动控制基础知识；第4~8章对于车道保持辅助系统、主动转向避撞系统、自动紧急制动系统、自适应巡航系统和自动泊车系统这五个系统进行项目开发实例讲解，基于编著者团队开发的智能网联小车，让读者对于每个系统的系统组成、工作原理、算法开发、仿真测试和实车测试具备全方位深入的认知，从而迅速提升参与相关智能驾驶系统开发项目的工作能力。

本书由重庆理工大学胡远志教授、刘西教授和乐知行（重庆）科技有限公司魏嘉浩共同编著。研究生曾宪员、祝恩朋、张隆、施友宁、李浩、宋佳、李东峻、蒋涛、李世杰、夏环、李建飞等人进行了资料搜集与整理工作。特别感谢乐知行（重庆）科技有限公司，他们提供的桌面级智能小车实现了本书的开发实践应用。感谢多年来给予编著者团队大力支持和帮助的各位师长、同事和朋友们。对于书中内容的表述存在疏漏不当之处，衷心希望各位专家学者和广大读者不吝批评、指正。

编著者

目录

第1章

智能驾驶系统概述

1.1 智能驾驶简介

随着智能互联、人工智能技术以及新能源技术的快速发展，我国汽车保有量的不断增加，导致交通事故、环境污染和城市道路拥堵等一系列问题日益凸显。以现代智能汽车为中心，基于互联网、人工智能、大数据和云计算技术，形成高度智能综合的“人-车-路-云-网”系统，是解决这一问题的根本途径和最有效的方式。根据目前行业发展情况，半智能驾驶和全智能驾驶会在未来几十年存在巨大的市场潜力。据有关行业报告，到2035年，仅中国就将有约860万辆自动驾驶汽车，其中约340万辆为全自动无人驾驶，520万辆为半自动驾驶。

智能汽车是一个集环境感知、规划决策、多等级辅助驾驶等功能于一体的综合系统，它集中运用了计算机、现代传感、信息融合、通信、人工智能及自动控制等技术。而无人驾驶汽车是一种智能汽车，它通过智能传感系统感知路况，依靠计算机系统进行自主规划决策，并完成预定行驶目标。因此智能驾驶与无人驾驶是不同概念，智能驾驶包含无人驾驶，而无人驾驶是智能汽车发展的最高形态。高级驾驶辅助系统（ADAS）是一系列驾驶辅助系统的集合，是智能驾驶的一种表现形式。ADAS以提升驾驶者安全和舒适为目的，通过雷达、摄像头等传感器感知周围环境，运用算法做出行为判断，来提醒驾驶人或利用直接控制车辆的方式避免碰撞。

1.1.1 智能驾驶分级标准

为了能够更好地管理和规划智能驾驶的发展，需要对智能驾驶的驾驶程度进行等级的划分。美国国家公路交通安全管理局（National Highway Traffic Safety Administration，NHTSA）和国际汽车工程师学会（SAE International，又称Society of Automotive Engineers）对智能驾驶的等级进行了较早的划分。我国在充分研究国际各类分级标准、广泛听取行业意见的基础上，2021年8月20日，由工业和信息化部提出、全国汽车标准化技术委员会归口的GB/T 40429—2021《汽车驾驶自动化分级》推荐性国家标准由国家市场监督管理总局、国家标准化管理委员会批准发布（国家标准公告2021年第11号文），并于2022年3月1日起实施。

1. NHTSA分级标准

2013年，NHTSA首次发布了汽车自动化的五级标准，将自动驾驶功能分为五个级别（Level 0~Level 4），以应对汽车主动安全技术的爆发增长。对NHTSA的定义如图1-1所示。

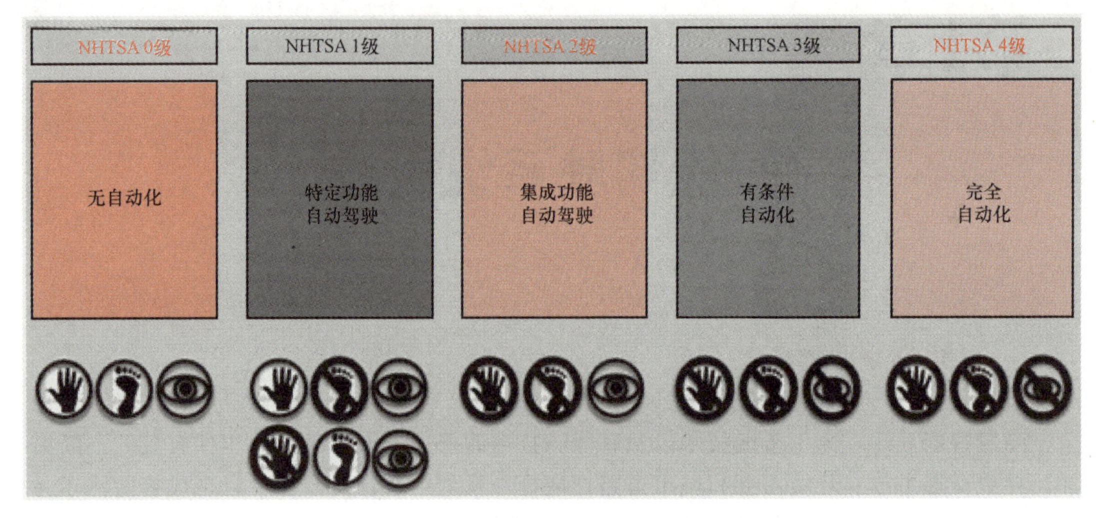

图 1-1 NHTSA 自动驾驶分级

(1) 0 级（Level 0） 无自动化。没有任何自动驾驶功能和技术，驾驶人对汽车所有功能拥有绝对控制权。驾驶人需要负责起动、制动、操作和观察道路状况。只要仍需要人控制汽车的任何驾驶辅助技术，都属于 0 级。所以现有的前向碰撞预警、车道偏离预警，以及自动刮水器和自动前灯控制，虽然有一定的智能化，但是都仍属于 0 级智能驾驶。

(2) 1 级（Level 1） 单一功能级的自动化。驾驶人仍然对行车安全负责，不过可以放弃部分控制权给系统管理，某些功能已经自动进行，比如常见的自适应巡航（adaptive cruise control，ACC）、应急制动辅助（emergency brake assist，EBA）和车道保持（lane-keep support，LKS）。1 级智能驾驶的特点是只有单一功能，驾驶人无法做到手和脚同时不操控。

(3) 2 级（Level 2） 部分自动化。驾驶人和汽车来分享控制权，驾驶人在某些预设环境下可以不操作汽车，即手脚同时离开控制，但驾驶人仍需要随时待命，对驾驶安全负责，并随时准备在短时间内接管汽车驾驶权。比如结合了 ACC 和 LKS 形成的跟车功能。2 级智能驾驶的核心不在于要有两个以上的功能，而在于驾驶人可以不再作为主要的操作者。

(4) 3 级（Level 3） 有条件自动化。在有限情况下实现自动控制，比如在预设的路段（如高速和人流较少的城市路段），汽车自动驾驶可以完全负责整个车辆的操控，但是当遇到紧急情况时，驾驶人仍需要在某些时候接管汽车，但有足够的预警时间，如即将进入修路的路段。3 级智能驾驶将解放驾驶人，即对行车安全不再负责，不必监视道路状况。

(5) 4 级（Level 4） 完全自动化（无人驾驶），无须驾驶人或乘客的干预。在无须人协助的情况下由出发地驶向目的地。仅需起点和终点信息，汽车将全程负责行车安全，并完全不依赖驾驶人干涉。行车时可以没有人乘坐（如空车货运）。

2. SAE 分级标准

2014 年，SAE 制定了一套自动驾驶汽车分级标准 SAE J3016《标准道路机动车驾驶自

动化系统分类与定义》，其中对自动化分类为6个级别（0~5级），具体如图1-2所示。为了更好地预见自动驾驶汽车的发展趋势，在2014年公布以后，SAE J3016分别于2016年9月、2018年6月进行了两次更新。

SAE名称		SAE定义	执行转向和加速/减速	驾驶环境监测	动态驾驶任务的回退性能	系统能力（驾驶模式）	BAST等级	NHTSA等级
驾驶人监控驾驶环境	无自动化	由人类驾驶人全权操控汽车可以得到警告或干预系统的辅助	驾驶人	驾驶人	驾驶人	不适用	只有驾驶人	0
	驾驶人支援	通过驾驶环境对转向盘和加减速中的一项操作提供驾驶支持，其他的驾驶动作都由人类驾驶人进行操作	驾驶人和系统	驾驶人	驾驶人	部分驾驶模式	辅助	1
	部分自动化	通过驾驶环境对转向盘和加减速中的多项操作提供驾驶支持，其他的驾驶动作都由人类驾驶人进行操作	系统	驾驶人	驾驶人	部分驾驶模式	部分自动化	2
自动驾驶系统监控环境	有条件自动化	根据系统要求由自动驾驶系统完成所有的驾驶操作，人类驾驶人需要在适当的时候提供应答	系统	系统	驾驶人	部分驾驶模式	高度自动化	3
	高度自动化	根据系统要求由自动驾驶系统完成所有的驾驶操作，人类驾驶人不一定需要对所有的系统请求做出应答，包括限定道路和环境条件等	系统	系统	系统	部分驾驶模式	完全自动化	3/4
	完全自动化	在所有人类驾驶人可以应付的道路和环境条件下均可以由自动驾驶系统自主完成所有的驾驶操作	系统	系统	系统	所有驾驶模式		

图1-2　SAE自动化水平综述（2014）

对于2016年9月更新的版本，依旧保留了原来各级别的命名、编号、功能差异以及起辅助作用的相关术语。同时也对各项做出了一定优化，比如对于低级别的标尺更加合理和明确；进一步明确了自动驾驶分类标准的使用范围（何种情况下使用及何种情况下不使用）；对辅助性术语进行了优化且添加了新的部分术语；还对有关原理和例子进行了详细的解释。

对于2018年6月更新的版本，SAE J3016再进一步细化了每个分级的描述，并强调了防撞功能，如图1-3所示。在这个版本中，引入了“动态驾驶任务”新概念，并根据动态驾驶任务的执行者和具体内容来定义自动驾驶所处的级别，定义驾驶任务中有三个主要的参与者：用户、驾驶自动化系统以及其他车辆系统和组件。

在对自动驾驶汽车的描述上，虽然两个标准中所使用的语言略有差别，但NHTSA和SAE均采用了相同的分级体系。NHTSA的标准与SAE在某种程度上比较相似，但用语更加简单，没有进行过多的详细说明。相比之下，SAE的说明更加具体，同时也参考了不同公司在自动驾驶研究上的发展趋势。SAE对分级的说明更加详细、描述更为严谨，且更好地预见到了自动驾驶汽车的发展趋势，所以最终SAE的分级成为大多数政府和企业使用的标准。

按照SAE的分级，国际汽车工程师学会制定了J3016自动驾驶分级标准，将自动驾驶技术分为Level 0~Level 5共六个等级。Level0代表没有自动驾驶加入的传统人类驾驶，Level 1~Level 5则随自动驾驶的技术配置和成熟程度进行了分级。Level 1~Level 5分别为

	分级	名称	定义	动态驾驶任务		动态驾驶任务接管	运行设计域
				连续的车辆横向和纵向运动控制	对象和事件检测与响应		
驾驶人执行部分或全部动态驾驶任务	0	无自动化	由驾驶人操控整个动态驾驶任务，在行驶过程中可以得到主动安全系统的辅助	驾驶人	驾驶人	驾驶人	无
	1	驾驶支持	自动驾驶系统执行车辆动态驾驶任务的横向或纵向运动控制中子任务的特定运行设计域（但不是同时执行），其余部分由驾驶人进行操作	驾驶人和系统	驾驶人	驾驶人	部分
	2	部分自动化	自动驾驶系统执行车辆动态驾驶任务的横向和纵向运动控制子任务的特定运行设计域，期望驾驶人完成目标和事件检测及响应子任务,并监督驾驶自动化系统	系统	驾驶人	驾驶人	部分
自动驾驶解决方案（"系统"）执行整个动态驾驶任务(在起动时)	3	有条件自动化	自动驾驶解决方案执行整个动态驾驶任务的特定运行设计域，期望动态驾驶任务接管的驾驶人能够接受自动驾驶解决方案发出的干预请求以及出现其他车辆系统中与动态驾驶任务性能相关的系统故障时能做出适当的回应	系统	系统	接管准备就绪的用户（接管期间成为驾驶人）	部分
	4	高度自动化	自动驾驶解决方案执行整个动态驾驶任务和动态驾驶任务接管的特定运行设计域，而不期望驾驶人响应自动驾驶解决方案发出的干预请求	系统	系统	系统	部分
	5	完全自动化	自动驾驶解决方案无条件执行整个动态驾驶任务和动态驾驶任务接管(即非特定的运行设计域)，而不期望驾驶人响应干预请求	系统	系统	系统	全域

图 1-3　SAE 自动化水平综述（2018）

辅助驾驶、部分自动驾驶、有条件自动驾驶、高度自动驾驶、完全自动驾驶。

（1）Level 0（无自动驾驶）　由人类驾驶人全权操作汽车，在行驶过程中可以得到警告和保护系统的辅助。

（2）Level 1（辅助驾驶）　依据驾驶环境，对转向或者加减速中的一项操作（横向或者纵向控制）提供驾驶辅助，而其他的驾驶动作都由人类驾驶人进行操作。

（3）Level 2（部分自动驾驶）　根据驾驶环境，对转向和加减速中的多项操作（横向或者纵向控制）提供驾驶辅助，而其他的驾驶动作都由人类驾驶人进行操作。自动驾驶系统能够完成某些驾驶任务，但驾驶人需要监控驾驶环境，保证出现问题时能随时进行接管。在这个层级，当自动驾驶系统存在错误感知和误判时驾驶人随时纠正。Level 2 级可以通过速度和环境分割成不同的使用场景，如低速堵车、高速路上的快速行车和驾驶人在车内的自动泊车等。

（4）Level 3（有条件自动驾驶）　在特定任务下，预期人类驾驶人对系统的介入请求能做出适当响应的条件下，由自动驾驶系统完成所有的驾驶操作。自动系统既能完成某些驾驶任务，也能在某些情况下监控驾驶环境，但驾驶人必须准备好重新取得驾驶控制权（自动系统发出请求时）。所以在该层级下，驾驶人仍无法进行睡觉或者深度的休息。由于 Level 3 的特殊性，目前看到比较有意义的部署是在高速 Level 2 上面做升级。

（5）Level 4（高度自动驾驶）　在特定任务下，即使人类驾驶人对系统的介入请求不能做出适当响应的条件下，由自动驾驶系统完成所有的驾驶操作。自动系统在某些环境和特定条件下，能够完成驾驶任务并监控驾驶环境。Level 4 的部署，目前来看多数是基

于城市的使用，可以是全自动的代客泊车，也可以是直接结合打车服务来做。这个阶段下，在自动驾驶可以运行的范围内，驾驶相关的所有任务和驾乘人已经没关系了，感知外界的责任全在自动驾驶系统，这里就存在着不同的设计和部署思路了。

（6）Level 5（完全自动驾驶） 在人类驾驶人能应对的所有道路和环境条件下，由自动驾驶系统完成所有的驾驶操作。

3. 中国智能汽车等级划分

GB/T 40429—2021《汽车驾驶自动化分级》推荐性国家标准是基于驾驶自动化系统能够执行动态驾驶任务的程度，根据在执行动态驾驶任务中的角色分配以及有无设计运行条件限制，将驾驶自动化分成 0~5 级。在高级别的自动驾驶中，驾驶人的角色向乘客转变。具体见表 1-1。

表 1-1 驾驶自动化等级与划分要素的关系

分级	名称	车辆横向和纵向运动控制	目标和时间探测与响应	动态驾驶任务接管	设计运行条件
0 级	应急辅助	驾驶人	驾驶人及系统	驾驶人	有限制
1 级	部分驾驶辅助	驾驶人及系统	驾驶人及系统	驾驶人	有限制
2 级	组合驾驶辅助	系统	驾驶人及系统	驾驶人	有限制
3 级	有条件自动驾驶	系统	系统	动态驾驶任务接管用户	有限制
4 级	高度自动驾驶	系统	系统	系统	有限制
5 级	完全自动驾驶	系统	系统	系统	无限制

对于每一级的具体解释如下：

（1）1 级驾驶自动化（部分驾驶辅助） 系统具备与车辆横向或纵向运动控制相适应的部分目标和事件探测与响应的能力，能够持续地执行动态驾驶任务中的车辆横向或纵向运动控制。

（2）2 级驾驶自动化（组合驾驶辅助） 系统具备与车辆横向和纵向运动控制相适应的部分目标和事件探测与响应的能力，能够持续地执行动态驾驶任务中的车辆横向和纵向运动控制。

（3）3 级驾驶自动化（有条件自动驾驶） 系统在其设计运行条件内能够持续地执行全部动态驾驶任务。

（4）4 级驾驶自动化（高度自动驾驶） 系统在其设计运行条件内能够持续地执行全部动态驾驶任务和执行动态驾驶任务接管。

（5）5 级驾驶自动化（完全自动驾驶） 系统在任何可行驶条件下持续地执行全部动态驾驶任务和执行动态驾驶任务接管。

我国《汽车驾驶自动化分级》标准在制定过程中，参考了 SAE J3016 的 0~5 级的分级框架，并结合中国当前实际情况进行调整。不同点在于，SAE J3016 将 AEB 等安全辅助功能和非驾驶自动化功能都放在 0 级，归为“无驾驶自动化”，而中国《汽车驾驶自动化分级》则将其称之为“应急辅助”，与非驾驶自动化功能分开。此外，中国版标准在“3

级驾驶自动化”中明确增加了对驾驶人接管能力监测和风险减缓策略的要求，明确最低安全要求，减少实际应用安全风险。

1.1.2 智能驾驶技术结构

智能驾驶系统是一个极其复杂的系统，是自动控制、人工智能、视觉计算等高度集成的产物。假如现有一辆汽车，要实现从 A 点安全到达 B 点，在实际行驶的过程中，智能驾驶系统需完成环境感知、规划决策、执行控制三个过程，才能安全到达目的地，如图 1-4 所示。智能驾驶通过车载传感器感知周围道路车辆环境，自动规划行车路线并控制车辆的转向和速度，从而使汽车能够安全、可靠地在道路上行驶。

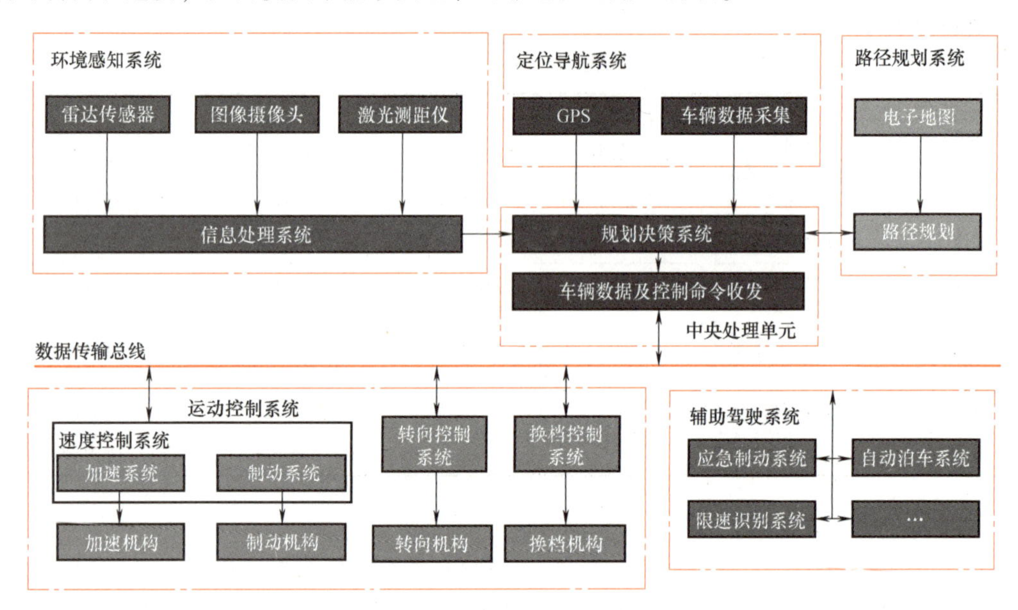

图 1-4 智能驾驶系统技术架构

环境感知用来完成车辆对周围环境的感知与识别，就像是智能驾驶的“眼睛”，是智能驾驶目前被广泛认为最难的任务，其主要目的是获取并处理环境信息。如何识别道路上可能出现的各种各样的物体（例如一个漂浮的塑料袋），并且保持极高的识别准确率是非常困难的。智能驾驶系统中使用了多种传感器，比如毫米波雷达、激光雷达、摄像头、超声波雷达、红外夜视等传感器被组合应用于感知，以及用于定位和导航的全球导航卫星系统（global navigation satellite system，GNSS，它是泛指所有的卫星导航系统，包括全球的、区域的和增强的，如美国的 GPS、俄罗斯的 GLONASS、欧洲的 Galileo、中国的北斗卫星导航系统，以及相关的增强系统，如美国的广域增强系统 WAAS、欧洲静地导航重叠系统 EGNOS 和日本的多功能运输卫星增强系统 MSAS 等，还涵盖在建和以后要建设的其他卫星导航系统）和 IMU（惯性测量单元）。另外一些非主动式探测元件或者技术，可以扩展智能驾驶系统的环境感知能力，如高精度地图、V2X 车联网技术等。

规划决策就像是自动驾驶的“大脑”，当系统通过感知已经知道路面的一些相关信息，如何规划车辆下一步发生的动作就是规划的工作，选择一条安全、合理、舒适的路线

是非常重要的。规划决策主要分两步：第一步是认知理解，根据感知层收集的信息，对车辆自身精确定位，对周围环境准确判断；第二步决策规划，包含对接下来可能发生的情况进行准确预测，对下一步行动的准确判断和规划，选择合理、安全的路径到达目的地。

执行控制是智能驾驶的“手脚”，当系统做出了合理的规划之后，还需要监控车辆是否依照规划的方案进行安全、合理的驾驶，比如调整行驶方向、控制车速、电子制动等。能够让车辆以安全合理的方式进行操作才是智能驾驶的最终目的。

因此，一个完整的智能驾驶系统需要各个模块统一协调、互相高度配合，才能实现智能驾驶能够替代人类驾驶人，甚至超过人类驾驶的驾驶水平，从而提高驾驶安全性，缓解更多因驾驶带来的社会问题。

1.2　环境感知技术

人类驾驶人会根据行人的移动轨迹大概评估其下一步的位置，然后根据车速，计算出安全空间（路径规划）。智能驾驶系统应该要有同样的能力，但是智能驾驶系统需要对周围环境多个移动物体的轨迹进行追踪与预测，难度比单一物体要大得多。环境感知主要包括路面、静态物体和动态物体三个方面。对于动态物体，不仅要检测还要对其轨迹进行追踪，并根据追踪结果，预测该物体下一步的轨迹（位置）。这是环境感知也是智能驾驶汽车最具难度的技术。

对于环境感知，智能驾驶系统是通过各种传感器的组合，通过传感器采集到的数据输入计算平台进行相关的判断。常用到的传感器包括激光雷达、毫米波雷达、摄像头及IMU等，各类传感器都有不同优缺点，比如测距能力、分辨率及温度条件等，具体可见表1-2。

表1-2　各类传感器优缺点对比

	激光雷达	毫米波雷达	摄像头	GNSS/IMU
远距离测距能力	优	优	优	优
分辨率	良	优	优	优
低误报率	良	优	一般	优
温度适用性	优	优	优	优
不良天气适应性	较差	优	较差	优
灰尘/潮湿适应性	较差	优	较差	较差
低成本硬件	较差	优	优	良
低成本信号处理	较差	优	较差	良

1.2.1　激光雷达

激光雷达又称光学雷达（light detection and ranging，LiDAR），是一种先进的光学遥感技术，相比于普通雷达具有分辨率高、隐蔽性好、抗干扰能力更强等优势。激光雷达可以用于测量物体距离和表面形状，其测量精度可达厘米级。激光雷达广泛应用于服务机器人、无人驾驶、无人机、AGV 叉车等领域，已成为众多智能设备的核心传感器，它的重要性也是不言而喻，图 1-5 所示为某公司的激光雷达产品。就目前市面上的主流激光雷达产品而言，用于环境探测和地图构建的雷达，按技术路线大体可以分为两类，一类是三角测距激光雷达，另一类是 TOF 雷达。

1. 激光雷达测距原理

(1) 三角法测距原理 激光器发射激光，在照射到物体后，反射光由线性 CCD 接收，由于激光器和探测器间隔了一段距离，所以依照光学路径，不同距离的物体将会成像在 CCD 上不同的位置，如图 1-6 所示。按照三角公式进行计算，就能推导出被测物体的距离。

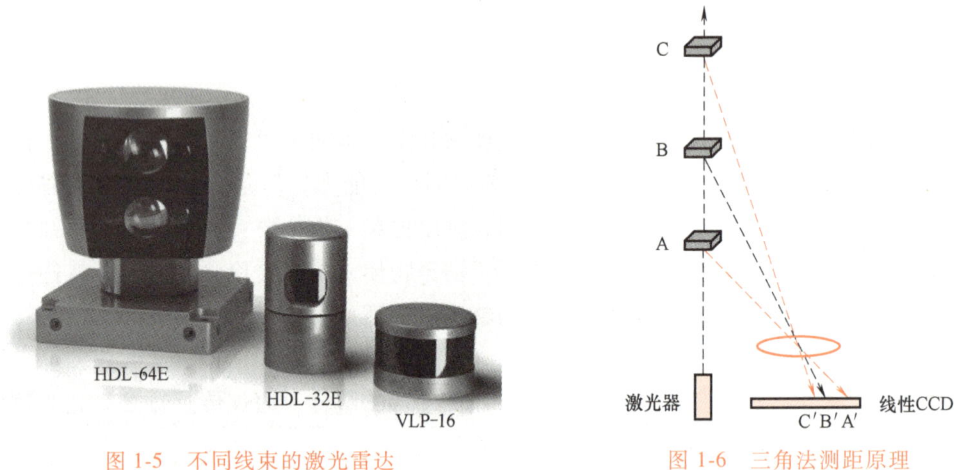

图 1-5 不同线束的激光雷达

图 1-6 三角法测距原理

(2) TOF 测距原理 激光器发射一个激光脉冲，并由计时器记录下出射的时间，回返光经接收器接收，并由计时器记录下回返的时间。两个时间相减即得到了光的“飞行时间”，而光速是一定的，因此在已知速度和时间后很容易就可以计算出距离，如图 1-7 所示。

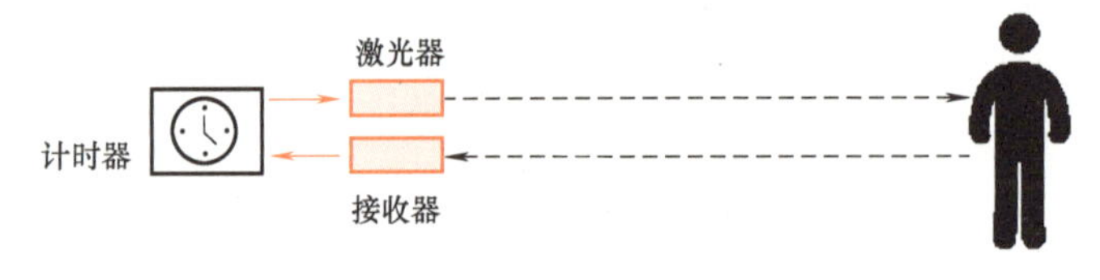

图 1-7 TOF 测距原理

2. 激光雷达的分类

随着激光雷达的应用越来越广泛，激光雷达的需求不断增大，激光雷达的种类也变得琳琅满目，按照使用功能、线数、载荷平台、机械结构等，激光雷达可分为不同的类型。

(1) 激光雷达按使用功能分类 可分为激光测距雷达、激光测速雷达、激光成像雷达、大气探测激光雷达和跟踪雷达。激光测距雷达是通过对被测物体发射激光光束，并接收该激光光束的反射波，记录该时间差，来确定被测物体与测试点的距离。激光测速雷达是对物体移动速度的测量，通过对被测物体进行两次有特定时间间隔的激光测距，从而得到该被测物体的移动速度，有基于激光雷达测距原理和利用多普勒频移两种实现方法。激

光成像雷达可用于探测和跟踪目标、获得目标方位及速度信息等，它能够完成普通雷达所不能完成的任务。大气探测激光雷达主要是用来探测大气中的分子、烟雾的密度、温度、风速、风向及大气中水蒸气的浓度，以达到对大气环境进行监测及对暴风雨、沙尘暴等灾害性天气进行预报的目的。跟踪雷达可以连续地跟踪一个目标，并测量该目标的坐标，提供目标的运动轨迹。

（2）激光雷达按线数分类 可分为单线激光雷达和多线激光雷达。单线激光雷达主要用于规避障碍物，其扫描速度快、分辨率强、可靠性高。与多线激光雷达相比，单线激光雷达的角频率和灵敏度更高，所以在检测周围障碍物时的表现更优、精度更高。缺点就是单线激光雷达只能平面式扫描，不能测量物体高度，有一定局限性。多线激光雷达主要应用于汽车的雷达成像，相比单线激光雷达在维度提升和场景还原上有了质的改变，可以识别物体的高度信息。多线激光雷达常规是2.5D，而且可以做到3D。目前在国际市场上推出的主要有4线、8线、16线、32线和64线。

（3）激光雷达按载荷平台分类 可分为机载激光雷达、车载激光雷达、地基激光雷达、星载激光雷达。机载激光雷达是将激光测距设备、GNSS设备和INS等设备紧密集成，以飞行平台为载体，通过对地面进行扫描，记录目标的姿态、位置和反射强度等信息，获取地表的三维信息，并深入加工得到所需空间信息的技术。车载激光雷达又称车载三维激光扫描仪，是一种移动型三维激光扫描系统，可以通过发射和接收激光束，分析激光遇到目标对象后的折返时间，计算出目标对象与车的相对距离，并利用收集的目标对象表面大量的密集点的三维坐标、反射率等信息，快速复建出目标的三维模型及各种图件数据，建立三维点云图，绘制出环境地图，以达到环境感知的目的。地基激光雷达可以获取林区的3D点云信息，利用点云信息提取单位位置和树高，它不仅节省了人力和物力，还提高了提取的精度，具有其他遥感方式所无法比拟的优势。星载激光雷达采用卫星平台，运行轨道高、观测视野广，可以触及世界的每一个角落。

（4）激光雷达根据有无机械部件来分 可分为机械激光雷达和固态激光雷达。机械激光雷达主要由光电二极管、MEMS反射镜、激光发射接收装置等组成，其中机械旋转部件是指可360°控制激光发射角度的MEMS发射镜。机械激光雷达带有控制激光发射角度的旋转部件，而固态激光雷达则无须机械旋转部件，主要依靠光学相控阵列、光子集成电路以及远场辐射方向图等电子部件代替机械旋转部件实现发射激光角度的调整。机械激光雷达体积更大，一般价格昂贵，拥有360°视场。而固态激光雷达尺寸较小，成本低，寿命长，视场角一般在120°以内，需要用到多台才能达到机械激光雷达一样的覆盖范围。固态激光雷达是未来的发展趋势。

3. 激光雷达的应用场景

在无人驾驶领域，主要是帮助汽车自主感知道路环境，自动规划行车路线，并控制车辆到达预定的目标。在机器人领域，帮助实现自主定位导航，采用的技术是以激光雷达SLAM为基础，增加视觉和惯性导航等多传感器融合的方案帮助机器人实现自主建图、路径规划、自主避障等任务，它是目前性能最稳定、可靠性最强的定位导航方法，且使用寿命长，后期改造成本低。在无人机领域，实现规避障碍物，防止与地面小山或建筑物相撞。在AR/VR领域，实现精准定位三维空间位置，运用空间感知定位技术，通过SLAM

技术（同时定位与地图构建），精准定位自己在三维空间中的位置，增强在游戏中的真实体验感。在海洋生物领域，主要体现在渔业资源调查和海洋生态环境监测两方面。

1.2.2　毫米波雷达

毫米波雷达就是电磁波雷达，通过发射无线电信号并接收反射信号来测定车辆与其他物体之间的距离。毫米波雷达工作频率范围为 30～300GHz，波长为 1～10mm，毫米波雷达测距可达 200m，可以对目标进行有无检测、测距、测速以及方位测量。它具有良好的角度分辨能力，可以检测较小的物体。同时毫米波雷达有极强的穿透率，能够穿过光照、降雨、扬尘、大雾等来准确探测物体，可全天候工作。如图 1-8 所示为某自动驾驶汽车企业中所使用的某款毫米波雷达，安装在汽车保险杠的正中间，面向汽车的前进方向。

1. 毫米波雷达工作原理

目前毫米波雷达有两种工作原理：一种是 CW 多普勒雷达传感器，使用多普勒效应原理，测量得出不同距离目标的速度，它向给定的目标发射微波信号，然后分析反射回来的信号的频率变化，根据发射频率和反射回来的频率的差异，可以精确测量出目标相对于雷达的运动速度等信息；另一种是目前使用最为广泛的调频连续波（FMCW）雷达传感器，通过微带阵列天线向外发射调频连续波，其频率随时间按照三角波规律变化，雷达接收的回波的频率与发射的频率变化规律相同，都是三角波规律，只是有一个时间差，利用这个微小的时间差可计算出目标距离，进一步通过多目标检测与跟踪算法，实现多目标分离与跟踪，进而结合车身动态信息进行数据处理，经合理决策后，以声、光及触觉等多种方式警告驾驶人，或及时对汽车做出主动干预，减少事故发生概率，工作原理如图 1-9 所示。

图 1-8　毫米波雷达

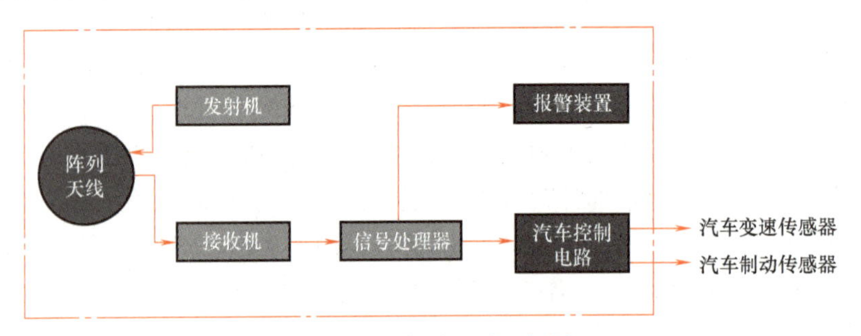

图 1-9　汽车雷达处理框图

2. 毫米波雷达的分类

按照雷达的工作频率划分，应用在自动驾驶领域的毫米波雷达主要有三个频段，分别是 24GHz、77GHz 和 79GHz。不同频段的毫米波雷达有着不同的性能和成本。对于处在 24GHz 的雷达，因为检测距离有限，常用于检测近处的障碍物（车辆）；对于处在 77GHz 的雷达，最大检测距离可以达到 160m，因此常被安装在前保险杠上，能够用于实现紧急制动、高速公路跟车等 ADAS 功能，同时也能满足自动驾驶领域对障碍物距离、速度和角

度的测量需求；对于处在 79GHz 的雷达，该频段的雷达能够实现的功能和 77GHz 一样，也是用于长距离的测量。但根据公式：光速 = 波长×频率，频率越高的毫米波雷达，其波长越短。波长越短，意味着分辨率越高；而分辨率越高，意味着在距离、速度、角度上的测量精度越高。因此 79GHz 的毫米波雷达必然是未来的发展趋势。

按照雷达的探测距离，毫米雷达波可分为长距雷达（LRR）、中距雷达（MRR）、短距雷达（SRR），分别应用在不同的场景实现不同的功能，也可以组合使用，或配合 ADAS 系统，实现多传感器的融合。

按照雷达功能划分可以区分不同应用的雷达，主要的常用功能雷达包括：BSD（blind spot detection，盲点侦测系统）、AEB（autonomous emergency braking，自动紧急制动系统）、FCW（forward collision warning，前向碰撞警告系统）、ACC（adaptive cruise control，自适应巡航系统）。

3. 毫米波雷达的应用场景

（1）导弹制导　毫米波雷达的主要用途之一是战术导弹的末段制导。毫米波导引头具有体积小、电压低和全固态等特点，能满足弹载环境要求。当工作频率选在 35GHz 或 94GHz 时，天线口径一般为 10～20cm。此外，毫米波雷达还用于波束制导系统，作为对近程导弹的控制。

（2）目标监视和截获　毫米波雷达适用于近程、高分辨率的目标监视和目标截获，用于对低空飞行目标、地面目标和外空目标进行监测。

（3）炮火控制和跟踪　毫米波雷达可用于对低空目标的炮火控制和跟踪，目前已研制成 94GHz 的单脉冲跟踪雷达。

（4）雷达测量　高分辨率和高精度的毫米波雷达可用于测量目标与杂波特性。这种雷达一般有多个工作频率、多种接收和发射极化形式和可变的信号波形。目标的雷达截面积测量采用频率比例的方法。利用毫米波雷达，对于按比例缩小了的目标模型进行测量，可得到在较低频率上的雷达目标截面积。此外，毫米波雷达在地形跟踪、导弹引信、船用导航等方面也有应用。

1.2.3　普通摄像头

摄像头可以采集图像信息，与人类视觉相近，而车载摄像头是实现众多预警、识别类 ADAS 功能的基础。在众多 ADAS 功能中，视觉影像处理系统较为基础，而摄像头又是视觉影像处理系统的输入部件，因此车载摄像头对于智能驾驶必不可少。摄像头具有技术成熟、成本低、采集信息丰富的特点；不足是受周围环境影响较大，且三维立体空间感不强。图 1-10 所示为一辆自动驾驶汽车利用摄像头数据感知周围环境的物体。

图 1-10　摄像头感知周围环境

1. 摄像头的工作原理

对于行驶在路上的智能车，安装有摄像头传感器时，摄像头会采集行驶过程中所遇到的环境图像，将图像转换为二维数据；然后对采集的图像进行模式识别，通过相关的图像匹配算法或者机器学习识别出行驶过程中的车辆、行人、建筑物、交通标志等环境；最后依据目标物体的运动模式或使用双目定位技术，估算出目标物体与本车的相对距离和相对速度。

2. 摄像头的类型

车载摄像头按安装位置分布，可分为前视摄像头、后视摄像头和环视摄像头。前视摄像头的类型主要包括单目和双目，能够检测行人、骑行者、摩托车、路边黄线、桥梁桥墩、路沿、交通标识和信号等，其中双目摄像头拥有更好的测距功能。后视摄像头主要是广角或鱼眼镜头，主要为倒车后置镜头，提供倒车影像。环视摄像头是在车身周围安装多个广角摄像头，同时采集车辆四周的影像，经过图像处理单元矫正和拼接之后，形成一幅车辆四周的全景俯视图，实时传送至中控台的显示设备上，这样驾驶人即可以直观地看到车辆所处的位置以及车辆周边的障碍物，从容操纵泊车入位或通过复杂路面，有效减少剐蹭、碰撞等事故的发生。

3. 摄像头的应用场景

根据智能驾驶汽车实现 ADAS 功能的不同，摄像头又表现出不同的优势和作用，具体可见表 1-3。

表 1-3 摄像头在智能驾驶汽车上的应用

ADAS 功能	使用摄像头	具体功能介绍
车道偏离预警(LDW)	前视	前视摄像头检测到车辆即将偏离车道线时发出警报
盲点监测(BSD)	侧视	利用侧视摄像头将后视镜盲区的影像显示在驾驶舱内
泊车辅助(PA)	后视	利用后视摄像头将车尾影像显示在驾驶舱内
全景泊车(SVP)	前视、侧视、后视	利用图像拼接技术将摄像头采集的影像组合成周边全景图
驾驶人检测系统(DM)	内置	利用内置摄像头检测驾驶人是否疲劳、闭眼等
行人碰撞预警(PCW)	前视	前视摄像头检测到标记的前方行人可能发生碰撞时发出警报
车道保持辅助(LKA)	前视	前视摄像头检测到车辆即将偏离车道线时通知控制中心发出指示，纠正行驶方向
交通标志识别(TSR)	前视、侧视	利用前视、侧视摄像头识别前方和两侧的交通标志
前向碰撞预警(FCW)	前视	前视摄像头检测到与前车距离过近时发出警报

1.2.4 深度摄像头

深度摄像头又称为 3D 摄像头，相比于普通摄像头，除了能够获取环境物体中的平面图像，还可以获取物体的深度信息，提取出物体的三维位置和尺寸信息。对于目前市面的产品，按技术路线方法分类，可分为结构光、TOF（飞行时间）和双目视觉三种。

1. 结构光类摄像头

结构光（structured light）的基本原理是：通过近红外激光器，将具有一定结构特征

的光线投射到被拍摄物体上，再由专门的红外摄像头进行采集。这种具备一定结构的光线，会因被摄物体的不同深度区域，而采集不同的图像相位信息，然后通过运算单元将这种结构的变化换算成深度信息，以此来获得三维结构，如图 1-11 和图 1-12 所示。结构光是目前最主流、应用最广泛、业界比较成熟的深度检测方案。优点在于技术方案比较成熟；资源功耗较低，单帧 IR 图就可计算出深度图；识别距离远，且在一定范围内精度和分辨率较高。缺点在于容易受到环境光线的干扰，强光下不适合，响应也比较慢。

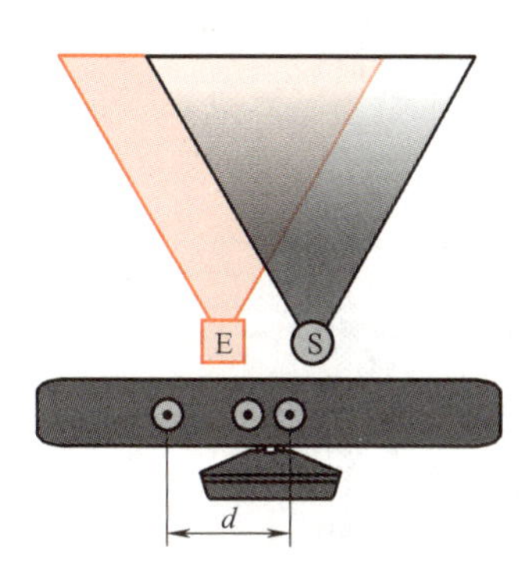

图 1-11 结构光深度摄像头原理示意图

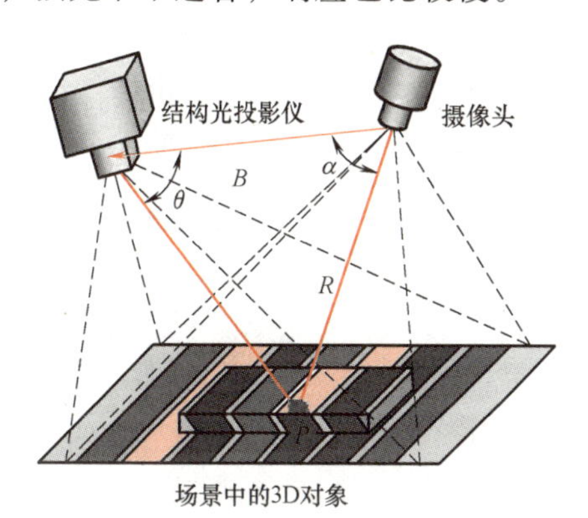

图 1-12 结构光原理图说明

2. TOF 类摄像头

TOF 是飞行时间（time of flight）技术的缩写，基本原理是传感器发出经调制的近红外光，遇物体后反射，传感器通过计算光线发射和反射时间差或相位差，来换算被拍摄景物的距离，以产生深度信息，此外再结合传统的相机拍摄，就能将物体的三维轮廓以不同颜色代表不同距离的地形图方式呈现出来，如图 1-13 所示。优点在于深度信息精度高和检测距离远，缺点在于资源消耗大和分辨率不高。

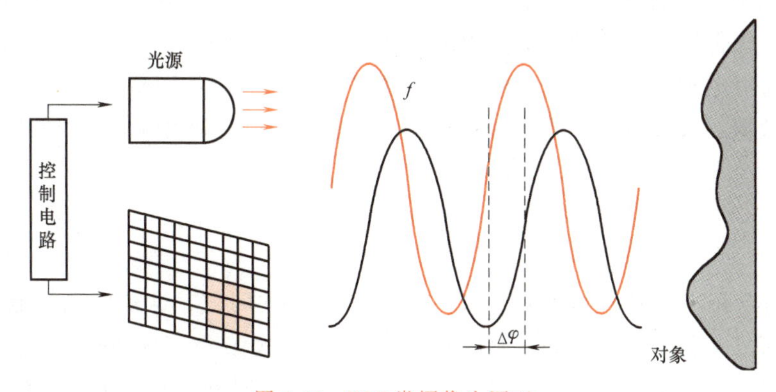

图 1-13 TOF 类摄像头原理

3. 双目视觉类摄像头

双目立体视觉（binocular stereo vision）是机器视觉的一种重要形式，它是指安装两个摄像头，利用双目立体视觉成像原理并利用成像设备从不同的位置获取被测物体的两幅图像，通过计算图像对应点间的位置偏差 d，来获取物体三维几何信息的方法，如图 1-14 所示。优点在于硬件要求和成本低，且不容易受到环境光线的干扰，适合室外环境。缺点在于这种技术需要庞大的程序计算量，计算复杂度高；同时受外界环境影响大，比如环境光线昏暗、背景杂乱、有遮挡物等情况下不适用。

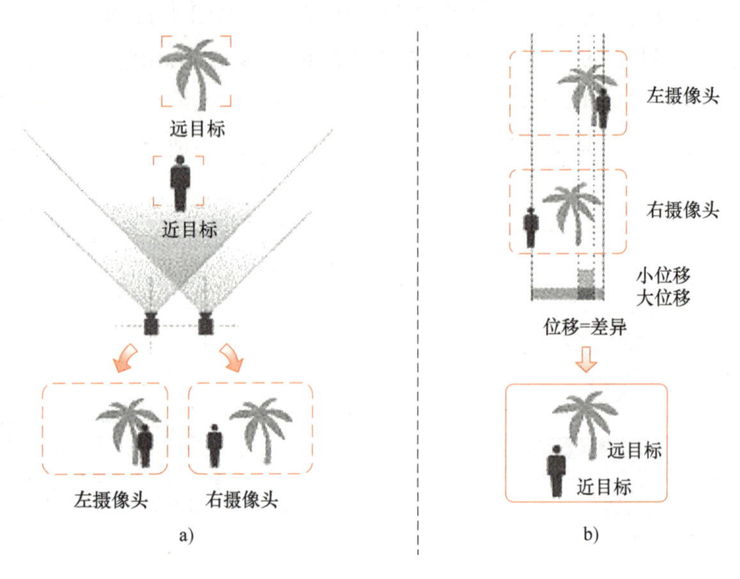

图 1-14 双目摄像头采用的立体视觉景深视图

另外还有事件相机，事件相机是一种受生物启发设计的新型视觉传感器，其工作原理完全不同于传统相机。传统相机是以固定的时间间隔周期性采集一张完整的图片，而事件相机的每个像素都是独立异步工作的，仿照人眼视网膜的工作原理，每个像素都相当于一个视网膜细胞独立工作，独立连续地感知光的变化，并将光的变化转换为数字脉冲信号，若发光强度无变化，则不输出，也被称为事件相机。当某个像素点的亮度变化达到一定阈值时，事件相机就会输出一个“事件（event）”。相比于传统相机，事件相机具有低延迟、高动态范围、极低功耗等特性。事件相机特别适合自动驾驶的环境感知，可以对交通驾驶场景中的静态对象如树、电线杆、静止的交通参与者等，不输出感知数据，进而计算平台也不用处理数据，极大减少数据处理的冗余，是未来自动驾驶视觉传感器的发展趋势。

1.3 导航与定位技术

智能驾驶导航与定位技术就是解决“我在哪儿”的问题，这是保证智能驾驶汽车能够安全持续可靠运行的一个前提，通过导航定位系统能够获取车辆精确的位置信息，最后反馈给车辆终端。如果这些信息不能在正常的行驶中及时获取，车辆就无法确定自身位置，从而会退出自动驾驶模式交给人类驾驶人接管，甚至还会发生一定的危险事故。

智能驾驶导航与定位系统与车辆的行驶速度密切相关。相关标准和法规规定，乘用车行驶最高车速不得超过 120km/h，客车最高设计车速不应大于 100km/h。基于目前的自动驾驶汽车整体技术水平和车辆限速要求，智能驾驶乘用车的最高车速不宜超过 90km/h，自动驾驶客车的最高车速不宜超过 70km/h。一般情况下，人类驾驶车辆距离道路一侧边缘的安全距离约为 25cm，智能驾驶汽车必须在行驶 25cm 的时间内更新一次定位信息且定

位精度应≤25cm，否则就有可能导致车辆超出道路边界发生事故。按照最高车速 90km/h 计算，根据公式 $f=s/v$，车辆行驶 25cm 用的时间是 0.01s，根据公式 $f=1/t$，则定位信息更新频率为 100Hz。因此，定位信息更新频率需≥100Hz，定位精度需≤25cm 才能保证车辆行驶安全。

智能驾驶通过定位技术准确感知自身在全局环境中的相对位置，将自身视作一个质点并与环境有机结合起来。现有的无人车高精度定位在某些情况下会出现定位不准的情况，仅依靠 GPS 的定位方案可靠性太差，因此自动驾驶一般用组合定位。就目前定位技术而言，智能驾驶有三种定位方法卫星与惯性传感器组合定位、传感器与高精度地图融合匹配定位和同时定位与建图。通常三种方法会被交叉使用，以相互纠正达到更精准的效果。

1.3.1 卫星与惯性传感器组合定位

实现卫星定位和惯性导航的组合方案有很多种，不同的方案有不同的要求和应用。目前世界上有四大卫星定位系统，分别是美国的全球定位系统（GPS）、俄罗斯的全球导航卫星系统（GLONASS）、中国的北斗卫星导航系统（BDS）以及欧盟伽利略（Galileo）系统。

GPS 是由美国研制的，总共由 24 颗卫星构成，分别在 6 个相互交点相隔 60°的轨道面之上，定位精度大概是 10m，可供军民两用。GPS 系统由三个重要部分组成，分别是用户设备仪器部分、地面卫星监测控制部分和宇宙空间部分。其中宇宙空间部分是指由宇宙空间中的 GPS 卫星星座群组成的卫星群，地面卫星监测控制部分是指地球地面上的所有控制和监测的卫星基站以及设施，用户设备仪器部分是指 GPS 用户群体和接收机。GPS 系统由于能够覆盖全球范围，全天候持续工作，具有实时准确提供高精度的速度、时间和实时通信能力，在个人位置服务、气象应用、道路交通管理、铁路智能交通、海运和水运、航空运输、应急救援等领域军事和民用两个方面都得到了广泛应用。

GLONASS 是由俄罗斯研制的，总共是由 24 颗卫星构成，定位精度大概在 10m，GLONASS 的卫星定位核心技术与 GPS 相似，两者都是以精准的定时机制和系统化的卫星量程计算方式为基准来进行的。GLONASS 是以尽可能少的卫星实现导航定位功能，主要用于军民两个方面，实现定位、测量、救援及导航等应用。

Galileo 系统是由欧盟联合研制的，系统由 30 颗卫星构成，也可以认为是由 21 颗中轨道的导航卫星（MEO）与 9 颗静止的导航卫星组成，导航定位的精度可以达到 1m。Galileo 系统主要用于民用领域，定制了三种类型的导航业务：第一是开放性的接入业务（OAS），第二是一类控制接入业务（CAS1），第三是二类控制接入业务（CAS2）；其性能划分为三个等级：全球级别、地区级别和局域级别。

BDS 系统是由中国自主研发制作的导航定位系统，2020 年 7 月 31 日上午，北斗三号全球卫星导航系统正式开通。北斗三号采取 24 个中圆地球轨道（MEO）卫星、3 个倾斜地球同步轨道（IGSO）卫星和 3 个地球静止轨道（GEO）卫星的星座构成形式。BDS 系统由空间部分、地面控制部分和用户终端部分构成，可在全球地理范围内全天候工作，为各类导航应用用户提供实时导航、准确精度、可靠定位、通信授时服务。基本导航服务为全球用户提供服务，空间信号精度将优于 0.5m；全球定位精度将优于 10m，测速精度优

于 0.2m/s，授时精度优于 20ns；亚太地区定位精度将优于 5m，测速精度优于 0.1m/s，授时精度优于 10ns，整体性能大幅提升。精密单点定位服务服务中国及周边地区用户，具备动态分米级、静态厘米级的精密定位服务能力。

对于智能驾驶领域，卫星定位系统常用两者进行耦合，主要有松耦合和紧耦合两种形式。

1. 卫星和 IMU（惯性导航）松耦合

卫星和 IMU 各自独立工作，并将各自输出位置和速度估值信息进行比较，得到的差值作为测量值，再经由组合卡尔曼滤波器（以测量误差为状态）进行优化处理，给出最优结果。卡尔曼滤波器的输出结果仅反馈给 SINS，用来校正 SINS 的定位结果，原理结构如图 1-15 所示。这样的组合方式有两个特点：一是基于位置和速度的组合，结构简单易于实现；二是耦合程度低，定位性能差。

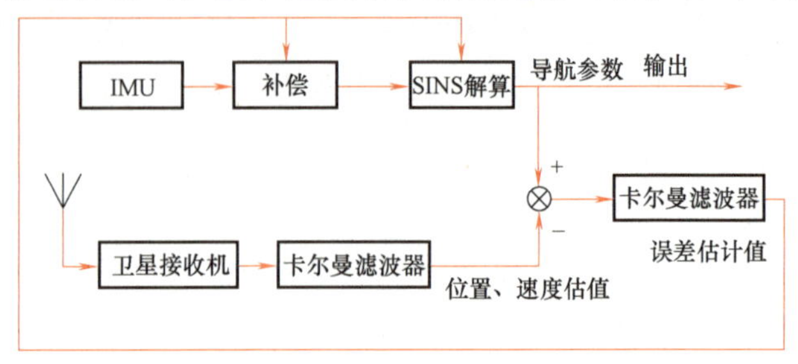

图 1-15 松耦合原理图

2. 卫星和 IMU（惯性导航）紧耦合

利用卫星接收机直接输出原始数据、伪距 p_1 和伪距率 d_1，再通过 SINS 输出的位置和速度以及估计的卫星接收机时钟误差计算出基于 SINS 信息的伪距 p_2 和伪距率 d_2，最后基于 SINS 信息得到的伪距和伪距率与卫星得到的伪距和伪距率信息进行比较，并将差值作为测量值，通过卡尔曼滤波器估计 INS 和卫星接收机的误差，然后对两个系统进行校正，原理结构如图 1-16 所示。这样的组合方式有两个特点：一是抗干扰能力强、伪距测量精度及导航定位能力较强；二是对软硬件要求较高，实现难度较大。

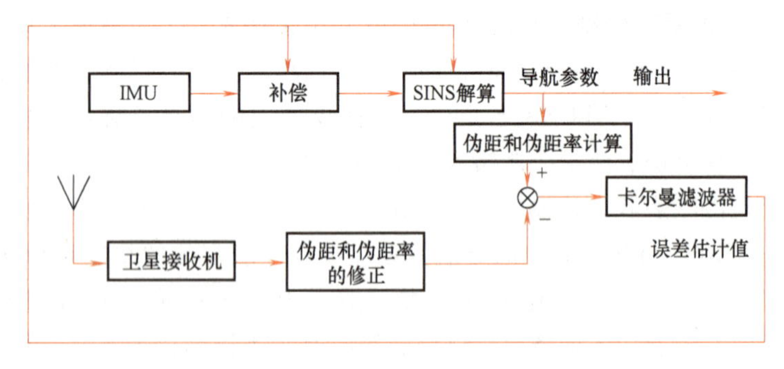

图 1-16 紧耦合原理图

1.3.2 传感器与高精度地图融合匹配定位

高精度地图的绝对坐标精度更高，而且所含有的道路交通信息元素更丰富细致。借助高精度地图能够扩展车辆的静态环境感知能力，为车辆提供其他传感器无法提供的全局视野，包括车载环境感知传感器检测范围外的道路、交通和设施信息。常用的组合方式有两

种，一种是“Camera+高精度地图”，另一种是“Lidar+高精度地图”。

1. Camera+高精度地图的组合匹配

摄像头获取图像信息，再利用图像中具有语义信息的稳定特征，并与预先采集的地图基准数据进行匹配，来获得车辆的位置和朝向。首先通过相机获取图像，并进行图像特征的检测。图像检测的主要目标物为车道线以及杆状物；然后从预先采集的3D地图里，提取相关的车道线和杆状物元素；再通过GPS获取一个初始的位置，通过该位置，控制器将会把相机获取的特征和地图里采集的对应特征进行一次匹配；再用IMU去进行姿态的预测，做完预测后并匹配，把结果输出，人车相对于地图的位置和朝向就可以知道了，具体原理流程如图1-17所示。

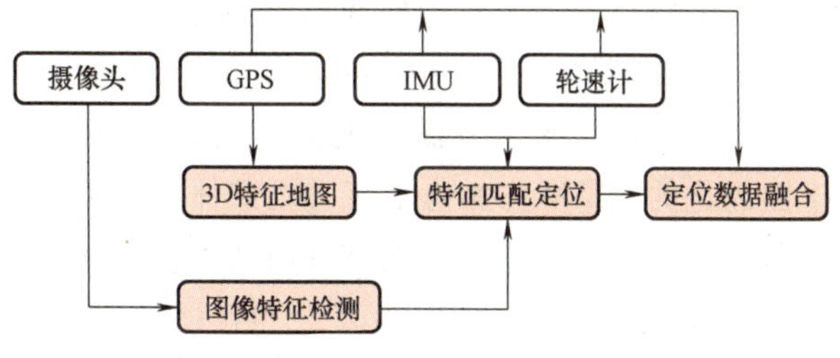

图1-17 Camera+高精度地图的组合原理

采用此组合方法的优势有四个方面：摄像头技术成熟，结构化地图尺寸小，有利于降低系统生产成本；车道线、路灯等道路元素稳定性高，不易变动，地图生命周期较长；配置灵活，根据识别算法性能，可以使用不同的特征组合，易于拓展；它的价格比较合适，数据性比较丰富，对于周围环境的描述也比较充分。缺点就是传感器受光线影响比较大。

2. Lidar+高精度地图的组合匹配

利用激光雷达获取的点云特征与预先采集的高精度地图基准数据进行联系比较，从而获取智能驾驶车辆在高精度地图中的位置和朝向。首先GPS给定初始位置，通过IMU和车辆的Encoder（编码器）可以得到车辆的初始位置，然后将激光雷达的局部点云信息，包括点线面的几何信息和语义信息进行特征提取，并结合车辆初始位置进行空间变化，获取基于全局坐标系下的矢量特征，接着将这些特征与高精度地图的特征信息进行匹配，最后获取一个准确的定位，具体原理流程如图1-18所示。常用的点云匹配算法有三种：迭代局近点（ICP）、直方图滤波算法、卡尔曼滤波。

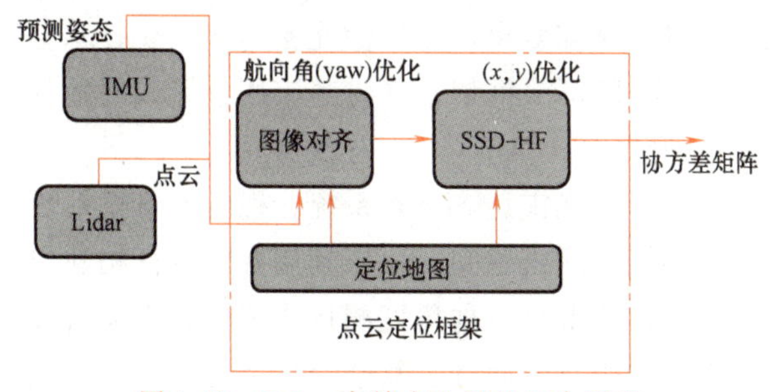

图1-18 Lidar+高精度地图的组合原理

采用此组合方法的优势有两个方面：不会受到环境光照的影响，白天晚上都可以用；数据量也比较少，定位和地图创建的精度高。缺点就是传感器受天气、环境等影响比较大，激光雷达传感器成本较高。

1.3.3 同时定位与建图

同时定位与建图（simultaneous localization and mapping，SLAM）作为一种在未知环境中进行姿态估计与定位的技术，广泛应用于移动机器人和无人驾驶等领域。SLAM相关概念最早由 Cheeseman 等于 1986 年在 IEEE 机器人与自动化会议被提出，该技术通过传感器采集信息，生成无人平台所探索环境的地图并对其进行定位，实现无人平台的自主移动。SLAM 从概念提出至今已历经 30 多年的发展，形成了激光雷达 SLAM 和视觉 SLAM 两种目前主流的技术方案。

1. 激光雷达 SLAM

依赖激光雷达建立地图的激光雷达 SLAM 方案按求解方式可以分为基于滤波器和基于图优化两类。基于滤波器的方法源于贝叶斯估计理论，是早期解决 SLAM 问题的方法，在室内或小范围场景应用中具有不错的效果，但由于只考虑移动载体的当前位姿状态和当前环境观测信息，且不具有回环检测能力，存在线性化以及更新效率低等问题，在程序运行中还会随着场景的增大占用成倍增加的计算资源，这使得它在室外大型场景中的表现效果比较差，现阶段基于滤波器的激光雷达 SLAM 方案主要应用在二维室内小范围场景。基于图优化的 SLAM 方案考虑了移动载体历程中全部的位姿状态和环境观测信息，用节点和边形成的图来表示一系列的移动机器人位姿和约束，建立和维护关联数据，可独立出前端实现并行计算，是一种更为高效和普适的优化方法。相较于早期基于滤波器的 SLAM 方法，通常可以得出全局一致性更好的地图，且随着求解方法的不断发展，在相同计算量的前提下，图优化 SLAM 的求解速度也已经超过滤波器方法，是目前 SLAM 领域内的主流方法，也是三维激光 SLAM 采取的主要方案。

基于二维激光的 SLAM 算法相对成熟，二维激光雷达在确定高度的水平面上通过测量旋转扫描的激光信号与其回波的时间差、相位差确定环境中目标的距离和角度，并依据这两类数据在水平面上建立二维极坐标系来表示所感知的环境信息，可视为一种单线程的三维激光雷达。相比于只能感知环境中单个平面信息、适用于室内几何结构实现小型区域地图构建的二维激光雷达，三维激光雷达可以进一步获取更丰富的信息，对于室外大型场景也有更好的感知效果。三维激光雷达 SLAM 技术基于多线激光雷达，沿用并发展了基于图优化的 SLAM 算法框架，并将其应用于无人驾驶等领域解决大型场景的定位与建图问题。

2. 视觉 SLAM

相较于激光雷达 SLAM 系统，视觉 SLAM 系统具有不主动发出信号的优点。此外，视觉是对环境的稠密感知，可以利用视觉特征构建出更符合人类感知的环境地图。然而，视觉传感器本质上是一种角度测量传感器，不能直接测量距离信息，因此需要从多视图中重构出特征的距离。而且，复杂变化和特征匮乏的视觉环境也会对视觉 SLAM 系统造成影响甚至使得系统失效。

基于视觉的定位算法主要有两大类：基于地标拓扑的算法和基于几何的视觉里程算法。基于地标拓扑的算法把所有的地标抽象成一个拓扑图，当自动驾驶汽车监测到某个地标时，便可以根据地标位置大致推断出自身所在的位置；基于几何的视觉里程算法较为复杂，但是不需要预先建立精准的拓扑图，在定位的同时还能够扩展地图。

其中基于双目视觉 SLAM 算法属于较典型的视觉里程算法定位技术，双目视觉是模拟人类视觉原理，使用计算机被动感知距离的方法，从两个或者多个点观察一个物体，获取在不同视角下的图像，根据图像之间像素的匹配关系，通过三角测量原理计算出像素之间的偏移来获取物体的三维信息。工作原理如图 1-19 所示，工作流程主要如下：

1）双目摄像头抓取左右两图（即双目图像），双目图像经过三角剖分产生当前帧的视差图。

2）提取当前帧与之前帧的特征点，如果之前帧的特征点已经提取好了，可以被直接使用。

3）对比当前帧与之前帧的特征点，找出帧与帧之间的特征点对应关系，根据此对应关系，推算出两帧之间车辆的运动。

4）根据推算出的两帧之间车辆的运动，以及之前的车辆位置，计算出最新的车辆位置。

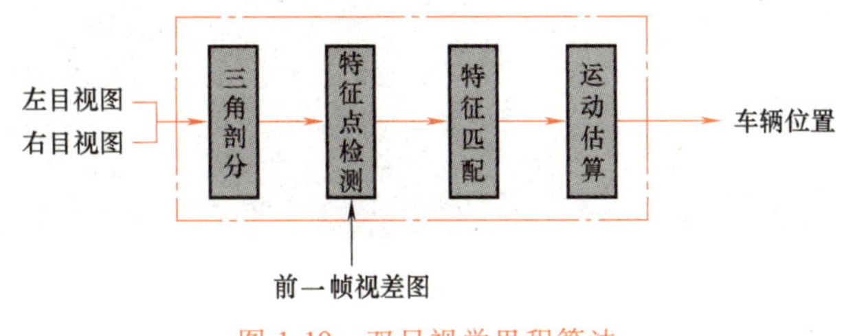

图 1-19 双目视觉里程算法

1.4 高精度地图

在汽车产业智能化、联网化不断推进的大背景下，高精度地图作为未来智能出行的关键因素之一，受到广泛关注。高精度地图可为自动驾驶汽车提供精准的定位，辅助环境感知，并实现决策规划，同时提高自动驾驶安全性。按照国际汽车工程师学会（SAE）的划分，自动驾驶不同程度可分为五个级别，而自动驾驶与辅助驾驶的分水岭是 Level 3 级别。在 Level 3 级别上，对于某些环境，驾驶人可以完全放弃操作。要想实现 Level 3 级别及以上的自动驾驶，高精度地图是必不可少的条件。

1.4.1 高精度地图的概念及特点

人们日常生活中经常用到的地图导航功能，以及路径查询等，均属于传统的电子地图。传统电子地图主要用于人们的日常使用，可以描绘出道路，部分道路会区分车道，具有拥堵信息提示、多条路径规划的时间等信息，但不会把道路的细节完全展现出来。日常生活中使用的百度地图、高德地图等，都可以称之为传统电子地图。由于人类驾驶人具备对周围环境的分析辨别能力，因此简单的道路地图即可满足人类驾驶人的导航需求。

与传统的电子地图不同，高精度地图是精度更高、数据维度更多的电子地图，可为智能驾驶汽车提供精准的定位、辅助环境感知，同时提高智能驾驶安全性。高精度地图服务于智能驾驶，包含大量的行车辅助信息、道路交通信息，元素丰富精细、地图的绝对坐标精度更高，可为智能驾驶提供完备的周边环境信息，为定位和路径规划提供重要依据，如图 1-20 所示。其主要的特点有：

（1）高精度　一般电子地图精度在米级别，商用 GPS 精度为 5m。高精度地图的精度

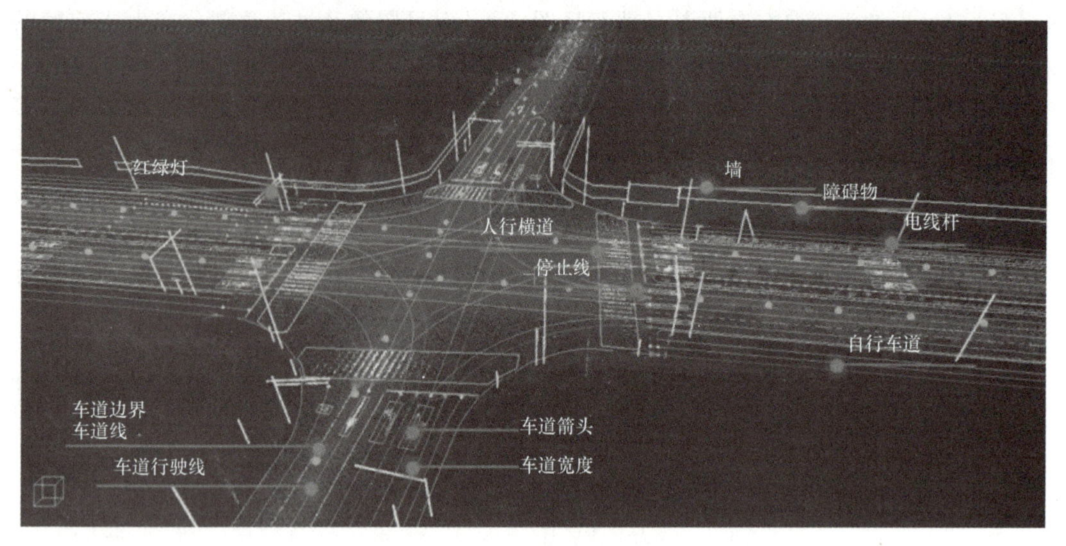

图 1-20　高精度地图样例

在厘米级别（精度可在 10cm 级别）。

（2）高维度　传统电子地图数据只记录道路级别的数据，如道路形状、坡度、曲率、铺设方向等。高精度地图（精确度厘米级别）不仅增加了车道属性相关（车道线类型、车道宽度等）数据，更有诸如高架物体、防护栏、树、道路边缘类型、路边地标等大量目标数据。高精度地图能够明确区分车道线类型、路边地标等细节。

（3）实时性　高精度地图对数据的实时性要求更高。由于路网每天都有变化，比如道路施工维修、交通标志更换等，这些需要及时在高精度地图上反映出来以保证智能驾驶车辆安全。一般来说，传统导航地图可能只需一个季度更新一次，而高精度地图为了应对各类突发状况，保证自动驾驶的安全实现，需要更短的时间频率进行更新（每天或每时），这大大提升了对数据实时性的要求。

（4）使用对象　普通的导航电子地图是面向驾驶人、供驾驶人使用的地图数据，而高精度地图是面向机器的、供智能驾驶汽车使用的地图数据。

1.4.2　高精度地图的制作流程

高精度地图有着与传统地图不同的采集原理和数据存储结构。传统地图多依靠拓扑结构和传统数据库存储，将各类现实中的元素作为地图中的对象堆砌于地图上，而将道路存储为路径。在高精度地图时代，为了提升存储效率和机器的可读性，地图在存储时被分为了矢量和对象层。

以某一厂商高精度地图为例。该高精度地图基于的是国际通用的 OpenDRIVE 规范，现由 ASAM 公司主导。一个 OpenDRIVE 节点背后，是一个 header 节点、road 节点与 junction 节点，每个类型的节点背后还有各自的细分。而道路线、道路连接处、道路对象都从属于 road 节点下。junction 节点下，有着较为复杂的数据处理方式：通过 connection road 将不同的两条道路连接起来，从而实现路口的数据呈现。介于路口的类型种类复杂，junction 也常常需要多种连接逻辑。OpenDRIVE 为高精度地图提供了矢量式的存储方式，

相比传统的堆叠式更节省容量，在未来的云同步方面拥有优势。

高精度地图制作过程共分五部分：数据采集、数据处理、对象检测、手动验证和地图发布，具体流程如图 1-21 所示。

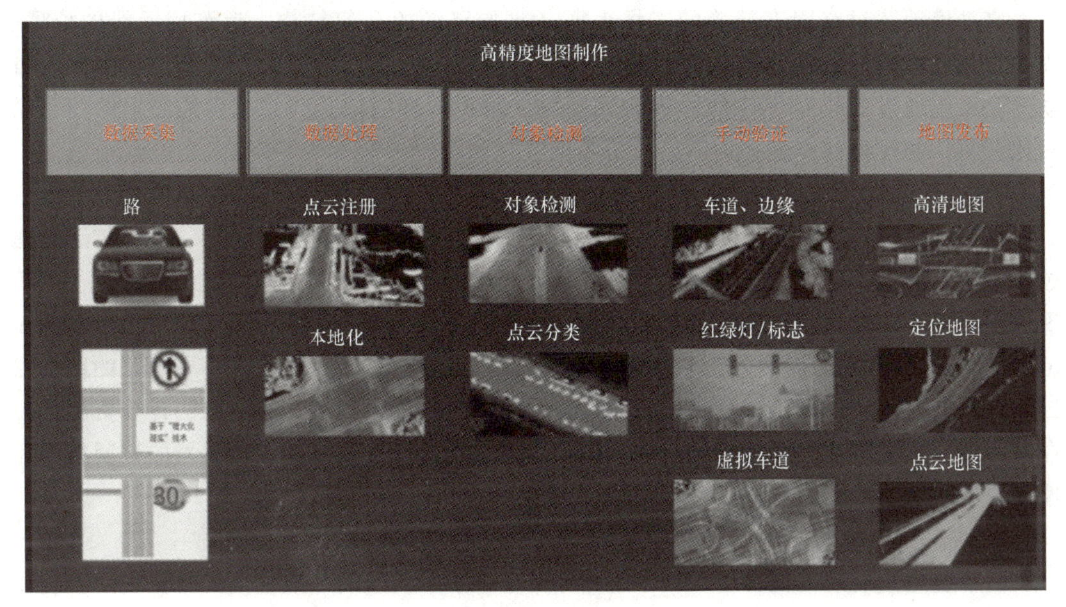

图 1-21　高精度地图制作过程

（1）数据采集部分　利用装载在采集车上的各类传感器，如 GPS、惯性测量单元、激光雷达和摄像机等，收集行驶过程中所遇到的环境信息数据，通过不间断地对地图信息进行采集，从而保证地图数据始终处于最新状态。

（2）数据处理部分　采集到的地图数据为原始数据，需要对这些数据进行整理、分类与清洗，从而获得没有任何语义信息或注释的初始地图模板，经过处理后的数据通常为点云数据，该阶段还会涉及基于深度学习的元素识别以及基于深度学习的点云分类。

（3）对象检测及手动验证部分　地图数据资源经过自动化处理之后，会由采集公司相关人员手动检测静态对象，并对其进行分类，其中包括车道线、交通标志甚至是电线杆。手动验证可有效检测出自动化处理过程中所出现的错误，有效弥补数据的缺陷，提高精准度。

（4）地图发布部分　对于处理完后的地图，经检查审核无误后，即可通过平台进行发布。

1.4.3　高精度地图的应用

1. 环境感知辅助

扩大智能驾驶车辆的感知范围，因为车载传感器探测范围有自己的性能边界限制，会遇到探测死角以及感知性能下降甚至失效的情况，但高精度地图可以延伸传感器的感知范围，提前告知车辆前方的道路信息及交通状况信息，及时进行环境信息补充、实时状况监测及外部信息反馈，弥补车载传感器在特殊情况条件下的感知缺陷。比如激光雷达在恶劣天气下效果较差，如大雾、大雨，或面对大范围的尘土；前方道路交通标志模糊，摄像头无法读取信息。

2. 精确定位匹配

高精度地图对路网有精确的三维表征（比如路面的几何结构、道路标示线的位置、周边道路环境的点云模型等），并存储为结构化数据。这些结构化数据都有地理编码，自动驾驶系统通过车载 GPS/IMU、Lidar 或摄像头获得的环境信息与高精度地图上的信息做对比分析，便可得到车辆在地图上的精确位置。

3. 提高运算效率

利用图像识别和激光点云算法，不管是存储量还是运算量都是巨大的，因为传感器通过感知传回加工处理的数据量较大，对芯片处理性能提出了较高要求，这种模式是很难实现工程化或者商业化应用的。如果利用高精度地图定位，就可以非常精确地定位出车辆在道路的某一个路段上，再做点云匹配时，就完全没有必要把整个城市或整条道路的这个点云图像数据库都调入做匹配处理，只需要调用一段数据就可以了，让有限的计算资源集中在道路上可能对自动驾驶带来影响的动态物体上。这样既提高了车载传感器的检测精度和速度，同时又节约了其计算资源。

4. 实时路径规划与决策

高精度地图的规划能力下沉到了道路和车道级别。传统的导航地图的路径规划功能往往基于最短路径算法，结合路况为驾驶人给出最快捷、最短的路径。但高精度地图的路径规划是为机器服务的，机器无法完成联想、解读等步骤，所以给出的路径规划必须是机器能够理解的。高精度矢量地图能够完成这一任务，矢量地图是在特征地图的基础上进一步抽象、处理和标注，抽出路网信息、道路属性信息、道路几何信息以及标识物等抽象信息的地图。它的数据量要小于特征地图，并能够通过路网信息完成点到点的精确路径规划。

5. 舒适性和 V2X 应用

使用高精度地图技术，车辆对自己的位置有了清晰的了解，车辆可以通过自己的智能决策系统去判断：什么时候、提前多少米开始制动、转向以及转向的角度，这种方式提升了整个驾驶系统的安全性和舒适性。同时，在交叉路口的车辆穿行和避让场景中，如果每一辆车都能够精确地定位出自己的位置，通过车车通信和车路通信把自己的位置分享给其他车辆，那么每辆车都会对彼此的位置和路口的交通情况有清楚的了解，通过这样一种智能路车调度系统，可以实现交叉行驶车辆的调度。

1.5 规划与决策控制

智能驾驶系统是一个集环境感知、决策控制和动作执行等功能于一体的综合系统，是充分考虑车辆与交通环境协调规划的系统，也是未来智能交通系统的重要组成部分。其智能驾驶系统的可靠安全性需要车载硬件、传感器集成、感知、预测以及控制规划等多个模块紧密协调共同工作。其中最关键的部分是环境感知和决策控制的两者配合。决策控制在广义上可分为路由寻径、行为决策、动作规划和反馈控制四个部分；路由寻径、行为决策、动作规划三个部分又可统称为路径规划，路径规划部分承接上层环境感知的结果，从

功能上可分为全局路径规划和局部路径规划。具体如图 1-22 所示。

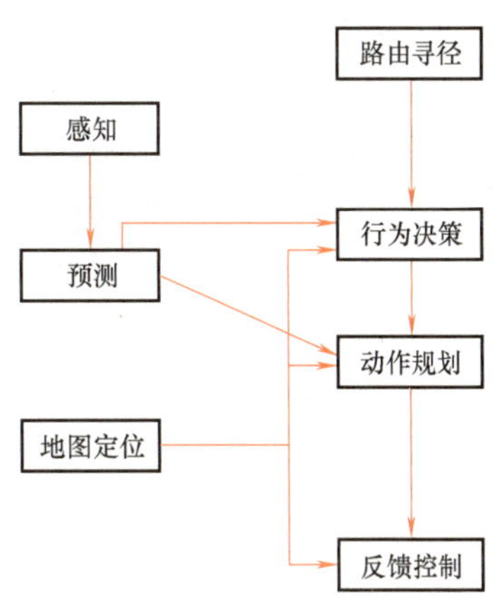

图 1-22 规划控制模块

1.5.1 路由寻径

路由寻径模块（也称为寻径模块）对应全局路径规划，其作用可以简单理解为实现智能驾驶软件系统内部的导航功能，即在宏观层面上指导智能驾驶软件系统的控制规划模块按照什么样的道路行驶，从而实现从起始点到目的地点的目的。这个与我们常见的如谷歌或者百度地图导航有着明显区别，一般谷歌或者百度地图导航解决的是从 A 点到 B 点的道路层面的路由寻径问题，这些导航的底层导航元素最小可以具体到某一条路的某一个车道，这些道路和车道都是符合自然的道路划分和标识的。而智能驾驶路径规划的寻径问题，虽然也是要解决从 A 点到 B 点的路由问题，但由于其输出结果并不以为实际的驾驶人所使用为目的，而是给下游的行为决策和动作规划等模块作为输入的，其路径规划的层次要更加深入到智能驾驶使用的高精度地图的车道级别。如图 1-23 所示，Lane-1，Lane-2，Lane-3，…，Lane-8 给出的路由片段序列，箭头线段代表高精度地图级别的道路划分和方向。可以看到，无人车地图级别的 Lane 划分并非和实际的自然道路划分对应。例如 Lane-2、Lane-5、Lane-7 都代表了由地图定义绘制的“虚拟”转向 Lane。类似地，一条较长的自然道路也可能被划分为若干个 Lane（例如 Lane-3 和 Lane-4）。

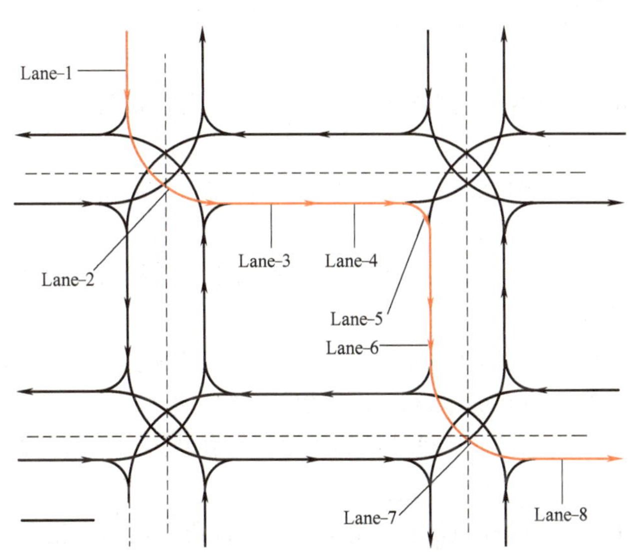

图 1-23 高精度地图的路由寻径

在路由寻径时，不同的环境下常常会选择不同的择优标准，作为路由寻径模块，会采用路径搜索算法搜索出一条最佳的（时间最短、路径长度最短等）全局期望路径。但路由寻径模块的输出严格依赖智能车高精度地图的绘制，在高精度地图定义的路网（road graph）划分的基础上，以及在一定的最优策略定义下，路由寻径模块需要解决的问题是计算出一个从起点到终点的最佳道路行驶序列。

路由寻径问题常用的算法有 Dijkstra 算法和 A* 算法。Dijkstra 算法是一种常见的图论中的最短路径算法，由 Edsger W. Dijkstra 在 1959 年发表。给定一个图中的源节点（source node），Dijkstra 算法会寻找该源节点到所有其他节点的最短路径。A* 算法是一种启发式的搜索算法，A* 算法在某种程度上和广度优先搜索（BFS）、深度优先搜索（DFS）类似，都是按照一定的原则确定如何展开需要搜索的节点树状结构。A* 可以认为是一种基于"优点（best first/merit based）"的搜索算法。

1.5.2 行为决策

路由寻径模块产生的路径信息，会直接输送给行为决策模块使用，同时也会接收环境感知和高精度地图产生的信息。综合这些信息的输入，行为决策模块此时就像"副驾驶"的角色在整个智能驾驶决策规划系统中，从宏观上决定了智能驾驶汽车如何行驶。这些行为层面的决策包括在道路上的正常跟车，在遇到交通灯和行人时的等待和避让，以及在路口和其他车辆的交互通过等。在实际智能驾驶汽车系统设计中，行为决策模块有时被设计成独立的逻辑模块，有时其功能在某种程度上和下游的动作规划模块融合到了一起实现。正是因为行为决策和动作规划需要紧密协调配合，所以在设计两个模块时需要保持行为决策模块的输出逻辑和下游的动作规划模块的逻辑配合一致。行为决策层面汇集了所有重要的车辆周边信息，不仅包括了自动驾驶汽车本身的当前位置、速度、朝向以及所处车道，还收集了自动驾驶汽车一定距离以内所有重要的感知相关的障碍物信息。行为决策层需要解决的问题，就是在知晓这些信息的基础上，如何决定自动驾驶汽车的行驶策略。这些信息具体包括以下几点：

1）所有的路由寻径结果：比如智能驾驶汽车为了到达目的地，需要进入的车道是什么（larget lane）。

2）智能驾驶的当前自身状态：位置、速度、朝向、当前主车所在的车道，按照路由寻径结果需要进入的下一个车道等。

3）智能驾驶的历史信息：在上一个行为决策周期，智能驾驶汽车所做出的决策是跟车、停车、转弯还是换道等其他行为。

4）智能驾驶汽车周边的障碍物信息：智能驾驶汽车周边一定距离范围内的所有障碍物信息。例如周边的车辆所在的车道，邻近的路口有哪些车辆，它们的速度、位置如何，以及在一个较短的时间内它们的行驶意图和预测的行驶轨迹，周边是否有自行车骑行者或者行人，以及他们的位置、速度、轨迹等。

5）智能驾驶汽车周边的标识信息：比如一定范围内车道的变化。

6）当地的交通规则：例如道路限速，是否可以红灯右拐等。

智能驾驶汽车的行为决策模块就是要在上述所有信息的基础上，做出如何行驶的决策，同时也可看出智能驾驶汽车的行为决策模块是一个信息汇聚的地方。由于需要考虑如此多种不同类型的信息以及受到非常本地化的交规限制，行为决策问题往往很难用一个单纯的数学模型来解决，而是利用一些软件工程的先进观念来设计一些规则系统。现将这些

先进观念主要分为四个模型进行介绍：

(1) 有限状态机模型 智能驾驶车辆最开始的决策模型为有限状态机模型，车辆根据当前环境选择合适的驾驶行为，如停车、换道、超车、避让、缓慢行驶等模式，状态机模型通过构建有限的有向连通图来描述不同的驾驶状态以及状态之间的转移关系，从而根据驾驶状态的迁移反应式地生成驾驶动作。该模型因为简单、易行，是无人驾驶领域目前最广泛的行为决策模型，但该类模型忽略了环境的动态性和不确定性，此外，当驾驶场景特征较多时，状态的划分和管理比较烦琐，多适用于简单场景下，而很难胜任具有丰富结构化特征的城区道路环境下的行为决策任务。

(2) 决策树模型 决策树模型和有限状态机模型类似，也是通过当前驾驶状态的属性值反应式地选择不同的驾驶动作，但不同的是该类模型将驾驶状态和控制逻辑固化到了树形结构中，通过自顶向下的“轮询”机制进行驾驶策略搜索。这类决策模型具备可视化的控制逻辑，并且控制节点可复用，但需要针对每个驾驶场景离线定义决策网络，当状态空间、行为空间较大时，控制逻辑将比较复杂。另外，该类模型同样无法考虑交通环境中存在的不确定性因素。

(3) 基于知识的推理决策模型 模型由“场景特征-驾驶动作”的映射关系来模仿人类驾驶人的行为决策过程，该类模型将驾驶知识存储在知识库或者神经网络中，这里的驾驶知识主要表现为规则、案例或场景特征到驾驶动作的映射关系。进而，通过“查询”机制从知识库或者训练过的网络结构中推理出驾驶动作。主要有基于规则的推理系统、基于案例的推理系统和基于神经网络的映射模型。

(4) 基于价值的决策模型 根据最大效用理论，基于效用和价值的决策模型的基本思想是依据选择准则在多个备选方案中选择出最优的驾驶策略和动作。为了评估每个驾驶动作的好坏程度，该类模型定义了效用（utility）或价值（value）函数，根据某些准则属性定量地评估驾驶策略符合驾驶任务目标的程度，对于无人驾驶任务而言，这些准则属性可以是安全性、舒适度、行车效率等，效用和价值可以是由其中单个属性决定，也可以是由多个属性决定。

1.5.3 动作规划

局部路径规划则是对应图 1-22 中所示的动作规划模块，在确定具体的驾驶行为之后，需要做的是将“行为”转化成一条更加具体的行驶“轨迹”，从而能够最终生成对车辆的一系列具体控制信号，实现车辆按照规划目标的行驶。其具体是以车辆所在的局部坐标系为准，将全局期望路径根据车辆定位信息转化到车辆坐标中进行表示。局部期望路径可以理解为智能驾驶车辆未来行驶状态的集合，每个路径点的坐标和切向方向就是车辆的位置和航向，路径点的曲率半径就是车辆转弯半径。然而车辆在实际行驶过程中，车辆周围的环境是持续动态变化的，比如位置、航向和转弯半径是连续变化的，因此生成的路径也要满足实时性的变化。同时，规划出来的局部路径必须具备对全局路径的跟踪能力与避障能力，如基于路径生成与路径选择的局部路径规划方法，路径生成中完成了对全局路径的跟踪，路径选择完成了障碍分析。

在智能驾驶场景中，单纯的路径规划不能给出在行驶过程中一直有效的解，因此需要增加一个维度——时间 T，同时相应的规划问题通常被称为轨迹规划。对于常见的轨迹规划算法主要有如下五类：

(1) 基于搜索的规划算法 通过搜索来解决运动规划问题是最朴素的思路之一，其基本思想是将状态空间通过确定的方式离散成一个图，然后利用各种启发式搜索算法搜索可行解甚至是最优解。常见的有 Hybrid A* 算法、D* 和 D* Lite 算法。

(2) 基于采样的规划算法 通过对连续的状态空间进行采样，从而将原问题近似成一个离散序列的优化问题，这一思路也是在计算机科学中应用最为广泛的算法。在运动规划问题中，基于采样的基本算法包括概率路线图（PRM）和快速搜索随机树（RRT）算法。

(3) 直接优化方法 在绝大多数情况下，不考虑高度的变化，智能驾驶的轨迹规划问题是一个三维约束优化问题（2D 空间+时间 T）。因此，可以采用解耦的策略，将原始问题分解为几个低维问题，从而大大降低求解难度。常用的有 Frenet 坐标系和路径-速度解耦法。

(4) 参数化曲线构造法 参数化曲线构造法的出发点是车辆本身的约束，包括运动学与动力学的约束，因此一般规划的路径需要是曲率连续的。这类方法根据起始点和目标点，考虑障碍物，通过构造一族符合车辆约束的曲线给出一条平滑路径。常见的曲线有 Dubins 曲线（由直线和圆弧构成，是一种简单车辆模型 Dubin 模型在二维空间中的最短曲线族）、回旋曲线、多项式曲线、贝塞尔曲线、样条曲线等。

(5) 人工势场法 人工势场法是受物理学中电磁场的启发，假设障碍物和目标位置分别产生斥力和引力，从而可以沿着势场的最速梯度下降去规划路径。这类方法的一个关键问题是如何选择合适的势场函数，应用在简单场景下，具有较高的求解效率，但其存在的最大问题是可能陷入局部最小值，在这种情况下，所获得的路径不是最优，甚至可能找不到路径。

1.5.4 反馈控制

如果单独从车辆的姿态控制的角度来看，智能车反馈控制部分和普通车辆的反馈控制并无本质区别，二者都是基于一定的预设轨迹，考虑当前车辆姿态和此预设轨迹的误差并进行不断的跟踪反馈控制。对于现有的一些智能车反馈控制研究中，与传统车辆的反馈控制的不同之处在于加入了基于智能车对障碍物体的避让和路径的优化选择等。智能车的反馈控制部分可以很大程度上借鉴传统的车辆姿态反馈控制的工作，这部分工作较为传统和成熟，本书不作为重点来介绍。但其中有两个比较重要的模型，基于车辆的自行车模型和 PID 反馈控制模型，可以参考相关资料了解，这里做简单介绍。

(1) 自行车模型 假设车辆姿态处于一个二维的平面坐标系内，车辆的姿态可以由位移（position）和车身夹角（heading）完全描述，并且前后轮由一个刚性（rigid）轴连接，前轮可转动，后轮只能直行，如图 1-24 所示。此模型的一个重要特征是：如果车辆不向前移动，就不能横向位移，称为非完整性约束（nonholonomic constraint）。

(2) PID 反馈控制模型 一个典型的 PID 反馈控制模型如图 1-25 所示。其中 $e(t)$ 代表当前的跟踪误差，而这个跟踪的变量误差可以是轨迹的纵向/横向误差、角度/曲率误

差或者是若干车辆姿态状态变量的综合误差。其中比例控制器代表对当前误差的反馈，其增益由 K_p 控制；积分和微分控制器分别代表积分项和微分项，其增益分别由 K_i 和 K_d 控制。计算流程为：首先是根据反馈和参考值求出误差，这里的误差根据具体的情况可以是各种度量，控制车辆的速度在设定的值，那么就是当前速度和设定速度的差值；求出误差以后，再根据误差求比例、积分和微分三项，其中 K_p、K_i 和 K_d 是三项的系数，它们决定着这三项对最后输出的影响的比重；最后将 P、I、D 三项求和作为最后的输出信号。

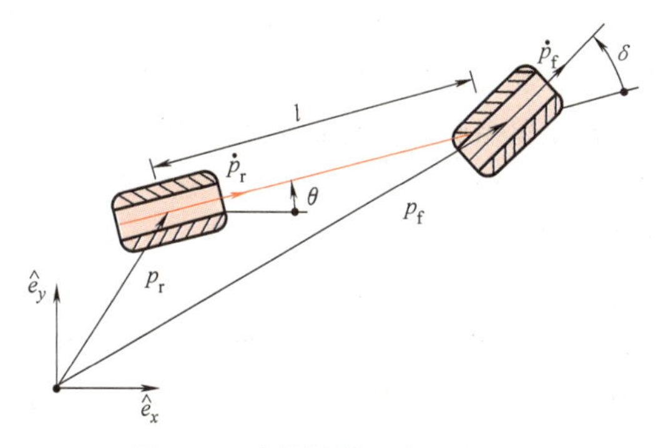

图 1-24　车辆控制的自行车模型

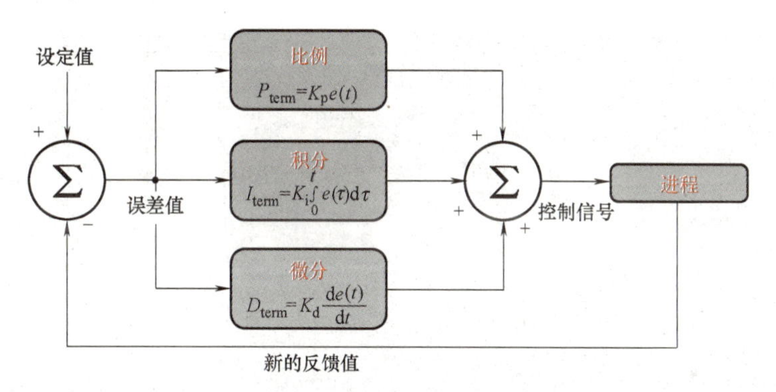

图 1-25　PID 反馈控制模型

1.6　智能驾驶计算平台

无人驾驶硬件平台是多种技术、多个模块的集成，主要包括：传感器平台、计算平台以及控制平台。当智能驾驶系统的感知部分，也就是传感器接收到环境信息后，大量数据要导入计算平台进行计算，由于各个计算平台的芯片不一样，会直接影响智能驾驶系统的实时性及鲁棒性。目前主流的自动驾驶芯片解决方案主要包括 GPU、DSP、FPGA 和 ASIC 四种，同时也列举了一些其他的芯片商。

1.6.1　基于 GPU 的计算解决方案

GPU（图形处理器，graphics processing unit）在浮点运算、并行计算等部分的计算方面能够提供数十倍至上百倍的 CPU 性能。利用 GPU 运行机器学习模型，在云端进行分类和检测，其相对于 CPU 耗费的时间大幅缩短，占用的数据中心的基础设施更少，能够支持比单纯使用 CPU 时 10~100 倍的应用吞吐量。凭借强大的计算能力，在机器学习快速发展的推动下，GPU 目前在深度学习芯片市场非常受欢迎，很多汽车生产商也在使用 GPU 作为传感器芯片发展无人车，GPU 大有成为主流的趋势。研究公司 Tractica LLC 预计，到2024年，深度学习项目在GPU上的花费将从2015年的4360万美元增长到41亿美元，在相关软件上的花费将从1.09亿美元增长到104亿美元。

凭借具备识别、标记功能的图像处理器，在人工智能还未全面兴起之前，英伟达（NVIDIA）公司就先一步掌控了这一时机。在2016年，NVIDIA更是一连发布了多款针对深度学习的芯片，在1月，搭载“Pascal显卡”的DRIVE PX 2（见图1-26）自动驾驶平台正式问世，4月份又发布的一款可执行深度学习神经网络任务Tesla P100 GPU，加速了学习进程。DRIVE PX 2主要有三个性能优点：①基于16nm FinFET工艺，功耗高达250W，采用水冷散热设计，支持12路摄像头输入、激光定位、雷达和超声波传感器；②每个PX 2由两个TEGRA SoC和两个Pascal GPU图形处理器组成，其中每个图形处理器都有自己的专用内存并配备有专用的指令，以完成深度神经网络加速；③首发NVIDIA的新一代GPU架构Pascal（即帕斯卡，宣称性能是上一代的麦克斯韦构架的10倍），单精度计算能力达到8TFlops，超越TITAN X，有后者10倍以上的深度学习计算能力。

图1-26　NVIDIA DRIVE PX 2开发平台芯片

1.6.2　基于DSP的计算解决方案

DSP（数字信号处理器，digital signal processor）以数字信号处理大量数据。DSP采用的是哈佛设计，即数据总线和地址总线分开，允许取出指令和执行指令完全重叠，在执行上一条指令的同时就可取出下一条指令，并进行译码，这大大提高了微处理器的速度。另外，还允许在程序空间和数据空间之间进行传输，因为增加了器件的灵活性。它不仅具有可编程性，而且其实时运行速度可达每秒数千万条复杂指令程序，远远超过通用微处理器。它的强大数据处理能力和高运行速度是最值得称道的两大特色。由于它的运算能力很强，速度很快，体积很小，而且采用软件编程具有高度的灵活性，因此为从事各种复杂的应用提供了一条有效途径。

德州仪器（TI）公司提供了一种基于DSP的无人驾驶的解决方案。其TDA2x SoC

（见图 1-27）拥有 2 个浮点 DSP 内核 C66x 和 4 个专为视觉处理设计的完全可编程的视觉加速器。相比 ARM Cortex-15 处理器，视觉加速器可提供 8 倍的视觉处理加速且功耗更低。类似的设计有 CEVA XM4，这是另一款基于 DSP 的无人驾驶计算解决方案，专门面向计算视觉任务中的视频流分析计算。使用 CEVA XM4 每秒处理 30 帧 1080p 的视频仅消耗功率 30mW，是一种相对节能的解决方案。

TDA2x SoC 基于异构可扩展架构，该架构包括 TI 定浮点 C66x DSP 内核、全面可编程 Vision AccelerationPac、ARM® Cortex™-A15 MPCoreTM 处理器与两个 Cortex-M4 内核，以及视频及图形内核与大量的外设。

图 1-27　TI TDA2x SoC 计算芯片

1.6.3　基于 FPGA 的计算解决方案

作为 GPU 在算法加速上强有力的竞争者，FPGA（现场可编程门阵列，field-programmable gate array）硬件配置灵活，具有低能耗、高性能及可编程等特性，十分适合感知计算。FPGA 是作为专用集成电路（ASIC）领域中的一种半定制电路而出现的，既解决了定制电路的不足，又克服了原有可编程器件门电路数有限的缺点。更重要的是，FPGA 相比 GPU 价格便宜（虽然性价比不一定是最好的）。在能源受限的情况下，FPGA 相对于 CPU 与 GPU 有明显的性能与能耗优势。FPGA 低能耗的特点很适合用于传感器的数据预处理工作。此外，感知算法不断发展意味着感知处理器需要不断更新，FPGA 具有硬件可升级、可迭代的优势。使用 FPGA 需要具有硬件的知识，对许多开发者有一定难度，因此 FPGA 也常被视为一种行家专属的架构。不过，现在也出现了用软件平台编程 FPGA，弱化了软硬件语言间的障碍，让更多开发者使用 FPGA 成为可能。随着 FPGA 与传感器结合方案的快速普及，视觉、语音、深度学习的算法在 FPGA 上进一步优化，FPGA 极有可能逐渐取代 GPU 与 CPU 成为无人车、机器人等感知领域上的主要芯片。

Altera 公司的 Cyclone V SoC（见图 1-28）是一个基于 FPGA 的无人驾驶解决方案，

Cyclone V SoC FPGA 系列基于 28nm 低功耗（LP）工艺，提供需要 5G 收发器应用的最低功耗，和以前的产品检验相比，功耗降低 40%。器件集成了基于 ARM 处理器的硬件处理器系统（HPS），具有更有效的逻辑综合功能，主要用在工业无线和有线通信、军用设备和汽车市场。Cyclone V SoC 现已应用在奥迪无人车产品中。Altera 公司的 FPGA 专为传感器融合提供优化，可结合分析来自多个传感器的数据以完成高度可靠的物体检测。

图 1-28　Altera Cyclone V SoC 计算芯片

1.6.4　基于 ASIC 的计算解决方案

ASIC（专用集成电路，application specific integrated circuits）是指应特定用户要求和特定电子系统的需要而设计、制造的集成电路。Mobileye 是一家基于 ASIC 的无人驾驶解决方案提供商。

Mobileye EyeQ5 芯片（见图 1-29）将装备 8 个多线程 CPU 内核，同时还会搭载 18 个 Mobileye 的下一代视觉处理器。“传感器融合”是 EyeQ5 推出的主要目的。其 EyeQ5 SoC 装备有四种异构的全编程加速器，分别对专有的算法进行了优化，包括计算机视觉、信号处理和机器学习等。EyeQ5 SoC 同时实现了两个 PCI-E 端口，以支持多处理器间通信。这种加速器架构尝试为每一个计算任务适配最合适的计算单元，硬件资源的多样性使应用程序能够节省计算时间并提高计算效能。

1.6.5　基于云计算的自动驾驶开发平台

自动驾驶车辆量产需积累大量里程经验，传统车端研发和测试方式，无法满足市场需求，业界普遍采用“云+端”研发迭代新模式，通过测试车队采集海量道路环境数据，在云端进行模型和算法开发和仿真验证，达到产品安全标准，如图 1-30 所示。

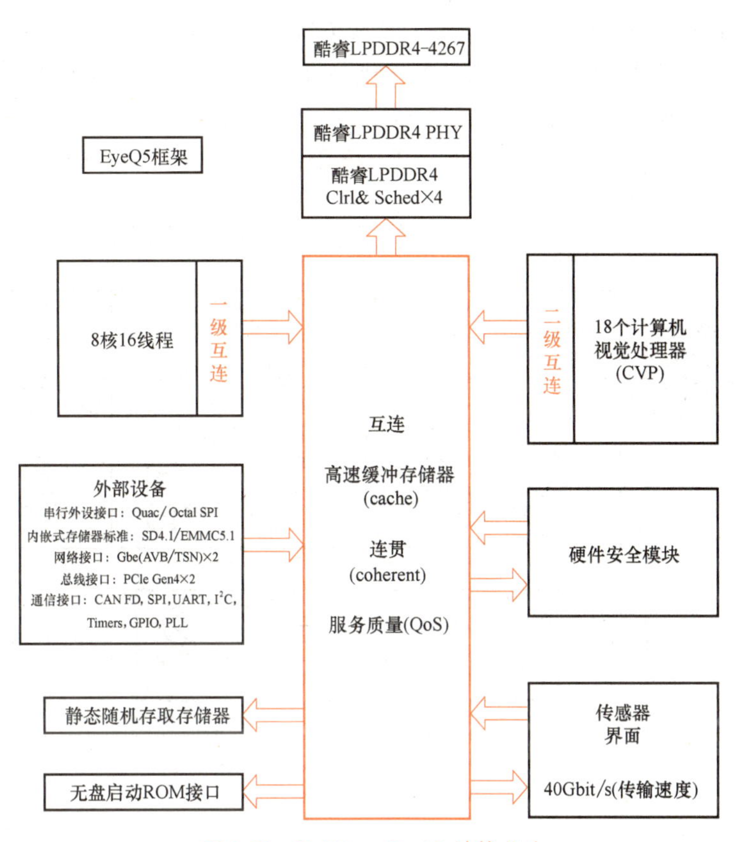

图 1-29 Mobileye EyeQ5 计算芯片

自动驾驶研发、测试、评价等各个环节需要耗费的时间、经济成本巨大。一套自动驾驶算法需要至少 10 亿 km 的测试，才能达到量产应用的条件。虚拟仿真技术正是突破这一难题的关键工具，也是国际自动驾驶业最受关注的技术领域。在实际测试过程中，由于真实道路测试效率较慢，目前很多车企都倾向于选择自动驾驶仿真测试。自动驾驶测试的 90%将通过仿真完成，9%通过测试场完成，只有 1%到实际道路上进行。

虚拟仿真技术主要是通过传感器仿真、车辆动力学仿真、高级图形处理、交通流仿真、三维重建、数字仿真、道路建模等技术模拟路测环境，并添加测试算法，搭建相对真实的驾驶场景，并通过云计算的强大计算能力，来完成自动驾驶汽车测试工作的一种技术。

虚拟仿真技术可以突破时间和空间限制，大大提升自动驾驶测试效率并降低测试成本，已成为了自动驾驶实现量产落地的重要关键技术。而且该技术可应用到汽车研发设计测试的 V 模型全流程，同时也在 Tier1、研究机构、测评机构和政策管理部门等有广泛的应用前景。

从技术上讲，这些平台主要分为两类：

第一类是基于合成的数据，对环境、感知及车辆进行模拟，这里的感知大多数是图像层面的感知，这类模拟器主要用于感知、规划算法的初步开发上，Carla、AirSim、Udacity self-driving car simulator 就属于这类。

第二类是基于真实数据的回放，这里的真实数据包括图像、lidar、radar等各种传感器的数据，这类模拟器主要用于测试无人驾驶中信息融合算法以及车辆不同部件的性能，Apollo和Autoware就属于这类。

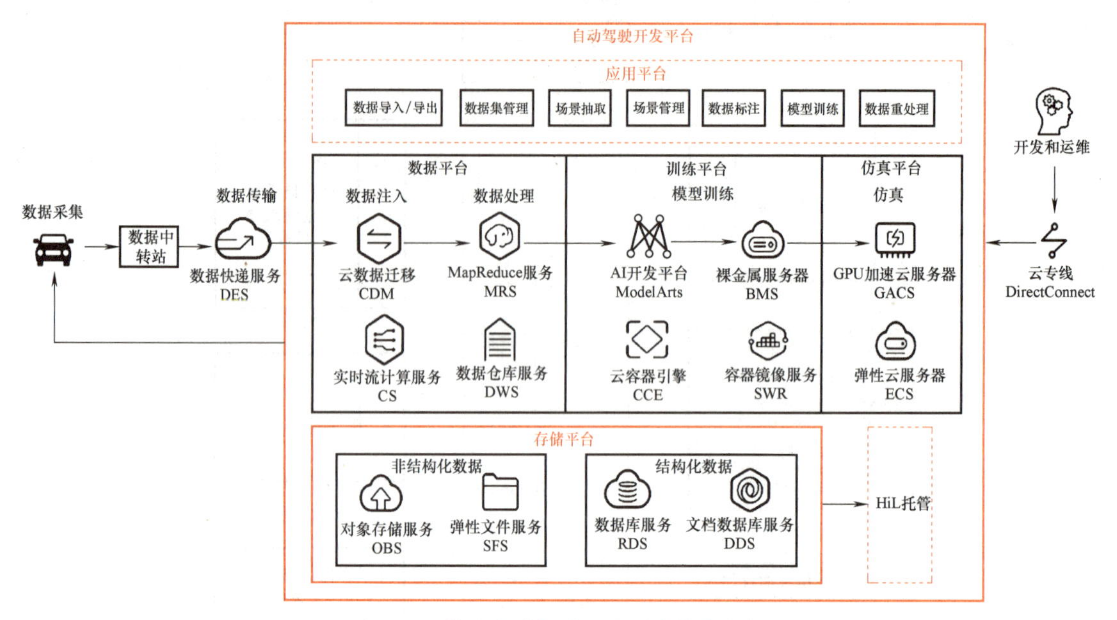

图1-30　华为自动驾驶开发平台技术架构

1.6.6　其他计算解决方案

1. TPU芯片计算平台

谷歌公司公布了AlphaGo战胜李世石的“秘密武器”就是芯片TPU（tensor processing unit），TPU专门为谷歌TensorFlow等机器学习应用打造，能够降低运算精度，在相同时间内处理更复杂、更强大的机器学习模型并将其更快投入使用，如图1-31所示。其性能把人工智能技术往前推进了7年左右，相当于摩尔定律的3代时间。相比GPU的适合训练，TPU更适合做训练后的分析决策。这一点在谷歌公司的官方声明中得到印证：TPU只在特定的机器学习应用中起到辅助作用，公司将继续使用其他厂商制造的CPU和GPU。

图1-31　谷歌TPU计算芯片

2. 恩智浦NXP自动驾驶汽车的计算平台BlueBox

BlueBox是一款基于Linux系统打造的开放式计算平台，可供主机厂和一级供应商开发、试验自己的无人驾驶汽车。它

的主要功能是将之前彼此隔离的单个传感器节点和处理器进行功能上的结合。BlueBox能够在40W功率下实现90000 DMIPS（每秒百万条指令）的计算速度。但相比其他竞争对手提供的ADAS/自动驾驶解决方案，BlueBox减少了对风扇、液冷及不稳定热能管理系统等电器元件的使用。

3. 中国芯片的计算解决方案

1）寒武纪芯片。它是中国的智能芯片，寒武纪芯片是中国科学院计算技术研究所（简称中科院计算所）发布的全球首个能够“深度学习”的“神经网络”处理器芯片。2012年中科院计算所和法国Inria等机构共同提出了国际上首个人工神经网络硬件的基准测试集benchNN。此后，中科院计算所和法国Inria的研究人员共同推出了一系列不同结构的DianNao神经网络硬件加速器结构。当前寒武纪系列包含四种处理器机构：DianNao（面向多种功能人工神经网络的原型处理器结构）、Dadianao（面向大规模人工神经网络）、PuDianNao（面向多种机器学习算法），ShiDianNao（面向卷积神经网络）。寒武纪进入产业化运营，其主要方向是高性能服务器芯片、高性能终端芯片和服务机器人芯片。

2）星光智能一号芯片。2016年6月，北京中星微电子有限公司（简称中星微公司）率先推出了中国首款嵌入式神经网络处理器（NPU）芯片“星光智能一号”，这也是全球首枚具备深度学习人工智能的嵌入式视频采集压缩编码系统级芯片，并已实现量产。该芯片采用“数据驱动”并行计算的架构，单个NPU（28nm）能耗仅为400mW，极大地提升了计算能力与功耗的比例，可以广泛应用于智能驾驶辅助、无人机机器人等嵌入式机器视觉领域。

3）征程和旭日芯片。2017年12月，地平线公司发布了两款嵌入式人工智能芯片——面向智能驾驶的征程（Journey）1.0处理器和面向智能摄像头的旭日（Sunrise）1.0处理器。这两款芯片属于ASIC人工智能专用芯片。征程1.0处理器：面向智能驾驶，能够同时对行人、机动车、非机动车、车道线、交通标志牌、红绿灯等多类目标进行精准的实时监测与识别，同时满足车载严苛的环境要求以及不同环境下的视觉感知需求。旭日1.0处理器：面向智能摄像头，能够在本地进行大规模人脸抓拍与识别、视频结构化处理等，可广泛用于商业、安防等多个实际应用场景。

1.7 V2X技术

V2X（vehicle to everything）车联网在概念上是物联网面向应用的实现，同时也是对D2D（device to device）技术的深入研究过程。按照中国汽车工业协会对搭载V2X功能汽车的定义来看，它是搭载先进的车载传感器、控制器、执行器等装置，并融合现代通信与网络技术，实现车与X（人、车、路、后台等）智能信息的交换共享，具备复杂的环境感知、智能决策、协同控制和执行等功能，可实现安全、舒适、节能、高效行驶，并最终可替代人来操作的新一代汽车。作为物联网面向应用的一个概念延伸，V2X（vehicle to everything）车联网是对D2D（device to device）技术的深入研究过程。它指的是车辆之间，或者汽车与行人、骑行者以及基础设施之间的通信系统，如图1-32所示。利用装载在车辆上的无线射频识别RFID技术、传感器、摄像头获取车辆行驶情况、系统运行状态及周边道路环境信息，同时借助GPS定位获得车辆位置信息，并通过D2D技术将这些信息进行端对端的传输，继而实现在整个车联网系统中信息的共享。通过对这些信息的分析处理，及时对驾驶人进行路况汇报与警告，有效避开拥堵路段，选择最佳行驶线路。

图1-32 V2X技术

对于V2X技术，主要有以下几点优势：

(1) 覆盖范围更广 与自动驾驶技术中常用的摄像头或激光雷达相比，V2X拥有更广的使用范围，它具有突破视觉死角和跨越遮挡物的信息获取能力，同时可以和其他车辆及设施共享实时驾驶状态信息，还可以通过研判算法产生预测信息。另外，V2X是唯一不受天气状况影响的车用传感技术，无论雨、雾或强光照射都不会影响其正常工作。

(2) 信息共享和感知增强 在传统智能汽车信息交换共享和环境感知的功能之外，V2X还强调了“智能决策”“协同控制和执行”功能，以强大的后台数据分析、决策、调度服务系统为基础，同时对于隐私信息的安全保护性更好。而且要实现自动驾驶，车辆必须具备感知系统，像人一样能够“观察”周围的环境，所以除了传感器，V2X技术也属于自动驾驶的一个感知手段。

(3) 有效避免盲区 由于所有物体都接入互联网，每个物体都会有单独的信号显示，因此即便是视野受阻也能充分避免因盲区而导致的潜在伤害。通过实时发送的信号可以显示视野范围内看不到的物体状态，也就降低了盲区出现的概率。

1.7.1 V2X分类概念

V2X车与万物互联，连接的对象主要又分为四大类：V2V（vehicle to vehicle，车与车）、V2I（vehicle to infrastructure，车与基础设施）、V2P（vehicle to people，车与人）、V2N（vehicle to network，车与云）。

V2V表示车与车之间可以进行直接通信，把车作为一个移动通信终端，具有接收和发送车身基本数据的能力，例如，在一条路面上，当后面的一辆车与前面的一辆车快要发

生碰撞危险时，如果两车都具有 V2X 通信的能力，后面的车辆就可以通过接收前车的速度、航向角、车身的灯光状态等车身基本数据，然后与自身的车身数据进行算法分析，判断是否有碰撞的危险，若有，则提醒驾驶人有与前车发生碰撞的危险。

V2I 表示车与周边基础设施进行通信，例如与十字路口的红绿灯、RSU（路侧设备）进行通信。在大雾天气，我们有时会看不到红绿灯的信息，这时候如果车与红绿灯进行通信，获取当前红绿灯实时信息，并且把红绿灯信息都显示到车载的大屏上，就能判断出是否通过十字路口。

V2P 表示车与人也可以进行通信，主要通过人身上的可穿戴设备、手机、计算机等方式。车与人进行通信主要也是减少车与人发生碰撞的危险，例如人在过马路的时候，如果车与人之间还有其他的车辆挡住了驾驶人的视线，造成了盲区，车辆则可以通过与人的通信，判断出盲区有行人驶入，立即对驾驶人进行盲区预警。

V2N 表示车与边缘云进行通信。大家都知道在城市道路中，十字路口最容易发生事故，很大概率的原因就是处于不同道路方向的车辆无法感知其他方向的路面是否有车驶来，当有盲区且两辆车在十字路口不减速的情况下就会造成事故。倘若这两辆车之间又有建筑物进行隔挡，这时边缘云可以通过路侧设备接收这两辆车的车身基本数据，然后进行运算，再把结果通过路侧设备下发到车辆上，若结果是会造成碰撞危险，则对驾驶人进行预警。

1.7.2 V2X 通信技术

V2X 通信技术目前有专用短程通信技术（sedicated short range communications, DSRC）与基于 LTE 车联网无线技术两大路线。DSRC 发展较早，目前已经非常成熟，不过随着 LTE 技术的应用推广，未来在汽车联网领域也将有广阔的市场空间。V2X 的通信机制如图 1-33 所示。

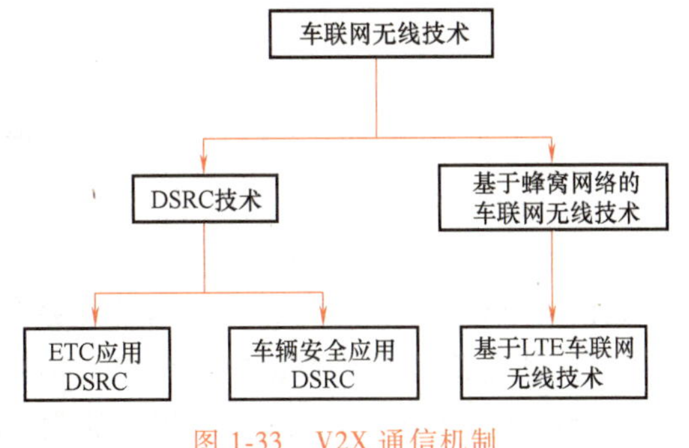

图 1-33 V2X 通信机制

(1) DSRC 技术 DSRC 技术是一种高效的无线通信技术，它可以实现在特定区域内（通常为数十米）对高速运动下的移动目标的识别和双向通信，例如实时传输图像、语音和数据信息，将车辆和道路有机连接。DSRC 技术底层采用 IEEE 802.11p 标准，上层则采用 IEEE 1609 系列标准。对应至开放系统互连参考模型（OSI reference model），IEEE 802.11p 标准制定实体（PHY）层与资料链接层中的媒介存取控制层（MAC）的通信协定，而媒介存取控制层中的多频道运作（multi-channel operation）至应用层的通信协定则由 IEEE 1609 各个子标准所规范制定。主要特点如下：

1）通信距离一般在数十米（10~30m）。

2）工作频段：ISM 5.8GHz、915MHz、2.45GHz。

3）通信速率：500kbit/s/250kbit/s，能承载大宽带的车载应用信息。

4）完善的加密通信机制：支持 3DES、RSA 算法；高安全性数据传输机制，支持双向认证及加/解密。

5）应用领域宽广：不停车收费、出入控制、车队管理、车辆识别、信息服务等。

6）具备统一的国家标准，各种产品之间的互换性、兼容性强。

（2）LTE 技术 早在 3G 时代，国际通信业界已经联合整车厂开展了基于移动通信网络的 V2V/V2I 试验项目。启动于 2006 年的 CoCar 项目，参与公司包括爱立信、沃达丰、MAN Trucks、大众等，演示了在高速行驶的车辆之间通过沃达丰的 3G 蜂窝网络传送关键安全告警消息的应用，当时做到了端到端时延低于 500ms。之后爱立信、沃达丰、宝马、福特又启动了 CoCarX 基于 LTE 网络的紧急消息应用性能评估，端到端系统时延在 100ms 以下。欧盟于 2012 年资助了 LTEBE-IT 项目，开展 LTE 演进协议在 ITS 中的应用研究。

LTE V2X 针对车辆应用定义了两种通信方式：集中式（LTE-V-Cell）和分布式（LTE-V-Direct），如图 1-34 所示。集中式也称为蜂窝式，需要基站作为控制中心，集中式定义车辆与路侧通信单元以及基站设备的通信方式；分布式也称为直通式，无须基站作为支撑，在一些文献中也表示为 LTE-Direct（LTE-D）及 LTE D2D（Device-to-Device），分布式定义车辆之间的通信方式。

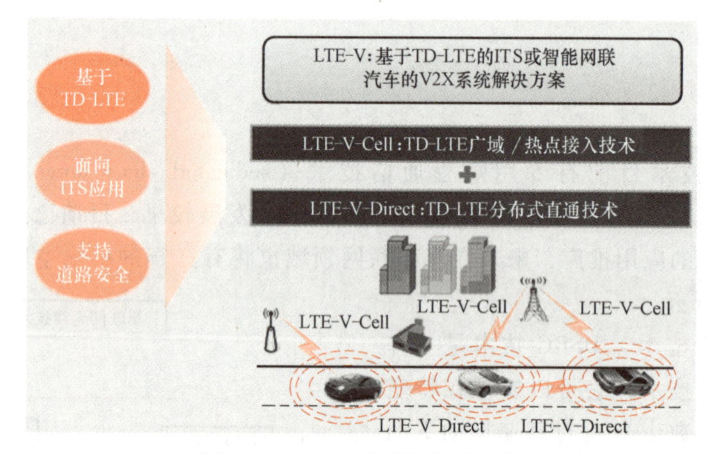

图 1-34　LTE-V 车联网解决方案

相比 DSRC 技术，LTE V2X 具有的优势在于：

1）无线传输能力：能够在更密集的环境中，相较于基于 IEEE 802.11p 的无线技术，支持更远的通信距离（约 2 倍）、更佳的非视距（NLOS）性能、增强的可靠性（更低的误包率）、更高的容量和更佳的拥塞控制。

2）加速 5G-V2X 部署：LTE Rel-14 具有向基于 5G 新空口的 LTE 的强劲演进势头，将通过互补性和全新功能增强 Rel-14，同时保持后向兼容性，LTE-V2X 演进将纳入 5G 新空口特性，为自动驾驶和先进用例（如高吞吐量传感器共享、意图共享和 3D 高清地图更新）提供高吞吐量、宽带载波支持、超低延迟和高可靠性。

3）性能安全更高：3GPP 定义了严格的最低性能要求规范，以确保可预测、统一且有保证的现场体验，支持与道路安全同等重要的应用。例如，3GPP 定义了误块率

(BLER)的最低要求，以在不同信道状况和高达500km/h的速度下确保可靠的通信。与基于IEEE 802.11p的技术不同，每个LTE-V2X收发器/芯片组供应商都必须遵循这些规范，从而在实际使用中支持可预测且一致的性能。

4）稳定同步性更高：LTE-V2X具有稳健的机制以支持来自不同信源的、成本高效的同步，甚至在不具备全球导航卫星系统（GNSS）的情况下也能实现。事实上，所有V2X技术都依赖于GNSS提供位置信息，这是运行ITS安全应用所必需的。在保证系统可靠性方面，因为稳定的定时可避免多路径误差，获取微秒级定时比从GNSS获得定位信息更加重要。

5）效益成本更高：LET利用现有面向网络通信的蜂窝基础设施（V2N），LET-V2X可结合路侧单元（RSU）和蜂窝网络功能，帮助改善安全性并支持自主性（如提供局域和广域路况信息，以及实时地图更新）。RSU和蜂窝基础设施的结合，可降低部署成本，带来重要的经济效益。蜂窝厂商在部署、管理和维护复杂通信系统方面的丰富经验不仅能节省成本，还能创造新的商业模式和服务机会。

1.7.3 V2X应用场景

车联网具有大量的应用场景，如今有些已经运用到现实的交通中，还有一些人们正在讨论与研究中。车联网可应用在道路安全服务、自动停车系统、紧急车辆让行、自动跟车等方面。车联网的应用不仅保证了道路交通安全，还可以为车主提供便利。

(1) 信息服务典型应用场景 信息服务是提高车主驾车体验的重要应用场景，是V2X应用场景的重要组成部分。典型的信息服务应用场景包括紧急呼叫业务等。紧急呼叫业务是指当车辆出现紧急情况时（如安全气囊引爆或侧翻等），车辆能自动或手动通过网络发起紧急救助，并对外提供基础的数据信息，包括车辆类型、交通事故的时间、地点等。服务提供方可以是政府紧急救助中心、运营商紧急救助中心或第三方紧急救助中心等。该场景需要车辆具备V2X通信的能力，能与网络建立通信联系。

(2) 交通安全典型应用场景 交通安全服务是指车辆利用与路边基础设施通过V2I信息实现信息的发收与共享，将车辆周边的环境信息（交通事故、道路拥堵情况等）在一定区域内实现共享，以帮助驾驶人了解周边道路交通情况，对危险路段提高警惕，避免不必要的事故，该服务主要应用于近距离危险警告，特别是在大雾、大雨等特殊天气环境下，这种应用的作用更加明显。

(3) 交通效率典型应用场景 提高交通效率是V2X的重要应用场景，同时也是智慧交通的重要组成部分，对于缓解城市交通拥堵、节能减排具有十分重要的意义。典型的交通效率应用场景包括车速引导等。车速引导是指路边单元（RSU）收集交通灯、信号灯的配时信息，并将信号灯当前所处状态及当前状态剩余时间等信息广播给周围车辆。车辆收到该信息后，结合当前车速、位置等信息，计算出建议行驶速度，并向车主进行提示，以提高车辆不停车通过交叉口的可能性。该场景需要RSU具备收集交通信号灯信息并向车辆广播V2X消息的能力，周边车辆具备接收V2X消息的能力。

(4) 自动驾驶典型应用场景 与现有的摄像头视频识别、毫米波雷达和激光雷达类似，V2X是获得其他车辆、行人运动状态（车速、制动、变道）的另一种信息交互手段，

并且不容易受到天气、障碍物以及距离等因素的影响。同时，V2X 也有助于为自动驾驶的产业化发展构建一个共享分时租赁、车路人云协同的综合服务体系。目前，典型的自动驾驶应用场景包括车辆编队行驶、远程遥控驾驶等。车辆编队行驶是指头车为有人驾驶车辆或自主式自动驾驶车辆，后车通过 V2X 通信与头车保持实时信息交互，在一定的速度下实现一定车间距的多车稳定跟车，具备车道保持与跟踪、协作式自适应巡航、协作式紧急制动，协作式换道提醒、出入编队等多种应用功能。远程遥控驾驶是指驾驶人通过驾驶操控台远程操作车辆行驶。搭载在车辆上的摄像头、雷达等，通过 5G 网络将多路感知信息实时传达到远程驾驶操控台；驾驶人对于车辆转向盘、加速和制动的操控信号，通过 5G 网络，低时延、高可靠、实时地传达到车辆上，轻松准确地对车辆进行前进、加速、制动、转弯、后退等驾驶操作。

科技的革新促进车联网的飞速发展，同时车联网技术的发展也为智能交通做出了巨大的贡献。相信在不远的将来，车联网将能得到更广更深的应用，这对减少交通事故，实现城市低碳的可持续发展具有重要意义。另一方面，V2X 技术仍在不断的发展中，还需要研究者们不懈的努力，完善各个方面的技术。

第2章

智能驾驶实践平台简介

2.1　智能小车整体架构

本书所包含的所有智能驾驶的算法都是通过驱动智能小车实践来实现和验证的。智能小车平台以搭载传感器的四驱智能小车为基体，利用 MATLAB/Simulink 搭建相应的算法与控制策略模型，最后将控制模型植入到树莓派开发板（为叙述方便，后文也简称“树莓派”）中以实现智能小车的巡航与跟车功能。

该智能小车硬件系统模块包含底盘、传感器和中央处理电路板三大模块。智能小车的底盘包括车架、驱动系统、悬架系统、转向系统等几大部分。底盘的作用是支承、安装小车各部件、总成，形成小车的整体造型，并接收驱动电机的动力，使小车产生运动，保证正常驱动。智能小车底盘主要构造如图 2-1 所示。

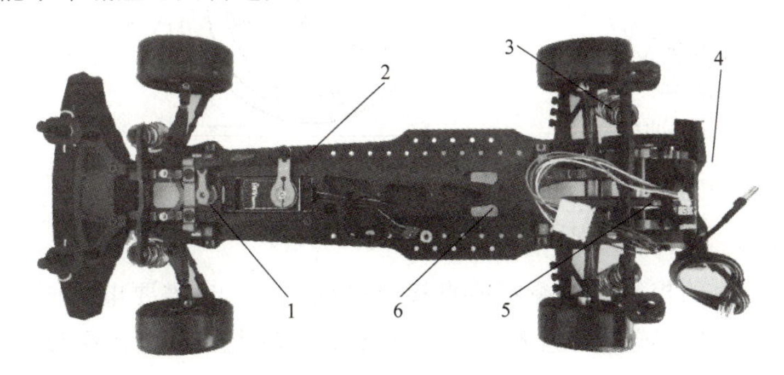

图 2-1　智能小车底盘主要构造

1—转向器　2—转向舵机　3—减振器　4—驱动电机（图中未安装）　5—传动齿轮　6—车架

2.1.1　驱动系统

整个智能小车的驱动系统由三个部分组成：驱动电机、驱动控制电路（电调）和电池。

1. 驱动电机

驱动电机是智能小车的动力来源，采用 SD 型 21.5T G2 有感无刷电机，内置霍尔编码器，能更方便判断电机转速，如图 2-2 所示。电机极数是 2，KV 值是 1520，支持的锂电池节数是 2~3 节，其空载电流为 1.1A。电机外径 36mm，电机长度 52.8mm，轴径为 3.17mm，电机重 186g。

电机有无刷电机和有刷电机两种。有刷电机是内含电刷装置的将电能转换成机械能（电动机）或将机械能转换成电能（发电机）的旋转电机，其基本构造组件包括定子、转

图 2-2　SD 型 21.5T G2 有感无刷电机

子、电刷和换向器，定子和转子磁场相互作用驱动电机旋转。电机工作时，线圈和换向器旋转，磁钢和电刷不转，线圈电流方向的交替变化是随电机转动的换向器和电刷来完成的，如图 2-3 所示。有刷电机是所有电机的基础，它具有起动快、制动及时、可在大范围内平滑地调速、控制电路相对简单等特点。电机只有两条线，红色线为电源线，黑色线为接地线，对其的控制只能是电源回路的通断。因此，对电机的控制不能直接连接电源，电源与电机之间还需要一块控制电路即驱动模块，从而控制电机起停和正反转来完成行驶任务。无刷电机由定子、转子和驱动器组成。无刷电机采取电子换向，线圈不动，磁极旋转。无刷电机是使用一套电子设备，通过霍尔元件感知永磁体磁极的位置，根据这种感知，使用电子电路适时切换线圈中电流的方向，保证产生正确方向的磁力，来驱动电机，如图 2-4 所示。

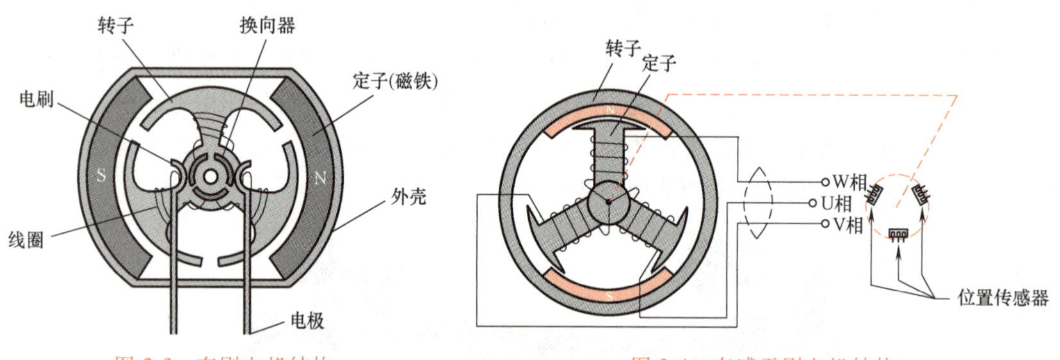

图 2-3　有刷电机结构　　　　图 2-4　有感无刷电机结构

2. 驱动控制电路

由于要实现电机的控制，电源不能直接与电机连接，还需要电机驱动控制器，如图 2-5 所示。电机由电池（或直流电源）提供恒定的直流电压。电压幅度决定了电机的转速，因此电池或直流电源是一个线性激励源。改变直流有感无刷电机速度的最有效方式是采用脉宽调制（PWM）技术，PWM 技术是以固定的频率开关恒压源。改变 PWM 信号的脉冲宽度可以调节电机的速度。脉冲高低电平间的比例称为 PWM 信号的占空比。直流电池电压的幅度等于 PWM 信号的平均幅度。

图 2-5　直流电机驱动控制器

3. 电池

电池采用 4000mA · h 锂电池，长 138mm、宽 43mm、高 25mm，由三块电池并联而成，最高能提供 11.1V 电压，能够满足电机的正常运行。电池上红色线为相线，黑色线

为零线，如图 2-6 所示，其接线不能和电机直接连接。

锂电池是一类由锂金属或锂合金为负极材料、使用非水电解质溶液的电池。电池主要的构造有正极、负极与电解质三项要素。正极材料包括导电高分子聚合物或一般锂离子电池所采用的无机化合物，分为钴酸锂、锰酸锂、三元材料和磷酸铁锂材料。负极为石墨，电池工作原理也基本一致。电解质则可以使用固态或胶态高分子电解质，或是有机电解液。根据锂离子电池所用电解质材料的不同，锂离子电池分为液态锂离子电池（liquefied lithium-ion battery，LIB，使用液体电解质）、聚合物锂离子电池（polymer lithium-ion battery，PLB）或塑料锂离子电池（plastic lithium-Ion Battery，PLB）。聚合物锂离子电池采用固体聚合物电解质，这种聚合物可以是“干态”的，也可以是“胶态”的，目前大部分采用聚合物凝胶电解质。PLB 是指在正极、负极与电解质三种主要构造中至少有一项或一项以上使用高分子材料作为主要的电池系统。目前聚合物锂离子电池系统的高分子材料主要用于正极及电解质。一般锂离子技术使用液体或胶体电解液，因此需要坚固的二次包装来容纳可燃的活性成分，这就增加了重量，另外也限制了尺寸的灵活性。

汽车的传动系统一般由离合器、变速器、万向传动装置、主减速器、差速器和半轴等组成，其基本功用是将发动机发出的动力传给汽车的驱动车轮，产生驱动力，使汽车能在一定速度上行驶。智能小车的传动系统虽然与汽车的传动系统有所不同，但主要的传动路线大致和汽车相同，传动系统通过齿轮传动和带传动结合，将驱动电机输出的转矩传给驱动轮。传动轴大齿轮与电机齿轮啮合，减速增距，再以带传动的方式将动力传给驱动轮，为智能小车提供动力，如图 2-7 所示。

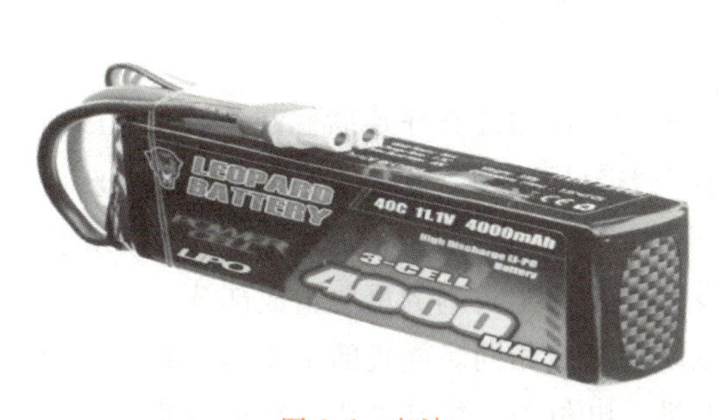

图 2-6　电池

图 2-7　智能小车传动系统

1—电机齿轮　2—传动轴大齿轮　3—传动带　4—转向节

2.1.2　悬架系统

悬架系统是汽车的车架与车桥或车轮之间的一切传力连接装置的总称，其功能是传递作用在车轮和车架之间的力和力矩，并且缓冲由不平路面传给车架和车身的冲击力，并衰减由此引起的振动，以保证汽车平顺行驶。悬架系统应有的功能是支持车身，改善乘坐的感觉，不同的悬架设置会使驾驶人有不同的驾驶感受。外表看似简单的悬架系统综合多种作用力，决定着汽车的稳定性、舒适性和安全性，是现代汽车十分关键的部件之一。

智能小车的悬架系统相比实际汽车会简化许多，但本质、形式不变，主要由弹性元件、导向装置和减振器三部分组成。弹性元件（弹簧）使车架与车桥之间作弹性联系，承受或传递垂直载荷，缓和及抑制不平路面所引起的冲击；导向装置（上、下控制臂）用来传递纵向力、侧向力及其力矩，其主要功能是保证车轮相对于车架或车身有一定的运动规律；减振器用以加快振动的衰减，限制车轮和车身的振动。从图 2-8 和图 2-9 所示可以看出，智能小车的悬架类似于双横臂式独立悬架系统，侧倾中心高，具有较强的抗侧倾能力、良好的操纵稳定性和舒适性等优点。

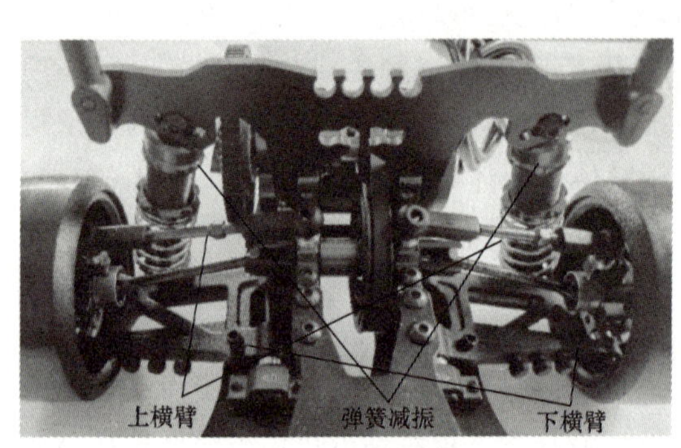

图 2-8 悬架实物图

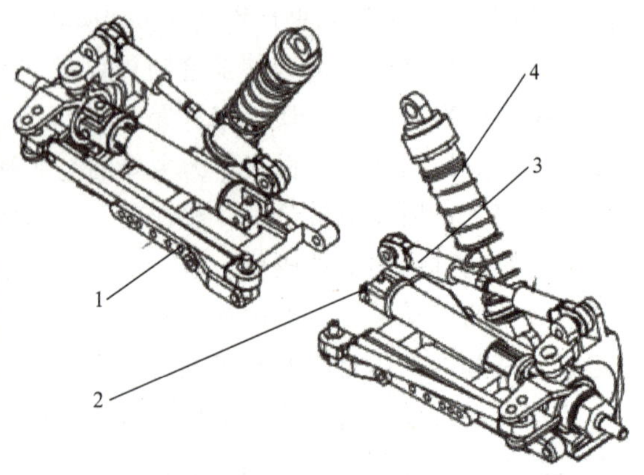

图 2-9 悬架结构图

1—下控制臂 2—半轴 3—上控制臂 4—减振器

2.1.3 转向系统

1. 转向舵机

转向舵机是转向系统实现转向的核心部件，由于可以通过程序连续控制其转角，因而被广泛应用于智能小车以实现转向以及机器人各类关节运动中。智能小车的所有需要转向的行驶都依赖于转向舵机，它具有体积小、力矩大、外部机械设计简单、稳定性高等特点，无论是在硬件设计还是软件设计中，舵机设计都是小车控制的重要组成部分。

舵机一般分为数字舵机和模拟舵机，其机械结构基本相同。舵机的主体结构如图 2-10 所示，主要有几个部分：外壳、减速齿轮组、电机、电位器、控制电路。舵机的外壳一般是塑料的，特殊的舵机可能会有金属外壳。金属外壳能够提供更好的散热，可以让舵机内的电机运行在更高功率下，以提供更高的转矩输出。金属外壳也可以提供更牢固的固定位置。数字舵机和模拟舵机最大的区别体现在控制电路上，数字舵机的伺服控制器采用了数字电路，而模拟舵机的控制器采用的是模拟电路。数字舵机可以提供更快的响应和加速效果，控制灵敏度更好。高灵敏度的控制建议选择数字舵机，如直升机的控制，高速固定翼飞机、高速滑翔机、比赛用车模型、云台的控制等。低速固定翼飞机、船模、娱乐用车模等可以考虑模拟舵机。

舵机转速由舵机无负载的情况下转过 60°角所需时间来衡量，常见舵机的速度一般在 0.11~0.21s/60°之间。舵机转矩的单位是 kg · cm，可以理解为在舵盘上距舵机轴中心水

平距离 1cm 处，舵机能够带动的物体重量。舵机的工作电压对性能有重大的影响，舵机推荐的电压一般都是 4.8V 或 6V。有的舵机可以工作在 7V 以上，比如 12V 的舵机。较高的电压可以提高电机的速度和转矩，选择舵机还需要看控制器所能提供的电压。

舵机的功率（速度×转矩）和舵机的尺寸比值可以理解为该舵机的功率密度，一般同样品牌的舵机，功率密度大的价格高。选择舵机需要计算所需转矩和速度，并确定使用电压的条件下，选择有 150%左右甚至更大转矩富余的舵机。

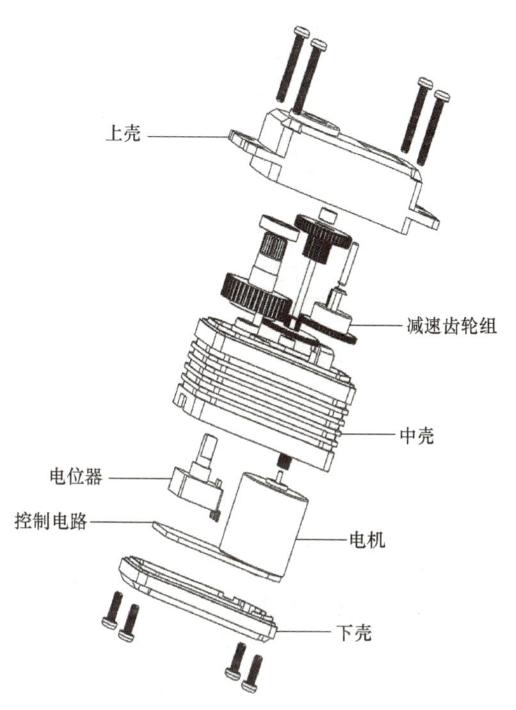

图 2-10　舵机结构示意图

2. 舵机控制原理

舵机简单地说就是集成了直流电机、电机控制器和减速器等，并封装在一个便于安装的外壳里的伺服单元，能够利用简单的输入信号比较精确地转动给定角度的电机系统。舵机是一种位置（角度）伺服的驱动器，适用于那些需要角度不断变化并可以保持的控制系统。舵机安装了一个电位器（或其他角度传感器）检测输出轴转动角度，控制板根据电位器的信息能比较精确地控制和保持输出轴的角度。舵机是一个微型的伺服控制系统，具体的控制原理如图 2-11 所示。

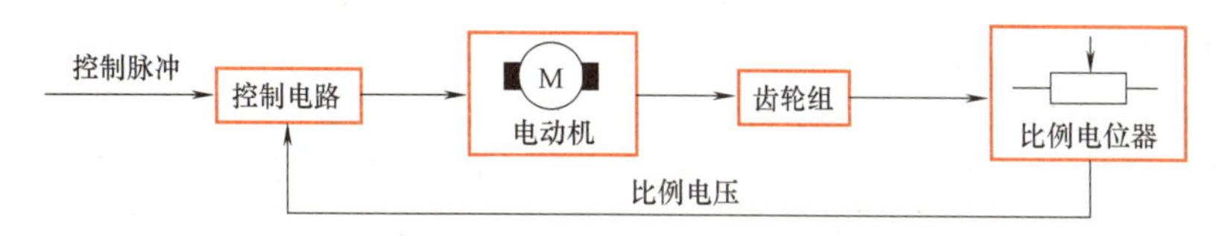

图 2-11　舵机控制原理图

工作原理是：控制电路接收信号源的控制脉冲，并驱动电机转动；齿轮组将起减速增矩的作用，即降低电机转速，并增加电机的输出转矩；电位器和齿轮组的末级一起转动，测量舵机轴转动角度；电路板检测并根据电位器判断舵机转动角度，然后控制舵机转动到目标角度或保持在目标角度。

脉宽调制信号控制舵机转动角度，脉冲宽度是舵机控制器所需的编码信息。舵机的控制脉冲周期为 20ms，脉宽从 0.5~2.5ms，分别对应-90°~+90°的位置，如图 2-12 所示。

舵机的输入线共有三条，如图 2-13 所示，中间是红色电源线，黑色线是接地线，白色线是控制线。电源线和接地线接通后形成回路，给舵机内的电机供电。根据舵机的型号不同，一般电源有 4.8V 和 6.0V 两种规格，分别对应不同的转矩输出标准，6.0V 输出较大转矩。舵机直接从控制信号线接收 PWM 信号即可控制转角。舵机的控制信号周期为 20ms 的 PWM 信号，其中脉冲宽度从 0.5~2.5ms，相对应的舵盘位置为 0~180°，呈线性变化。即给它提供一定的脉宽，它的输出轴就会保持在一定的对应角度上，无论外界转矩怎么改

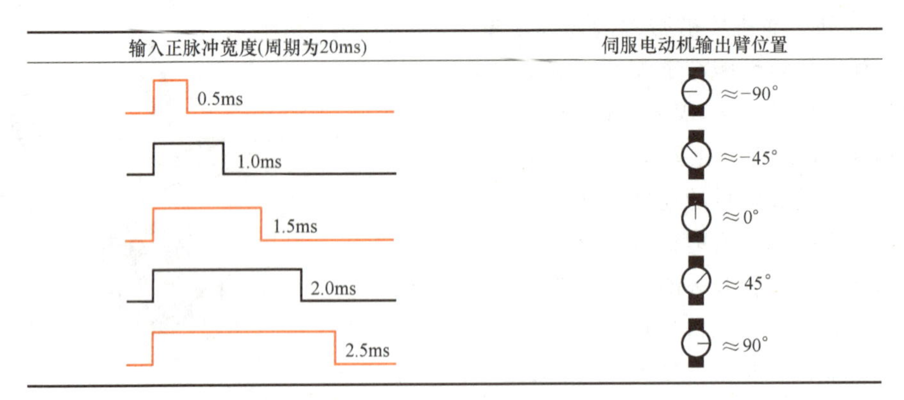

图 2-12　舵机控制信号图

变，直到给它提供一个另外宽度的脉冲信号，它才会改变输出角度到新的对应位置上。

3. 智能小车的转向原理

智能小车的转向系统采用阿克曼转向原理设计。阿克曼转向是一种现代汽车的转向方式，是为了解决在汽车转弯的时候，内外轮转过的角度不一样，内侧轮胎转弯半径小于外侧轮胎的问题。依据阿克曼转向几何设计的车辆，沿着弯道转弯时，利用四连杆的相等曲柄使内侧轮的转向角比外侧轮大大约 2°~4°，使四个轮子路径的圆心大致上交会于后轴的延长线上瞬时转向中心，理论上可以让车辆的车轮做纯滚动的顺畅转弯。图 2-14 所示就是理想的阿克曼转向。

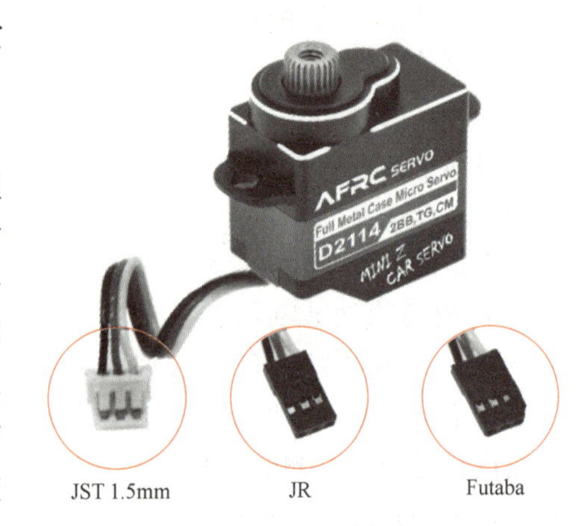

图 2-13　转向舵机（各型号接口对比）

智能小车的转向工作原理可理解为：转向舵机收到转角信号时，电机驱动内部齿轮旋转使转向摇臂左右摆动，转向摇臂带动转向直拉杆左右摆动，与汽车的转向系统最大的不同在于小车上的“转向器”结构简单，直接采用固定轴承加转向摇臂的形式转变了拉杆的运动方向，最后使转向节臂左右摆动，实现转向，如图 2-15 所示。

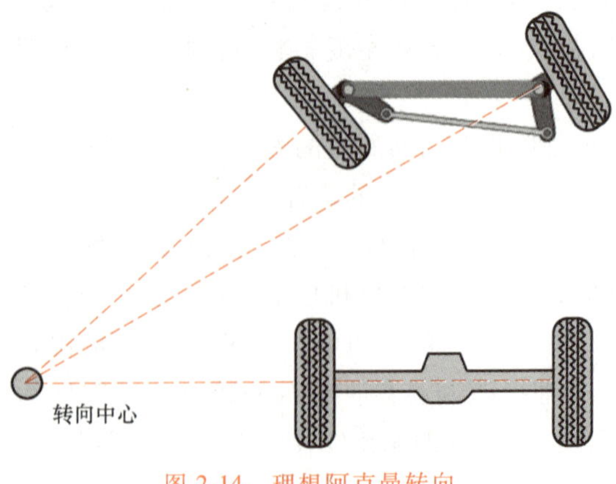

图 2-14　理想阿克曼转向

图 2-15　转向系统

2.2　智能小车环境感知

传感器是一种检测装置，能够将采集的信息，按一定规律变换成为电信号或其他所需形式的信息输出，以满足信息的传输、处理、存储、显示、记录和控制等要求。智能车辆环境感知模块是利用各种传感器对本车所处的周边环境进行数据采集，为处理模块控制操作提供有效依据，多种传感器的结合应用为智能车辆环境感知模块提供了技术保障。传感器是智能小车的“感觉器官”，是小车能称之为“智能”的必要件。

2.2.1　杜邦线

杜邦线，也叫跳线，是美国杜邦公司生产的有特殊效用的缝纫线，无须焊接，可以牢靠地和插针连接，快速进行电路试验，主要用于模块之间的连接，传输电信号，实现控制电路板之间的通信，如图2-16所示。杜邦线分为三种，即“公对公”“母对母”“公对母”，分别适用于不同的端口连接，该连接方式具有即拔即插、无须焊接、传输稳定、通断自由等优点，不同的传输路线可用不同颜色的线进行区分。

图2-16　杜邦线

2.2.2　霍尔传感器

“霍尔”一般指霍尔效应，是美国物理学家霍尔于1879年在研究金属的导电机构时发现的。当电流垂直于外磁场通过导体时，在导体垂直于磁场和电流方向的两个端面之间会出现电势差，这一现象便是霍尔效应。这个电势差也被叫作霍尔电势差。霍尔传感器在电机的尾部，霍尔传感器接线如图2-17所示。通过霍尔传感器测速的方法有很多，主要有频率测速法和周期测速法。

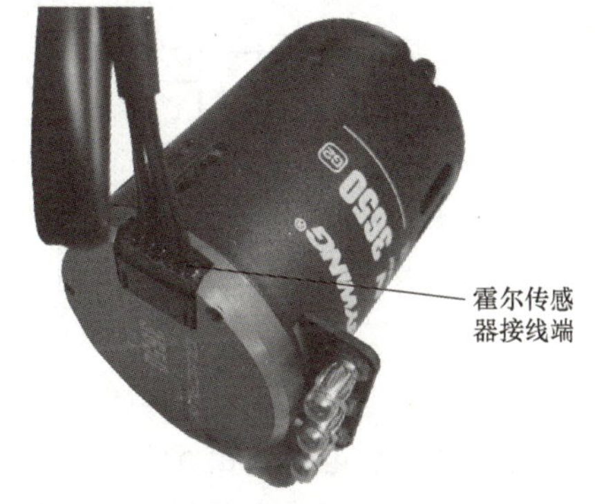

图2-17　霍尔传感器

（1）频率测速法　通过在相同的时间 T 间隔内计算传感器输出的脉冲个数来算出转速。设 R 为每转的脉冲信号数，T 为间隔时间，M 为 T 时间内测得的脉冲数。可见这种测速法的分辨率取决于电机转一周的输出 R 和测速周期 T，极对数越多或测量周期越长，则分辨率越小，但一般电机的 R 不大，且测量周期不宜过大，因为测量周期过大会影响测速的反应速度，降低系统的实时性，所以这种方法是不可取的。

（2）周期测速法　通过测量传感器发出的相邻两个脉冲之间的 T 来算出转速；因为相邻两个脉冲对应轮子上的物理距离 N 是确定的。用一个计数器对三个霍尔传感器的脉

冲信号进行采集；从一个脉冲触发开始计时，到下一个脉冲触发新的计时，测得每两个脉冲间的时间 T；所以，T 法测速的电机速度 speed = N/T。注意，关于 N 的获得有两种方法：①根据电机参数即可获得，用轮子周长除以轮子转一圈的脉冲数；②可以测量 10 圈轮子累积脉冲，求平均值。

2.2.3 超声波测距传感器

人类耳朵能听到的声波频率为 20Hz~20kHz。频率高于 20kHz 的声波称为“超声波”。因其方向性好，穿透能力强，易于获得较集中的声能，在水中传播距离远，可用于测距、测速、清洗、焊接、碎石、杀菌消毒等。超声波探头主要由压电晶片组成，既可以发射超声波，也可以接收超声波。常用的是压电式超声波发生器，是利用压电晶体的谐振来工作的，利用压电效应的原理将电能和超声波相互转化，即在发射超声波时，将电能转换成超声波发射出去，而在接收时，则将超声振动转换成电信号。超声波传感器探头内部有两个压电晶片和一个共振板。在它的两极外加脉冲信号，其频率等于压电晶片的固有振荡频率时，压电晶片将会发生共振，并带动共振板振动，便产生超声波。反之，如果两电极间未外加电压，当共振板接收到超声波时，将压迫压电晶片作振动，将机械能转换为电信号，这时它就成为超声波接收器了。

最常用的超声测距的方法是回声探测法，如图 2-18 所示，超声波发射器向某一方向发射超声波，在发射的同时计数器开始计时，超声波在空气中传播，途中碰到障碍物阻挡就立即反射回来，超声波接收器收到反射回的超声波就立即停止计时。超声波在空气中的传播速度为 340m/s，根据计时器记录的时间 t，就可以计算出发射点距障碍物的距离 S，即

$$S=\frac{340t}{2} \tag{2-1}$$

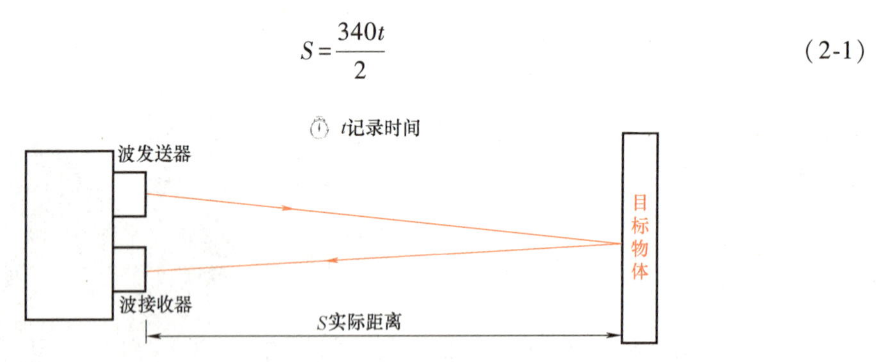

图 2-18 超声波测距原理图

超声波发射电路：由 555 定时器产生 40kHz 的脉冲信号，加到超声波探头的引脚上，使内部的压电晶片产生共振，向外发射超声波。超声波接收电路：由于超声波接收探头产生的电信号非常弱，需要进行放大处理，由晶体管和运算放大器 LM324 构成放大电路，对接收信号放大后，驱动继电器。一般采用集成的信号放大器芯片，对信号进行放大处理。

超声波也是一种声波，其声速 v 与温度有关。在使用时，如果传播介质温度变化不大，则可近似认为超声波速度在传播的过程中是基本不变的。如果对测距精度要求很高，

则应通过温度补偿的方法对测量结果加以数值校正。

$$v=331.4+0.607T \tag{2-2}$$

式中，T 为实际温度，单位为℃，v 为超声波在介质中的传播速度，单位为 m/s，实际测量时由于传感器和被测物体的角度不同，被测物体表面也可能是不平整的，产生几种特殊情况，会导致测量结果错误，可以通过旋转探头多次测量角度来解决。

2.2.4 摄像头

这里摄像头指广义的摄像头传感器，根据类型包括单目、双目、红外、鱼眼等摄像头，主要负责对前方车辆和行人等障碍物的图像采集以及对前方信号灯与交通标志线的信息采集。摄像头是视觉传感器系统的关键部件，视觉传感器系统是无人驾驶智能汽车障碍物的识别以及避障中的重要组成部分，主要由图像的采集模块、处理模块、特征提取模块等组成。

一个摄像头模组（camera compact module，CCM）包含四大件：镜头（lens）、传感器（sensor）、软板（FPC）、图像处理芯片（DSP）。决定一个摄像头好坏的重要部件是：镜头（lens）、图像处理芯片（DSP）、传感器（sensor）。CCM 的关键技术为：光学设计技术、非球面镜制作技术、光学镀膜技术。其工作原理为：物体通过镜头（lens）聚集的光，通过 CMOS 或 CCD 集成电路，把光信号转换成电信号，再经过内部图像处理器（ISP）转换成数字图像信号输出到图像处理芯片（DSP）加工处理，转换成标准的 GRB、YUV 等格式图像信号。

智能小车使用型号为 USBFHD01M 的摄像头，如图 2-19 所示。该摄像头模组搭载 1/2.7in、3.6mm 1080P 高清镜头，拥有良好的低照度，照度可达星光级 0.05lx，支持 USB2.0 OTG 协议，可接入 OTG 设备使用，具体参数见表 2-1。

图 2-19 USBFHD01M 的摄像头

表 2-1 USBFHD01M 摄像头各类参数

产品型号	USBFHD01M
传感器(sensor)	OV2710
镜头尺寸(lens size)	1/2.7in
像素尺寸(pixel size)	3μm×3μm
图像区域(image area)	5856μm×3276μm
最高有效像素	全高清 1920(H)×1080(V)
输出图像格式	MJPEG/YUV2(YUYV)
支持的分辨率及帧率	320×240 QVGA MJPEG @ 120fps/352×288 CIF MJPEG @ 120fps 640×480 VGA MJPEG@ 120fps/800×600 SVGA MJPEG@ 60fps 1024×768 XGA MJPEG@ 30fps/1280×720 HD MJPEG@ 60fps 1280×1024 SXGA MJPEG@ 30fps/1920×1080 FHD MJPEG@ 30fps
特有功能	镜头校正 缺陷像素校正 黑斑去除

（续）

产品型号	USBFHD01M
最低照度	0. 051lx
快门类型	电子卷帘快门/帧曝光
USB 协议	USB 2. 0 HS/FS
接口类型	高速 USB 2. 0
支持 OTG 协议	USB 2. 0 OTG
支持免驱协议	USB 视频类(UVC)
自动曝光控制 AEC	支持
自动白平衡 AEB	支持
自动增益控制 AGC	支持
可调节参数	亮度、对比度、色饱和度、色调清晰度 白平衡、逆光对比、曝光度
镜头	标配 3. 6mm，可选 2. 1/2. 5 /2. 8/ 6mm
夜视功能	支持，需配合感红外镜头 850nm 或者 940nm，搭配红外灯板实现
红外灯板供电接口	支持 2P-2. 0mm 插座
供电方式	USB 总线电源 4P-2. 0mm 插座
工作电压	DC 5V
工作电流	120～220mA
工作温度	0～60℃
存储温度	-20～75℃
板机尺寸/重量	38×38mm(兼容 32×32mm)/大概 30g
线长度	标配 1m/可选 2m、3m、5m
支持的系统	Windows XP/Vista/Windows 7/Windows 8 带 UVC 的 Linux(高于 Linux-2. 6. 26) MAC-OS X 10. 4. 8 及以后版本 嵌入式 UVC 安卓 4. 0 或以上，含 UVC

2. 2. 5 激光雷达

激光雷达的工作原理是：激光器以逆时针在水平方向上发射的激光束完成 190°的平面扫描。当激光束遇到目标障碍物时，反射回来的激光束被光学接收系统的探测器检测到，会转变成一个电信号，经过滤波和放大之后，输入到内部的数字信号处理器，经过处理后输出到采集程序显示在计算机上。在激光雷达的实际应用中，扫描周期、尾度测量范围和尾度分辨率以及探测距离等是主要关注的量。

智能小车平台常用的激光雷达是 RPLIDAR A1，如图 2-20 所示，它是一个 360°激光测距扫描雷达，测量范围达到半径 12m，能达到 8000 次/s 的测量频率。RPLIDAR A1 360°激光测距扫描雷达是由 SLAMTEC 公司开发的低成本二维激光雷达（LIDAR）解决方

案。它可以实现在二维平面的12m半径范围内（A1M8-R4及以前型号可实现6m半径范围内）进行360°全方位的激光测距扫描，并产生所在空间的平面点云地图信息。这些云地图信息可用于地图测绘机器人定位导航、物体/环境建模等实际应用中。在将采样周期设为1450点采样/周的条件下，RPLIDAR扫描频率达5.5Hz，并且最高可达10Hz的扫描频率，RPLIDAR采用由SLAMTEC研发的低成本的激光三角测距系统，在各种室内环境以及无日光直接照射的室外环境下均表现出色，其具体参数见表2-2。

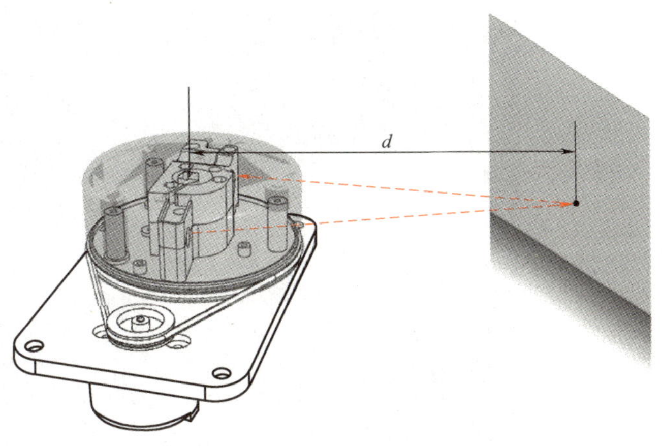

图2-20 激光雷达及其原理

表2-2 RPLIDAR A1雷达具体参数

参数	最小值	典型值	最大值	备注
测距范围/m	待定	0.15～12	待定	基于白色高反光物体测得
扫描角度/(°)	不适用	0～360	不适用	
测距分辨率/m	不适用	<0.5	不适用	测量物体在1.5m以内
角度分辨率/(°)	不适用	≤1	不适用	5.5Hz扫描时
单次测距时间/ms	不适用	0.5	不适用	
测量频率/Hz	2000	≥4000	8000	
扫描频率/Hz	5	5.5	10	扫描一周的频率典型值为一次扫描恰好360个采样点的情况

2.3 智能小车计算平台

智能小车的中央处理电路板选用Raspberry 4B（树莓派），智能小车的中央处理器是整个智能小车的“大脑”，其集信号的读取、处理、调控、输出为一体，调控整个小车实现特定功能，如图2-21所示。

树莓派由注册于英国的慈善组织“Raspberry Pi基金会”开发，Eben Upton（埃本·阿普顿）为项目带头人。2012年3月，英国剑桥大学Eben Upton（埃本·阿普顿）正式发售世界上最小的台式机，又称“卡片式计算机”，外形只有信用卡大小，却具有计算机的所有基本功能，这就是“Raspberry Pi计算机板”，中文译名“树莓派”。这一基金会以提升学校计算机科学及相关学科的教育，让计算机变得有趣为宗旨。基金会期望这一款计算机无论是在发展中国家还是在发达国家，会有更多的其他应用不断被开发出来，并应用

图 2-21　树莓派 4B

到更多领域。在 2006 年树莓派早期概念是基于 Atmel 公司的 ATmega644 单片机，首批上市的 10000“台”树莓派的“板子”，由我国台湾和大陆不同厂家制造。

Raspberry Pi 经历了近十年的发展，已诞生出多个版本的树莓派，目前最新的树莓派版本为 Raspberry Pi 4B。树莓派可以连接电视、显示器、键盘、鼠标等设备使用，使其能替代日常桌面计算机实现多种用途，包括文字处理、电子表格、媒体中心甚至是游戏，并且树莓派还可以播放分辨率高至 1080P 的高清视频。

2.3.1　树莓派接口及配件介绍

1. 树莓派板载接口

树莓派 3B+是采用 BCM2837B0 型号的 CPU，是一个 64 位的处理器，其主频高达 1.4GHz，性能已然很强劲，这个处理器包含完整的性能优化和散热器，这允许它有更高的时钟频率，并能准确地监控芯片温度，功能图如图 2-22 所示。

双频无线网卡和蓝牙采用 Cypress CYW43455“combo”芯片，与上一代相比，3B+在 2.4GHz 频带的传输表现更好，并且在 5GHz 频带表现更好。

以往的树莓派设备使用 LAN951x 系列芯片，它将 USB HUB 与 10/100 以太网控制器结合在一起。对于树莓派 3B+，升级版 LAN 7515 支持千兆以太网，而当采用 USB 2.0 连接应用处理器时限制了可用宽带。

树莓派 3B+的应用处理器在原有的工艺下提升了主频，所以运行时发热量比原来的树莓派 3B 要大，可以采用一些辅助的散热手段加以解决。

2. 树莓派 I/O 接口

I/O 是输入/输出 input/output 的缩写，通常指数据在内部存储器和外部存储器或其他周边设备之间的输入和输出。I/O 接口的功能是负责实现 CPU 通过系统总线把 I/O 电路和外围设备联系在一起。输入/输出设备是硬件中由人（或其他系统）使用、与计算机进行通信的部件。树莓派的 I/O 接口一共有 40 个引脚，具体定义如图 2-23 所示。

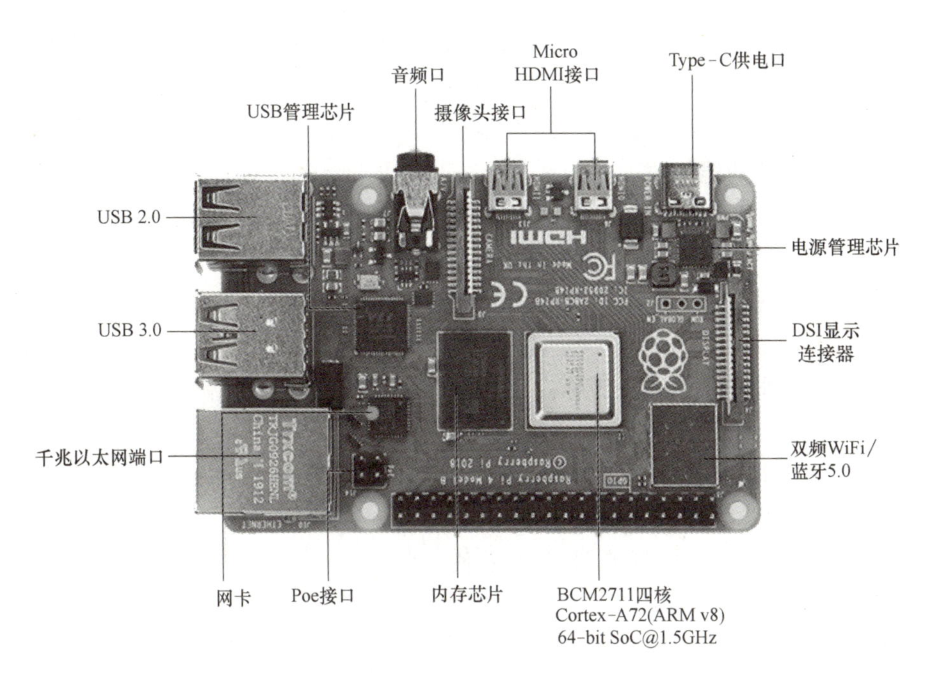

图 2-22 树莓派各接口示意图

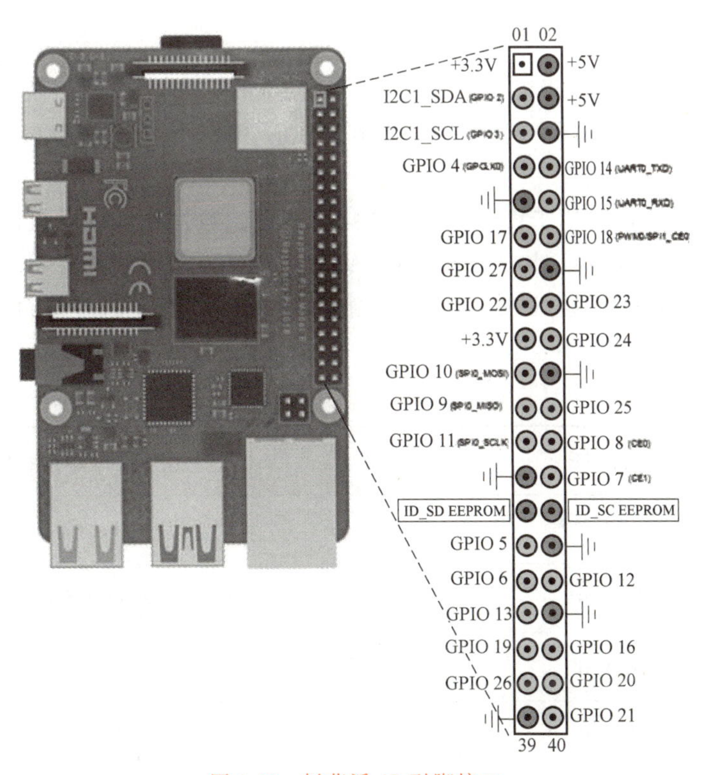

图 2-23 树莓派 4B 引脚接口

GPIO（general purpose I/O ports）意思为通用输入/输出端口，通俗地说，就是一些引脚，可以通过它们输出高低电平或者通过它们读入引脚的状态，是高电平或是低电平。

GPIO是个比较重要的概念，用户可以通过GPIO口和硬件进行数据交互（如UART），控制硬件工作（如LED、蜂鸣器等），读取硬件的工作状态信号（如中断信号）等。GPIO口的使用非常广泛。掌握了GPIO，差不多相当于掌握了操作硬件的能力。

+3.3V和+5V用于给其他模块（如传感器、驱动板）供电，GND连接其他模块的GND接口，形成电源回路。

3. 树莓派电源适配器

树莓派正常工作需要一个较为稳定的电源适配器或充电宝提供电源，树莓派采用Micro USB供电接口，要求5V电压、2.5A电流，计算机USB接口只提供5V、1A的电源，不能满足此要求，因此树莓派不能插在计算机上使用。而该款充电器刚好能提供5V、2.5A的稳定电源，因此可作为树莓派的电源适配器，如图2-24所示。同样，在选择充电宝时，也要求选用最低能提供5V电压、2.5A电流的充电宝。

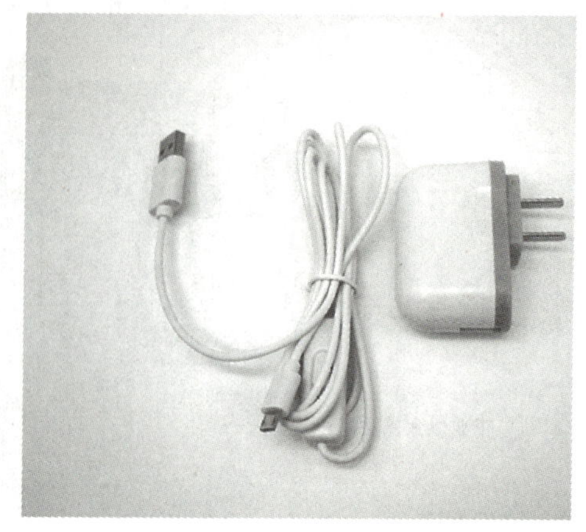

图2-24　树莓派电源适配器

2.3.2　树莓派系统烧录与配置

树莓派是基于ARM的微型计算机主板，以SD/MicroSD卡为内存硬盘，其是只有信用卡大小的微型计算机。从早期的A、B型到现在的3B+型，其外部接口更加丰富、功能更加强大、使用更加广泛。

MATLAB/Simulink是用于算法开发、数据可视化、数据分析以及数值计算的高级技术计算语言和交互式环境，主要包括MATLAB和Simulink两大部分。MATLAB发展至今版本不断更新，从R2014a便提供了树莓派的支持包，其版本与树莓派的匹配情况见表2-3。

表2-3　树莓派与MATLAB匹配情况

树莓派型号	支持的Simulink版本
树莓派1B(停产)	R2014a-当前版本
树莓派1B+	R2014b-当前版本
树莓派2B	R2014b-当前版本
树莓派3B	R2016a-当前版本
树莓派Zero W	R2018a-当前版本
树莓派3B+	R2018b-当前版本

本书选用树莓派 3B+与提供其支持包的 R2018b MATLAB/Simulink 进行搭接。

1. 树莓派系统烧入与基础参数设置

树莓派支持多种系统，主要包括 Raspbian、Windows 10、UBUNTU MATE 等，常用的是 Raspbian 系统，本书围绕此系统讲解。

首先登录网站（http://www.raspberrypi.org/downloads/）下载系统文件，如图 2-25 所示。然后在 Windows 计算机上安装系统烧入软件 etcher，最后用读卡器把树莓派配套的存储卡接入计算机，然后打开 etcher 开始系统烧入。

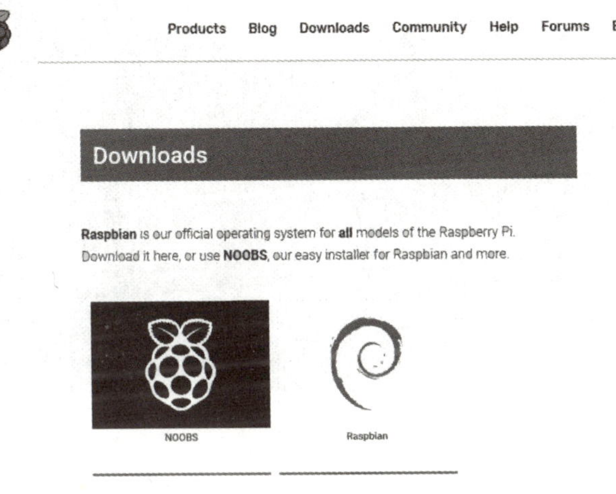

图 2-25 Raspbian 系统下载

第一步，单击“Select image”按钮选择在官网下载的系统文件；第二步，单击“Select drive”按钮选择 U 盘盘符；第三步，单击“Flash1”按钮开始烧入系统，如图 2-26 所示。

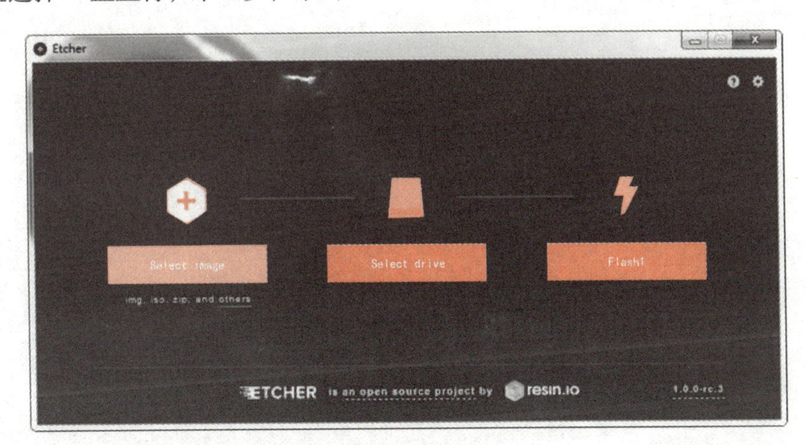

图 2-26 系统烧入界面

在系统烧入期间或完成后，如有提示不可识别文件系统或者要格式化磁盘，选择格式化磁盘。安装后若出现“Flash Complete”表示系统成功烧入，将内存卡插入树莓派即可正常使用。如果安装失败，退出软件并格式化 U 盘再次尝试。

2. 树莓派基础参数设置

树莓派与 MATLAB/Simulink 进行数据信息传输之前，需要将树莓派和安装好 MAT-

LAB/Simulink 的计算机置于同一网络下，然后获取树莓派端的 IP 地址，设置树莓派系统的密码等，步骤如下：

（1）获取树莓派端的 IP 地址　树莓派连接显示屏、键盘及鼠标，接线如图 2-27 所示。

图 2-27　树莓派外接设备

单击树莓派系统界面左上角命令编辑框并输入“ifconfig”命令，按<Enter>键弹出系统相关信息，图 2-28 所示树莓派的 IP 地址为“192. 168. 43. 34”，该地址与网络环境有关。

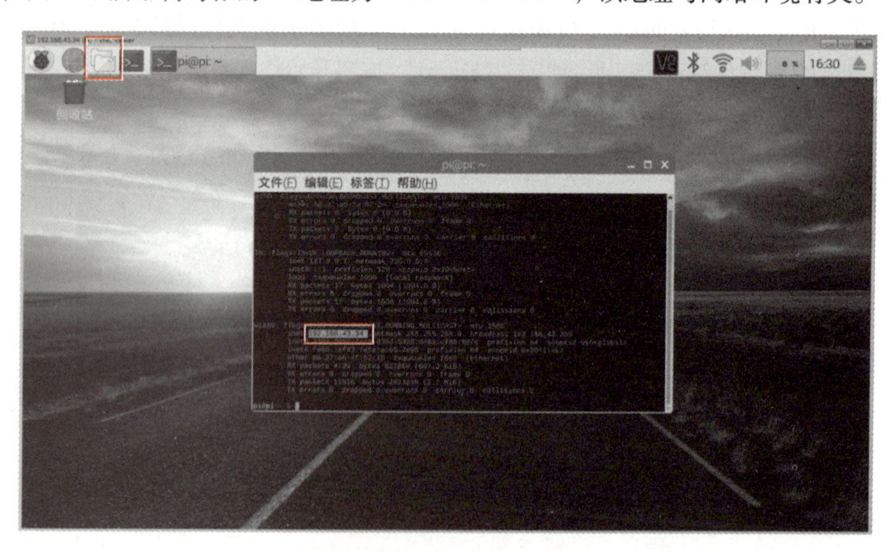

图 2-28　获取树莓派 IP 地址

（2）密码设置　树莓派搭接时要在 Simulink 端输入树莓派的密码、用户名等基本信息，可单击系统界面左上角菜单按钮设置，如图 2-29 所示。

按照上述操作步骤，将会弹出如图 2-30 所示的界面。单击“Change Password”按钮，将会弹出修改密码的界面。如若密码设置成功将会弹出“The password has been changed

图 2-29 树莓派基本设置

successfully” 提示。

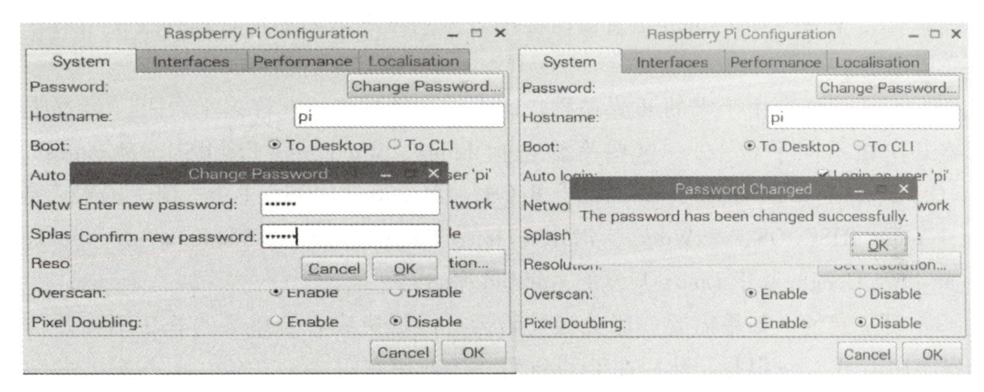

图 2-30 树莓派基本设置

除了通过外接设备连接树莓派，还可以使用 Windows 系统自带的远程桌面连接。如图 2-31 所示，首先打开远程桌面连接，输入树莓派 IP 地址，再输入树莓派系统账户名和密码。此软件不仅可以投影屏幕，还可通过复制、粘贴操作将计算机和树莓派的程序和文件进行传输。

还可采用 VNC-Viewer 软件和 FileZilla 软件。VNC-Viewer 软件跟系统自带的远程桌面连接一样，兼容性和稳定性要差一些，但不可以直接将计算机上的文件复制、粘贴到树莓派。FileZilla 软件是建立在 SSH 服务下的文件传输软件，通过该软件可以在计算机端把编好的程序或者其他文件传输到树莓派。

2.3.3 开发工具

树莓派可以采用 Python 语言、C++语言或者 MATLAB/Simulink 进行开发。

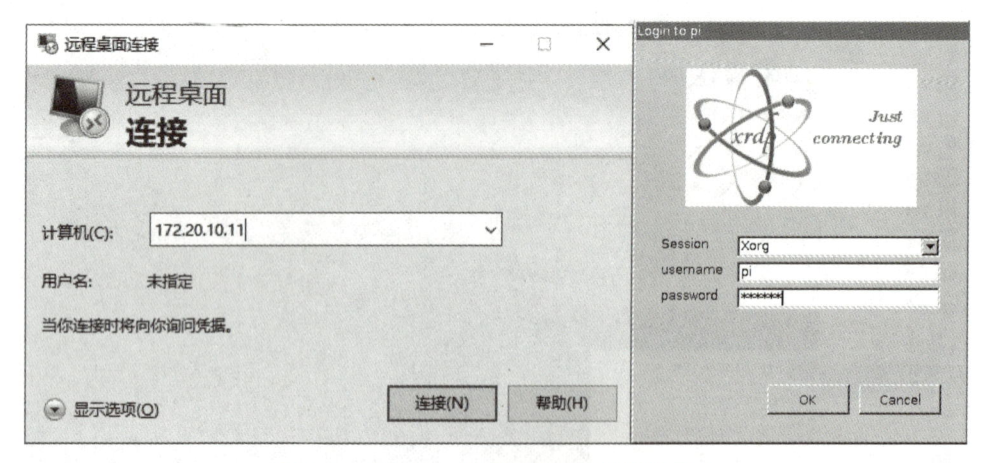

图 2-31　Windows 远程桌面连接树莓派界面

1. Python

Python 是一个解释型的面向对象的、跨平台的编程语言。良好的可靠性、清晰的语法和易用性，使它成为最流行的编程语言之一。Python 语言的优点除简单易学、免费开源以外，还有以下优点：

(1) 高层语言　用 Python 语言编写程序时无须考虑诸如如何管理程序使用的内存一类的底层细节。

(2) 可移植性　由于它的开源本质，Python 已经被移植在许多平台上（经过改动使它能够工作在不同平台上）。这些平台包括 Linux、Windows、FreeBSD、Macintosh、Solaris、OS/2、Amiga、AROS、AS/400、BeOS、OS/390、z/OS、Palm OS、QNX、VMS、Psion、Acom RISC OS、VxWorks、PlayStaTIon、Sharp Zaurus、Windows CE、PocketPC、Symbian 以及 Google 基于 Linux 开发的 Android 平台。

(3) 可扩展性　如果需要一段关键代码运行得更快或者希望某些算法不公开，可以部分程序用 C 或 C++编写，然后在 Python 程序中使用它们。

(4) 可嵌入性　可以把 Python 嵌入 C/C++程序，从而向程序用户提供脚本功能。

(5) 丰富的库　Python 标准库很庞大，它可以帮助处理各种工作，包括正则表达式、文档生成、单元测试、线程、数据库、网页浏览器、CGI、FTP、电子邮件、XML、XML-RPC、HTML、WAV 文件、密码系统、GUI（图形用户界面）、Tk 和其他与系统有关的操作，这被称作 Python 的“功能齐全”理念。除了标准库以外，还有许多其他高质量的库，如 wxPython、Twisted 和 Python 图像库等。

(6) 规范的代码　Python 采用强制缩进的方式使得代码具有较好的可读性。而 Python 语言写的程序不需要编译成二进制代码。

用 Python 编写程序可以直接控制树莓派引脚，可控制小车完成特定的功能，Python 程序由于不需要转译，所以驱动小车更快、更高效，如图 2-32 所示。

2. MATLAB/Simulink

Simulink 是 MATLAB 中的一种可视化仿真工具，是一种基于 MATLAB 的框图设计环境，是实现动态系统建模、仿真和分析的一个软件包，被广泛应用于线性系统、非线性系

统、数字控制及数字信号处理的建模和仿真中。Simulink 提供一个动态系统建模、仿真和综合分析的集成环境。在该环境中，无须大量书写程序，而只需要通过简单直观的鼠标操作，就可构造出复杂的系统。

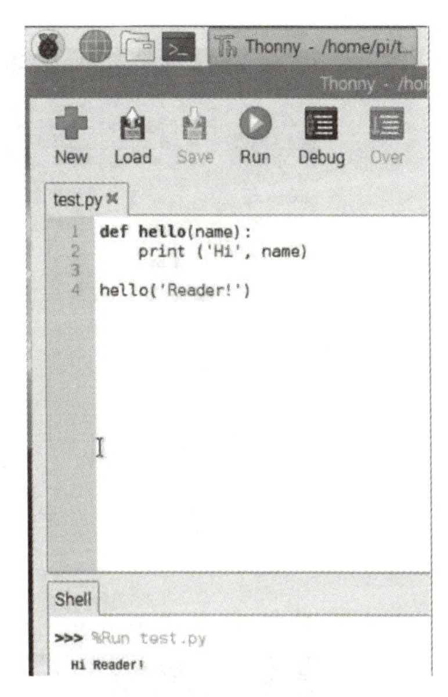

图 2-32　树莓派上的 Python 编程

Simulink 的特点有：丰富的可扩充的预定义模块库；交互式的图形编辑器来组合和管理直观的模块图；以设计功能的层次性来分割模型，实现对复杂设计的管理；通过 Model Explorer 导航、创建、配置、搜索模型中的任意信号、参数、属性，生成模型代码；提供 API 用于与其他仿真程序的连接或与手写代码集成；使用 Embedded MATLAB™ 模块在 Simulink 和嵌入式系统执行中调用 MATLAB 算法；使用定步长或变步长运行仿真，根据仿真模式（Normal、Accelerator、Rapid Accelerator）来决定以解释性的方式运行或以编译 C 代码的形式来运行模型；图形化的调试器和剖析器可用来检查仿真结果，诊断设计的性能和异常行为；可访问 MATLAB 从而对结果进行分析与可视化，定制建模环境，定义信号参数和测试数据；模型分析和诊断工具可用来保证模型的一致性，确定模型中的错误。

MATLAB 中名为“Simulink Support Package for Raspberry Pi Hardware”的硬件支持包可以无线连接树莓派，从而搭建模型实现对树莓派引脚的控制，在模型驱动小车的过程中，Simulink 会自动把模型转为 C 代码通过局域网传输到树莓派中，树莓派才能驱动小车，如图 2-33 所示。

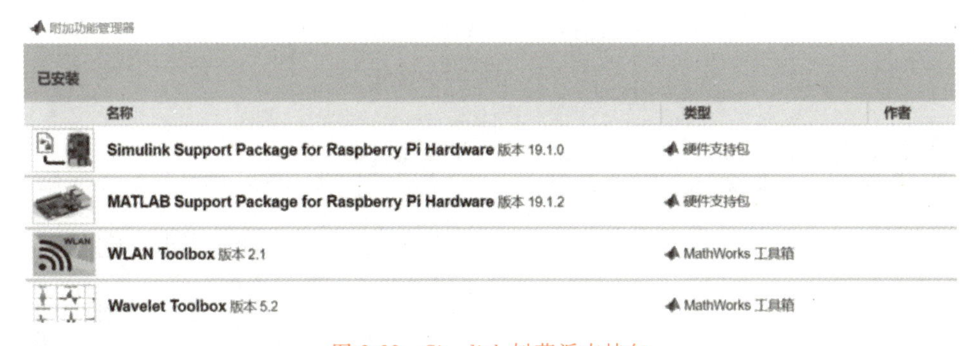

图 2-33　Simulink 树莓派支持包

（1）Simulink 文件创建　打开 MATLAB 软件，启动 Simulink 有三种方式：①单击工具栏上的“Simulink”按钮；②在命令行窗口输入“Simulink”然后按<Enter>键；③在 MATLAB 工具栏上单击“新建”→“Simulink Model”命令，如图 2-34 所示。

（2）Simulink 模块创建与参数设置　通过单击菜单栏的“View”→“Library Browser”命令或者单击上方工具栏的图标，进入模块库浏览器，如图 2-35 所示。单击左侧模块列表找到需要的模块，也可通过左上方搜索框进行搜索。

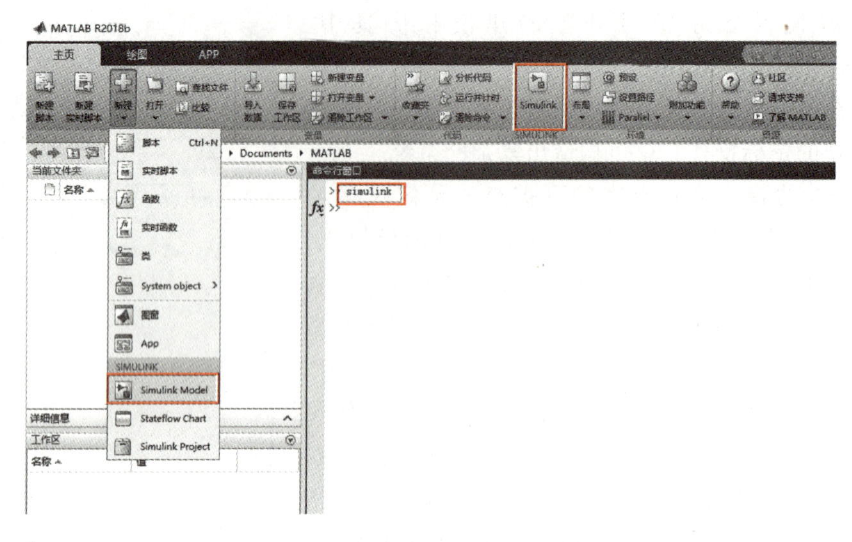

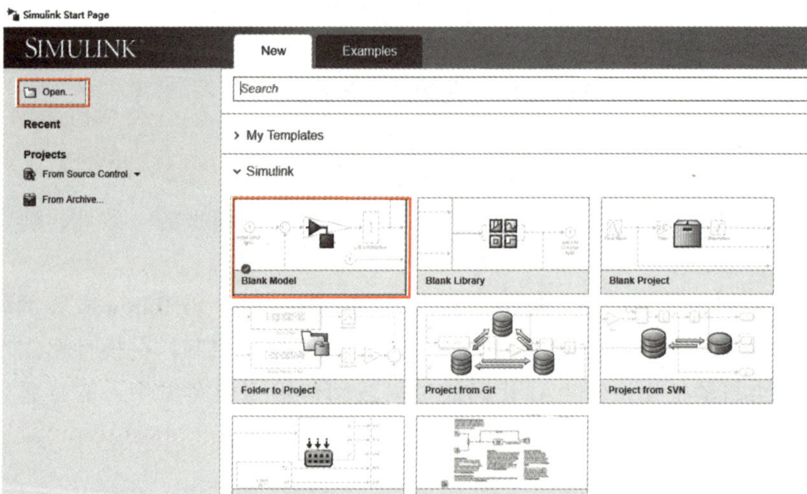

图 2-34　启动 Simulink

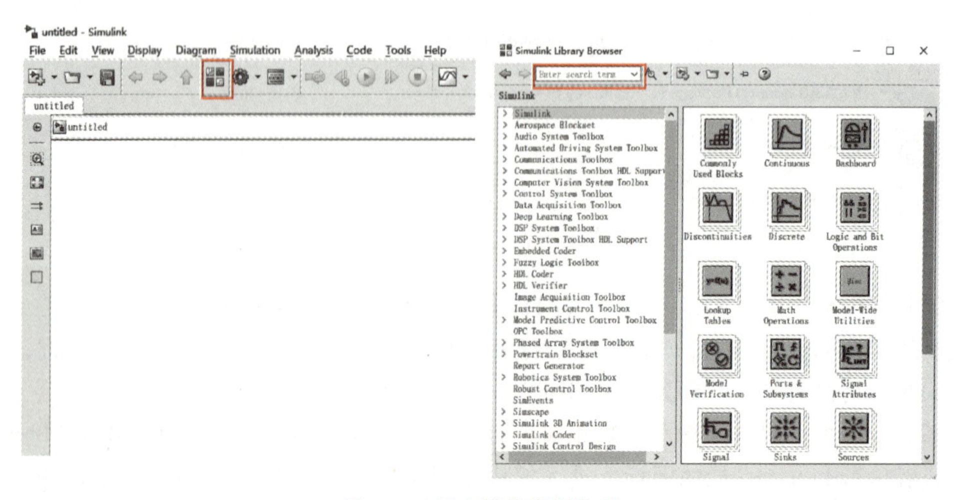

图 2-35　进入模块库浏览器

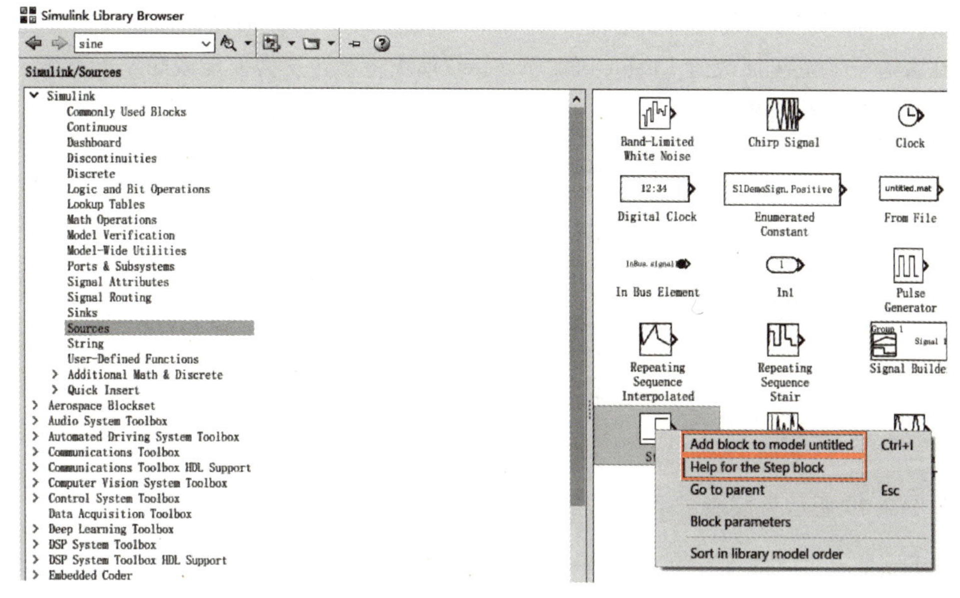

图 2-36　模块添加与帮助

如图 2-36 所示，单击需要的模块，然后右击，在弹出的快捷菜单中选择添加命令，也可直接按住左键将模块拖到 Simulink 中。各个模块的相关信息可在右击之后再选择帮助命令。如图 2-37 所示，在 Simulink 文件空白处双击，然后输入模块名称，也可添加模块。

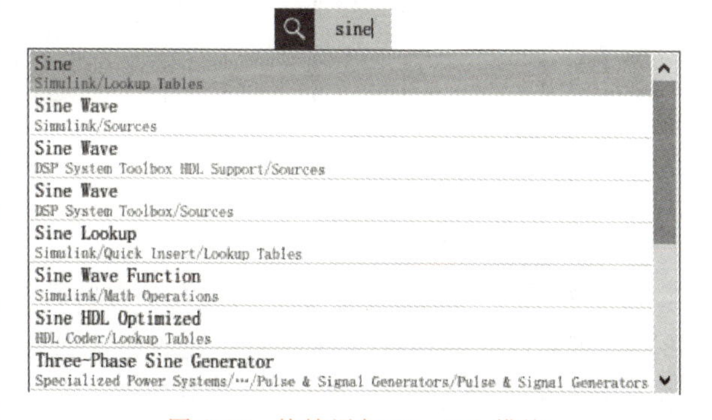

图 2-37　快捷添加 Simulink 模块

用鼠标右键点住模块直接拉动可创建相同模块，也可以用复制、粘贴代替操作。双击模块可对模块的参数进行设置，不设置时软件会将其置于默认值。

(3) Simulink 模块连接与移动　模块与模块之间的连接分为自动连接和手动连接。模块自动连接可先用鼠标选中模块，然后按住<Ctrl>键不放，再用鼠标单击目标模块，软件会自动将源模块的输出端口与目标模块的输入端口相连。模块手动连接可先把指针放置在源模块的输出端口，当指针形状变为十字形时，按住鼠标左键，拖动指针到目标模块的输入端口。当一条信号线需要与多个模块连接时，可按住<Ctrl>键然后拖动鼠标再拉出一条线，如图 2-38 所示。

按住鼠标滚轮不放可以移动所有模块；移动部分模块时，先框选要移动的模块，然后拖动框内任意模块；移动单个模块时用鼠标左键直接拖动即可。

图 2-38　模块连接

(4) Simulink 模型子系统创建　选中所需模块，在右下角菜单出现创建按钮，如图 2-39 所示，分别是普通子系统、使能子系统（Enabled Subsystem）、触发子系统（Trig-

gered Subsystem）和函数调用子系统（Function-Call Subsystem）的创建按钮（从左至右），可以在普通子系统里面放置 Enabled 和 Triggered 模块将其转变为使能或触发子系统。下面对常用子系统进行简单介绍。

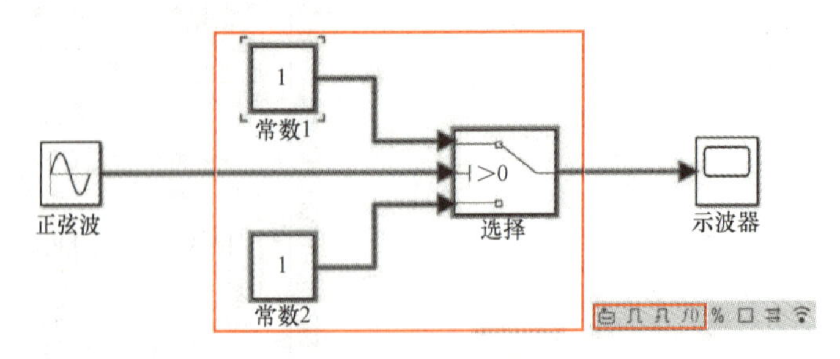

图 2-39　创建子系统

如图 2-40 所示为使能子系统：当控制信号值为正时，子系统执行。

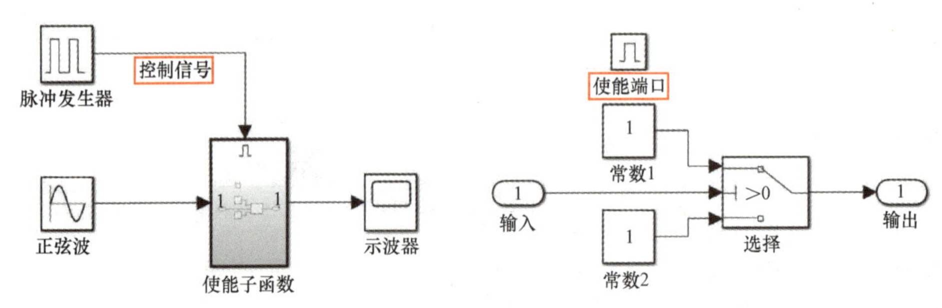

图 2-40　使能子系统

图 2-41 所示为触发子系统：当控制信号的符号发生改变时（也就是控制信号发生过零时），子系统开始执行。触发子系统的触发执行有三种形式：①控制信号上升沿触发：控制信号具有上升沿形式；②控制信号下降沿触发：控制信号具有下降沿形式；③控制信号双边沿触发：控制信号在上升沿或下降沿时触发子系统。

函数调用子系统类似于用文本语言（如 M 语言）编写的 S 函数，只不过它是通过 Simulink 模块来实现，通常利用 Stateflow 图、函数调用生成器或 S 函数执行函数调用子系统。

创建好后可单击子系统下方名称，然后进行修改，便于以后快速找到子系统。选中子系统然后双击即可进入子系统，当需要退出子系统时可按<Esc>键，也可单击上方菜单栏的三个方向按钮进行退出和切换系统操作，如图 2-42 所示。当子系统有多个输入多个输出时，系统内需要创建多个 In 和 Out 模块。

（5）S 函数　由于 S 函数涉及内容较多，本书只做简单介绍和讲解。MATLAB 中的 S 函数为用户提供了拓展 Simulink 功能的一种强大机制。通过编写 S 函数，用户可以向 Simulink 模块中添加自己的算法，该算法采用 MATLAB 语言编写，也可以用 C 语言编写。只要遵循一定的规则，用户就可以在 S 函数中实现任意算法。

S 函数是系统函数（system function）的简称，是指采用非图形化的方式描述一个模块。S 函数使用特定的调用语法，这种语法可以与 Simulink 中的方程求解器相互作用，S

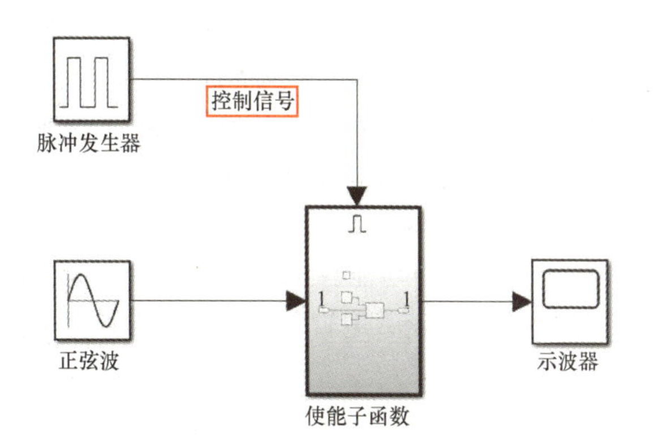

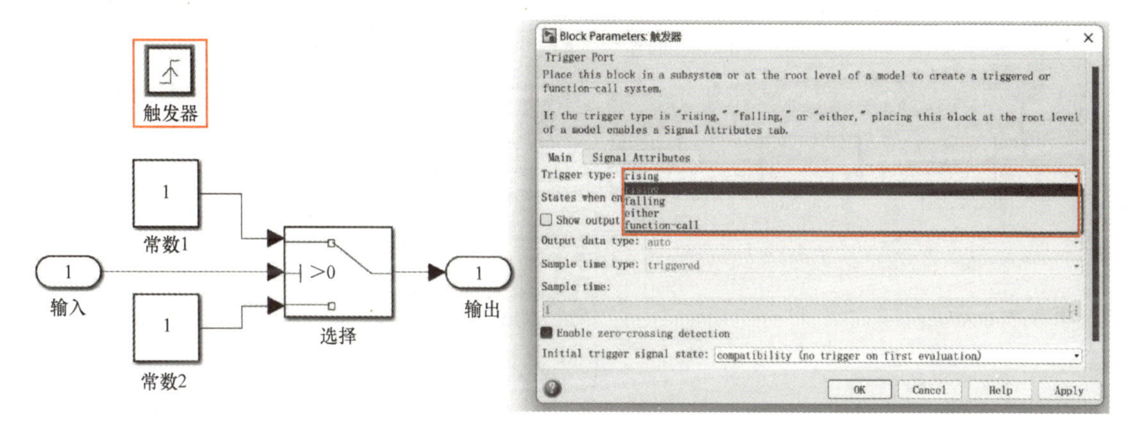

图 2-41 触发子系统

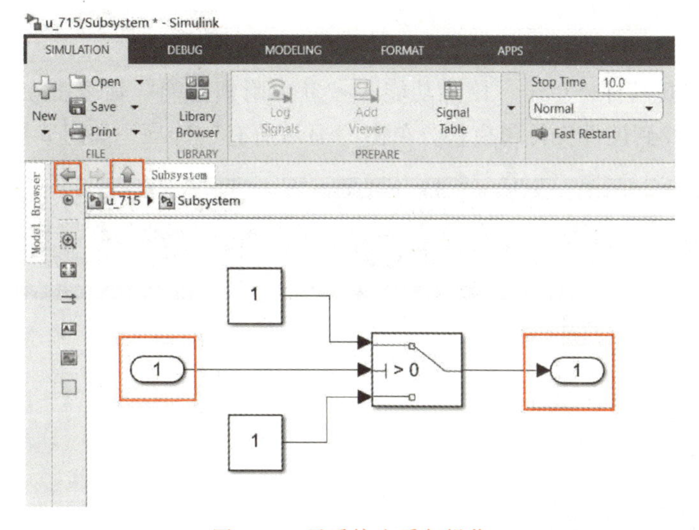

图 2-42 子系统查看与操作

函数中的程序从求解器中接收信息，并对求解器发出的命令做出适当的响应。这种作用方式与求解器和内嵌的 Simulink 模块之间的作用很相似。S 函数的格式是通用的，它们可以用在连续系统、离散系统和混合系统中。完整的 S 函数结构体系包含描述一个动态系统所需的全部能力，所有其用户的使用情况（比如用于显示目的）都是这个默认体系结构的特例。

函数允许用户向 Simulink 模型中添加用户自己的模块，它作为与其用户语言相结合的接口程序，可以用 MATLAB、C、C++、Fortran 或 Ada 语言创建自己的模块，并使用这些语言提供的强大功能，用户只需要遵守一些简单的规则即可。例如，M 语言编写的 S 函数可以调用工具箱和图形函数，C 语言编写的 S 函数可以实现对操作系统的访问，用户还可以在 S 函数中实现用户算法，编写完 S 函数之后，用户可以把 S 函数的名称放在 S-Function 模块中，并利用 Simulink 中的封装功能自定义模块的用户接口。创建 S-Function 模块然后双击，在命名输入框的右边进入函数编辑界面，如图 2-43 所示。

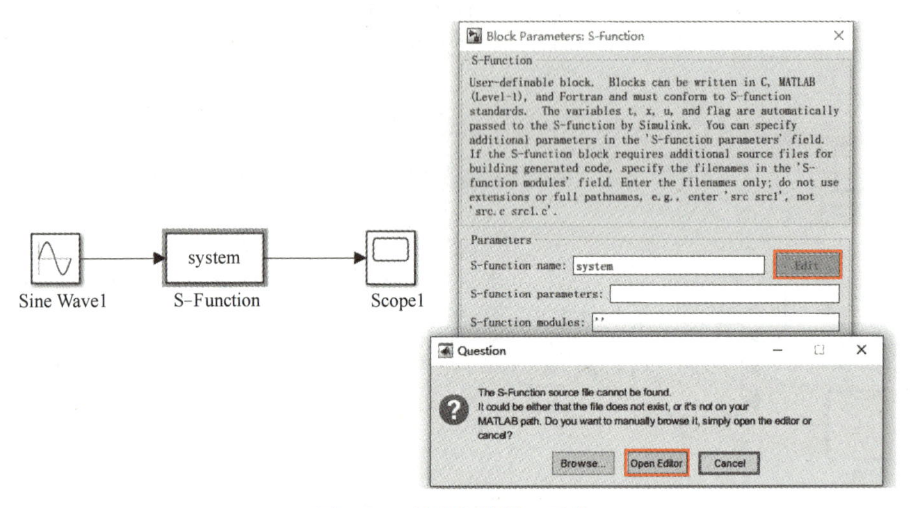

图 2-43　创建和编辑 S 函数

2.3.4　MATLAB/Simulink 配置方法

打开 MATLAB 软件，单击“附加功能”→“获取附加功能”命令，在“附加功能资源管理器”界面中找到硬件支持包模块，单击“显示所有”选项，如图 2-44 所示。

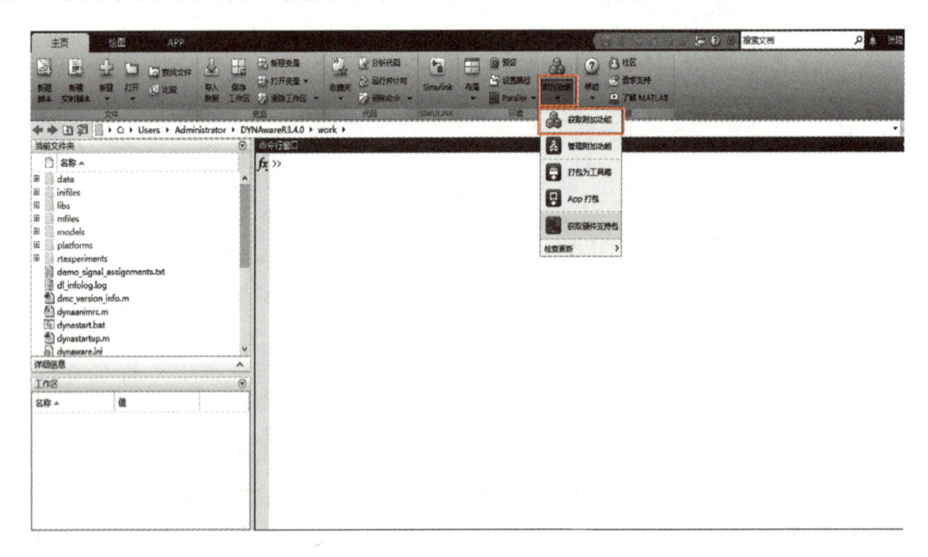

图 2-44　获取硬件支持包

图 2-44　获取硬件支持包（续）

如图 2-45 所示，在弹出的界面中找到“Simulink Support Package for Raspberry Pi Hardware”，即为树莓派的安装支持包。

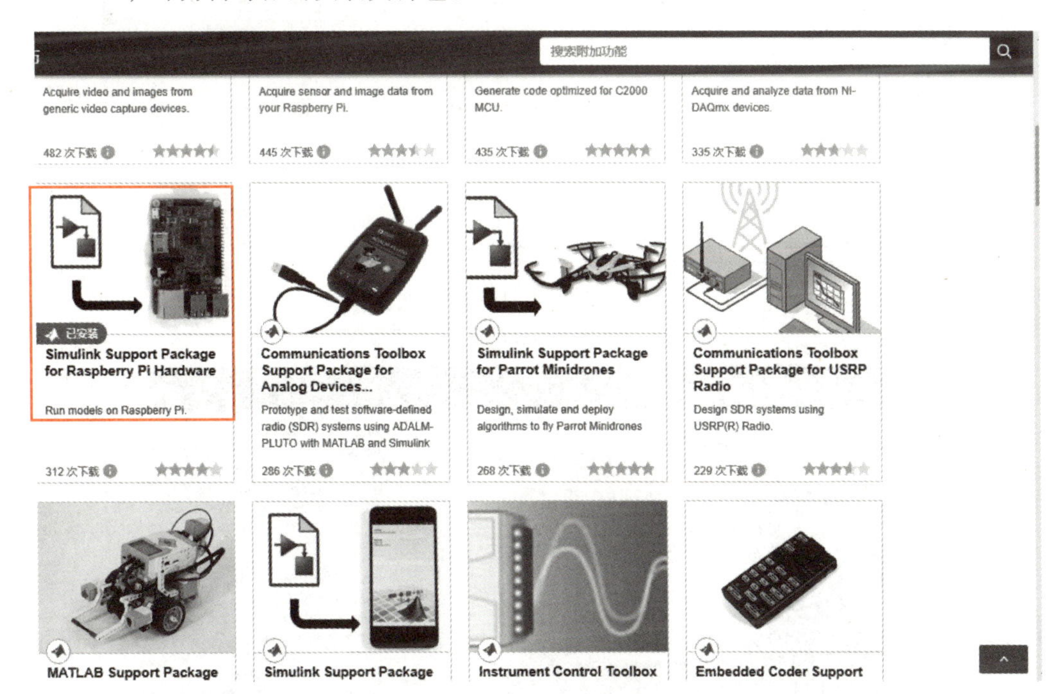

图 2-45　树莓派支持包

如图 2-46 所示，在弹出的界面中，首先单击下载，然后单击“管理”按钮。等待各工具箱与相关软件全部刷新完成之后，找到“Simulink Support Package for Raspberry Pi Hardware”对应的“设置”按钮并单击打开。

在“Hardware Setup”界面中，首先选择树莓派的型号为“Raspberry Pi 3 Model B+”，然后单击“Next”按钮，如图 2-47 所示。

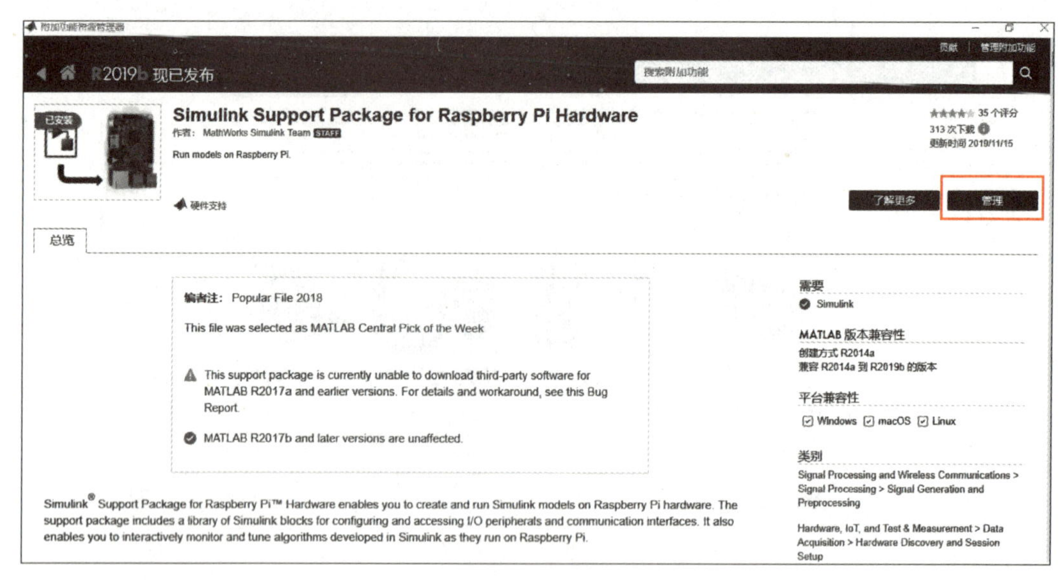

名称	类型	作者	安装日期
Simulink Support Package for Raspberry Pi Hardware 版本 18.2.3	硬件支持包		24 September 2019
MATLAB Support Package for Raspberry Pi Hardware 版本 18.2.3	硬件支持包		23 September 2019
WLAN Toolbox 版本 2.0	MathWorks 工具箱		22 September 2019
Wavelet Toolbox 版本 5.1	MathWorks 工具箱		22 September 2019
Vision HDL Toolbox 版本 1.7	MathWorks 工具箱		22 September 2019
Vehicle Network Toolbox 版本 4.1	MathWorks 工具箱		22 September 2019
Vehicle Dynamics Blockset 版本 1.1	MathWorks 产品		22 September 2019
System Identification Toolbox 版本 9.9	MathWorks 工具箱		22 September 2019
Symbolic Math Toolbox 版本 8.2	MathWorks 工具箱		22 September 2019

图 2-46　支持包管理

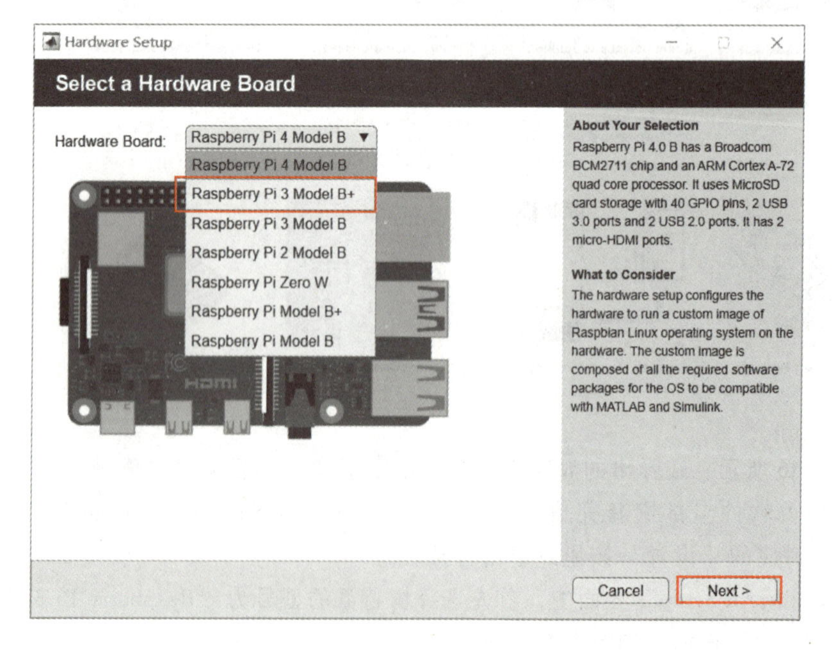

图 2-47　树莓派型号选择

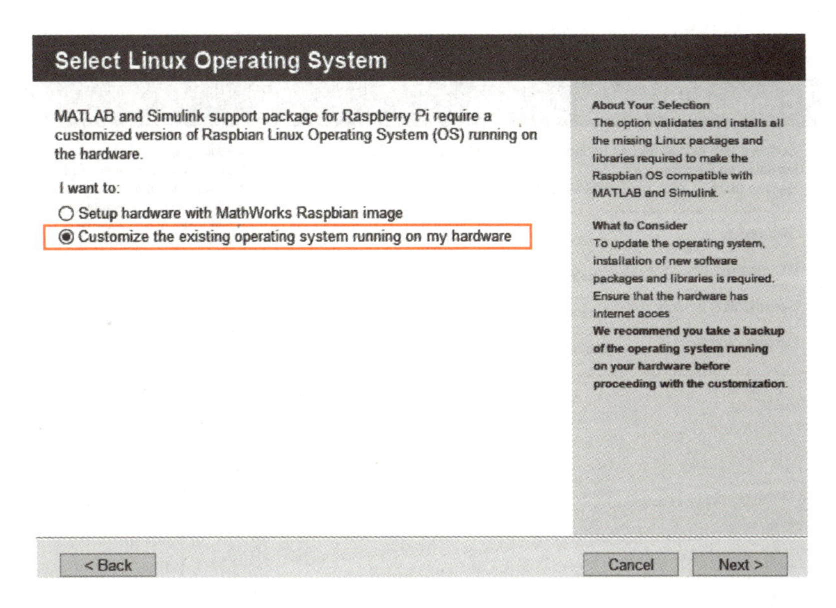

图 2-47　树莓派型号选择（续）

如图 2-48 所示，在弹出的界面中，首先输入树莓派端的相关信息，然后单击“Test connection”按钮，若计算机与树莓派搭接成功，则下面的四项前均显示绿色对钩，然后单击“Next”按钮。在“Configure Peripheral Modules”界面中确保红框中的四个模块调为“Enabled”，最后单击“Next”按钮。

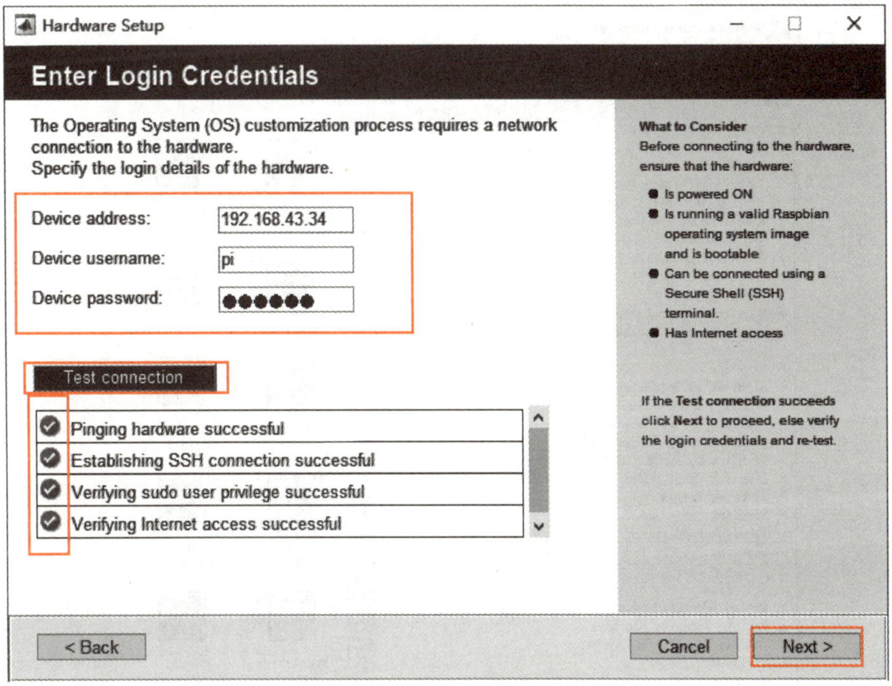

图 2-48　树莓派连接测试

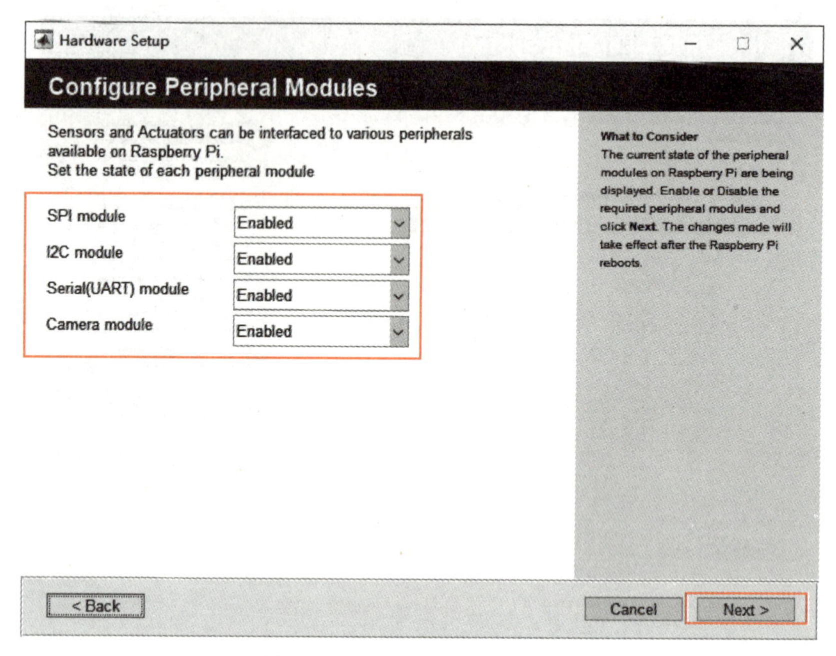

图 2-48　树莓派连接测试（续）

至此，MATLAB/Simulink 树莓派支持包安装已全部完成。如图 2-49 所示，打开 “Simulink Library Browser” 库浏览器界面，若 “Simulink” 选项组中存在 “Simulink Support Package for Raspberry Pi Hardware” 即支持包安装成功，否则安装失败。

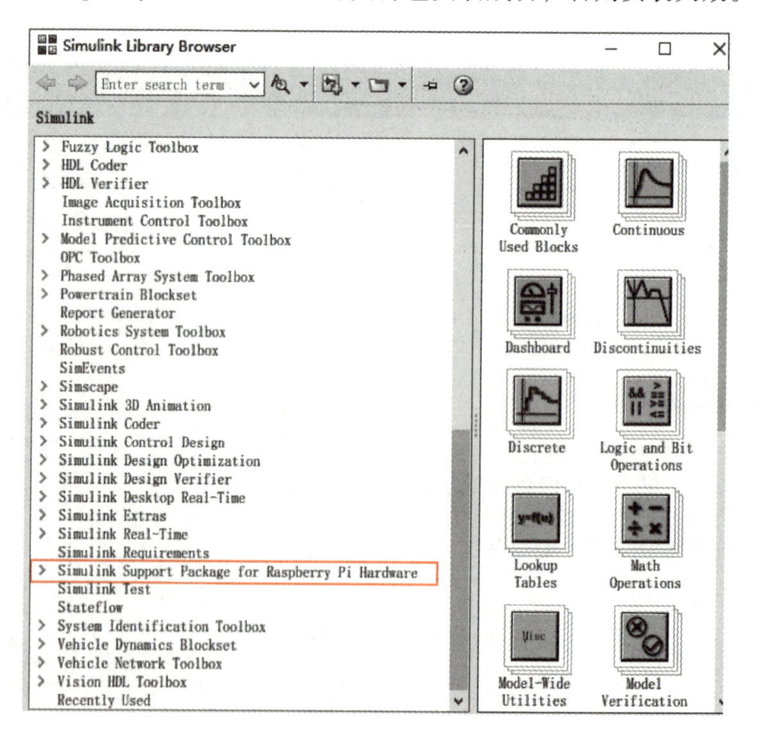

图 2-49　树莓派模块

第3章

控制理论基础

3.1 控制理论

控制理论是研究如何调整动态系统特性的理论。本章主要就智能驾驶系统设计需要涉及的控制理论做一个简要介绍。例如，车辆的定速巡航系统是让车辆维持在由驾驶人设定的固定参考速度。此时控制器为定速巡航系统，车辆为受控体，而系统是由控制器和车辆所组成，控制变量是发动机节气门的位置，决定发动机可以产生的功率。一种最单纯的做法是当驾驶人启动定速巡航系统时，固定节气门的开度。但是若驾驶人在平坦的路面启动定速巡航系统，车辆在上坡时速度会较慢，车辆在下坡时速度又会较快。这种控制器称为开环控制器，因为没有去测量系统输出（车辆速度），并且影响控制变量（节气门开度），因此，系统无法针对车辆遇到的变化（如路面坡度的变动）进行调整。

在闭环控制系统中，利用传感器测量系统输出（车辆速度），并将信息送入控制器中，控制器根据收到的信息调整控制变量（节气门开度），来达到维持理想系统输出（使车辆速度和驾驶人设定的参考速度一致）。此时，若车辆在上坡，传感器会测量到车辆的速度变慢，因此会调整节气门开度，加大发动机输出功率，使车辆加速。因为有测量车辆速度的反馈，所以控制器可以配合车辆速度的变化进行动态调整。因此产生了控制系统中的“环”范式：控制变量影响系统输出，而再根据测量到的系统输出去调整控制变量。

控制理论的发展大致经历了三个阶段，分别为经典控制理论、现代控制理论以及智能控制理论。

3.1.1 经典控制理论

经典控制理论包括线性控制理论、采样控制理论、非线性控制理论三个部分。早期，这种控制理论常被称为自动调节原理，随着以状态空间法为基础和以最优控制理论为特征的现代控制理论的形成（在1960年前后），“经典控制理论”的名称被广泛使用。

经典控制理论的研究对象是单输入、单输出的自动控制系统，特别是线性定常系统，主要研究系统运动的稳定性、时间域和频率域中系统的运动特性、控制系统的设计原理和校正方法。经典控制理论的特点是以输入输出特性（主要是传递函数）为系统数学模型，采用频率响应法和根轨迹法这些图解分析方法，分析系统性能和设计控制装置。经典控制理论的数学基础是拉普拉斯变换，占主导地位的分析和综合方法是频率域方法。

经典控制理论中使用最为广泛的为PID控制。PID（proportional integral derivative）控制是最早发展起来的控制策略之一，由于其算法简单、鲁棒性好和可靠性高，并且既可以适用于有模型的系统，也可以适用于无模型的系统。尤其适用于可建立精确数学模型的确定性控制系统，因此被广泛使用。

PID 控制实际上是三种反馈控制：比例控制、积分控制与微分控制的统称。根据控制对象和应用条件，可以采用这三种控制的部分组合，即 P 控制、PI 控制、PD 控制或者是三者的组合，即真正意义上的 PID 控制。采取这种控制规律的控制器，统称为 PID 控制器。

PID 控制器主要由以下三种反馈控制组成。

1. 比例控制

比例控制是 PID 控制中最简单的控制方式，这类控制的输出与输入的误差值成比例关系，能够提高系统的响应速度和稳态精度，抑制扰动对系统稳态的影响。但过大的比例控制容易导致系统超调和振荡，并且有可能使得系统变得不稳定，且仅有比例控制时，系统的输出一般存在稳态误差。

2. 积分控制

积分控制的输出与输入误差值的积分成正比关系。

对于一个控制系统，如果系统在进入稳态后仍然存在一定的稳态误差，就称其为有差系统。为了消除这部分稳态误差，必须在控制器中引入“积分项”，但积分控制消除稳态误差的作用对于高阶的参考信号和扰动是无效的，因此积分控制并不一定是必需的，应当视系统的型号、输入和干扰类型决定。积分控制的常数根据系统所需的动态进行选取，并不会影响消除误差的效果，具有一定的鲁棒性。

积分控制使控制器的输出增大的同时，使稳态误差进一步减小，直到误差完全消除。因此，比例控制和积分控制相结合，可以使系统快速进入稳态，并且无稳态误差，一般称为 PI 控制。

3. 微分控制

微分控制的输入与输出误差值的微分（即误差变化率）成正比关系。

控制系统在消除误差的过程中可能会出现频繁振荡甚至失稳现象，其原因是系统中存在较大惯性或滞后的环节，使得消除误差的环节的变化总是滞后于误差的变化。解决该问题的方法是使消除误差的环节的变化“超前”，也就是在误差接近零时，消除误差的环节已经是零。因此，在控制器中只使用比例控制往往是不够的，比例项的作用是放大误差的幅值，而这种情况下需要增加的是微分控制，因为它能够预测系统误差的变化趋势。

所以，具有比例控制和微分控制的控制器，能够提前使消除误差的控制环节为零，甚至变成负值，从而避免出现被控量严重超调的情况。对具有较大惯性和滞后特点的控制对象，比例控制和微分控制能改善系统在动态调节过程中的特性。

常见的 PID 控制器的结构如图 3-1 所示。

如图 3-1 所示，在时域中控制器的输入量与输出量之间的关系可由以下关系式给出：

$$u(t)=K_{\mathrm{p}}e(t)+K_{\mathrm{i}}\int_{0}^{t}e(\tau)\mathrm{d}\tau+K_{\mathrm{d}}\frac{\mathrm{d}}{\mathrm{d}t}e(t) \tag{3-1}$$

式中，K_{p}、K_{i}、K_{d} 分别为比例增益系数、积分增益系数与微分增益系数；$e(t)$ 为误差，t 为目前时间；τ 为积分变数，数值从 0 到目前时间 t。

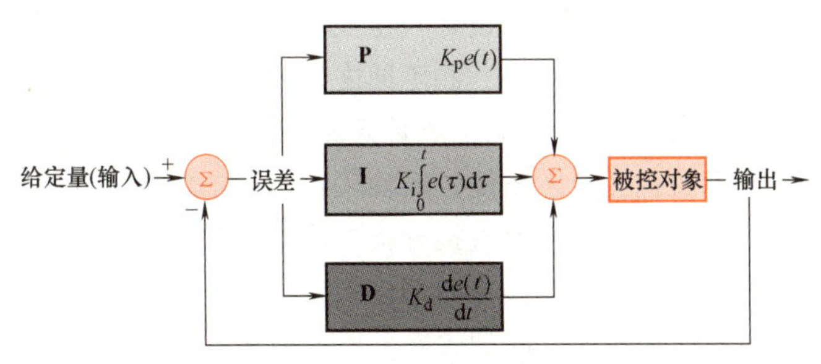

图 3-1 常见 PID 控制器的结构

由式（3-1）经过拉普拉斯变换可得 PID 控制器的一般传递函数为

$$H(s)=\frac{K_d s^2+K_p s+K_i}{s+C} \tag{3-2}$$

式中，C 是一个取决于系统带宽的常数。

式（3-1）与式（3-2）中的 K_p、K_i、K_d 参数的整定是 PID 控制系统设计的核心内容。它是根据被控过程的特性确定 PID 控制器的比例系数、积分时间和微分时间的大小，使控制回路达到最佳的控制效果。

PID 控制器参数整定的方法很多，概括起来有理论计算整定和工程整定两大类方法。理论计算整定法，主要是依据系统的数学模型，经过理论计算确定控制器参数。这种方法所得到的计算数据未必可以直接用，还必须通过工程实际进行调整和修改。工程整定方法主要依赖工程经验，直接在控制系统的试验中进行，且方法简单、易于掌握，在工程实际中被广泛采用。而 PID 控制器参数的工程整定方法，主要有临界比例法、反应曲线法和衰减法。三种方法各有其特点，其共同点都是通过试验，然后按照工程经验公式对控制器参数进行整定。但无论采用哪一种方法所得到的控制器参数，都需要在实际运行中进行最后调整与完善。现在一般采用的是临界比例法，利用该方法进行 PID 控制器参数的整定步骤如下：

1）首先预选择一个足够短的采样周期让系统工作。

2）仅加入比例控制环节，直到系统对输入的阶跃响应出现临界振荡，记下这时的比例放大系数和临界振荡周期。

3）在一定的控制度下通过公式计算得到 PID 控制器的参数。

综上所述，PID 控制是当得到系统的输出后，将输出经过比例、积分、微分三种运算方式，叠加到输入中，从而控制系统的行为。控制效果的好坏通过调节 K_p、K_i、K_d 三个参数来实现。

3.1.2 现代控制理论

现代控制理论从系统内部描述控制模型，适用于多输入多输出（MIMO）、非线性、时变的系统模型。系统的结构特性具有稳定性、能控性与能观性。为了满足被控对象对稳定性的要求，解决被控系统存在的问题，提出了状态空间法。状态空间法属于时域方法，其核心是最优化技术。它以状态空间描述（实质上是一阶微分或差分方程组）作为数学

模型，利用计算机作为系统建模分析、设计乃至控制的手段。

现代控制理论与经典控制理论存在一些不同之处。在研究对象方面，经典控制理论的控制对象主要是较为简单的单输入-单输出线性定常控制系统，无法表示时变系统、非线性系统和非零初始条件下的线性定常系统；而现代控制理论相对于经典控制理论，应用范围更广，现代控制理论采用的是时域的直接分析方法，能对给定的性能或综合指标设计出最优控制系统。在数学模型方面，经典控制理论主要采用常微分方程、传递函数和动态结构图，仅描述了系统的输入和输出之间的关系，不能描述系统内部结构和处于系统内部的变化，且忽略了初始条件，不能对系统内部状态的信息进行全面的描述；而现代控制理论的数学模型通常是用状态空间表达式或状态变量图来描述的，这种描述又称为系统的“内部描述”，能够充分揭示系统的全部运动状态。在应用领域方面，经典控制理论主要用于解决工程技术中的各类控制问题，尤其在航空航天技术、武器控制、通信技术等方面；而现代控制理论考虑问题更全面、更复杂，主要表现在考虑系统内部之间的耦合、系统外部的干扰，但符合从简单到复杂的规律，应用领域遍及众多的科技和生活方面。

现代控制理论中主流的控制方法主要为基于最优化的线性二次最优控制与基于预测的模型预测控制等。这类控制理论所需的数学基础主要为线性代数与复变函数，研究方法主要为状态空间法。

1. 线性二次最优控制

线性二次最优控制也称为线性二次调节器（linear quadratic regulator，LQR），是应用线性二次最优控制原理设计的控制器，其中 linear 指的是状态（state）的更新表达式是线性的，quadratic 指的是损失（cost）是关于状态（state）和动作（action）的二次函数。假设一个离散时间的动力系统，一步的状态（state）取决于：当前系统的状态（state）、当前时刻对系统输入的动作（action）和一个扰动项，我们希望最小化一个损失函数（cost function），它取决于每一时刻系统的状态和当前的输入。

线性二次最优控制可以得到状态线性反馈的最优控制规律，便于实现闭环最优控制，是应用广泛的最优控制方式。它的作用是当系统状态因为某种原因导致偏离了平衡点时，不消耗多余能量的情况下，系统状态仍然保持在平衡点附近。线性二次最优控制的控制对象是具有线性或可线性化特点的，并且性能指标是状态变量和控制变量的二次型函数的积分。典型的 LQR 调节器结构如图 3-2 所示。

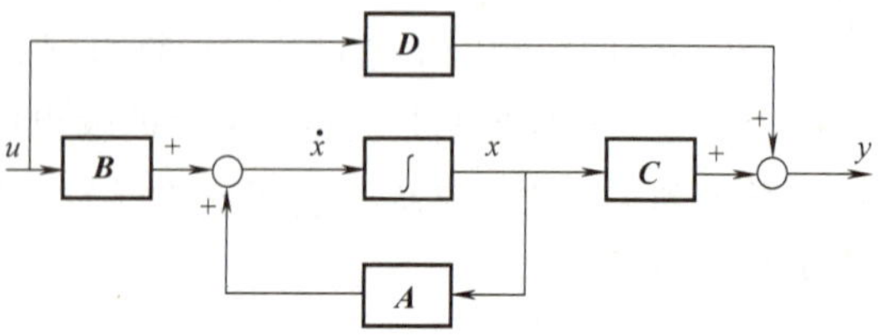

图 3-2　典型的 LQR 调节器结构

一个线性定常连续系统的状态空间描述包含两个部分：状态方程和输出方程，则其状态空间的描述为

$$\begin{cases} \dot{\boldsymbol{x}}(t)=\boldsymbol{A}\boldsymbol{x}(t)+\boldsymbol{B}\boldsymbol{u}(t) \\ \boldsymbol{y}=\boldsymbol{C}\boldsymbol{x}(t) \end{cases} \tag{3-3}$$

式中，$\boldsymbol{A}$ 为系统矩阵；$\boldsymbol{B}$ 为控制矩阵；$\boldsymbol{A}$ 和 $\boldsymbol{B}$ 都是由系统本身的参数决定的；$\boldsymbol{u}$ 是输入信号向量；$\boldsymbol{x}$ 是状态向量；$\boldsymbol{C}$ 为输出矩阵，它表达了输出变量与状态变量之间的关系。

最优控制的关键是如何求得一组反馈控制序列 $\boldsymbol{u}$，在时间段［t_0，∞）内，该控制序列作为控制系统的输入，可以将控制系统由非平衡状态调节到零点（平衡状态）附近，同时能够使性能指标函数的值最小。性能指标函数表示为 J，则

$$J=\int_0^{\infty}(\boldsymbol{x}^{\mathrm{T}}\boldsymbol{Q}\boldsymbol{x}+\boldsymbol{u}^{\mathrm{T}}\boldsymbol{R}\boldsymbol{u})\mathrm{d}t \tag{3-4}$$

式中，$\boldsymbol{Q}$、$\boldsymbol{R}$ 为自己设计的半正定矩阵。矩阵 $\boldsymbol{Q}$、$\boldsymbol{R}$ 的选取：一般来说，$\boldsymbol{Q}$ 值选得大意味着，要使得 J 小，那 $\boldsymbol{x}(t)$ 需要更小，也就是意味着闭环系统的矩阵（$\boldsymbol{A}-\boldsymbol{BK}$）的特征值处于 s 平面左边更远的地方，这样状态 $\boldsymbol{x}(t)$ 就以更快的速度衰减到 0；另一方面，大的 $\boldsymbol{R}$ 表示更加关注输入变量 $\boldsymbol{u}(t)$，$\boldsymbol{u}(t)$ 的减小，意味着状态衰减将变慢。最优控制率为

$$\boldsymbol{u}^*=-\boldsymbol{R}^{-1}\boldsymbol{B}^{\mathrm{T}}\boldsymbol{P}\boldsymbol{x} \tag{3-5}$$

式中，$\boldsymbol{P}$ 为正定对称常数矩阵，并且满足下列 Riccati 方程：

$$\boldsymbol{PA}+\boldsymbol{A}^{\mathrm{T}}\boldsymbol{P}-\boldsymbol{PBR}^{-1}\boldsymbol{B}^{\mathrm{T}}=0 \tag{3-6}$$

利用 MATLAB 工具 lqr(A，B，Q，R）函数，可以求出最优反馈系数矩阵 $\boldsymbol{K}$，并通过改变 $\boldsymbol{Q}$、$\boldsymbol{R}$ 矩阵算出不同的 $\boldsymbol{K}$ 矩阵以及系统性能指标。

综上，LQR 控制的优点就在于设计便利，适用于 MIMO 系统，通过几个矩阵来控制稳态性能和控制花费，并且拥有极好的鲁棒稳定性能。其缺点在于二次型性能指标实际中并非每个场景都是一个理想的指标；只适用于线性系统，不过可以设计局部线性化控制器；控制对性能函数的最优性、模型参数的准确度要求很高；该性能指标对于响应的瞬态不易直接建立关系来控制。

2. 模型预测控制

模型预测控制（MPC）是一类特殊的控制。它的当前控制动作是在每一个采样瞬间通过求解一个有限时域开环最优控制问题而获得。过程的当前状态作为最优控制问题的初始状态，解得的最优控制序列只实施第一个控制作用。这是它与那些使用预先计算控制律的算法的最大不同。本质上模型预测控制是求解一个开环最优控制问题。它的思想与具体的模型无关，但是实现则与模型有关。

（1）模型预测控制原理 如图 3-3 所示，k 轴为当前状态，左侧为过去状态（past），

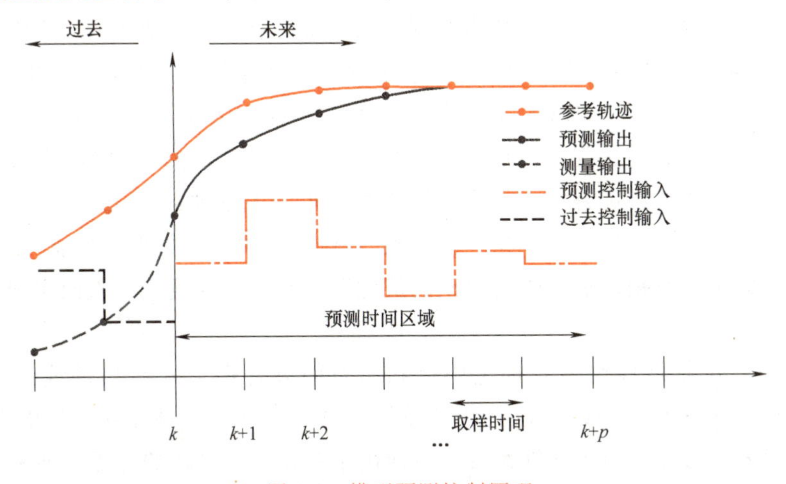

图 3-3 模型预测控制原理

右侧为未来状态（future），即模型预测控制是一种有限时间跨度的最优控制问题，并且在一定程度上仍然追求最优解。

（2）模型预测控制的基本组成

1）第一部分，预测模型。预测控制应具有预测功能，即能够根据系统当前时刻的控制输入以及过程的历史信息，预测过程输出的未来值，因此，需要一个描述系统动态行为的模型作为预测模型。

预测模型具有展示过程未来动态行为的功能，这样就可像在系统仿真时那样，任意给出未来控制策略，观察过程不同控制策略下的输出变化，从而为比较这些控制策略的优劣提供了基础。

2）第二部分，反馈校正。在预测控制中，采用预测模型进行过程输出值的预估只是一种理想的方式。在实际过程中，由于存在非线性、模型失配和干扰等不确定因素，使基于模型的预测不可能准确地与实际相符。因此，在预测控制中，通过输出的测量值 $Y(k)$ 与模型的预估值 $Y_m(k)$ 进行比较，得出模型的预测误差，再利用模型预测误差来对模型的预测值进行修正。

由于对模型施加了反馈校正的过程，使预测控制具有很强的抗扰动和克服系统不确定性的能力。预测控制中不仅基于模型，而且利用了反馈信息，因此预测控制是一种闭环优化控制算法。

3）第三部分，滚动优化。预测控制是一种优化控制算法，需要通过某一性能指标的最优化来确定未来的控制作用。这一性能指标还涉及过程未来的行为，它是根据预测模型由未来的控制策略决定的。

但预测控制中的优化与通常的离散最优控制算法不同，它不是采用一个不变的全局最优目标，而是采用滚动式的有限时域优化策略。即优化过程不是一次离线完成的，而是反复在线进行的。在每一采样时刻，优化性能指标只涉及从该时刻起到未来有限的时间，而到下一个采样时刻，这一优化时段会同时向前。所以，预测控制不是用一个对全局相同的优化性能指标，而是在每一个时刻有一个相对于该时刻的局部优化性能指标。

4）第四部分，参考轨迹。在预测控制中，考虑到过程的动态特性，为了使过程避免出现输入和输出的急剧变化，往往要求过程输出 $Y(k)$ 沿着一条期望的、平缓的曲线达到设定值 r，这条曲线通常称为参考轨迹 y，它是设定值经过在线“柔化”后的产物。

综上，模型预测控制（MPC）是一种先进的过程控制方法，在满足一定约束条件的前提下，用于实现控制的过程。它在每一个时间步，通过反复的预测+优化来求解优化问题，当得到优化问题的最优解后再将这个解作为真正的控制器的输出，作用给被控对象，它的实现依赖于过程的动态线性模型。在控制时域内，MPC 将主要对当前时刻进行优化，但同时也会考虑未来时刻，求取当前时刻的最优解，然后反复优化，从而实现在整个时域内的优化求解。

MPC 的研究对象是现代控制理论中以状态空间方程的形式给出的线性系统。对于 MPC 控制器，它的研究对象既可以是线性系统，也可以是非线性系统。LQR 的研究对象是以状态空间方程形式给出的线性系统。然而由于对效率和时耗的考虑，通常会将非线性系统线性化进行计算。

3. 滑模控制

在控制系统中，滑动模式控制（SMC，简称滑模控制）是一种非线性控制方法，但其非线性表现为控制序列的不连续性。该方法改变了动力学一个非线性系统通过应用不连续的控制信号使系统沿系统正常行为的横截面“滑动”，该系统状态-反馈控制律不是一个连续函数。相反，它可以根据状态空间中的当前位置，从一种连续的结构切换到另一种。因此，滑模控制是一种可变结构控制方法。该方法设计了多个控制结构，以使轨迹始终朝着具有不同控制结构的相邻区域移动，因此最终轨迹将不会完全存在于一个控制结构中。相反，它将沿着控制结构的边界滑动。系统沿这些边界滑动时的运动称为滑动模式，而由边界组成的几何轨迹称为滑动表面。

滑模控制主要表现为控制的不连续性，也就是系统结构随时间变化的特性。该控制特性能够使系统在一定条件下沿着预设的状态轨迹做小幅度、高频率的运动，即滑动模态或者“滑模”运动。滑动模态是可以预设的，而且与系统的参数及外界扰动无关，因此，滑模控制的系统具有较好的鲁棒性。

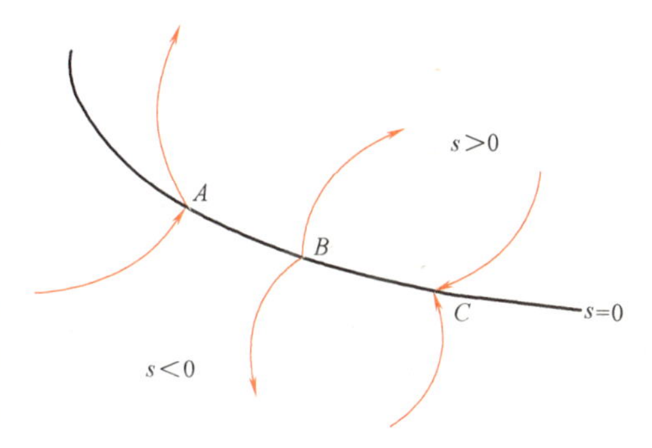

图 3-4　切换面上三种点的特性

如图 3-4 所示，从切换面穿过的点 A 为通常点，从切换面向两边散发在切换面上的运动点 B 是起始点，从两边向切换面逼近的且在切换面上的点 C 为终止点，在滑模观测器的研究中，针对的很多都是终止点，然而对于通常点和起始点基本没有用到。如果在切换面上的某一区域内，全部的点都是终止点，那么当运动点接近该区域时，就会被局限在该区域内。因此，一般称在切换面 $s=0$ 上的全部运动点都为终止点的那些区域为“滑模”区，也称为“滑动模态区”。系统在滑动模态区内所做的运动称为“滑模运动”。

当运动点逼近切换面 $s(x)=0$ 时，有以下关系：

$$\lim_{s\to 0^+} s' \leqslant 0 \leqslant \lim_{s\to 0^-} s' \tag{3-7}$$

由此可以知道系统的一个条件李雅普诺夫函数：

$$v(x_1,\cdots,x_n)=[s(x_1,\cdots,x_n)]^2 \tag{3-8}$$

同时，系统也稳定于条件 $s=0$。

在滑模变结构控制中，设控制系统状态函数为

$$\dot{x}=f(x,u,t),\quad x\in\mathbf{R}^n, u\in\mathbf{R}^m, t\in\mathbf{R} \tag{3-9}$$

需要确定切换函数

$$s(x), s\in\mathbf{R}^m \tag{3-10}$$

求解控制函数

$$u=\begin{cases} u^+(x)s(x)<0 \\ u^-(x)s(x)<0 \end{cases} \tag{3-11}$$

其中，$u^+(x)\neq u^-(x)$，满足滑模变结构控制的特点。

综上所述，滑模变结构控制有以下性质：

1）滑动模态存在，即 $s*\dot{s}\leqslant 0$ 成立。

2）满足达到条件，即切换面 $s(x)=0$ 以外的相轨迹将于有限时间内到达切换面。

3）切换面是滑动模态区，且滑模运动渐进稳定，动态品质良好。

所以，综上所述，滑模控制本质上是非线性控制的一种，它的非线性表现为控制的不连续性，即系统的“结构”不固定，可以在动态过程中根据系统当前的状态有目的地不断变化，迫使系统按照预定“滑动模态”的状态轨迹运动。即加入了滑模控制器的系统相当于是一个拥有若干子系统的系统，每个子系统有自己的特性，通过切换可以理解成将若干个子系统的特征整合，于是该系统对外展现出一种崭新的性能，并且是每一个子系统所都不具备的。该控制方法具有调节参数少、响应速度快与抗干扰能力强的优点。

3.1.3 智能控制理论

智能控制的指导思想是依据人的思维方式和处理问题的技巧，解决那些目前需要人的智能才能解决的复杂控制问题。被控对象的复杂性体现为：模型的不确定性、高度非线性、分布式的传感器和执行器、动态突变、多时间标度、复杂的信息模式、庞大的数据量，以及严格的特性指标等。而环境的复杂性则表现为变化的不确定性和难以辨识。

试图用传统的控制理论和方法去解决复杂的对象、复杂的环境和复杂的任务是不可能的，因此智能控制方法应运而生。智能控制的方法包括模糊控制、神经网络控制等。

智能控制理论需要的数学基础主要为线性代数、概率论、数理统计以及最优化理论等，主要的研究方法为基于人工智能的研究方法。

1. 模糊控制

（1）基本内容 模糊控制是以模糊集理论、模糊语言变量和模糊逻辑推理为基础，从行为上模仿人的模糊推理和决策过程的一种智能控制方法。该方法首先将操作人员或专家经验编成模糊规则，然后将来自传感器的实时信号模糊化，将模糊化后的信号作为模糊规则的输入，完成模糊推理，将推理后得到的输出量加到执行器上。

模糊控制器（fuzzy controller，FC）：也称为模糊逻辑控制器（fuzzy logic controller），由于所采用的模糊控制规则是由模糊理论中模糊条件语句来描述的，因此模糊控制器是一种语言型控制器，故也称为模糊语言控制器（fuzzy language controller）。

模糊控制系统的核心是模糊控制器。模糊控制系统性能的优劣取决于模糊控制器的结构、模糊规则、合成推理算法和模糊决策方法等因素。模糊控制器的一般结构如图 3-5 所

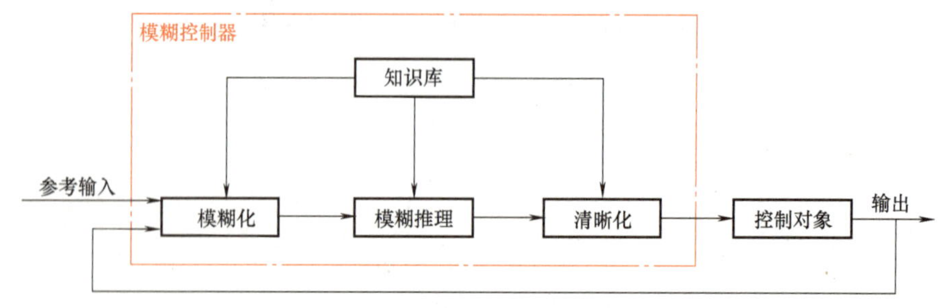

图 3-5 模糊控制器的一般结构

示，包括参考输入、模糊化、知识库、模糊推理、清晰化、控制对象以及输出七部分，其中知识库由数据库与规则库构成。

(2) 模糊控制器各主要环节的功能 一般控制系统的架构包含了五个主要部分，即定义变量、模糊化、知识库、模糊推理及清晰化。下面将对每一部分的功能做简单的说明。

1）定义变量：也就是决定程序被观察的状况及考虑控制的动作，例如在一般控制问题上，输入变量有输出误差 E 与输出误差变化率 EC，而模糊控制还将控制变量作为下一个状态的输入 U。其中 E、EC、U 统称为模糊变量。

2）模糊化：将输入值以适当的比例转换到论域的数值，利用口语化变量来描述测量物理量的过程，根据适合的语言值（linguistic value）求该值相对的隶属度，此口语化变量称为模糊子集合（fuzzy subsets）。

3）知识库：包括数据库（data base）与规则库（rule base）两部分，其中数据库提供处理模糊数据的相关定义；而规则库则借由一群语言控制规则描述控制目标和策略。

4）模糊推理：模仿人类下判断时的模糊概念，运用模糊逻辑和模糊推论法进行推论，得到模糊控制信号。该部分是模糊控制器的精髓所在。

5）清晰化：即解模糊化（defuzzification），将推论所得到的模糊值转换为明确的控制信号，作为系统的输入值。

综上所述，模糊控制的关键在于模糊规则的建立，而模糊规则是从大脑的抽象思维层面去模仿人类的大脑。例如，人在开车时，并不会去准确测量现在车速是多少米每秒，距离前方障碍物具体有多少米，而是简单地划分成“快，中速，慢”“远，不远不近，近”的一些等级，并根据这些并不精确的信息进行推理决策，决定是“轻踩，不踩，还是重踩”加速踏板或制动踏板。模糊规则就是用数学的方式来刻画和模拟人的这种思维过程。

2. 神经网络控制

神经网络控制属于先进控制技术，是用计算机做数字控制器和辨识器实现的一类算法。它是 20 世纪 80 年代以来，由于人工神经网络（artificial neural networks，ANN）研究所取得的突破性进展，与控制理论相结合，而发展起来的自动控制领域的前沿学科之一。它已成为智能控制的一个新的分支，为解决复杂的非线性、不确定、不确知系统的控制问题开辟了新途径。

神经网络控制利用神经网络技术，对控制系统中难以精确建模的复杂非线性对象进行神经网络模型辨识，可以作为控制器对参数进行优化设计、推理、故障诊断，或者同时兼有以上多种功能。通常神经网络直接用作误差闭环系统的反馈控制器，神经网络控制器首先利用其已有的控制样本进行离线训练，获得网络各个神经元的权重，而后以系统误差的均方差为评价函数进行在线学习，更新各个神经元的权重。图 3-6 展示了神经网络的结构，并展示了四例神经网络。

随着被控系统的复杂程度越来越高，人们对控制系统的要求也越来越高，特别要求控制系统能适应不确定性、时变的对象与环境。传统的基于精确模型的控制方法难以满足这些要求，而神经网络由于具有上述优点，越来越受到人们的重视。但神经网络控制在理论与实践上，有如下问题有待于进一步研究与探讨：

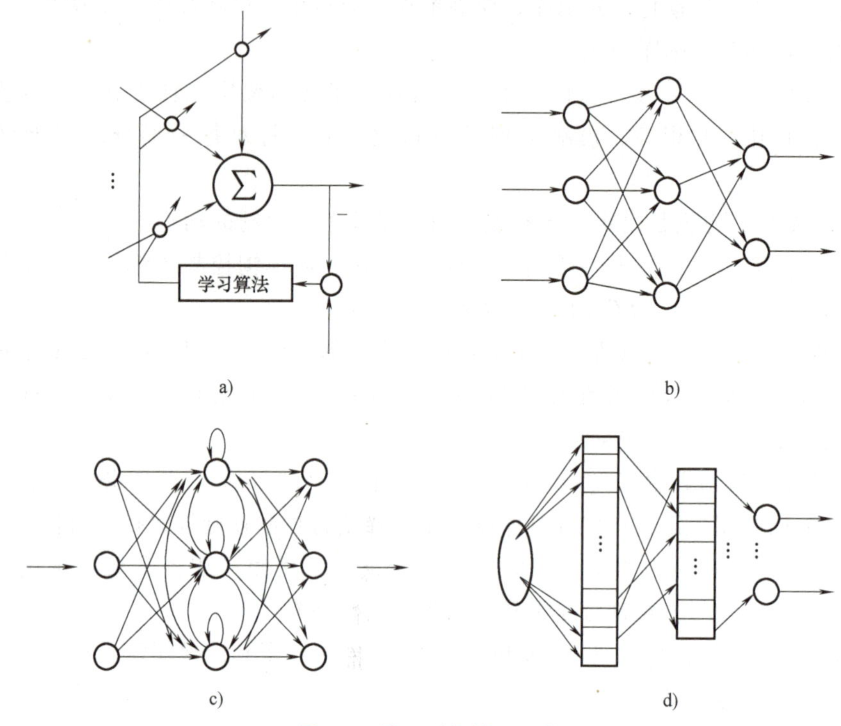

图 3-6 神经元与神经网络

a）自适应线性神经元 b）多层前馈网络 c）局部递归型神经网络 d）小脑模型神经网络

1）神经网络的稳定性与收敛性问题。

2）在逼近非线性函数问题上，神经网络的现有理论只解决了存在性问题。

3）神经网络的学习速度一般比较慢，为满足实时控制的需要，必须予以解决。

4）对于控制器及辨识器，如何选择合适的神经网络模型及确定模型的结构，尚无理论指导。在非线性系统辨识方面，存在充分激励、过参数辨识、带噪声系统的辨识等问题。

5）引入神经网络的控制系统，在稳定性和收敛性的分析方面增加了难度，研究成果较少，有待于进一步探讨。

对于上述问题，一方面，有待于神经网络研究的不断进展；另一方面，随着非线性理论及优化方法的进一步发展，与控制相结合予以解决。

综上所述，人工神经网络（简称神经网络，NN）是由人工神经元（简称神经元）互连组成的网络，它是从微观结构和功能上对人脑的抽象、简化，是模拟人类智能的一条重要途径，反映了人脑功能的若干基本特征，如并行信息处理、学习、联想、模式分类、记忆等。因此决定神经网络整体性能的三大要素分别为神经元（信息处理单元）的特性、神经元之间相互连接的形式——拓扑结构，以及为适应环境而改善性能的学习规则。

3.2 车辆模型

车辆运动学模型与动力学模型的建立是出于车辆运动的规划与控制考虑的。自动驾驶

场景下，车辆大多按照规划轨迹行驶，控制模块的作用就是控制车辆尽可能精准地按照规划轨迹行驶。这就要求规划轨迹尽可能贴近实际情况，也就是说，轨迹规划过程中应尽可能考虑车辆运动学及动力学约束，使得运动跟踪控制的性能更好。

搭建车辆模型主要是为了更好地规划和控制，因此，在分析模型时尽量以应用时所需的输入、输出对对象进行建模分析。

3.2.1 车辆动力学

动力学主要研究作用于物体的力与物体运动的关系，车辆动力学模型一般用于分析车辆的平顺性和车辆操纵的稳定性。对于车来说，研究车辆动力学，主要是研究车辆轮胎及其相关部件的受力情况。比如纵向速度控制，通过控制轮胎转速实现；横向航向控制，通过控制轮胎转角实现。

正常情况下，车辆上的作用力沿着三个不同的轴分布：

1）纵轴上的力包括驱动力和制动力，以及滚动阻力和拖拽阻力，汽车做滚摆运动。

2）横轴上的力包括转向力、离心力和侧向风力，汽车绕横轴做俯仰运动。

3）立轴上的力包括车辆上下振荡施加的力，汽车绕立轴做偏摆或转向运动。

而在单车模型假设的前提下，再作如下假设即可简单搭建车辆的动力学模型，如图3-7所示。

1）只考虑纯侧偏轮胎特性，忽略轮胎力的纵横向耦合关系。

2）用单车模型来描述车辆的运动，不考虑载荷的左右转移。

3）忽略横纵向空气动力学。

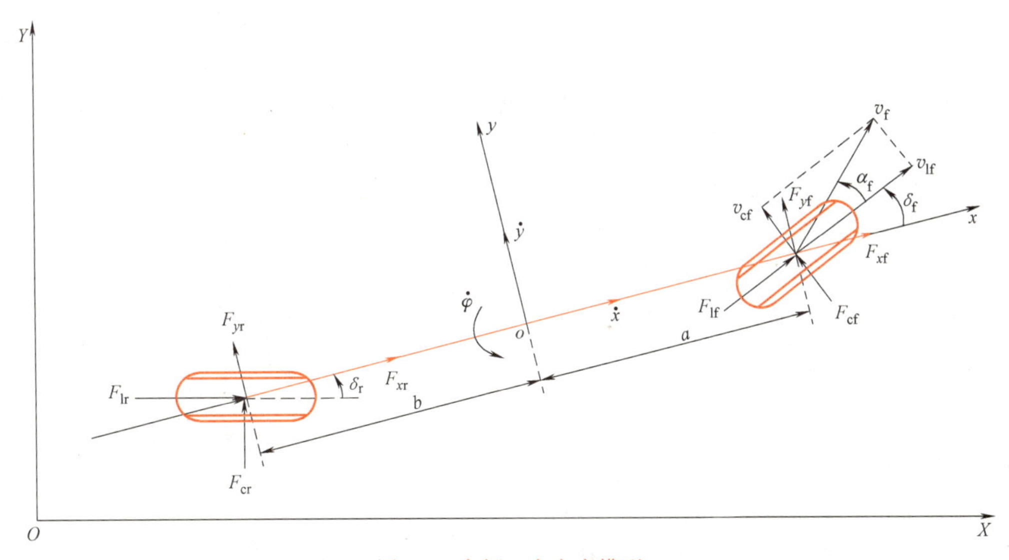

图 3-7 车辆二自由度模型

如图3-7所示，o-xyz（z 轴垂直于 o-xy 面）为固定于车身的车辆坐标系，OXY 为固定于地面的惯性坐标系。单车模型的车辆具有2个自由度：绕 z 轴的横摆运动，和沿 x 轴的纵向运动。纵向指沿物体前进方向，横向（或侧向）指垂直纵向方向。

图 3-7 中各符号的定义见表 3-1。

表 3-1 各符号定义

符号	定义
$F_{\rm lf}$,$F_{\rm lr}$	前、后轮胎受到的纵向力
$F_{\rm cf}$,$F_{\rm cr}$	前、后轮胎受到的侧向力
$F_{\rm xf}$,$F_{\rm xr}$	前、后轮胎受到的 x 方向的力
$F_{\rm yf}$,$F_{\rm yr}$	前、后轮胎受到的 y 方向的力
a	前悬长度
b	后悬长度
$\delta_{\rm f}$	前轮偏角
$\delta_{\rm r}$	后轮偏角
$\alpha_{\rm f}$	前轮偏移角

根据牛顿第二定律，分别沿 x 轴、y 轴和 z 轴作受力分析：

在 x 轴方向上

$$ma_x = F_{\rm xf}+F_{\rm xr} \tag{3-12}$$

在 y 轴方向上

$$ma_y = F_{\rm yf}+F_{\rm yr} \tag{3-13}$$

在 z 轴方向上

$$I_z\ddot{\varphi} = aF_{\rm yf}+bF_{\rm yr} \tag{3-14}$$

式中，m 为整车质量；I_z 为车辆绕 z 轴转动的转动惯量。x 轴方向的运动（绕纵轴的滚动运动）可暂不考虑。

1. 横向动力学

智能车的横向动力学是研究车辆接收到转向指令后，在曲线行驶中的动力学特性。这一特性影响到汽车操纵的方便性和稳定性。结合上文提到的二自由度模型，进行横向动力学方程的推导。

由图 3-8 可以得到，y 轴方向加速度 a_y 由两部分构成：y 轴方向的位移相关的加速度 $\ddot{y}$ 和向心加速度 $V_x\dot{\varphi}$，则

$$a_y = \ddot{y}+V_x\dot{\varphi} \tag{3-15}$$

则式（3-13）可变为

$$m(\ddot{y}+V_x\dot{\varphi}) = F_{\rm yf}+F_{\rm yr} \tag{3-16}$$

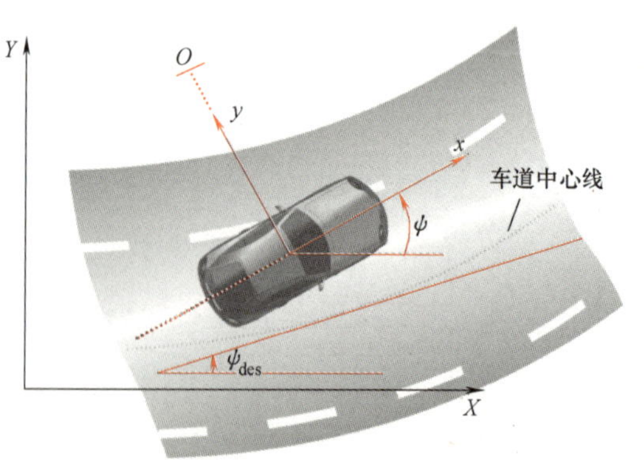

图 3-8 二自由度的汽车模型

由于轮胎受到横向压力，轮胎会有一个很小的滑移角，如图 3-9 所示。

由图 3-9 可得，前后轮滑移角为

$$\alpha_{\rm f} = \delta+\theta_{\rm Vf} \tag{3-17}$$

$$\alpha_{\rm r} = -\theta_{\rm Vr} \tag{3-18}$$

式中，θ_{Vf} 与 θ_{Vr} 分别为前后轮速度方向；δ 为前轮转角。

前后轮分别所受的横向力为

$$F_{yf}=2C_{\alpha f}(\delta-\theta_{\mathrm{Vf}}) \tag{3-19}$$

$$F_{yr}=2C_{\alpha r}(-\theta_{\mathrm{Vr}}) \tag{3-20}$$

式中，$C_{\alpha f}$ 与 $C_{\alpha r}$ 分别为前后轮的侧偏刚度，由于车辆前后各两个轮，所以受力要乘以 2。

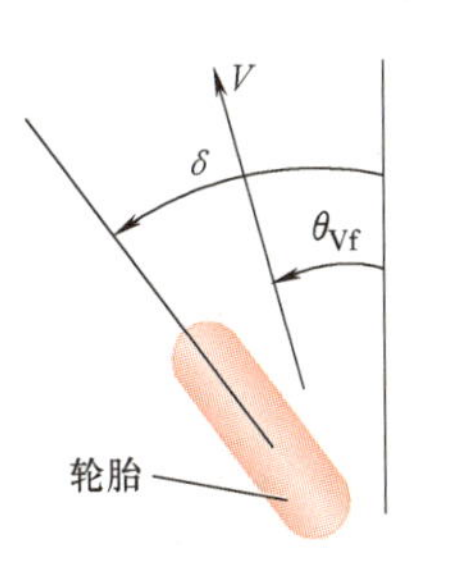

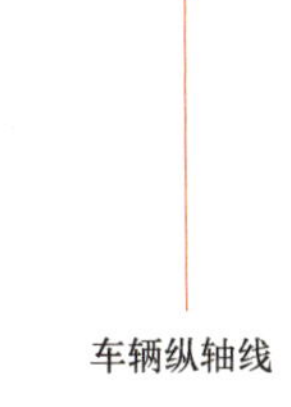

图 3-9　轮胎滑移角

结合图 3-9，θ_{Vf} 与 θ_{Vr} 可用下式计算：

$$\tan(\theta_{\mathrm{Vf}})=\frac{V_y+l_f\dot{\varphi}}{V_x} \tag{3-21}$$

$$\tan(\theta_{\mathrm{Vr}})=\frac{V_y+l_r\dot{\varphi}}{V_x} \tag{3-22}$$

式中，l_f、l_r 分别为前后悬长度。又因为有 $\dot{y}=V_y$，则式（3-21）、式（3-22）可近似转换为

$$\theta_{\mathrm{Vf}}=\frac{\dot{y}+l_f\dot{\varphi}}{V_x} \tag{3-23}$$

$$\theta_{\mathrm{Vr}}=\frac{\dot{y}-l_r\dot{\varphi}}{V_x} \tag{3-24}$$

将式（3-17）、式（3-18）、式（3-23）、式（3-24）代入式（3-13）、式（3-14）中，可得车辆横向动力学模型为

$$\frac{\mathrm{d}}{\mathrm{d}t}\begin{pmatrix} y \\ \dot{y} \\ \varphi \\ \dot{\varphi} \end{pmatrix}=\begin{pmatrix} 0 & 1 & 0 & 0 \\ 0 & -\dfrac{2C_{\alpha f}+2C_{\alpha r}}{mV_x} & 0 & -V_x-\dfrac{2C_{\alpha f}+2C_{\alpha r}}{mV_x} \\ 0 & 0 & 0 & 1 \\ 0 & -\dfrac{2C_{\alpha f}l_r-2C_{\alpha r}l_r}{I_zV_x} & 0 & -\dfrac{2C_{\alpha f}l_f^2+2C_{\alpha r}l_r^2}{I_zV_x} \end{pmatrix}\begin{pmatrix} y \\ \dot{y} \\ \varphi \\ \dot{\varphi} \end{pmatrix}+\begin{pmatrix} 0 \\ \dfrac{2C_{\alpha f}}{m} \\ 0 \\ \dfrac{2l_fC_{\alpha f}}{I_z} \end{pmatrix}\delta \tag{3-25}$$

2. 纵向动力学

纵向动力学根据车辆轮胎纵向力、轮胎滚动阻力等因素和发动机与制动力矩的关系建立车辆纵向动力学模型，如图 3-10 所示。

假设汽车在图 3-10 所示的坡路上行驶，整个车辆所受到的力包括地面对轮胎的滚动阻力和法向力、车辆驱动装置所给纵向力、行驶过程中车辆所受到的空气阻力，以及车辆自身的重力。车辆发动机通过输出转矩作用于轮胎，轮胎滚动与地面之间产生摩擦力来驱动车辆前进。

根据牛顿运动定律，沿 X 轴方向建立方程，则纵向动力学模型为

$$m\ddot{x}=F_{xf}+F_{xr}-R_{xf}-R_{xr}-F_a-mg\sin\alpha \tag{3-26}$$

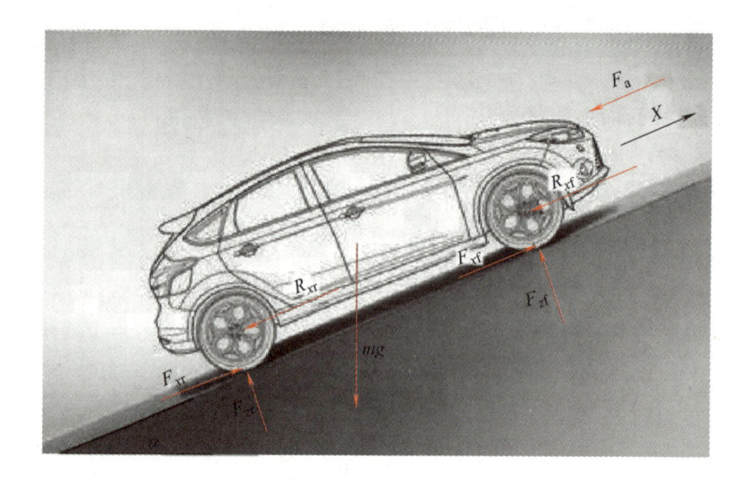

图 3-10　车辆纵向受力分析

3.2.2　车辆运动学

1. 单车模型

运动学是从几何学的角度研究物体的运动规律，包括物体在空间的位置、速度等随时间而产生的变化，因此，车辆运动学模型应该能反映车辆位置、速度、加速度等与时间的关系。在车辆轨迹规划过程中应用运动学模型，可以使规划出的轨迹更切合实际，满足行驶过程中的运动学几何约束，且基于运动学模型设计出的控制器也能具有更可靠的控制性能。建立模型时，应尽可能使模型简单易用，且能真实反映车辆特性，搭建车辆模型多基于单车模型。故建立车辆运动学模型需对车辆作以下假设：

1）不考虑车辆在 Z 轴方向的运动，只考虑 XY 水平面的运动，如图 3-8 所示。

2）左右侧车轮转角一致，这样可将左右侧轮胎合并为一个轮胎，以便于搭建单车模型，如图 3-11 所示。

3）车辆行驶速度变化缓慢，忽略前后轴载荷的转移。

4）车身及悬架系统是刚性的。

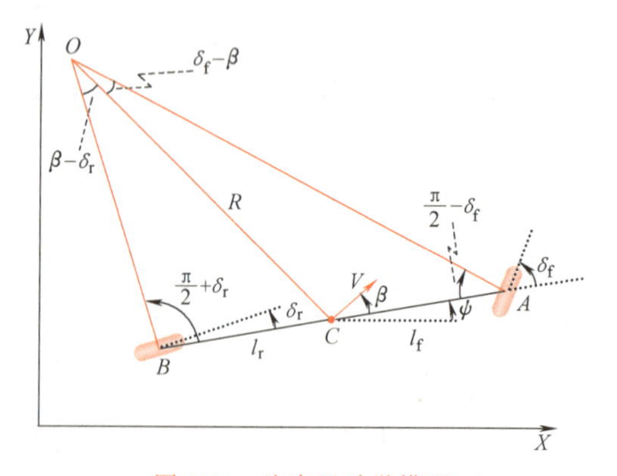

图 3-11　汽车运动学模型

如图 3-11 所示的单车模型将左/右前轮合并为一个点，位于 A 点；将左/右后轮合并为一个点，位于 B 点；点 C 为车辆质心点。

其中，O 为 OA、OB 的交点，是车辆的瞬时滚动中心，线段 OA、OB 分别垂直于两个滚动轮的方向；β 为滑移角（tire slip angle），指车辆速度方向和车身朝向两者间所成的角度；ψ 为航向角（heading angle），指车身与 X 轴的夹角。

图 3-11 中各符号的定义见表 3-2。

表 3-2　各符号定义

符号	定义	符号	定义
A	前轮中心	l_r	后悬长度
B	后轮中心	l_f	前悬长度
C	车辆质心	δ_r	后轮偏角
O	转向圆心	δ_f	前轮偏角
V	质心车速	β	滑移角
R	转向半径	ψ	航向角

当车辆为前轮驱动（front-wheel-only）时，可假设 δ_r 恒为 0。

基于如图 3-11 所示的单车模型，搭建车辆运动学模型。在△OCA 上，由正弦法则可得

$$\frac{\sin(\delta_f-\beta)}{l_f}=\frac{\sin\left(\frac{\pi}{2}-\delta_f\right)}{R} \tag{3-27}$$

在△OCB 上，由正弦法则可得

$$\frac{\sin(\beta-\delta_r)}{l_r}=\frac{\sin\left(\frac{\pi}{2}+\delta_r\right)}{R} \tag{3-28}$$

展开式（3-27）与式（3-28）可得

$$\frac{\sin\delta_f\cos\beta-\sin\beta\cos\delta_f}{l_f}=\frac{\cos\delta_f}{R} \tag{3-29}$$

$$\frac{\cos\delta_r\sin\beta-\sin\delta_r\cos\beta}{l_r}=\frac{\cos\delta_r}{R} \tag{3-30}$$

联立式（3-29）与式（3-30）可得

$$(\tan\delta_f-\tan\delta_r)\cos\beta=\frac{l_f+l_r}{R} \tag{3-31}$$

低速环境下，车辆行驶路径的转弯半径变化缓慢，此时可以假设车辆的方向变化率等于车辆的角速度，则车辆的角速度为

$$\dot{\psi}=\frac{V}{R} \tag{3-32}$$

联立式（3-31）与式（3-32）可得

$$\dot{\psi}=\frac{V\cos\beta}{l_f+l_r}(\tan\delta_f-\tan\delta_r) \tag{3-33}$$

则在惯性坐标系 XY 下，可得车辆运动学模型：

$$\begin{cases}\dot{X}=V\cos(\psi+\beta)\\ \dot{Y}=V\sin(\psi+\beta)\\ \dot{\psi}=\dfrac{V\cos\beta}{l_f+l_r}(\tan\delta_f-\tan\delta_r)\end{cases} \tag{3-34}$$

此模型中有三个输入：δ_f、δ_r、V。滑移角 β 可由式（3-29）、式（3-30）求得

$$\beta=\arctan\left(\frac{l_f\tan\delta_r+l_r\tan\delta_f}{l_f+l_r}\right) \tag{3-35}$$

2. 阿克曼转向

阿克曼转向几何（Ackerman turning geometry）是一种为了解决交通工具转弯时，内外转向轮路径指向的圆心不同的几何学。

在单车模型中，将转向时左/右前轮偏角假设为同一角度，虽然通常两个角度大致相等，但实际并不是，通常情况下，内侧轮胎转角更大。如图 3-12 所示，δ_o 和 δ_i 分别为外侧前轮和内侧前轮偏角，当车辆右转时，右前轮胎为内侧轮胎，其转角 δ_i 较左前轮胎转角 δ_o 更大。l_w 为轮距，L 为轴距，后轮两轮胎转角始终为 0°。

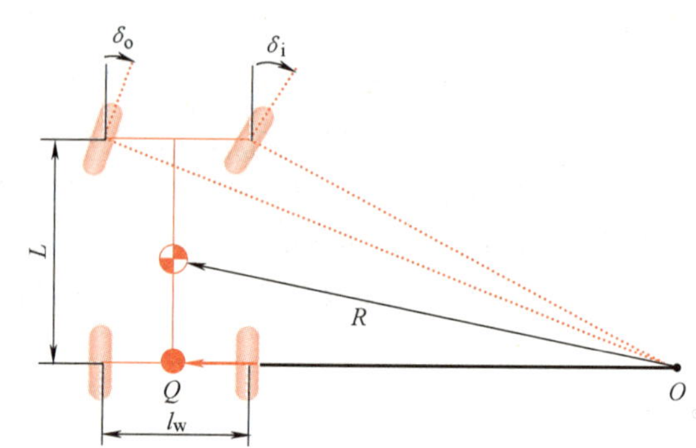

图 3-12　阿克曼转向几何

当以后轴中心为参考点时，转向半径 R 为图 3-12 中 Q 到 O 的距离。

当滑移角 β 很小时，且后轮偏角为 0 时，式（3-35）可表述为

$$\frac{\dot{\psi}}{V}\approx\frac{1}{R}=\frac{\delta}{L} \tag{3-36}$$

由于内外侧轮胎的转向半径不同，因此有

$$\delta_o=\frac{L}{R+\dfrac{l_w}{2}} \tag{3-37}$$

$$\delta_i=\frac{L}{R-\dfrac{l_w}{2}} \tag{3-38}$$

则前轮平均转角为

$$\delta=\frac{\delta_o+\delta_i}{2}\cong\frac{L}{R} \tag{3-39}$$

内外转角之差为

$$\Delta\delta=\delta_i-\delta_o=\frac{L}{R^2}l_w=\delta^2\ \frac{l_w}{L} \tag{3-40}$$

因此，两个前轮的转向角的差异 $\Delta\delta$ 与平均转向角 δ 的二次方成正比。

3.3　车辆运动控制

3.3.1　概述

运动控制是智能车辆研究领域中的核心问题之一，指根据当前周围环境和车体位移、

姿态、车速等信息按照一定的逻辑做出决策，并分别向加速、制动及转向等执行系统发出控制指令。运动控制作为智能车辆实现自主行驶的关键环节，其研究内容主要包括横向控制和纵向控制。横向控制主要研究智能车辆的路径跟踪能力，即如何控制车辆沿规划的路径行驶，并保证车辆的行驶安全性、平稳性与乘坐舒适性；纵向控制主要研究智能车辆的速度跟踪能力，控制车辆按照预定的速度巡航或与前方动态目标保持一定的距离。但是独立的横向控制或纵向控制并不能完全满足智能车辆的实际需求，因此，复杂场景下的横纵向耦合控制的研究，对于车辆来说非常重要。

3.3.2 横向控制

横向运动控制指智能车辆通过车载传感器感知周围环境，结合全球导航卫星系统（GNSS）提取车辆相对于期望行驶路径的位置信息，并按照设定的控制逻辑使其沿期望路径自主行驶，主要控制航向，通过改变转向盘转矩或角度的大小等，使汽车按想要的航向行驶。依据人类驾驶的经验，驾驶人在驾驶的过程中会习惯性地提前观察前方道路，并预估前方道路的情况，提前获得观察点与汽车自身所处位置之间的距离，并依据前方道路的信息，操纵转向盘转过一定的角度，达到汽车转向的目的。为使汽车平顺转弯，驾驶人需要不断观察汽车实际位置与道路中心线间的横向偏差和航向角偏差，并调整转向盘转角来减小这些偏差，使车辆可以准确、快速地跟踪期望路径。但环境对该过程的影响较大，且随着车速的变化而变得更加复杂，为了形象地描述上述的驾驶人操纵行为，郭孔辉院士提出了预瞄跟随理论。

建立智能车辆横向控制系统，首先需要搭建道路-车辆动力学模型，根据最优预瞄驾驶人原理与模型设计侧向加速度最优跟踪 PD 控制器，从而得到汽车横向控制系统；其次，控制器输入为汽车纵向速度与道路曲率，控制器输出为预瞄距离，构建预瞄距离自动选择的最优控制器，从而实现汽车横向运动的自适应预瞄最优控制。横向控制的流程如图3-13 所示。

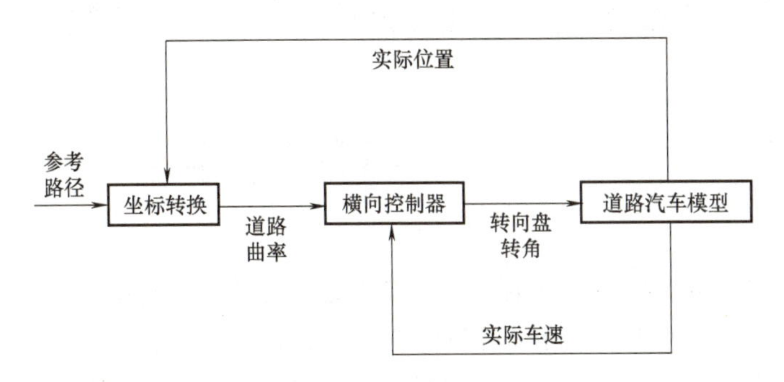

图 3-13 横向控制流程

3.3.3 纵向控制

纵向运动控制是指通过某种控制策略调节车辆的纵向运动状态，实现车辆纵向距离保持或自动加减速的功能，例如通过调节制动压力与节气门开度来控制车速。对于自动档汽

车，控制对象就是制动踏板与加速踏板。纵向运动控制是智能汽车运动控制的重要组成部分，也是智能驾驶研究领域的核心难题之一。纵向运动控制的控制原理是基于制动踏板与加速踏板的控制，从而通过控制汽车的减速、加速来实现对汽车纵向期望速度的跟踪与控制。按照实现方式可分为直接式结构控制和分层式结构控制，现对这两种纵向控制方法进行分析。

1. 基于直接式结构的纵向控制

直接式控制结构由一个纵向控制器给出所有的子系统的控制输入，即制动压力与节气门开度，从而实现对期望纵向速度的跟随，具有响应快速的特点。具体结构如图 3-14 所示。

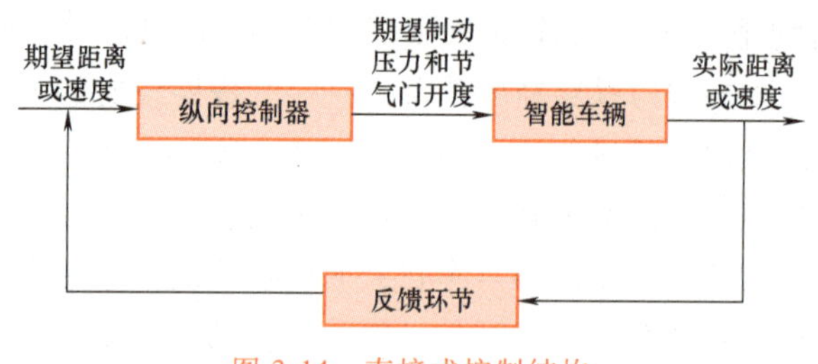

图 3-14　直接式控制结构

2. 基于分层式结构的纵向控制

智能车辆的纵向动力学模型是一种结构复杂的多变量非线性系统，且容易受到前方动态目标及障碍物变化的干扰，因此通过单个控制器实现多性能控制较为困难。为降低控制系统的开发难度，针对纵向动力学结构复杂等特性，许多研究者采用分层式控制结构。具体结构如图 3-15 所示。

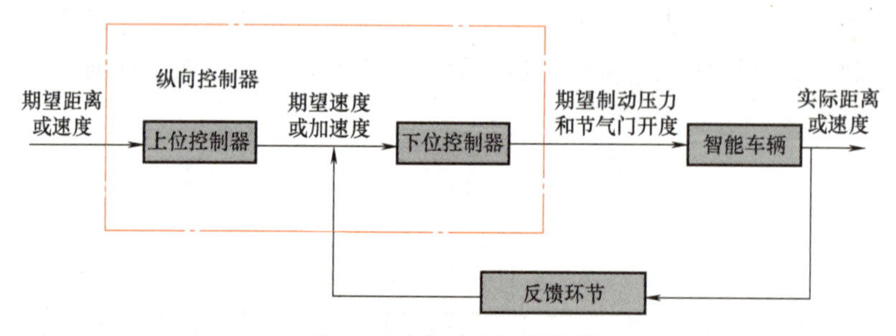

图 3-15　分层式控制结构

分层式控制结构根据控制目标的不同，将智能车辆纵向控制系统分为上位控制器与下位控制器进行单独设计。上位控制器控制策略设计的目的是产生期望的纵向车速或者纵向期望加速度；下位控制器接收来自上位控制器的期望状态值，并按照控制算法产生期望的制动压力值与期望的节气门开度，从而实现汽车纵向车间距离或者期望速度的跟踪控制功能。

3.3.4　横纵向耦合控制

独立的横向控制系统或者纵向控制系统并不能满足智能车辆实时运行时的要求，并且

不能满足各种道路工况需求。为了实现智能车辆在复杂工况下的控制要求，针对智能车辆横纵向动力学间的耦合、关联特性，部分学者尝试采用横纵向运动综合控制。对于智能车辆横纵向综合控制的研究工作，目前大多局限于理论分析。从控制结构上讲，智能车辆横纵向运动综合控制分为分解式协调控制和集中式协调控制。

1. 分解式协调控制

分解式协调控制通过对横纵向动力学进行解耦，分别独立设计横纵向控制律，同时设计用于协调横向与纵向运动的控制逻辑，分解式协调控制只是对横纵向控制律的执行进行协调，从本质上讲没有克服横纵向动力学的耦合特性。具体结构如图 3-16 所示。

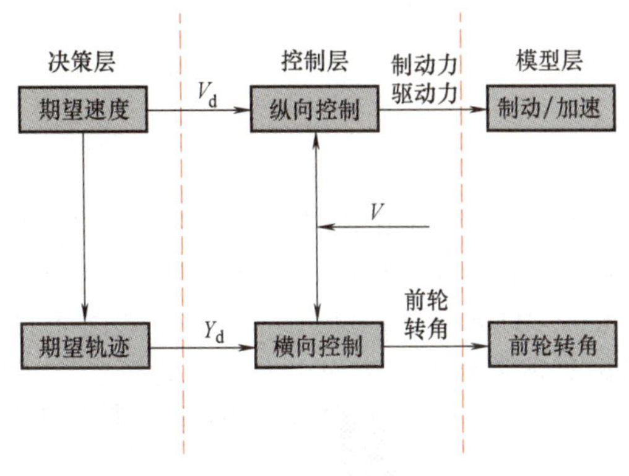

图 3-16　分解式协调控制结构

图 3-16 中各层的作用如下：

(1) 决策层　根据视觉感知系统感知的汽车外界道路环境信息与汽车行驶状态信息，对汽车的行驶路径进行规划，形成期望运动轨迹，并根据期望运动轨迹选择期望速度。

(2) 控制层　基于决策层得到的期望路径与期望车速输入，经过控制系统的分析与运算得到理论的前轮转角输出、加速控制输出以及制动器控制输出信号，作用于智能汽车，保证智能汽车跟踪期望速度沿着期望轨迹行驶。

(3) 模型层　对于横纵向运动综合控制系统，运用数学知识建立整车横纵向数学模型。由协同控制构架可以看到，智能汽车的纵向速度既是横向控制器的状态量输入又是纵向控制器的状态量输入，横向控制系统的前轮转角与车速有关，纵向控制系统的模糊控制器速度偏差输入与加速度偏差输入与车速有关，汽车的纵向车速成为连接横向控制系统与纵向控制系统的关键点。

2. 集中式协调控制

集中式协调控制指通过对车辆横纵向耦合动力学模型直接控制求解的方式得到横纵向运动控制律。具体结构如图 3-17 所示。

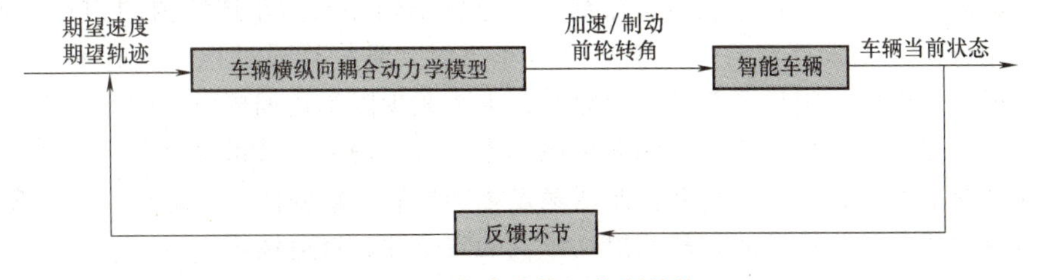

图 3-17　集中式协调控制结构

第4章

车道保持辅助系统设计与实践

4.1 车道保持辅助系统简介

由车道偏离造成的事故占全球汽车交通事故总量的50%左右，车道保持辅助系统（lane keeping assistance systems，LKAS）是智能驾驶辅助系统（advanced driving assistance system，ADAS）的关键技术之一，如图4-1所示。车道保持辅助系统能够有效地避免因车辆偏离正常行驶车道而引发的交通事故。

图4-1 车道保持辅助系统

目前主流的车道保持辅助系统主要分为两类，第一类包含车道偏离预警和车道保持控制系统，第二类仅包含车道保持控制系统。前者是指当车辆靠近车道线时，系统会在触发报警系统的同时提供转向修正力矩来改变车辆行驶方向，使车辆维持在车道内行驶；后者是指车辆全程进行转向控制，转向修正力矩根据偏离车道中心线的程度进行调整，以确保车辆维持在车道中心线附近行驶。由于第一类车道保持辅助系统应用最为广泛，本书将着重对其工作原理和控制算法等方面进行详细的说明。

车道偏离预警系统通过车载传感器判断、分析车辆在当前车道线内的相对位置关系，在驾驶人无意识（如未打转向灯）偏离原有车道时，系统能通过视觉、听觉、触觉等途径发出警报，为驾驶人提供更多的反应时间，大大减少因车道偏离引发的交通事故；车道保持系统的主要功能作用是指当车辆偏离原车道，车道偏离预警系统触发但驾驶人未能正常接管的情况下，车道保持系统将被激活触发主动控制车辆驶回原车道行驶，避免由于车道偏离而导致的各种交通事故，从而提高车辆的安全性、舒适性等。

4.1.1 车道保持辅助系统组成及工作原理

1. 车道保持辅助系统

车道保持辅助系统主要由四部分组成：感知层、信息处理层、决策层和执行层，总体

结构如图 4-2 所示。

(1) 感知层　感知层的信息采集系统包含多种不同的传感器。通过安装在车辆前风窗玻璃上的 CCD 摄像机采集车辆前方道路和周围环境信息，经过处理得到车辆相对于车道线的几何位置关系。通过车身传感器获得车辆的运动状态参数，如车速、横摆角速度、航向角等。通过转矩转角传感器获得驾驶人施加在转向盘上的转矩。

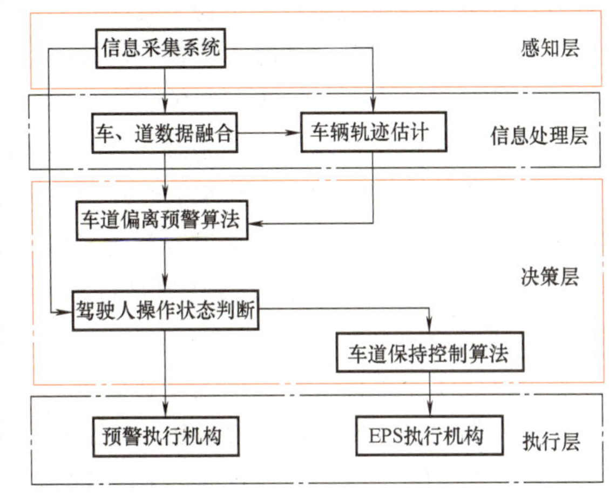

图 4-2　车道保持辅助系统组成

(2) 信息处理层　信息处理层接收感知层采集的各种信号并进行数据处理，得到车辆与车道线的相对位置关系，然后向决策层各模型传递处理后的信号。

(3) 决策层　决策层主要由车道偏离预警算法、驾驶人操作状态判断和车道保持控制算法三部分组成，该层通过判断车辆的运动状态和获取车辆位置信息确定是否向执行层发送命令，它决定 LKAS 的工作状态。

(4) 执行层　执行层执行决策层的命令，利用转向系统控制车辆运动，修正其运动轨迹使之回到原车道行驶。

2. 车道偏离辅助系统

车道偏离辅助系统的工作原理如图 4-3 所示。当驾驶人在人机交互界面设定相应的驾驶模式并启动车道偏离辅助系统后，车载传感器（CCD 相机、车速传感器、车辆姿态传

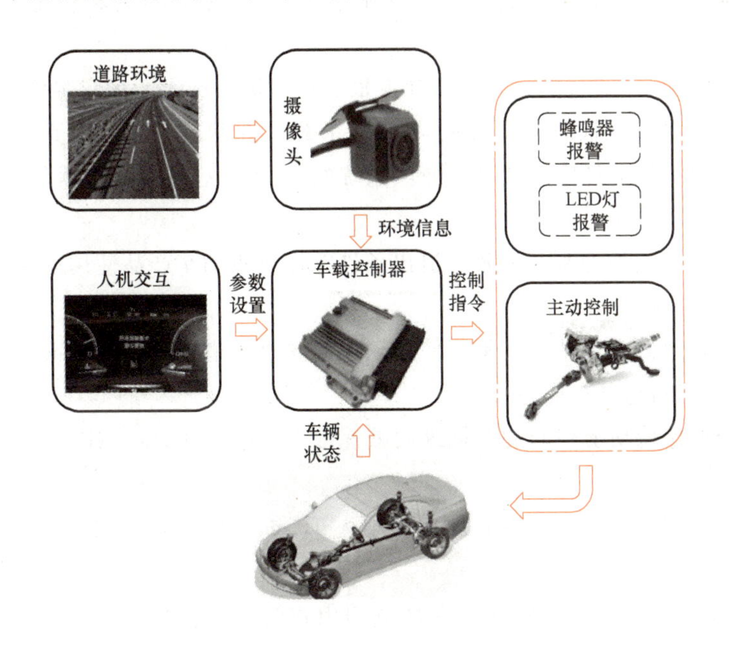

图 4-3　车道偏离辅助系统工作原理

感器等）将会实时获取车辆的状态，车道保持辅助系统将对 CCD 相机获得的车道信息数据和车辆的姿态信息等进行融合处理以判断车辆是否偏离原有的车道。若系统判定车辆即将或者已经偏离原有的车道，报警系统（LED、蜂鸣器、转向盘振动等）会被触发以提示驾驶人对车辆进行接管。此时，若在一定时间后驾驶人仍未进行接管，系统将接管车辆主动控制车辆驶回原有的车道进行行驶。

目前诸多车道保持辅助系统是基于 TLC（time to lane crossing）进行工作的，TLC 是指从汽车当前位置开始到汽车与车道线开始接触为止所需的运动时间。车道偏离辅助系统的工作模式主要包括视觉、听觉报警和主动控制。当 TLC 小于主动控制的阈值时，车道偏离辅助系统仅通过蜂鸣器和 LED 等进行报警以提醒驾驶人。系统在发出警告信号的同时，发出辅助控制（纠偏）命令的前提条件是驾驶人没有打转向灯并且没有操作转向盘，同时车辆发生了车道偏离且车辆速度达到要求（乘用车一般约定为 60km/h）。但如果驾驶人在操作转向盘，则系统认为驾驶人是正常、有意图的驾驶行为，系统不会对转向系统予以控制；当 TLC 大于或等于主动控制的阈值时，若驾驶人未继续主动控制操作，车道偏离辅助系统再主动控制汽车转向系统，即通过控制电动助力转向系统（EPS）持续施加轻微的转向力来帮助车辆留在车道内并趋向于车道中心，以避免交通事故的发生。

4.1.2 设计要求

1. 基本设计要求

1）系统在可视车道边线环境下应能识别车辆与车道边线的相对位置，辅助驾驶人将车辆保持在原车道内行驶。

2）系统至少应具备车道偏离预警功能或车道居中控制功能。

3）系统应具备开机自检功能，应能检查 LKAS 系统相关的主要电气部件和传感器件是否正常工作。

4）系统应设置开/关功能，以便驾驶人根据意图进行操作，且应避免驾驶人误操作。

5）系统应监测自身状态并向驾驶人提示系统当前状态，包括：系统故障、系统的开/关等，提示的状态信息应清晰、易懂。系统的开/关状态提示允许驾驶人通过调取菜单等间接方式查看。

6）系统应有一定的抑制、失效、退出条件并通过机动车产品使用说明书加以说明。

2. 基本性能要求

1）系统的车道偏离保持功能不应使车辆偏离超过车道边线外侧 0.4m；车道居中控制功能不应使车辆偏离超过车道边线外侧。

2）车道偏离保持功能引起的车辆纵向减速度不应超过 3m/s，引起的车速减少量不应超过 5m/s。

3）系统激活时引发的车辆横向加速度不大于 $3m/s^2$，车辆横向加速度变化率不大于 $5m/s^3$。

4）系统应在 V_{min} 至 V_{max} 之间的车速范围内正常运行，其中，V_{min} 为 70km/h，V_{max} 为 120km/h，当然系统也可以在更宽的车速范围内正常运行。

3. 系统状态与转化设计要求

车道保持辅助系统的状态与转化图如图 4-4 所示，当处于待机状态时，LKAS 系统应实时监测车辆运行状态，但不执行任何车道保持操作。当运行状态满足系统激活条件时，系统可自动或经驾驶人确认后由待机状态转换为激活状态；当处于激活状态时，LKAS 系统应实时监测车辆运行状态，当满足系统退出条件时，由激活状态退出为待机状态：当 LKAS 处于激活状态时，如车辆发生非驾驶意愿的车道偏离，LKAS 系统应进行车辆横向运动控制，以辅助驾驶人将车辆保持在原车道内行驶。除此之外，LKAS 系统可通过某些预先设计的指令停止或减少非必要的车道保持动作。

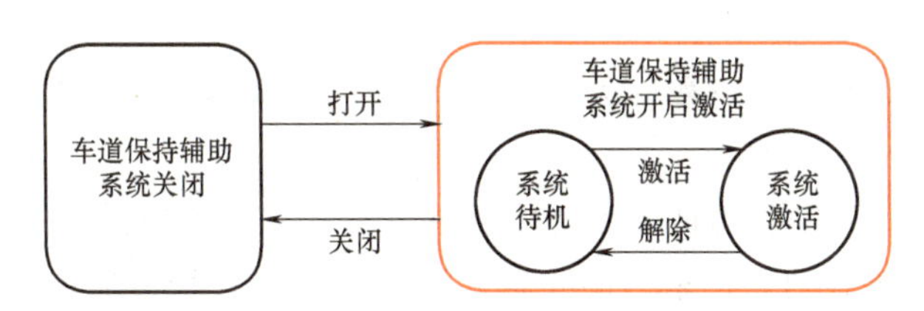

图 4-4 系统状态与转化

1）LKAS 系统从关闭到开启可以通过驾驶人也可以通过系统自动开启，例如在点火开关开启并且系统没有失效发生的时候。LKAS 系统从开启到关闭可以通过驾驶人也可以通过系统自动关闭，例如在点火开关关闭或系统有失效发生的时候。

2）在 LKAS 系统待机状态，系统应评估激活条件，此时 LKAS 系统不得执行任何车道保持行为。系统激活条件之一应是系统确定自车相对自车道可视车道边线的位置。制造商可以决定需要检测一条车道边线还是双侧车道边线。制造商确定的其他激活条件可以是车道边线的标线类型（实线或虚线）、最小车速、驾驶行为、转向角度或者其他车辆条件。如果所有确定的激活条件都满足，系统需要从待机状态转换成激活状态，这种转换可以通过驾驶人确认也可以由系统自动完成。

3）在 LKAS 系统激活状态，系统应评估激活条件。如果有任一确定的激活条件不满足，系统需要从激活状态转换成待机状态。LKAS 系统激活状态下，在自车有可能发生无意识的车道偏离时 LKAS 系统使车辆进行横向移动来帮助驾驶人将车辆保持在车道内。相对于没有车道保持动作的车辆运动来说，车道保持动作是通过增大 TLC 来影响自车在车道内的横向运动的（除非驾驶人的影响逾越了系统）。系统可以检测到抑制请求从而尽量减少不必要的车道保持动作。抑制请求可以被发出，例如，驾驶人开启了转向灯。

4.1.3 功能要求

1. 总体要求

1）车道偏离预警与保持控制系统除了具备偏离预警和主动控制这两个基本功能，还应包括禁止请求、监测系统状态、驾驶人优先权等功能。

2）车道偏离预警与保持控制系统不仅能在驾驶人无意识时进行预警和主动控制车辆，还应具备优良的人机共享性。

2. 车道偏离预警系统功能要求

1）当车辆在车道内行驶，如果有偏离出本车道的趋势以及已经偏离出本车道一部分时，LKAS 系统会发出预警信号，提醒驾驶人纠正车辆位姿，驶回车道中心附近。

2）车辆具备识别车道线功能，当车道线和光线较好的情况下，能够根据当前车道线给出相对于自车位置的车道，并判断是否有偏离出本车道的趋势。

3）驾驶人可通过 APP 进行功能的开启与关闭。

4）驾驶人踩制动踏板或打转向灯进行主动干预时，LKAS 功能需要关闭；当驾驶人主动干预结束后 LKAS 功能自动恢复。

5）LKAS 系统适用工况：光线较好、车道线良好的、半径大于 200m 的车道（20~70km/h）。

3. 车道保持系统功能要求

1）系统在激活后可以辅助驾驶人执行全部的动态驾驶任务，在提高行车安全性的同时降低驾驶人的驾驶疲劳。

2）系统通过安装在前风窗玻璃上的前视摄像头实时探测前方道路车道线，当车速大于 60km/h 时，系统通过对转向系统的控制，使车辆在自车车道内行驶，减轻驾驶人的转向负担，提高驾乘舒适性。

3）系统应具备基本的开启与关闭功能，如驾驶人通过按键、语音、触摸等方式开启车道保持系统，通过转动转向盘、开启转向灯、开启紧急预告灯等方式退出车道保持系统。

4）系统需实时检测驾驶人是否持续 15s 紧握转向盘，检测驾驶人脱离车辆控制时应当发出“脱手”警告，此时若驾驶人仍未接管车辆转向盘，车道保持系统将会自动退出将车辆驾驶权完全移交至驾驶人。

5）车道保持系统应当同时具备车道偏离预警和主动控制两个子功能，其中主动控制是在偏离预警功能的基础之上通过主动控制使车辆始终保持在车道中央。

6）当车辆偏离原有车道时，驾驶人意图识别模块判断驾驶人未操纵车辆，车道偏离预警系统发出预警信号，若一定时间后驾驶人仍然没有采取纠偏措施，车道保持控制系统取得车辆的驾驶权，主动控制车辆回归原有车道，避免发生事故。

4.1.4 开发流程

目前智能车辆技术的 ADAS 系统均采用基于 V 模型开发方式，V 模型是一种软件开发模型，它的真实含义是指 RAD（rap application development，快速应用开发），目的是为了提高软件的开发效率，V 模型将软件生命周期中的每一个开发活动，都对应一个测试活动，并且两者同时进行。所以，V 模型的核心就是一个并行的观念。由于模型构图类似字母 V，所以又被称为 V 模型。车道保持系统是 ADAS 系统的功能之一，其亦采用 V 模型开发模式。主流的 V 模型开发大致包括产品生命周期管理、产品设计阶段、子系统设计阶段、控制器验证阶段、系统级验证阶段五个方面的内容，如图 4-5 所示。

产品生命周期管理主要是为了保证项目的顺利开展，实现团队间的协作管理、知识经验管理、配置管理等，在提高团队工作效率的同时如期保质保量地完成项目任务。产品设计阶段主要是对用户的需求进行分析，然后对产品的需求和功能进行定义，并提出整个产

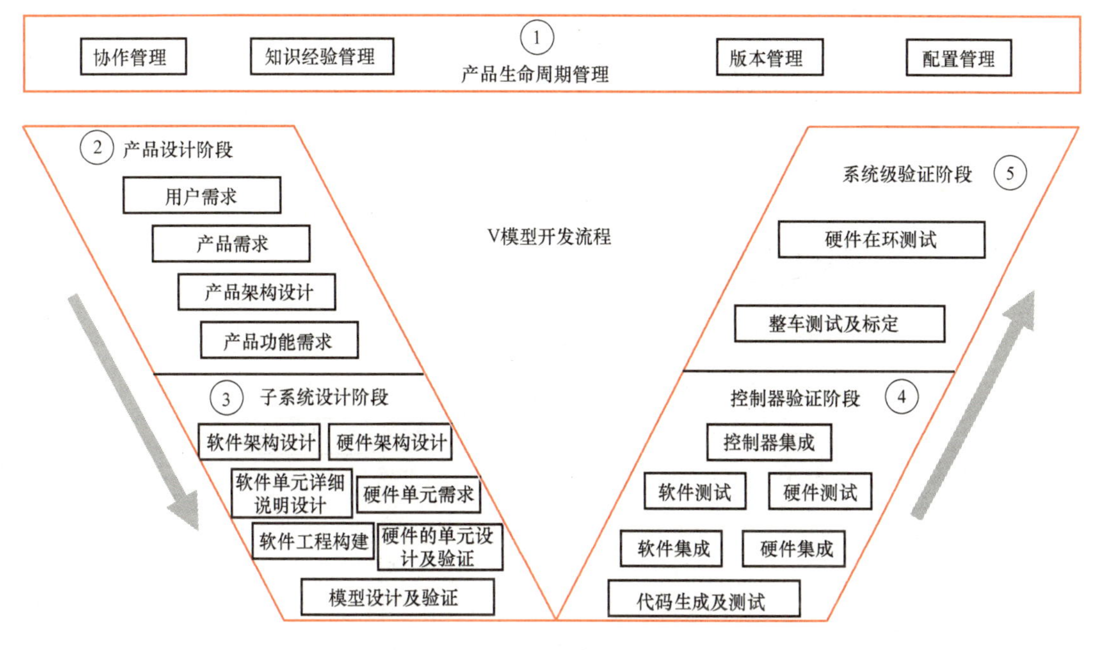

图 4-5　V 模型开发流程

品架构设计的方案。子系统设计阶段主要是根据产品设计阶段定义的功能需求和产品架构方案进行软件和硬件方面的开发，包括软件单元模型设计、硬件单元设计和软硬件验证等。控制器验证阶段主要是对设计的软件、硬件进行测试验证，以保证功能的有效性，主要包括软件集成、硬件集成、软件测试、硬件测试、代码生成及测试。系统级验证阶段主要包括硬件在环测试和整车在环测试两大方面，该阶段是在系统的软件开发完成、硬件开发完成、基础功能测试完成后进行的系统级测试，是开发的产品应用到实车的最为关键测试阶段。系统级测试验证可及时发现控制器软硬件的设计问题，以便对存在的问题进行修改，从而保证开发的控制器安全可靠。

4.2　算法及仿真

目前主流的车道偏离辅助预警系统算法开发方法包括基于车辆-道路模型和基于数据训练两种。前者基于车辆的运动学模型或者动力学模型建立相应的运动微分方程进行算法开发，设计相应的控制器；后者是基于大量的知识经验、数据集等应用神经网络、机器学习、强化学习等方法训练得到相应的算法模型对车辆进行控制。本书将着重介绍基于车辆-道路模型的相关算法。

车道保持辅助系统的算法主要包括车道偏离预警算法和车道保持控制算法，算法的控制逻辑如图 4-6 所示。当车道保持辅助系统开启后，系统将会实时检测车辆的周围环境及自车的状态，判断当车辆偏离车道时车道偏离报警系统将会被触发，若 TLC 值小于等于设定的阈值时主动转向控制功能将会被激活控制车辆保持在原有的车道行驶。

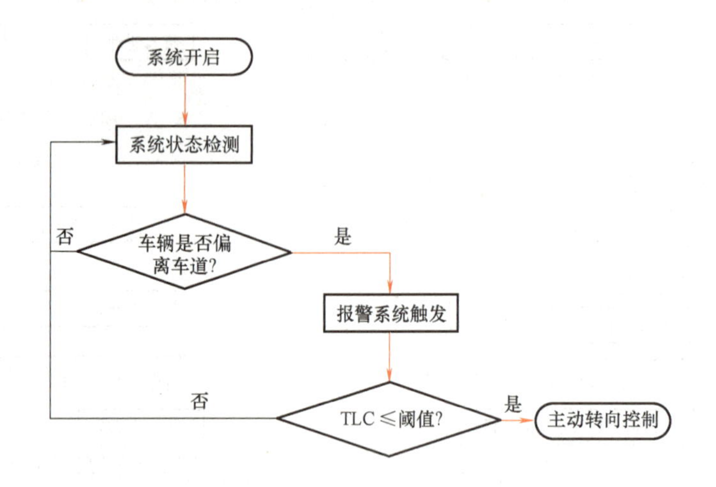

图 4-6　车道保持辅助系统算法逻辑

4.2.1　车道线检测方法

车道线检测技术一般应用于高级辅助驾驶系统中。准确、快速地检测出道路图像的车道线有助于提升高级辅助驾驶系统的反应速率，对路径规划的准确性也可以带来提升。而实际场景中的路况是复杂多变的，天气的变化、光线的变化、路况的好坏等情况，都会对车道线检测效果带来影响，因此车道检测算法的鲁棒性也是一个基本要求。许多研究人员已经展示了各种车道线检测方法，根据是否需要手工设计特征，车道线检测方法可以分为基于传统图像处理和基于深度学习这两种。

1. 基于传统图像处理的方法

车道线在图像中具有明显的边缘特征，因此对于简单的车道环境，使用边缘检测，并结合形态学和霍夫变换技术，可以较好地实现车道线识别。边缘检测的过程通常包含图像滤波、图像增强、图像边缘检测、图像边缘定位四个处理步骤。边缘检测算法主要基于图像强度的一阶导数和二阶导数，使用滤波操作可以降低导数计算时对噪声的敏感性，但与此同时，滤波操作会造成图像边缘信息丢失，因此滤波器的选择以及滤波程度的设置是关键，车道图像中常用高斯滤波。由于原始图像的边缘特征信息表现不明显，因此采用图像增强的方式增强边缘特征，凸显边缘信息，此过程通过改变图像的梯度幅值来实现，在增强的同时也可能将不相关边缘或者噪声进行了增强，因此会根据实际需求调整梯度幅值。像素点是否属于待求解的图像边缘，通常可以根据图像梯度幅值和梯度方向来确定，车道线识别任务中边缘检测算法通常使用 Canny 以及 Sobel 算子，在完成边缘检测任务之后，需要把检测的边缘像素在图像中的像素位置确定下来，边缘检测算法实现中通常会返回边缘的定位信息。

实现车道保持控制功能的前提是可以准确地获取车道线信息，找出道路中心线，产生正确的期望路径。因此当处理模块获得车载摄像头采集的视频流后，需对其进行处理进而获得有效车道线信息，视频流的处理算法流程如图 4-7 所示。

从图 4-7 中可以看出，为处理视频流中的信息，提取有用车道线信息，首先需要选取视频流中的一帧图像。由于车辆行驶在结构化的道路上，有效车道线在视频中的位置相对固定，无较大波动，为使后续处理简便，应先确定所采集道路图像的感兴趣区域，进而通过限制感兴趣区域来去除无关的信息，以达到提高后续计算实时性的目的。随后对图像进行预处理，在保证图像可靠性的前提下去除噪声的影响，精简需要处理的信息，进一步简化后续处理过程；再对图像进行增强处理，其目的在于增强图像灰度的对比性；完成上述操作后对处理过后的图像进行边缘检测，以提取有效车道线信息。最后利用相关算法拟合道路线，计算出道路的中心线，即期望路径。车载摄像头检测车道线的流程如图 4-8 所示。

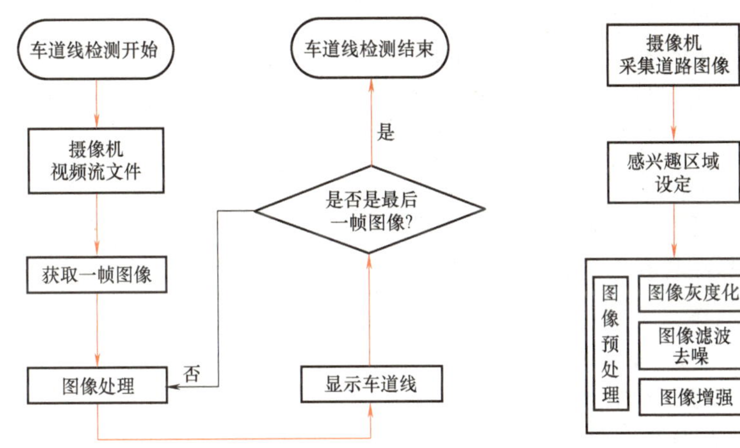

图 4-7　视频流处理算法流程

图 4-8　车载摄像头检测车道线的流程

2. 基于深度学习的方法

深度学习技术在计算机视觉领域发展迅速，是近几年中最热门的研究领域之一。基于深度学习的车道线检测算法相对于传统图像处理算法来说具有更高的精度以及泛化能力，它利用了卷积神经网络强大的自动提取特征的能力，可以从大量数据中提取到有用的特征。虽然使用深度学习的方法通常需要更多的计算消耗并且需要大量人工标注的训练数据来训练网络，但考虑到它在精度和鲁棒性上较传统方法更为强大，因此，预计在不久的将来会开发出更多基于深度学习的具有低消耗、高效并且鲁棒的车道线检测算法。

（1）卷积神经网络结构　卷积神经网络的基本结构主要包含以下几个部分：卷积层是卷积神经网络能够提取图像特征的基础，它是卷积神经网络的核心部分。通常 2D 卷积层包含一组卷积核，也叫滤波器，这些卷积核是一些包含多维权值矩阵。通过将特征图输入给卷积层，卷积核会在卷积层上滑动，每次滑动时，卷积核与当前覆盖位置的元素进行卷积操作，相当于给对应位置加权再求和，从而得到新的特征图上的元素的值。卷积核每次滑动的距离称为步长。

图 4-9 为在输入特征图的一个位置进行卷积操作，使用 3×3 大小卷积核与该点周围 3×3 大小的区域进行对应位置相乘再求和的运算。卷积层的输入不仅可以是图像，也可以是经过卷积层输出的特征图。在卷积神经网络中，卷积核的参数矩阵是通过输入数据不断

进行训练更新得到的。

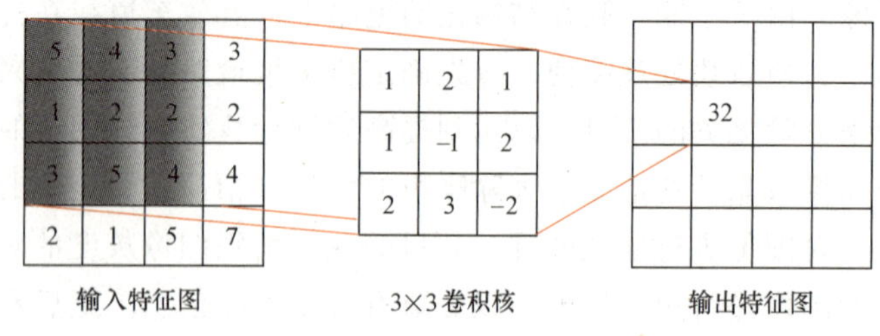

图 4-9 卷积示意图

（2）卷积网络特性 在计算机视觉领域中，卷积神经网络取得较好效果的原因是神经网络的原理是受生物学里的视觉系统启发而来，比如人对外界的感知是从局部到全局的，图像也是如此，局部像素的联系较为紧密，距离较远的像素的相关性就较弱。因此，卷积层的每个神经元不必对全局图像进行感知，只需要对图像上的一小块进行感知，在更后面的层次，每个神经元的感受也会逐渐增大，能融合更多的局部的信息，将其综合在一起，最后得到较为全局的信息，如图 4-10 所示。

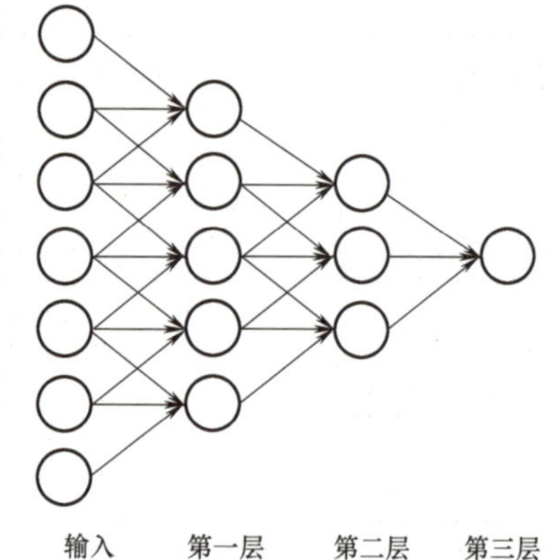

图 4-10 神经元网络示意图

基于深度学习方法进行车道线检测流程如图 4-11 所示，第一个部分是深度学习，其中主要包括样本预处理和模型的处理，第二个部分是车道线的位置标定，标定过程将以当前帧以及相邻帧的信息作为参考，第三个部分是帧间关联，主要描述了参数信息的流动方向。

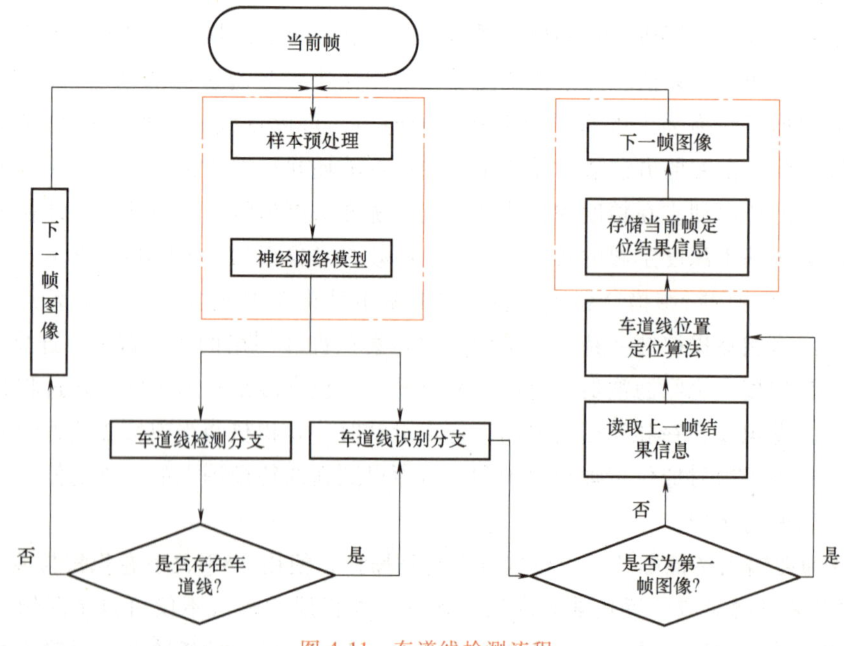

图 4-11 车道线检测流程

神经网络模型包括检测和识别两个分支，在模型训练时可以同时训练这两个分支网络。将每条车道线归为一个类别，模型输出若干个通道，则每个通道表示一条车道线，车道线检测分支可以检测出图像每个通道是否包含车道线，如果存在车道线则经过车道识别分支取得像素级别的分类结果，其中仅绘画出单通道下的检测与识别过程，由于通道间处理过程一致，因此省略了多通道间依次检测与识别的绘制。网络的识别结果仅仅将车道线与背景进行类别区分，并不能直接确定车道线在图像中的具体位置，因此采用滑动窗口和帧间关联算法进行快速标定车道线位置。

3. 车道线检测的难点

1）车道线的外表特征不明显，因为车道线是细长的物体，在图片上占比很小，而且容易受到道路两旁的树木和建筑物的阴影或者光线条件的变化的影响。

2）车道线容易被遮挡，因为实际道路上，容易出现前方的车辆对车道线进行遮挡的情况。

3）道路上的车道导向箭头、人行道等一些非车道线标识与车道线标识的形态相似，容易被误检。

4）车道线情况多样，有直道、弯道或者十字路口等情况，自身颜色也有不同，例如白色车道线和黄色车道线。

5）实时性需求，车道线检测是自动驾驶或者辅助驾驶系统中的一环，具有实时性的需求，不能耗费大量时间。

4.2.2　车道偏离预警算法

目前具有代表性的车道偏离预警算法主要有四种：跨越车道线距离（distance to lane crossing，DLC），主要基于车辆在路面上的跨越距离；跨越车道线时间（time to lane crossing，TLC），主要基于车辆在路面上未来跨越车道的时间；基于当前位置（car current position，CCP），主要基于车辆在车道中的当前位置；基于未来偏移距离（future offset distance，FOD），主要基于车辆在路面上未来的偏移量。由于TLC算法模型在车道偏离预警算法模型中应用最为广泛，本书将着重对TLC算法模型进行分析。

TLC算法模型基本原理是通过计算车辆在参考轨迹上触碰车道线的时间预判车辆是否将会偏离车道。当计算的TLC值大于设定的阈值时表明车辆将不会偏离车道行驶，反之则表明车辆将会偏离车辆行驶，此时系统将会触发报警提示系统以提醒驾驶人进行修正。

TLC算法模型包括横向TLC和纵向TLC，前者按照横向偏移量和横向相对速度计算，后者按照纵向驶出车道的距离和纵向速度计算。由于横向TLC算法只考虑当前的横向位移偏移，其易受纵向车速的影响且在弯道工况下误警率较高；而纵向TLC基于纵向车速和位移，其受误差影响较小，且在弯道工况下表现较好。因此，下面将着重介绍纵向TLC算法模型。

假设车辆保持当前车速和航向角不变，并从当前位置运动到车辆刚接触车道线位置的时间为t_{TLC}。对于TLC算法其通过比较t_{TLC}与时间阈值T_{TLC}之间的大小来进行车道偏离判断。如图4-12所示是以车辆向右偏离车道为例的TLC算法的原理图。其中，点G为车辆质心，点A代表车辆右前轮，点B代表未来车辆右轮刚接触车道线时的位置，θ为车辆的航向角。d_L 为车辆左前轮到右侧车道线的横向距离，d_R 为车辆右前轮到右侧车道线的横向距离，v 是车辆的实际车速，v_x 称为车辆的纵向车速，v_y 称为车辆的横向车速。由几何关系可得

$$t_{TLC}=\frac{\overline{AB}}{v}=\frac{d_R}{v\cdot\sin\theta}=\frac{d_R}{v_y} \tag{4-1}$$

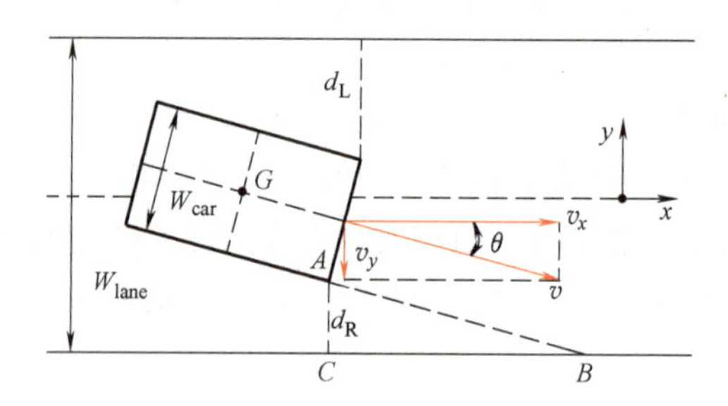

图 4-12　TLC 算法原理

4.2.3　车道保持控制算法

当车道偏离预警启动后，若系统检测到驾驶人未进行接管，此时系统将主动控制车辆回到原车道中心线位置行驶。目前，主要的车道保持控制方法有以下几种：PID 控制、模糊控制、模型预测控制和粒子群算法等。

其中车道保持控制器基于模型预测控制算法，通过借助车辆运行时的状态参数信息，并以侧向速度、横摆角速度、侧向偏差以及横摆角偏差作为控制输入，道路曲率为输入干扰量，前轮转角为控制向量，在控制器物理约束和车辆动力学约束下，计算出最优前轮转角，使当前的侧向偏差趋向于 0，实现对期望车道中心线的跟踪与保持。车道保持控制器设计原理如图 4-13 所示。

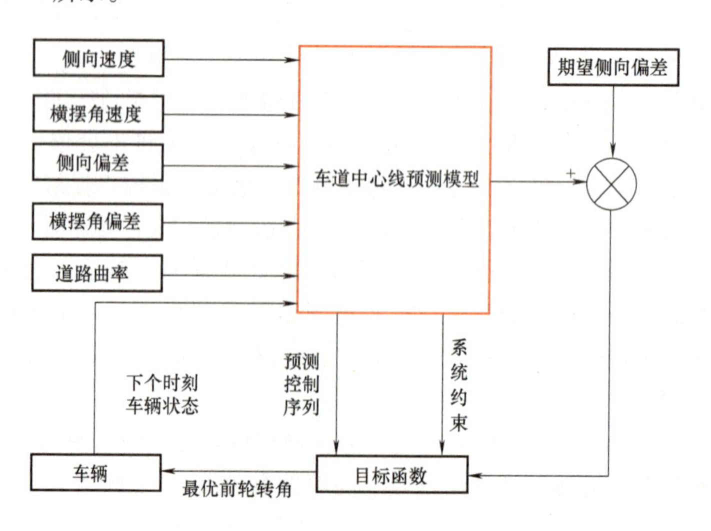

图 4-13　车道保持控制器设计原理

车道保持控制器的设计都是在车道中心线预测模型的基础上进行的，它是保障算法实现不可或缺的一部分。在车辆实际行驶过程中，车身复杂的结构和受力情况以及周边的环境都会对行驶性能产生很大影响，通过在运算时加入系统输入量、车辆位置等系统约束可以很好地解决这个问题。设计车道保持控制器的目的就是让车辆精准跟踪车道中心线行驶的同时拥有较好的车身稳定性，这种需求就可以转化为用数学公式表达的目标函数，让控制器去实现。

4.2.4 车道保持辅助系统仿真测试

仿真测试是实现车道保持系统功能开发中必不可少的环节，其可以快速有效地验证算法的有效性、软硬件功能的完整性等。在整个系统的开发过程中，仿真测试主要包括软件在环、硬件在环和车辆在环、实车测试几大部分。本书将着重讲解软件在环测试和硬件在环测试两个部分。

1. 软件在环测试

软件在环测试是指纯软件联合仿真测试，其可以在单独的一台计算机上完成，而无须其他相应的硬件设备。软件在环测试可以离线状态下对开发的控制算法进行仿真测试，在成本、效率上均有较为明显的优势。软件在环测试主要由测试场景、车辆动力学模型、控制算法模型三大部分构成。主流的测试场景搭建软件有 PreScan、VTD、SCANeR 等；主流的车辆动力学模型搭建软件有 Carsim、Vedyna 等；主流的控制算法模型开发软件有 MATLAB/Simulink、Labview 等。车道保持辅助系统虚拟仿真测试原理如图 4-14 所示。

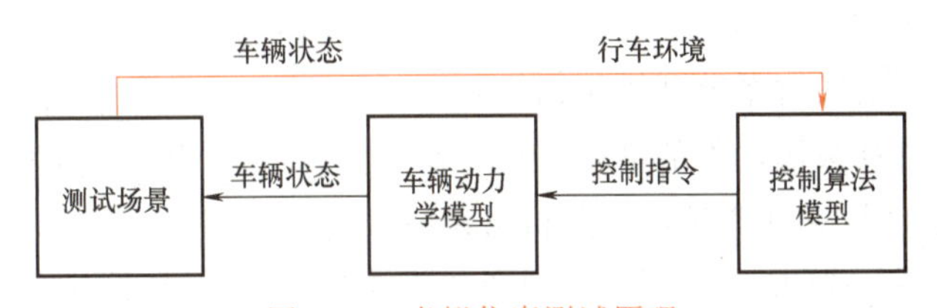

图 4-14 虚拟仿真测试原理

2. 硬件在环测试

硬件在环（HIL）仿真测试是以实时处理器运行仿真模型来模拟受控对象的运行状态，通过 I/O 接口与被测的 ECU 连接，对被测 ECU 进行全方面的、系统的测试。从安全性、可行性和合理的成本上考虑，HIL 仿真测试已经成为 ECU 开发流程中非常重要的一环，它减少了实车路试的次数，可在缩短开发时间和降低成本的同时提高 ECU 的软件品质，降低测试过程的风险。

硬件在环测试主要的观念就是利用一个实时运行的仿真平台在其上运行被控对象的仿真物理模型，并利用接口板卡的输入输出能力，对于控制器的输出进行一个控制信号的获取，再将所获取到的信号输入到仿真模型中使其产生相对应的反应行为，再将这样的反应行为转化为传感器所输出的信号将其输出到控制器的输入引脚，使得整体的系统得到一个闭环的响应。因此由以上的描述可知，在这样的系统中有以下的几点技术指标需要被满足：①高精度的实时仿真物理模型；②高运算效率的处理器板卡；③与控制器引脚可匹配的输入输出界面板卡；④可制造各种测试工况的配套板卡与设备（如错误注入模块等）；

⑤诊断与标定工具的接口；⑥可进行信号观测、标定及系统配置的软件；⑦自动化测试的软件；⑧可进行残余总线仿真的接口软硬件能力等。

车道保持辅助系统的硬件在环测试主要包括摄像头在环测试和ECU在环测试。摄像头在环测试主要对摄像头检测算法进行测试，ECU在环测试主要对车道保持辅助系统的控制逻辑、系统功能进行测试。

（1）摄像头在环测试 目前主流的摄像头在环测试方法包括：视频注入法和暗箱法，视频注入法是将视频数据流经过处理转化为摄像头控制器图像处理单元规定视频协议格式的文件，对车道线检测算法进行测试。视频注入法不受光线、光照的影响，但由于无法对摄像头的物理性能等进行测试，而且视频通信协议涉密，诸多厂家均不对外进行开放，因此视频注入法在摄像头在环测试中并不常用。暗箱法是指将车载相机模块放置在暗箱环境中，摄像头前方通过投影的方式将车道场景投影到摄像头前方的大屏幕上，然后对摄像头的车道检测算法进行测试，如图4-15所示。该种方法可对摄像头的物理模组、算法模块等进行全方位的测试，其得到了国内外诸多厂商的青睐。

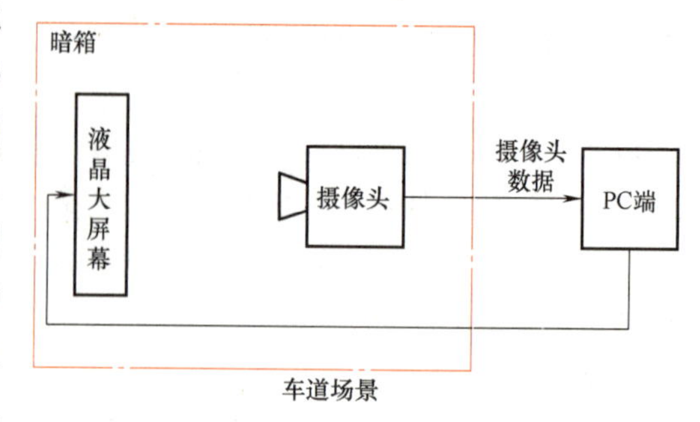

图4-15 暗箱法原理图

（2）ECU在环测试 ECU在环测试是对车道保持辅助功能进行系统性的测试，其通过实时系统模拟车辆动力学模型的运行状态，与被测ECU进行搭接测试控制器的控制逻辑、系统功能等。目前实时系统环境包括EATS、NI、dSPACE等，其中因NI实时系统价格低廉、操作可行性强被国内外的诸多企业、高校所广泛应用。下面将以NI实时系统对车道保持辅助系统ECU在环测试进行分析与说明。

车道保持辅助系统ECU在环测试原理图如图4-16所示，主要由暗箱、PC端、HIL机

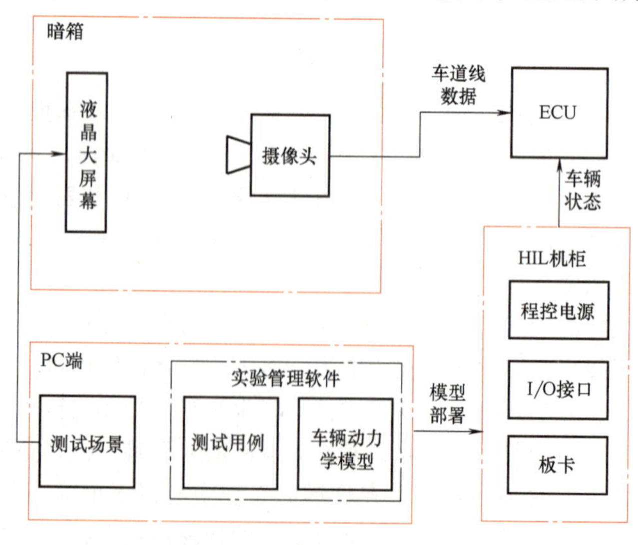

图4-16 车道保持辅助系统ECU在环测试原理图

柜和被测 ECU 组成。暗箱方面已在摄像头在环测试中讲解，不再赘述；PC 端主要包括测试场景搭建、测试用例设计、车辆动力学模型搭建，然后通过以太网将动力学模型部署到 HIL 机柜中的实时系统中模拟车辆的运行状态；HIL 机柜主要包括程控电源、I/O 接口、板卡等，其可模拟车辆的真实 I/O 接口及供电模式等，通过 CAN 网络可将车辆的相关状态数据传送给真实的 ECU，即可对车道保持辅助系统的 ECU 进行全方面的功能性测试。

4.3 智能小车 LKAS 系统实践

智能小车车道保持控制系统的主要功能是在缩微交通环境下控制智能小车在自车车道内行驶。车载摄像头实时检测道路交通环境并将检测到的车道线信息传递给树莓派开发板，树莓派开发板按照设定的控制算法和控制策略计算出智能小车舵机的控制量，整个智能小车车道保持控制系统的控制原理与工作流程如图 4-17 所示。若摄像头检测到智能小车正在或者即将偏离车道行驶，树莓派开发板会给控制舵机发送控制指令控制智能小车向车道中心线修正，使得智能小车始终在自车车道内行驶。

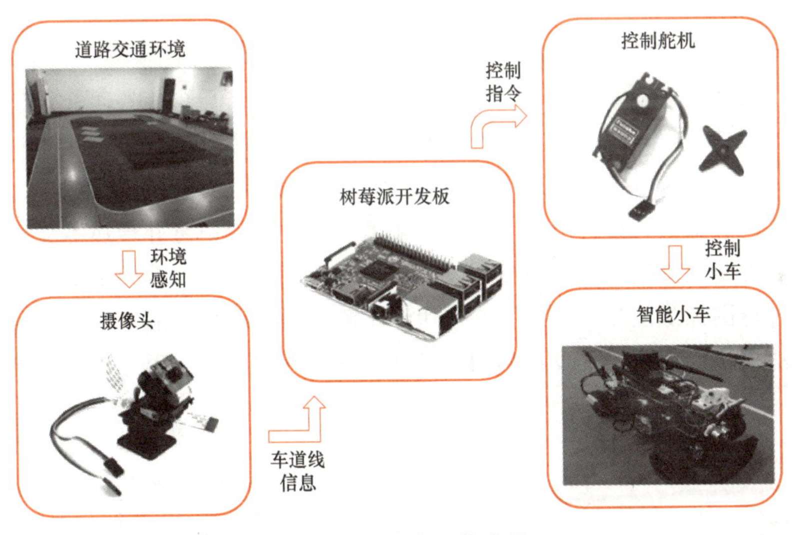

图 4-17 原理与工作流程

4.3.1 开发方法与流程

智能小车车道保持系统可以采用基于 OpenCV 的传统开发方法和基于学习的新型开发方法。OpenCV 是一个开源的跨平台计算机视觉和机器学习软件库，可以运行在 Linux、Windows、Android 和 Mac OS 操作系统上。基于 OpenCV 的传统开发方法是指对摄像头采集的图像信息进行灰度化、二值化、图像增强和感兴趣区域提取等处理后获取两条车道线信息，并求解出两条车道线的中心线位置及智能小车偏离车道的偏移量，然后通过修正智能小车的偏移量使得智能小车始终保持在本车道内行驶。基于学习的方法是通过采集大量的数据样本，然后对数据样本进行训练得到车道保持控制系统的算法模型，使智能小车始终保持在自车车道内行驶。

由于传统的基于 OpenCV 的开发方法相对于基于学习的方法开发周期更短且难度更低，但在弯道、标线缺损等道路交通环境下识别效果低于基于学习的方法。综合考虑树莓派的运算能力、缩微交通环境的状况、开发难度和开发周期后，本书采用基于 OpenCV 的传统开发方法进行智能小车车道保持系统的开发，其基本的开发流程如图 4-18 所示。

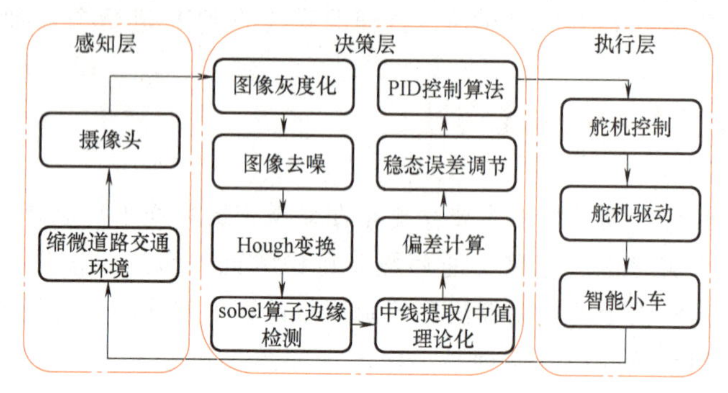

图 4-18　智能小车车道保持控制系统开发流程

4.3.2　建模与分析

这里选用树莓派 3b 和 MATLAB 2018b 版本进行智能小车车道保持系统的开发。根据智能小车车道保持系统开发流程，建立智能小车车道保持控制系统 Simulink 模型，如图 4-19 所示。该模型总共包括四个部分，第一个部分是摄像头交通环境采集模块，对应于开发流程中的感知层，该部分的作用是采集道路交通环境信息并传递给决策层；第二个部分是图像处理和控制模块，对应于开发流程中的决策层，该部分的主要作用是对摄像头采集的图像进行图像灰度化、图像去噪、边缘检测等提取出相应的车道线信息；第三个部分是控制算法模块，对应于开发流程的决策层，该部分的主要作用是计算智能小车偏离车

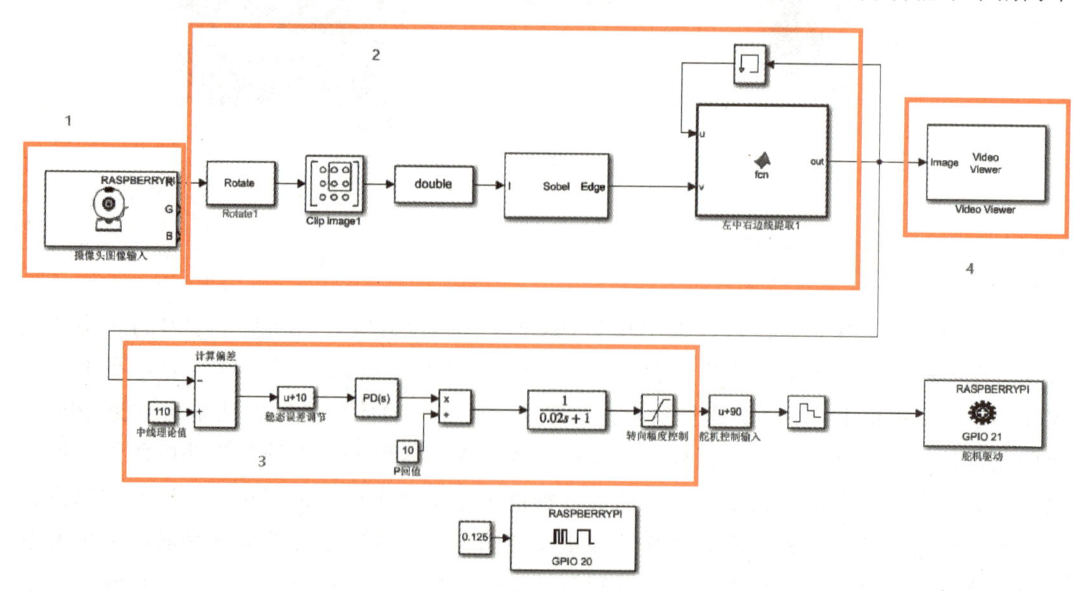

图 4-19　智能小车车道保持系统 Simulink 模型

道中心线的误差量并通过 PID 控制算法计算出舵机的控制量；第四个部分是可视化界面，主要作用有两个方面，其一可以通过显示屏或者 PC 端实时检测摄像头的检测状态，其二用于调试摄像头算法及摄像头的安装位置等。

Simulink 中摄像头输入模块如图 4-19 所示，图 4-20 所示为摄像头输入模块参数设置。“Device name”文本框设置树莓派摄像头口（默认），“Image size”下拉列表框设置传入图像的像素（分辨率），“Pixel format”下拉列表框设置图像颜色输入的方式，“Sample time”列表框设置摄像头传入的帧数（帧数太高会影响处理速率，反之，帧数太低会掉帧，使道路失真）。为保证计算速率快，只需要一个通道的图像就能够满足要求。

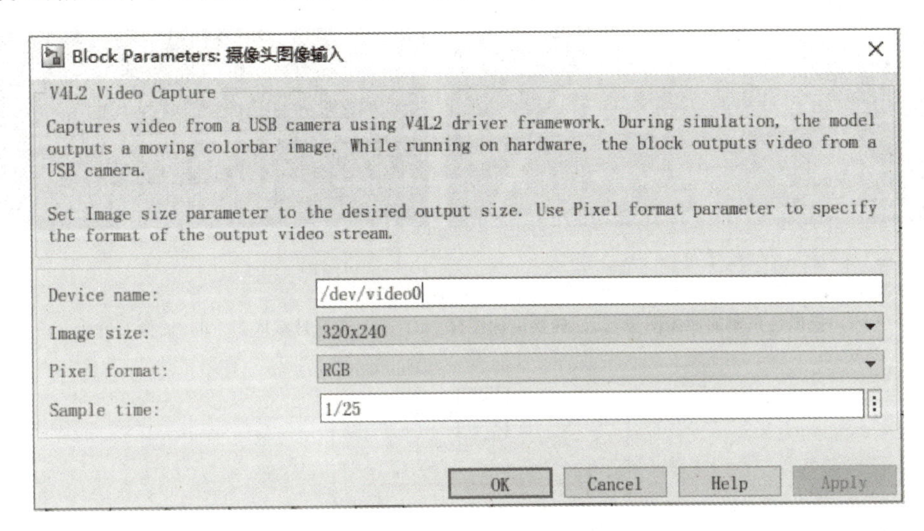

图 4-20　摄像头输入模块参数设置

1. 感知层建模与分析

（1）图像预处理　图 4-21 所示为图像预处理模块的 Simulink 模型，对应于智能小车车道保持系统 Simulink 模型的第二个部分。

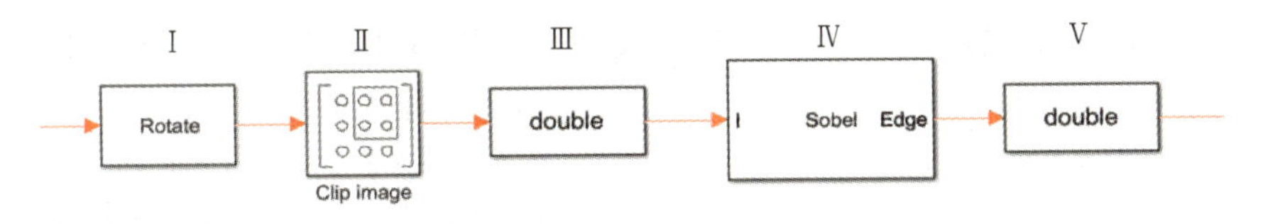

图 4-21　图像预处理模块

如图 4-21 中的模块 I 为翻转图像模块，将摄像头的原始图像（见图 4-22a）转化后可得图 4-22b 所示的效果，为后面图像算法做准备。模块 II 的作用是感兴趣区域截取，如图 4-22c 所示。模块 III 的作用是将图像每个像素点值变为 double 类型。模块 IV 的作用是将图像二值化，为后面的边缘提取做准备，二值化后的图像如图 4-22d 所示。

（2）车道中心线提取　图像预处理完成后即可编写算法提取车道中心线，算法的核心在于利用 MATLAB 中的 function 模块编写相应的代码，设置相应的输入输出接口，如图 4-23 所示。

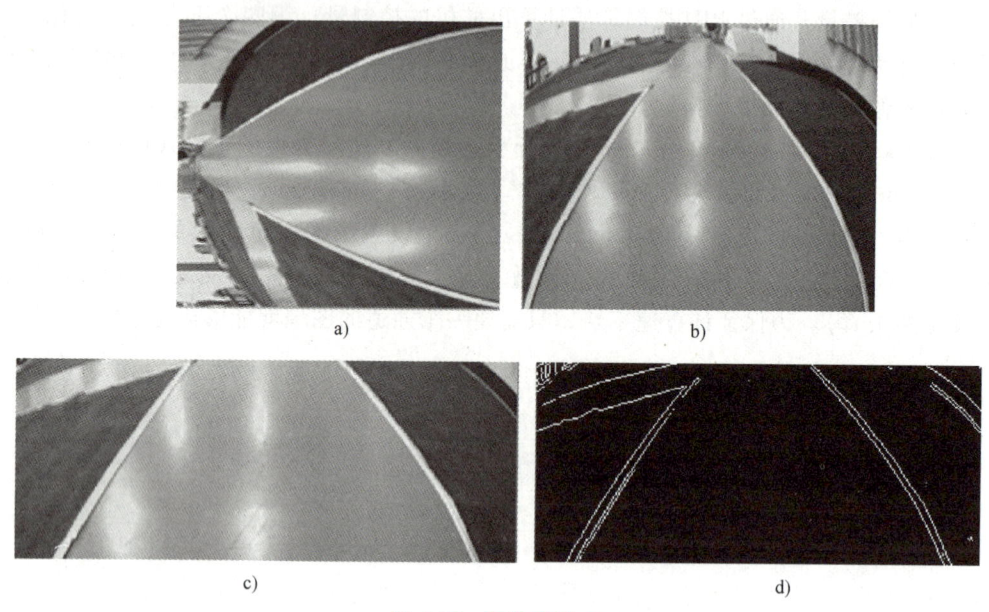

图 4-22 图像预处理

a）摄像头采集的原始图像 b）转换后的图像 c）感兴趣区域截取图 d）图像二值化

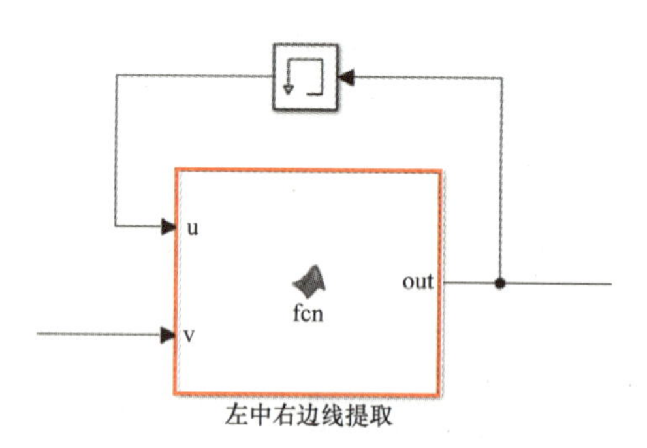

图 4-23 function 算法模块

该算法中共有两个输入接口和一个输出接口，其中 function 模块的程序如下：

```
1    function out=fcn(u,v)          %定义输入输出
2    border=zeros(2,1);             %定义一个 2*1 的零矩阵
3    [~,max]=size(v);               %定义 max 为输入矩阵的列数
4    forx_left=1:u
5    if v(50,u-x_left)==1
6    break
7    end                            %从中线向左扫描道路边缘,路边缘为 1
8    border(1,1)=u-x_left;          %把扫到的左边缘值存入矩阵中
9    end
10   forx_right=1:max-u
11   if v(50,u+x_right)==1
12   break
```

```
13        end                                    %从中线向右扫描道路边缘
14        border(2,1)= u+x_right;                %把扫到的右边缘值存入矩阵中
15        end
16        if border(2,1)-border(1,1)>=220
17        border(1,1)= border(2,1)-209;
18        end
19        put=border(1,1)+border(2,1);
20        out=put/2;                             %取两边缘值的中值
21        end
```

2. 决策层建模与分析

在完成车道线检测与中线提取之后，即可计算与预判智能小车是否会发生偏离车道行驶的情况，然后采用 PID 控制算法进行纠偏控制，使得车辆始终保持在原车道内行驶。根据智能小车车道保持工作原理，建立相应的 Simulink 控制逻辑模型，如图 4-24 所示。

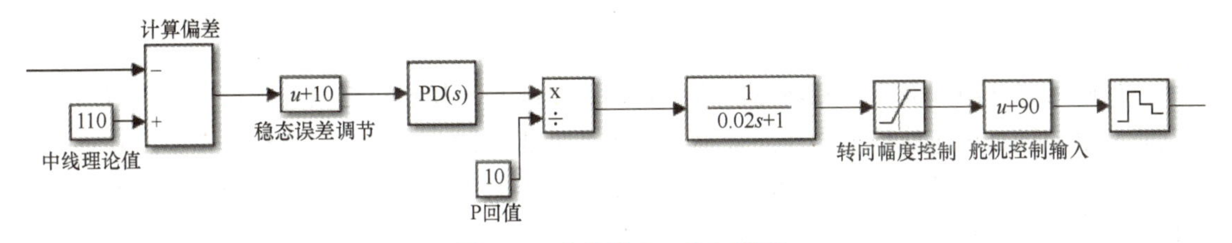

图 4-24　决策层 Simulink 模型

图 4-24 中的 110 是根据摄像头的像素值计算得出的，然后计算车道中心位置和与车辆实际位置的偏差，并通过 PID 控制算法计算出舵机的控制量，将控制指令传送给执行控制模块。

3. 执行层建模与分析

MATLAB 软件提供开发树莓派的相关支持包，因此只需要将控制指令传送给图 4-25 所示的舵机控制模块即可实现对智能小车舵机的控制，从而实现智能小车的转向控制。

RASPBERRYPI
GPIO 21
舵机驱动

图 4-25　树莓派接收模块

4.3.3　功能实践与测试

前几节内容分别对 LKAS 系统控制算法与策略的相关原理、模型搭建与分析做了详细介绍，本节将重点介绍 LKAS 算法与控制策略如何实现智能小车车道辅助保持功能。通过本章的小车搭建与测试可对搭建的控制策略与算法进行验证，亦可对智能汽车控制算法与策略进行验证。

1. 软硬件搭建（详见附录 A）

软硬件搭建主要是将 MATLAB/Simulink 模型部署到树莓派开发板中，以实现智能小车在缩微交通环境下的车道保持功能，其基本的软硬件搭建如图 4-26 所示。

2. 直道测试

直道测试是小车循迹最基本的部分，上节中所讲的理论中值便是在直道的测试中进行

图 4-26　软硬件搭建

调值的，把小车放在道路中央进行调试，舵机保持直行状态则设定其为理论中值。后面的PID 模块也需要经过测试才能调出理想的 PID 值，要求在直道时舵机转向不抖动。

3. 弯道测试

在直道的基础上，在弯道打开摄像头观察并调整摄像头视野，使弯道靠内侧线部分在视野中，还应该具有一定的前瞻性，摄像头视野应该在车前 70~120cm 之间，才能实现弯道循迹。

4. 赛道判别

当遇到分岔路口时，向左转弯时右边道路边缘线是不能够作为循迹依据的，直行时左边道路边缘线也是不能够作为循迹依据的。因此需要预设一个方案。想让小车向左转弯就进行右补线，将摄像头捕捉的道路左边缘线加上一定的距离补出右边线，然后根据补出后的赛道进行循迹。想让小车直行就进行左补线，同理，将摄像头捕捉的道路右边缘线加上一定的距离补出左边线，然后根据补出后的赛道进行循迹。触发选择的条件应是分岔路口仅有的特征，经测试，小车分岔路口触发条件为道路两边缘差≥220 像素的时候进行补线，实现了岔路口赛道选择方案的功能。

5. 摄像头视野测试方法

打开摄像头，在小车前面 70cm 和 120cm 位置分别做上标记，固定小车，调节摄像头位置，使摄像头视野上端和 120cm 标记处持平，下端在 70cm 附近，多次配合舵机进行调节，使得摄像头处于良好的位置。

第5章

主动转向避撞系统设计与实践

5.1 主动转向避撞系统

汽车主动转向避撞系统一般通过获取前方道路交通环境信息，同时结合本车动态参数与驾驶人操作行为（转向盘、制动踏板、加速踏板等）判断碰撞危险等级，并参考驾驶人避撞意图，提前发出功能提示或预警信息，甚至在必要时辅助系统会主动介入操作，控制车辆自动避免碰撞以保证车辆安全。主动避撞系统主要分为纵向制动避撞、横向转向避撞和智能避撞，本章主要介绍横向转向避撞系统。

横向转向避撞系统是对纵向制动避撞系统的一种补充，主要针对在高速行驶的状况下进行有效的避撞，例如在车辆高速行驶时前方道路突然出现行人横穿道路，FCW（前向碰撞预警系统）或者 AEB（自动紧急制动）系统即使及时发现目标并立即采取措施，但由于碰撞时间（time to collision，TTC）过于紧急，仍不能完全避免碰撞的情况。假设碰撞减轻系统能够使车辆速度由初始时刻 80km/h 快速下降至 40km/h，但此时若以 40km/h 的相对速度与行人发生碰撞，所产生的伤害对于行人仍然是致命的。因此，若车辆在高速行驶时已错过最后制动时机，驾驶人仍可采用操纵转向或紧急变道的方式来实现避撞。在某些情况下，转向可能是比制动更好的避撞策略。例如在良好附着条件的路面上驾驶普通车辆达到 100km/h 速度后，立即采取全力制动来避开前方静止障碍物所需要的纵向距离约为 40m。与此相比，若汽车采取单纯转向方式避让（以保证侧向稳定性为前提）所需最短距离仅为 28m，即相同场景下纵向避障距离减少 30%。由此可见，在某些工况下采取单纯转向方式避障效果更佳，甚至假设路面附着系数由于雨、雪等原因降低一半，那么采取转向避让的最短需要距离仅是纵向制动避让操作最短需要距离的 50%。另外，横向转向避撞系统还可以减轻由于汽车减速过大而引起的不适以及降低因突然制动所造成的追尾事故。当然主动转向避撞控制需要根据环境信息做出最符合安全性要求的驾驶行为，其控制策略涉及的内容非常复杂，需要考虑包括交通规则、安全性、驾驶人状态、周围环境等各方面因素。

5.1.1 主动转向避撞系统组成

汽车主动转向避撞系统通常由行驶环境识别、安全状态判断和避撞系统控制三大部分组成。其主要工作流程是系统感知识别行驶环境后，基于制动过程分析计算安全距离，比较当前距离和安全距离模型的计算值来判断制动能否避免碰撞，如果制动无法避免碰撞则进行转向路径规划，如果能够成功规划出换道轨迹则采取转向避撞策略控制，若规划不成功则继续采取制动策略控制，以降低碰撞时的速度、减轻伤害。

主动避撞系统总体方案如图 5-1 所示，雷达探测系统和自车传感系统感知外部环境，通过安全距离模型并结合自车运行状态进行车辆安全状态判断，执行控制算法结合驾驶人行为判断并决策是否要执行相应主动避撞算法（如前方碰撞预警（FCW）、紧急转向辅助系统（ESA）、自动紧急转向（AES）等），执行控制算法输入到车辆逆动力学模型并通过执行器作用于车辆动力学系统，车辆动力学系统实时反馈车辆状态信息于自车传感系统，形成闭环。

行驶环境识别主要有三种技术方案：第一种是借助现有的硬件产品技术来实现周边环境的感知和障碍物的识别、测距等功能，如激光雷达、毫米波雷达、超声波雷达等；第二种是引入人工智能技术，通过“摄像头+算法”的方式对周围的环境信息进行图像的识别和处理；第三种是采用雷达、摄像头等多种传感器的融合技术。相对于激光雷达高昂的成本和摄像头较差的夜间适应性，毫米波车载雷达系统凭借合理的价格、良好的环境适应性（温度、光照、天气等）和高分辨率等一系列优点，成为主动避撞系统的首选。

车辆安全状态的判断决策是汽车主动避撞系统能否发挥主要功能的关键，主要通过基于车辆之间纵向距离的安全距离模型对车辆安全状态进行判断。安全距离模型主要有基于制动过程运动学分析的安全距离模型、考虑舒适性的安全距离模型、基于车头时距的安全距离模型以及驾驶人预瞄安全距离模型等。

执行控制部分的预警可通过相应报警方式的执行器实现，而转向辅助和自动紧急转向需要系统高效、准确的控制执行方案进行主动转向，同时还需要控制整车的动力输入，保证良好的转向效果。

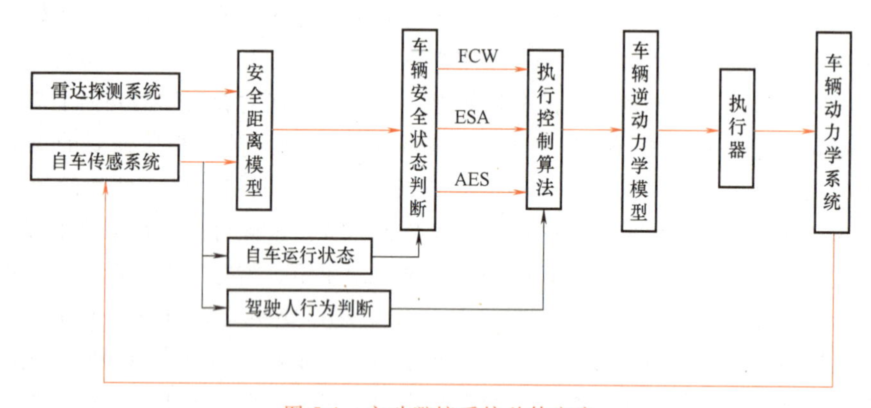

图 5-1　主动避撞系统总体方案

横向转向避让主要通过控制汽车横向运动实现避障。目前发展中的自动紧急转向 AES 系统是利用雷达、视觉等传感器监测前方障碍物等环境信息，在制动措施不能完全避免碰撞时，单独或组合使用转向助力系统、车身电子稳定系统（electronic stability controller，ESC）或者后轮主动转向机构产生横摆力矩，通过控制车辆横向运动轨迹来避免碰撞的一项主动安全技术，其中 ESC 仅作用在内侧车轮以增加旋转力矩，而不作为制动器使用。该系统的关键难点在于合理地协调雷达传感器、底盘电控系统以及主动转向机构的工作职能。

自动紧急转向可分为ESA（紧急转向辅助）和AES（自动紧急转向）。而ESA和AES的区别就在于是否需要驾驶人介入转向作为功能触发条件：ESA需要驾驶人介入触发，AES不需要驾驶人介入触发。AES渐进式的技术路线如图5-2所示。第一级为车道内的辅助转向避撞，仅控制车辆在车道内进行转向避让，而不控制车辆进行变道避撞。因此其应用场景极为有限，主要针对本车道内有小型障碍物及行人的情况，进行轻微的转向避让。且其触发条件包括驾驶人试图操控转向盘进行避让，也就是说系统并没有真正替代驾驶人控制转向，系统的触发开关仍然掌握在驾驶人手上。第二级为车道内的自动转向避让，它取消了“驾驶人试图操控转向盘进行避让”这一触发条件，只要系统判断需要进行车道内的转向避让，就会直接接管转向盘，转向避让前方障碍物。第三级为可以变道的辅助转向避让，其取消了不允许变道的限制条件，当系统判断需要变道时才能避让前方障碍物，且目标车道内无风险时即可辅助驾驶进行变道避让，其触发条件包括驾驶人试图操控转向盘进行避让。第四级为可以变道的自动转向避让，该级别的AES不仅可以直接控制车辆变道，还不需要驾驶人的转向操控作为其触发条件，特殊场景下接管了转向盘控制权的主动安全功能。

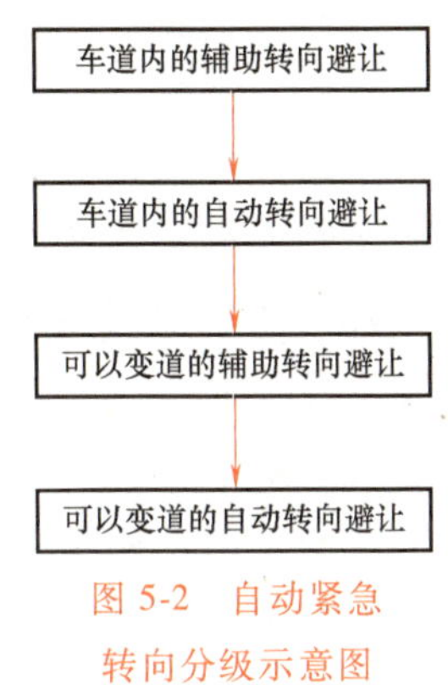

图5-2　自动紧急转向分级示意图

5.1.2　设计要求

1）在安全行驶条件下，作为辅助驾驶功能控制车辆行驶，减少驾驶人劳动强度。

2）在危险行驶条件下，辅助驾驶人操作或者自动控制车辆安全避撞，提高车辆主动安全性。

3）由于涉及驾乘安全，主动转向避撞系统必须要有很高的实时性，即控制器的响应必须与实际物理过程一致。

4）整个系统还要满足通用的功能要求、诊断要求、经济性要求和组织要求。一般而言，功能要求需要满足快速计算周期的实时计算、传输大量数据、高可靠性等；诊断要求包括与安全、环境以及维修等相关功能的监控；经济性要求包括可维护性、通用性、长生命周期、存储器代码优化等，由于汽车批量生产之后还要提供备用零件，因此对汽车电子系统有一个长达30年之久的生命周期要求；在通常情况下，车用控制系统还需要跨专业合作（如机械系统、液压系统、电气和电子系统之间）和分工合作（如整车企业和供应商之间或者不同开发地点之间）的联合开发，满足不同国家和地区的法规标准要求等，因此组织要求包括世界范围内合作开发等。

5.1.3　功能要求

图5-3所示为汽车主动避撞系统功能逻辑示意图。为满足行车安全性和道路通行效率两个方面的实际要求，主动转向避撞系统应具有以下功能：

（1）安全状态判断　主动避撞系统应能够实时对车辆的行驶状态信息和车辆外界环

境信息进行监测，并且能对当前道路工况条件下车辆的行驶安全状态做出准确的判断。

(2) 碰撞预警功能 在驾驶人分心、疲劳等没有意识到前面的车辆减速、停车或突然出现的车辆时，系统应能及时向驾驶人提供报警信息，提醒驾驶人注意及时规避危险，采取车辆避撞措施。

(3) 紧急转向辅助功能 在相对速度较高、路面附着系数低、与障碍物低重叠率等条件下，驾驶人注意到可能发生的危险，并采用转向操作时，若主动避撞系统判断当前道路工况条件下仍然存在碰撞可能，驾驶人施加的转向力度不足以规避危险，系统应辅助驾驶人转向，从而确保提供足够大小的、保证车辆安全的转向。

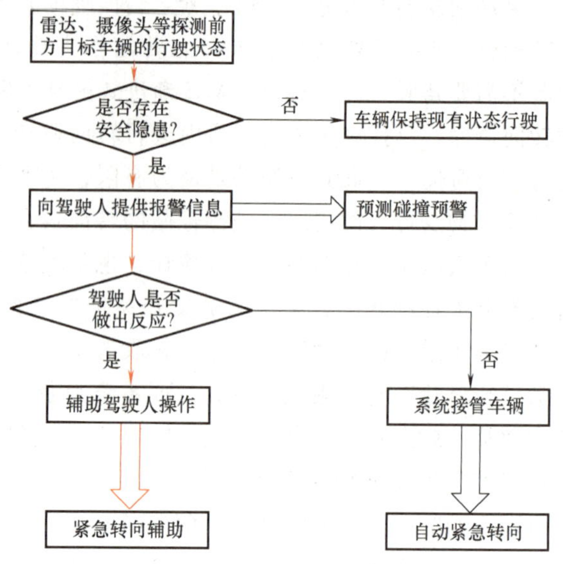

图 5-3 汽车主动避撞系统功能逻辑示意图

(4) 自动紧急转向功能 若驾驶人未对危险情况做出反应，并未及时采取任何制动措施，系统应能主动接管车辆，主动施加制动力控制车辆的运动状态，使车辆主动避开危险。

5.2 主动转向避撞系统算法及仿真

主动转向避撞系统通过获取传感器感知的环境特征级信息（如前方障碍物运动状态、车道线标识等），分析本车与交通参与者或者障碍物的相对运动关系，从而判断车辆是否存在碰撞安全隐患。若存在碰撞危险，在符合驾驶人避让意图的前提下根据控制策略激活系统，在极短时间内规划出一条满足安全性与高效性的转向避撞路径，并控制车辆按照预设路径完成转向避让过程。因此设计安全高效的转向避撞规划与决策算法是实现系统功能的基础。

主动转向避撞控制系统主要是通过辅助驾驶人或者直接控制车辆跟踪虚拟的参考转向路径进行侧向运动，并保证一定的行车舒适性和稳定性要求。避撞控制系统需在保持车辆稳定性和安全性的前提下，根据前方交通参与者或者障碍物的状态信息及行车环境，判断当前车距是否安全，规划出换道路径，通过设计转向控制器控制车辆执行紧急换道动作，以实现期望的避撞目的。转向换道避撞系统需要从车辆转向的运动学模型、换道最小安全距离模型和转向避撞控制器三个方面进行设计。

5.2.1 车辆转向的运动学模型

在高速行驶条件下，将每个车轮的速度方向认为是车轮方向的假设不再成立。

转向系统的典型结构如图 5-4 所示。驾驶人在转向盘上施加的转矩及转向角，使转向盘的旋转运动经转向器转换为直线运动。转向器产生的横向直线运动由转向杆系传至左、右车轮的转向节臂。车辆转向时，为获得左右不等的转向角，转向杆系构成的几何形状通常设计成不等边四边形，被称为“转向梯形”。通过转向梯形使两侧转向轮绕主销转动，以实现车辆转向的目的。

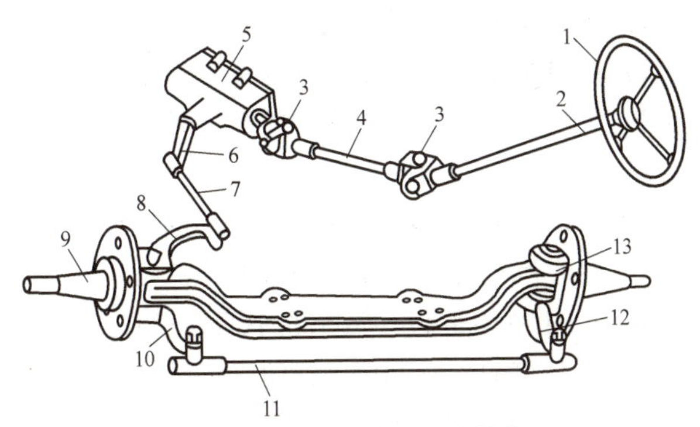

图 5-4 典型的转向系统结构

1—转向盘 2—转向轴 3—转向万向节 4—转向传动轴 5—转向器 6—转向摇臂 7—转向直拉杆 8—转向节臂 9—左转向节 10—左梯形臂 11—转向横拉杆 12—右梯形臂 13—右转向节

根据阿克曼几何学原理，参见图 5-5 所示，前轮转向的车辆在转向时，其外侧车轮转向角 δ_o 和内侧车轮转向角 δ_i 应符合如下关系：

$$\cot\delta_o - \cot\delta_i = t_{k_p}/L \tag{5-1}$$

式中，δ_o 为外侧转向轮转角；δ_i 为内侧转向轮转角；L 为车辆轴距；t_{k_p} 为两主销轴线与地面交点间距离。

车辆转向行驶时，若满足式（5-1）表示的条件，车轮才作纯滚动。但实际中，车辆转向梯形机构很难在整个转向范围内均满足该条件，通常只是近似地满足。当内、外轮转角差别不大时，可近似认为两者相等，此时的转向梯形为平行几何关系。符合阿克曼几何关系和平行几何关系的内、外轮转角关系理论曲线如图 5-5 所示。由图可见，平行几何关系为 45°直线，由于转向梯形机构通常不能完全满足阿克曼几何关系，因而实际的内、外轮转角关系曲线通常在两条几何关系线之间变化。

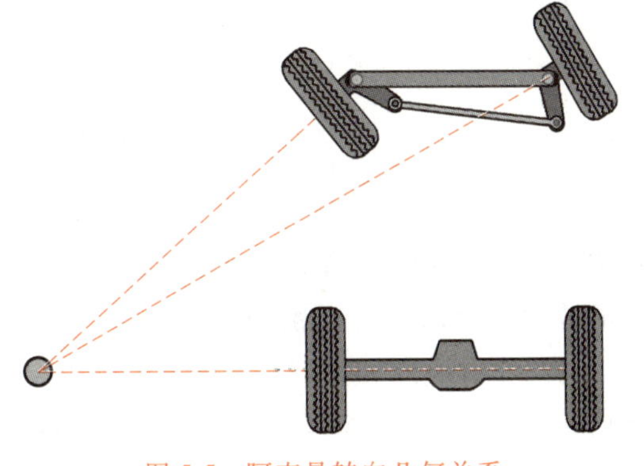

图 5-5 阿克曼转向几何关系

车轮定位参数对车辆的操纵稳定性、直线行驶能力以及轮胎磨损等方面都有显著影响。主销后倾角和主销内倾角的作用主要是使车轮能自动回正，从而保证车辆直线行驶稳定性。而车轮外倾角、主销内倾角和车轮前束则主要影响轮胎侧向偏移量（scrub），若变化过大将会引起轮胎的过度磨损。因而，车辆行驶过程中车轮定位参数的变化也要符合车辆各方面性能的要求，以保证车辆良好的总体性能。

主动转向避撞主要是研究汽车在紧急情况下的换道避撞问题，目的是使车辆快速而稳定地跟踪期望换道轨迹，因此需要去分析车辆的纵向和横向的动力学特性，确保汽车具有很好的操纵稳定性。由于汽车动力学模型是作为模型预测控制的预测模型，若动力学模型的复杂程度过高容易造成求解时间过长，无法满足控制系统的实时性，因此需对动力学模型进行必要的简化。本节将对汽车动力学模型做如下假设：

1）假设车辆在平坦的道路上行驶，忽略车辆垂向、侧倾、俯仰运动。

2）假设悬架与车身是刚性连接，忽略悬架运动的影响。

3）忽略轮胎力横纵耦合的情况，只考虑轮胎的侧偏特性。

4）假设汽车转向时后轮转角为 0，前轮左右轮的前轮转角相等。

5）假设车辆纵向速度变化不大，忽略车辆前轴以及后轴载荷的转移。

6）忽略汽车受空气动力的影响。

基于以上六点假设，汽车在平面内只有三个方向的运动，分别为沿车辆 x 轴的纵向运动、y 轴上的横向运动和绕 z 轴的横摆运动。因此选择汽车单轨模型作为本节分析的汽车动力学模型，如图 5-6 所示。

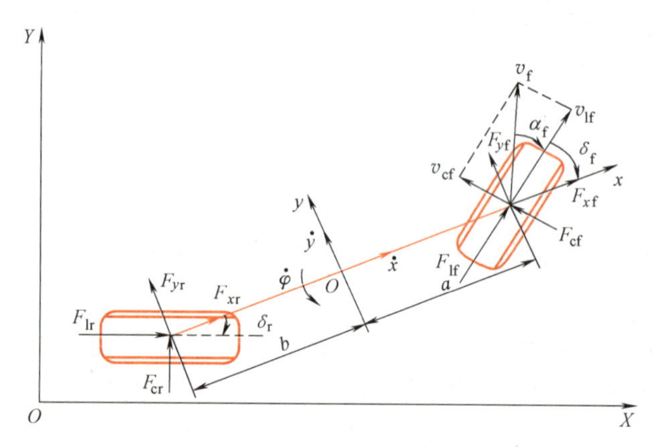

图 5-6 汽车单轨模型

车辆运动微分方程为

$$\begin{cases} m\ddot{x} = m\dot{y}\dot{\varphi} + 2F_{xf} + 2F_{xr} \\ m\ddot{y} = -m\dot{x}\dot{\varphi} + 2F_{yf} + 2F_{yr} \\ I_z\ddot{\varphi} = 2aF_{yf} - 2bF_{yr} \end{cases} \tag{5-2}$$

式中，a、b 分别为汽车质心到前轴和后轴的距离；m 为整车整备质量；I_z 为车辆质心绕轴的转动惯量；φ 为车辆横摆角。

轮胎在 x 方向和 y 方向上受到的合力与纵、侧向力的转换关系如下：

$$F_{xf} = F_{lf}\cos\delta_f - F_{cf}\sin\delta_f \tag{5-3}$$

$$F_{xr} = F_{lr}\cos\delta_r - F_{cr}\sin\delta_r \tag{5-4}$$

$$F_{yf} = F_{lf}\sin\delta_f - F_{cf}\cos\delta_f \tag{5-5}$$

$$F_{yf} = F_{lr}\sin\delta_r - F_{cr}\cos\delta_r \tag{5-6}$$

轮胎的纵向力、侧向力可以表示为轮胎侧偏角、滑移率、路面摩擦系数和垂向载荷等参数的复杂函数：

$$F_l = f_l(\alpha, s, \mu, F_z) \tag{5-7}$$

$$F_c = f_c(\alpha, s, \mu, F_z) \tag{5-8}$$

式中，α 为轮胎侧偏角；s 为滑移率；μ 为路面摩擦系数；F_z 为轮胎所受到的垂向载荷。

轮胎的侧偏角 α 可以由几何关系计算得到：

$$\alpha=\arctan\frac{v_c}{v_l} \tag{5-9}$$

式中，v_c 和 v_l 为轮胎在侧向、纵向的速度，可以用坐标系方向的速度 v_x 和 v_y 表示：

$$\begin{cases}v_l=v_y\sin\delta+v_x\cos\delta\\ v_c=v_y\cos\delta-v_x\sin\delta\end{cases} \tag{5-10}$$

式中，δ 为轮胎侧偏角。

轮胎的速度往往难以直接获取，一般可以通过车辆速度计算得到。根据图 5-6 中的速度关系可以推导出以下转换关系：

$$\begin{cases}v_{yf}=\dot{y}+a\dot{\varphi}\\ v_{yr}=\dot{y}-b\dot{\varphi}\end{cases} \tag{5-11}$$

$$v_{xf}=\dot{x},v_{xr}=\dot{x} \tag{5-12}$$

滑移率计算公式为

$$s=\begin{cases}\dfrac{r\omega_1}{v}-1,(v>r\omega_1,v\neq0)\\ 1-\dfrac{v}{\omega_1},(v_1<r\omega_1,\omega_1\neq0)\end{cases} \tag{5-13}$$

式中，r 为车轮半径；ω_1 为车轮旋转角速度。

当车速变化不大时，前后轴的载荷转移可忽略不计，则得到车辆前、后轮受到的垂向载荷为

$$\begin{cases}F_{zf}=\dfrac{l_b mg}{2(l_a+l_b)}\\ F_{zr}=\dfrac{l_a mg}{2(l_a+l_b)}\end{cases} \tag{5-14}$$

最后，考虑车身坐标系与惯性坐标系之间的转换关系，可得

$$\begin{cases}\dot{X}=\dot{x}\cos\varphi-\dot{y}\sin\varphi\\ \dot{Y}=\dot{x}\sin\varphi+\dot{y}\cos\varphi\end{cases} \tag{5-15}$$

由此可推导出车辆非线性动力学模型。可将系统描述为以下状态空间表达式：

$$\frac{d\xi}{dt}=f(\xi(t),u(t)) \tag{5-16}$$

$$\lambda=h(\xi(t)) \tag{5-17}$$

5.2.2 轮胎模型

汽车在行驶过程中，除空气作用力和重力之外，几乎其他影响地面车辆运动的力和力矩皆由轮胎与地面接触而产生。车辆的运动依赖于轮胎所受的力，如纵向制动力、驱动

力、侧向力和侧倾力、回正力矩和侧翻力矩等。所有这些力都是轮胎滑转率、侧偏角、外倾角、垂直载荷、道路摩擦系数和车辆运动速度的函数。因此，轮胎动力学特性对车辆的动力学特性起着至关重要的作用，特别是对车辆的操作稳定性、制动安全性、行驶平顺性有重要的影响。

轮胎模型描述了轮胎六分力与车轮运动参数之间的数学关系，即轮胎在特定工作条件下的输入和输出之间的关系，如图 5-7 所示。

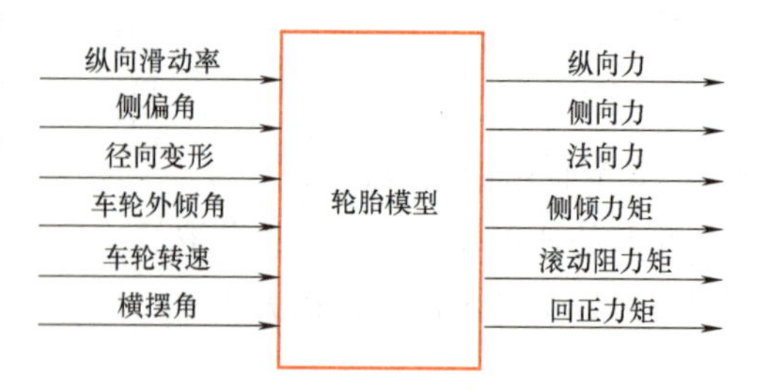

图 5-7　轮胎输入和输出之间的关系

根据车辆动力学研究内容不同，轮胎模型可分为以下几种：

1）轮胎纵滑模型主要用于预测车辆在驱动和制动工况时的纵向力。

2）轮胎侧偏模型和侧倾模型主要用于预测轮胎的侧向力和回正力矩，评价转向工况下低频转角输入响应。

3）轮胎垂向振动模型主要用于高频垂向振动的评价，并考虑轮胎的包容特性（包含刚性滤波和弹性滤波特性）。

此外，轮胎模型还可以分为经验模型和物理模型。前者根据轮胎试验数据，通过插值或函数拟合方法给出预测轮胎特性的公式；而后者则是根据轮胎与路面之间的相互作用机理和力学关系建立模型，旨在模拟力矩或力矩产生的机理和过程。

由于轮胎模型在车辆仿真的每次积分中可能被反复调用，因而在选用时要同时考虑计算效率和计算精度。这里仅对几种常用的轮胎模型给予介绍。

(1) 幂指数统一轮胎模型　该模型属于一种半经验模型，由郭孔辉院士提出，用于预测轮胎的稳态特性。在理论分析和试验研究基础上提出的半经验“指数公式”轮胎模型，可用于轮胎的稳态侧偏、纵滑及纵滑侧偏联合工况。通过获得有效的滑移率，该模型也可进行非稳态工况下的轮胎纵向力、侧向力及回正力矩的计算。

幂指数统一轮胎模型的特点是：

1）采用了无量纲表达式，其优点在于由纯工况下的一次台架试验得到的试验数据可应用于各种不同的路面。当路面条件改变时，只要改变路面的附着特性参数，代入无量纲表达式即可得该路面下的轮胎特性。

2）无论是纯工况还是联合工况，其表达式是统一的。

3）可表达各种垂向载荷下的轮胎特性。

4）保证了可用较少的模型参数实现全域范围内的计算精度，参数拟合方便，计算量小。在联合工况下，其优势更加明显。

5）能拟合原点刚度。

(2)“魔术公式”轮胎模型　“魔术公式”轮胎模型由 Pacejka 教授提出，它以三角函数组合的形式来拟合轮胎实验数据，得出了一套形式相同并可同时表达纵向力、侧向力和回正力矩的轮胎模型，故称为“魔术公式”。其形式如下：

$$y=D\sin[C\arctan\{Bx-E[Bx-\arctan(Bx)]\}] \tag{5-18}$$

式中，y可以是纵向力、侧向力或回正力矩，而自变量x可以在不同情况下分别表示轮胎侧偏角和纵向滑移率。

“魔术公式”轮胎模型的特点是：

1）用一套公式可以表达出轮胎的各向力学特性，统一性强，编程方便。需拟合参数较少，且各个参数都有明确的物理意义，容易确定其初值。

2）无论对侧向力、纵向力还是回正力矩，拟合精度都比较高。

3）由于“魔术公式”为非线性函数，参数的拟合较困难，有些参数与垂直载荷的关系也是非线性的，因此计算量较大。

4）C值的变化对拟合的误差影响较大。

5）不能很好地拟合极小侧偏情况下轮胎的侧偏特性。

现在越来越多的轮胎制造商以“魔术公式”系数的形式为整车厂提供轮胎数据，而不再以表格或图形提供数据。因此，在某些数据丢失或不可靠时，以同类相近轮胎测得的系数替代，也可取到很好的效果。根据实测的轮胎数据，通过曲线拟合算法可以优化“魔术公式”中的那些系数，一旦求得这些系数，利用“魔术公式”就可准确地进行轮胎性能预测，甚至对于极限值以外的一定范围也有较好的置信度。

（3）SWIFT 轮胎模型　SWIFT（short wavelength intermediate frequency tire）轮胎模型是荷兰 Delft 工业大学提出的，它采用刚性圈理论，并结合“魔术公式”综合而成。该模型适合于小波长、大滑移幅度下的高频（最高频率不超过 60Hz）输入情况。由于它采用了胎体建模与接地区域分离的建模方法，从而可精确地描述小波长、大滑移时的轮胎特性，因而可计算从瞬态到稳态连续变化的轮胎动力学行为，并且模型也考虑到了在不同路面条件下行驶的情况。通过对模型的进一步细化，还可用来描述车轮外倾以及转弯滑移等工况的轮胎特性。SWIFT 轮胎模型在考虑侧向力和回正力矩时，采用了 Magic Formula 公式；在考虑纵向力和垂直力时，采用了刚性圈理论。

SWIFT 轮胎模型结构有以下几方面的特点：

1）为了合理描述轮胎动力学特性，考虑了带束层惯量，并假设在高频范围内带束层为一个刚性圈。

2）在接地区域和刚性圈之间引入了残余刚度，在垂向、纵向、侧向以及侧偏方向的刚度值分别等于各个方向轮胎的静态刚度。而轮胎模型的柔性考虑了胎体柔性、残余柔性（实际上为胎体柔性的一部分）以及胎面柔性。

3）接地印迹有效长度和宽度的影响均被考虑。

4）通过有效的路面不平度、路面坡度和具有包容特性的轮胎有效滚动半径来描述路面特性，可实现轮胎在任意三维不平路面（包括非水平路面）的仿真，并能保证轮胎动态滑移和振动工况下的仿真精度。

5.2.3　换道路径规划

转向避撞控制根据自车车速、前车车速以及相对距离等信息规划出转向换道可通过的轨迹，并控制汽车前轮转角实现避撞操作。常用的路径规划方法包括栅格解耦法、人工势场法、初等函数法这三种规划方法，三种方法的原理如下：

1. 基于栅格解耦法的路径规划

栅格解耦法最早的应用是在机器人领域，它将可行空间分为许多路径单元的组合，即栅格。由这些栅格构成了多条运动轨迹，然后从这些轨迹中选出一条从起始栅格到目标栅格最优的无碰撞路径作为最终的规划路径，此方法计算时间长，收敛速度慢。

2. 基于人工势场法的路径规划

该方法将汽车看作在势场中运动的物体。与电势场相似，势场分为斥力场和引力场。汽车行驶环境中的障碍物产生斥力，目标路径上的点对汽车形成引力。人工势场在引力和斥力大小相等时引力与斥力相互抵消，将会产生零势场，零势场会造成局部振荡影响汽车的正常驾驶。

3. 基于初等函数法的路径规划

该方法是利用数学函数来表达所规划的路径。为了描述汽车换道时的轨迹，一些研究者采用初等函数或者部分初等函数组合的线段来描述换道时汽车的路径。其优点在于函数表达简洁，仅用一个函数式即可表达所规划的路径，且便于添加汽车动力学约束条件。

除此以外还有一些基于模糊算法、遗传算法和神经网络的路径规划算法，但是这些算法无法满足规划的实时性和规划路径的曲率连续性。

在轨迹规划时首先要考虑规划的复杂程度以及实时性能，同时在高速行驶时，由于汽车速度较高，规划出的路径需要满足安全性和稳定性要求，在这种情况下，规划的轨迹不仅需要满足避撞几何约束，还应该能够满足汽车动力学约束、轨迹连续性等条件。基于栅格解耦的路径规划方法、人工势场法、模糊算法以及遗传算法在运算速度、曲率的连续性方面存在不足，所以考虑采用方便快捷、曲率连续的初等函数的方法来规划汽车的换道轨迹。常见的初等函数规划方法有圆弧路径规划、等速偏移路径规划、正弦加速度路径规划、正反梯形加速度路径规划、基于多项式的路径规划等。以下为几种常见的初等函数路径规划方法：

（1）圆弧路径规划　圆弧的路径两端由形状大小相同、方向相反的圆弧组成，中间由一条直线连接。其示意图如图 5-8 所示。图中，y_d 是车道的宽度，t_1、t_3 为规划路径圆弧部分相应的行驶时间，t_2 为直道部分的行驶时间。由于圆弧部分的曲率半径可以近似认为相等，所以近似认为 $t_1=t_3$。

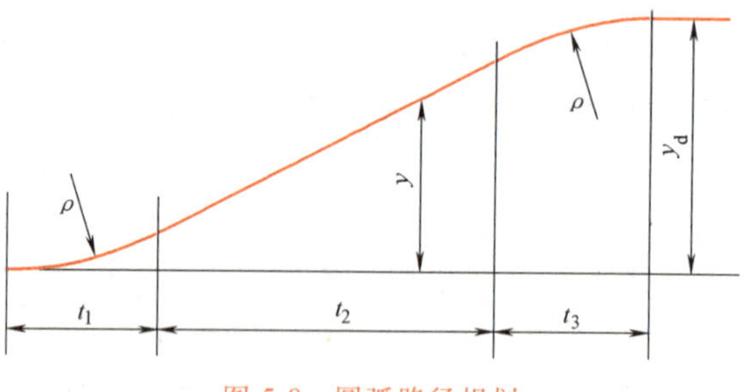

图 5-8　圆弧路径规划

$$y_d=2\rho\left(1-\cos\left(\frac{ut_1}{\rho}\right)\right)+ut_2\sin\left(\frac{ut_1}{\rho}\right) \tag{5-19}$$

式（5-19）为圆弧规划数学表达式，式中，ρ 为圆弧路径规划的曲率半径。为满足汽车最大侧向加速度的约束，以最大侧向加速度来计算最小的转向换道半径，其计算公式如下：

$$\rho=\frac{u^2}{a_{y\max}} \tag{5-20}$$

式中，u 为汽车行驶速度；a_{ymax} 为规划控制器所设定的最大横向加速度。式（5-20）虽然对汽车换道的最大横向加速度进行了约束，但是在圆弧与直线连接处曲率存在波动，不利于换道的平顺性。

（2）等速偏移路径规划　基于等速偏移的路径规划是指在转向换道过程中汽车的横向速度保持不变，其规划路径如图 5-9 所示。图中 A_1 为换道初始点，A_2 为换道终点，W 为车道宽度。

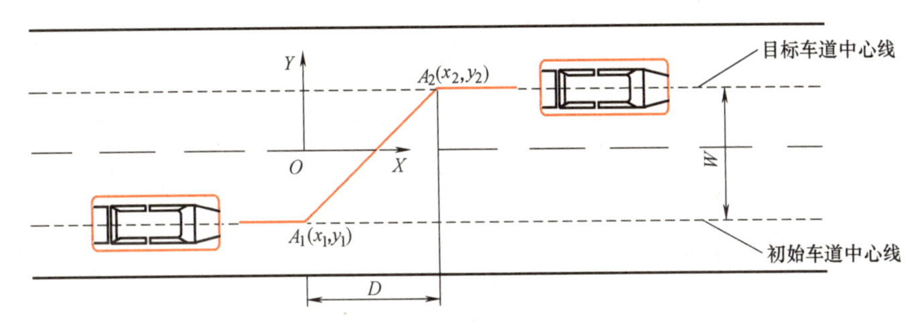

图 5-9　等速偏移路径规划

根据等速偏移原理推导出其轨迹规划的表达式如下：

$$y = kx(t) = \frac{y}{D}x(t) = \frac{y}{ut_f}ut = \frac{y_t}{t_f} \tag{5-21}$$

式中，k 为换道路径的斜率；D 为换道所需的纵向距离；y 为车道宽度；$x(t)$ 为换道过程中汽车驶过的纵向距离；u 为本车车速；t_f 为换道总时间。

对式（5-21）求一阶导数即可获得其速度纵向速度表达式，求二阶导数为加速度表达式，即

$$\begin{gathered} y' = \frac{y}{ut_f}u = \frac{y}{t_f} \\ y'' = 0 \end{gathered} \tag{5-22}$$

基于等速偏移的路径规划方法的优点在于，仅仅设定换道时间即可求出汽车换道时的横向速度；此类路径规划的缺点在于，在换道过程中横向速度不够灵活，在换道起点与换道终点汽车横向速度发生突变。

（3）正弦加速度路径规划　基于正弦加速度的路径规划是指汽车在换道时的侧向加速度呈正弦曲线分布，侧向加速度先增加后减小，其加速度变化曲线如图 5-10 所示。

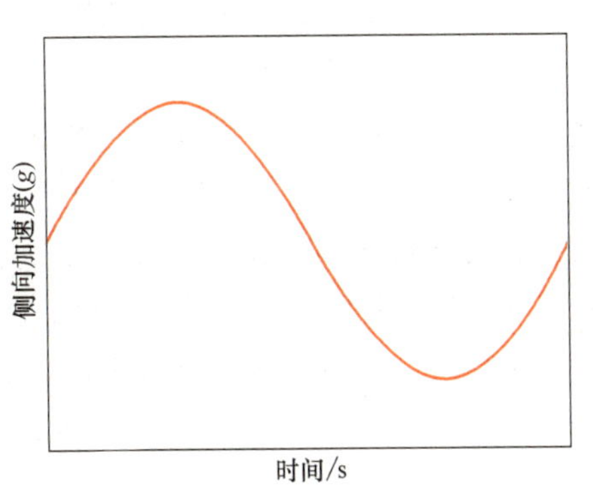

图 5-10　正弦加速度曲线

根据其加速度变化规律可推出基于正弦加速度路径规划的函数表达式：

$$a_y = \begin{cases} \dfrac{2\pi D}{t_e^2}\sin\left(\dfrac{2\pi t}{t_e}\right), t \in [0, t_e] \\ 0,\quad 其他 \end{cases} \tag{5-23}$$

式中，a_y 表示汽车在转向避撞时的横向加速度；

D 为车道宽度；t_e 表示换道结束时刻。对加速度进行积分可得到转向过程中的横向速度函数表达式，其表达式如下：

$$a_y=\begin{cases}\dfrac{D}{t_e}\left[1-\cos\left(\dfrac{2\pi t}{t_e}\right)\right], & t\in[0,t_e]\\ 0, & \text{其他}\end{cases} \tag{5-24}$$

对横向速度进行积分可得到横向位移的函数表达式：

$$a_y=\begin{cases}\dfrac{D}{t_e}t-\dfrac{D}{2\pi}\sin\left(\dfrac{2\pi t}{t_e}\right), & t\in[0,t_e]\\ 0, & \text{其他}\end{cases} \tag{5-25}$$

基于正弦函数的路径规划适用于对换道效果要求不高的换道场景，其优点在于简单方便，缺点是路径的起点和终点处的换道曲率不为零。

（4）正反梯形加速度路径规划 正反梯形加速度的路径规划是由两个形状和大小相同、呈中心对称的梯形组成，其加速度曲线如图 5-11 所示。

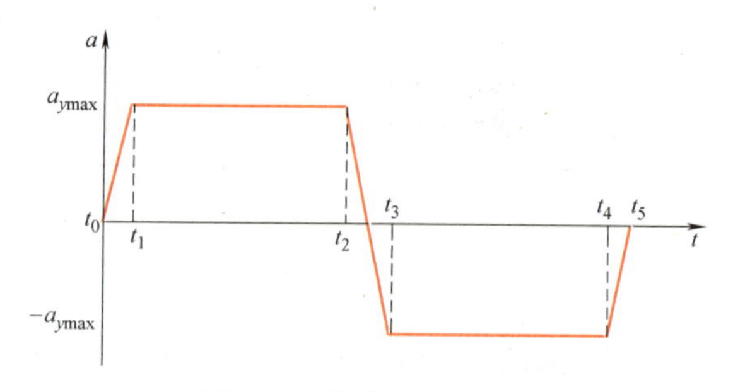

图 5-11 梯形加速度曲线

转向避撞过程中车辆的最大侧向加速度小于汽车的最大侧向加速度，且侧向加速度是随时间变化的。基于梯形加速度的轨迹规划函数表达式如下所示：

$$\begin{cases}J_{\max}t, & t\in[0,t_1]\\ a_{\max}, & t\in[t_1,t_2]\\ a_{\max}-J_{\max}(t-t_2), & t\in[t_2,t_3]\\ -a_{\max}, & t\in[t_3,t_4]\\ -a_{\max}+J_{\max}(t-t_4), & t\in[t_4,t_5]\end{cases} \tag{5-26}$$

基于梯形加速度的路径规划的优点在于能够对汽车的最大侧向加速度及加速度变化率进行约束，但是其期望加速度变化率在 t_1、t_2、t_3、t_4 处不连续，容易造成换道过程中的波动，不能适应全速域下的汽车换道避撞。

（5）基于多项式的路径规划 基于多项式的路径规划是指采用一元多次的多项式来描述所规划的路径，多项式中的参数根据汽车的初始状态与终了状态来计算。由于多项式函数规划轨迹本身及其多阶导数连续可导，其位移、速度和加速度连续无突变，仅仅依靠汽车的初始状态与终了状态就能做出合理的规划，可加入汽车横向加速度约束，换道平稳且容易控制，计算简单，适应性强，满足换道轨迹便捷的要求。因此本节采用多项式的方法来规划汽车的避撞路径。多项式规划的数学表达式如下所示：

$$\begin{gathered}y=a_0+a_1x+a_2x^2+\cdots+a_nx^n\\ x=v_xt\end{gathered} \tag{5-27}$$

对 y 求一阶导数得

$$y' = a_1 + 2a_2x + 3a_3x^2 + \cdots + na_nx^{n-1} \tag{5-28}$$

对 y 求二阶导数得

$$y'' = 2a_2 + 6a_3x + \cdots + n(n-1)a_nx^{n-2} \tag{5-29}$$

由于汽车高速换道时的航向角较小，所以横向位移的一、二阶导数可认为是侧向速度和侧向加速度。

由上式可知，只要多项式的次数够高，其规划的轨迹就越平滑。多项式的次数的高低可根据实际情况设定，但次数过低会使规划的路径不够平滑，次数过高会导致计算时间长，增加模型的复杂性。若以换道时间为 4s 为例，多项式的阶次对换道轨迹的影响如图 5-12 所示。

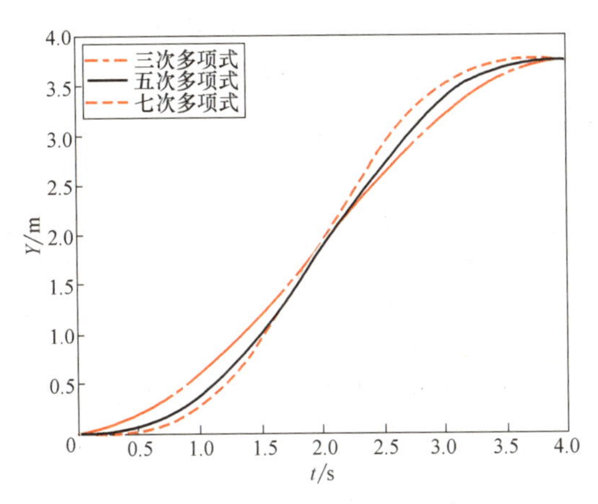

图 5-12　各阶次多项式轨迹对比图

由各阶次曲线可以看出，三次多项式的轨迹曲率较大，换道开始与结束时的侧向速度与侧向加速度变化大；七次多项式规划的路径加速度变化较为剧烈，侧向速度的峰值较大；五次多项式所规划的路径介于三次与七次之间，故通常选用五次多项式来规划避撞路径。

5.2.4　安全距离模型

在主动转向避撞的过程中，控制器通过车载传感器来获取外界道路信息，然后将这些信息输入到换道避障控制器中，决策出自车是否启动换道避障功能，从而控制相应的避撞执行器，完成主动避撞。合理的安全距离模型是成功实现换道避撞功能的重要组成部分，若安全距离过小，则会导致避撞功能失败，导致车祸的发生；若安全距离过大，虽然能够避开前方障碍物，但是会干扰驾驶人的正常驾驶。

本节的主要内容是建立最小的安全距离模型，针对多车道单向行驶道路，在直线道路工况下，建立自车与周围车辆的最小换道安全距离模型。当本车与当前车道安全距离足够且相邻车道满足换道条件时，才能控制汽车进行转向避撞。简化后的车辆换道模型如图 5-13 所示。图中，y_e 为车辆换道完成后的侧向位移，采用高速公路标准车道宽为

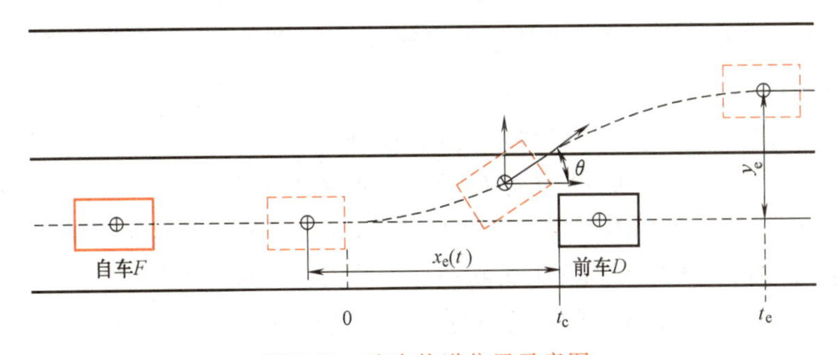

图 5-13　汽车换道位置示意图

3.75m；t_c 为预碰撞时刻；t_e 为换道完成时间；$x_e(t)$ 为车道换道的纵向位移；θ 为车辆航向角。

假设换道过程中，前车 D 车的侧向加速度 $a_{dy}=0$，前车 D 车只在本车道上作直线行驶运动，不做侧向移动。紧急换道过程中，车辆与前车或前方障碍物不发生碰撞的必要条件为当车辆外侧前角部分的横向位移等于前车或障碍物的宽度 w 时，自车和前车或前方障碍物仍保持有一定空间。

由图 5-13 所示的换道示意图，可推知自车 F 车和前车 D 车之间的距离关系，若根据五阶多项式的换道路径，得出车辆避免发生碰撞的侧向位移应满足的临界条件为

$$w=\frac{y_e}{t_e^5}(6t_c^5-15t_e t_c^4+10t_e^2 t_c^3) \tag{5-30}$$

两车之间纵向位移关系的临界碰撞条件为

$$x_f(t)\geqslant x_d(t)+L_v+w\sin(\theta(t)),\ t\in[0,t_c] \tag{5-31}$$

式中，w 为车辆宽度；L_v 为车辆长度尺寸；x_f 为车纵向位移；x_d 为 D 车纵向位移。

$$x_e(t)=x_f(t)-[x_d(t)+L_v+\mathrm{sinn}(\theta(t))] \tag{5-32}$$

其中：

$$\theta(t)=\arctan\frac{\partial y_f(t)/\partial_t}{\partial x_f(t)/\partial_t}=\arctan\frac{\partial v_{fx}(t)}{\partial v_{fy}(t)} \tag{5-33}$$

车辆不发生碰撞的条件为 $x_e(t)$ 大于零，即

$$x_e(t)=S_0(0)+\int_0^t\int_0^\sigma(a_d(t)-a_f(t))\mathrm{d}t\mathrm{d}\sigma+(v_d(0)-v_f(0)t),t\in[0,t_c] \tag{5-34}$$

假设换道初始时两车车辆首尾相接，则可求得两车不发生碰撞的最小纵向换道距离初始值为

$$\mathrm{MSS}=\min\int_0^t\int_0^\sigma(a_d(t)-a_f(t))\mathrm{d}t\mathrm{d}\sigma \tag{5-35}$$

故可推出较为精确的最小纵向距离为

$$\mathrm{MSS}=(v_f-v_d)t_c+L_v\cos\theta+d \tag{5-36}$$

5.2.5 轨迹跟踪控制

鉴于第 3 章已对常用的控制算法进行了介绍，故不再赘述，本节主要采用模型预测控制算法（MPC）。此处采用 5.2.1 节所推导出的汽车非线性动力学模型，考虑如下形式的非线性预测系统：

$$\boldsymbol{\xi}(t+1)=f(\boldsymbol{\xi}(t)-\boldsymbol{u}(t)) \tag{5-37}$$

$$\boldsymbol{\eta}(t)=\boldsymbol{C}\boldsymbol{\xi}(t),\boldsymbol{\xi}(t)\in\chi,\boldsymbol{u}(t)\in\Omega \tag{5-38}$$

式中，$f(\boldsymbol{\xi}(t)-\boldsymbol{u}(t))$ 为非线性模型状态转移函数；$\boldsymbol{\xi}(t)$ 为 n 维状态变量；$\boldsymbol{u}(t)$ 为 m 维控制变量；$\boldsymbol{\eta}(t)$ 为 p 维输出变量；χ 为状态变量约束；Ω 为控制变量约束。

为了使汽车较好地跟踪规划的轨迹且保证输入量较小，选定参考轨迹与实际输出量之间的偏差以及控制量作为目标函数来进行优化。相关目标函数设计如下：

$$J(\boldsymbol{\eta}(t),\boldsymbol{u}(t))=\sum_{i=1}^{N_{\mathrm{p}}}\|\boldsymbol{\eta}(t+i)-\boldsymbol{\eta}_{\mathrm{ref}}(t+i)\|_{\boldsymbol{Q}}^{2}+\sum_{i=1}^{N_{\mathrm{c}}}\|\boldsymbol{u}(t+i)\|_{\boldsymbol{R}}^{2} \tag{5-39}$$

式中，N_{p} 为模型预测控制的预测时域；N_{c} 为模型预测控制的控制时域；$\boldsymbol{\eta}(t)$ 为期望轨迹的输出；$\boldsymbol{Q}$、$\boldsymbol{R}$ 分别对应为输出偏差和控制输入量的权重矩阵。式（5-39）第一项用来描述模型预测控制器的路径跟踪性能，第二项用来描述模型预测控制器对控制输入量的约束。在此基础之上，为了保证控制的精确性与稳定性，还需加入系统输出量约束与输入量约束，这就构成了一个基于离散非线性系统的优化求解问题。

$$\begin{aligned}
&\min J(\boldsymbol{\eta}(t),\ \boldsymbol{u}(t))=\sum_{i=1}^{N_{\mathrm{p}}}\|\boldsymbol{\eta}(t+i)-\boldsymbol{\eta}_{\mathrm{ref}}(t+i)\|_{\boldsymbol{Q}}^{2}+\sum_{i=1}^{N_{\mathrm{c}}}\|\boldsymbol{u}(t+i)\|_{\boldsymbol{R}}^{2}\\
&\text{s. t. }\ \xi_{t+i+1}=f(\xi_{t+i,t},\mu_{t+i,t}),\ i=0,1,2,\cdots,N_{\mathrm{p}}-1\\
&\qquad \xi_{t+i}\in\mathcal{X},\ i=0,1,2,\cdots,N_{\mathrm{p}}-1\\
&\qquad \mu_{t+i}\in\Omega,\ i=0,1,2,\cdots,N_{\mathrm{p}}-1
\end{aligned} \tag{5-40}$$

在实车试验中，由于车身状态量并不能全部通过测量得到，对于不能直接获取的状态量，多采用 Kalman 滤波、粒子滤波等方法进行系统状态量的估计。这里假设系统状态量都可以获取，不涉及系统状态量的估计。基于以上优化，可以求出系统在某段时域内的最优控制序列。根据模型预测原理，将控制序列中的第一个控制量 $u_{t,t}^{*}$ 作为被控对象的输入量。由于运算以及模型的非线性特性可能导致控制器优化求解时间长，不能满足实时性要求，通常采用线性模型预测。线性化的方法主要有精确线性化与近似线性化，本节采用近似线性化的方法来将非线性模型线性化。

1. 模型预测

根据上述分析，考虑如下非线性动力学系统：

$$\dot{\boldsymbol{\xi}}(t)=f(\boldsymbol{\xi}(t),\boldsymbol{u}(t)) \tag{5-41}$$

$$\boldsymbol{\eta}(t)=h(\boldsymbol{\xi}(t),\boldsymbol{u}(t)) \tag{5-42}$$

将上两式的非线性系统转化为如下的线性系统：

$$\begin{aligned}
\dot{\boldsymbol{\xi}}(t)&=A_t\boldsymbol{\xi}(t)+B_t\boldsymbol{u}(t)\\
\boldsymbol{\eta}(t)&=h(\boldsymbol{\xi}(t),\boldsymbol{u}(t))
\end{aligned} \tag{5-43}$$

式中，$A_t=\left.\dfrac{\partial f}{\partial \xi}\right|_{\xi_t,\mu_t}$，$B_t=\left.\dfrac{\partial f}{\partial \mu}\right|_{\xi_t,\mu_t}$。

对上式的线性系统离散化，得到离散的线性系统状态空间表达：

$$\boldsymbol{\xi}(k+1)=A_t(k)\boldsymbol{\xi}(k)+B_t(k)\boldsymbol{u}(k)+d_t(k) \tag{5-44}$$

式中，$A_t(k)=I+TA_t$，$B_t(k)=I+TB_t$，T 为系统采样周期；$d_t(k)$ 为参考轨迹与预测轨迹之间的偏差。

$$\begin{aligned}
d_t(k)&=\hat{\xi}_t(k+1)-A_t(k)\hat{\xi}_t(k)-B_t(k)u_t(k)\\
\hat{\xi}_t(k+1)&=f(\hat{\xi}_t(k),u_t(k))
\end{aligned} \tag{5-45}$$

式中，$\hat{\xi}_t(k)$ 为当输入量为 $u_t(k)$ 时的系统状态量。为了使控制增量得到约束，将式（5-45）转化为与控制增量 $\Delta u_t(k)$ 相关的状态空间表达：

$$\boldsymbol{\xi}(k)=\begin{pmatrix}\xi_t(k)\\u_t(k-1)\end{pmatrix}\tag{5-46}$$

$$\boldsymbol{d}(k)=\begin{pmatrix}d_t(k)\\0\end{pmatrix}\tag{5-47}$$

$$\Delta u_t(k)=u_t(k)-u_t(k-1)$$

综上，可推出关于控制增量的状态空间表达为

$$\begin{aligned}\boldsymbol{\xi}(k+1|k)&=\widetilde{\boldsymbol{A}}_{i,k}\xi(k)+\widetilde{\boldsymbol{B}}_{i,k}\Delta u(k)+\boldsymbol{d}(k)\\\boldsymbol{\eta}(k)&==\widehat{\boldsymbol{C}}_k\boldsymbol{\xi}(k)\end{aligned}\tag{5-48}$$

式中，系数矩阵为：$\widetilde{\boldsymbol{A}}_{i,k}=\begin{pmatrix}A_t(k)&B_t(k)\\\boldsymbol{0}_{m\times n}&\boldsymbol{I}_m\end{pmatrix}$，$\widetilde{\boldsymbol{B}}_{i,k}=\begin{pmatrix}B_t(k)\\\boldsymbol{I}_m\end{pmatrix}$,$\widetilde{\boldsymbol{C}}_k=\begin{pmatrix}C_t(k)&0\end{pmatrix}$。

因为预测时域的持续时间很短，假设 $\widetilde{\boldsymbol{A}}_{i,k}$，$\widetilde{\boldsymbol{B}}_{i,k}$ 的值在每个预测时域内是不变的，因此设定 $\widetilde{\boldsymbol{A}}_{i,k}=\widetilde{\boldsymbol{A}}_k$，$\widetilde{\boldsymbol{B}}_{i,k}=\widetilde{\boldsymbol{B}}_k$。由此可以推出如下状态空间表达：

$$\begin{aligned}\boldsymbol{\xi}(k+1|k)&=\widetilde{\boldsymbol{A}}_k\boldsymbol{\xi}(k)+\widetilde{\boldsymbol{B}}_k\boldsymbol{\xi}(k)\Delta\boldsymbol{u}(k)+\boldsymbol{d}(k)\\\boldsymbol{\xi}(k+2|k)&=\widetilde{\boldsymbol{A}}_k\boldsymbol{\xi}(k+1|k)+\widetilde{\boldsymbol{B}}_k\boldsymbol{\xi}(k)\Delta\boldsymbol{u}(k+1)+\boldsymbol{d}(k+1)\\&=\widetilde{\boldsymbol{A}}_k^2\boldsymbol{\xi}(k)+\widetilde{\boldsymbol{A}}_k(\widetilde{\boldsymbol{B}}_k(k)\Delta\boldsymbol{u}(k)+\boldsymbol{d}(k))+\widetilde{\boldsymbol{B}}_k(k)\Delta\boldsymbol{u}(k+1)+\boldsymbol{d}(k+1)\\\boldsymbol{\xi}(k+N_{\mathrm{p}}|k)&=\widetilde{\boldsymbol{A}}_k^{N_{\mathrm{p}}}\boldsymbol{\xi}(k)+\widetilde{\boldsymbol{A}}_k^{N_{\mathrm{p}}-1}\left(\widetilde{\boldsymbol{B}}_k(k)\Delta\boldsymbol{u}(k)+\boldsymbol{d}(k)\right)+\widetilde{\boldsymbol{A}}_k^{N_{\mathrm{p}}-2}\left(\widetilde{\boldsymbol{B}}_k(k)\Delta\boldsymbol{u}(k+1)+\right.\\&\left.\boldsymbol{d}(k+1)\right)+\cdots+\widetilde{\boldsymbol{B}}_k(\boldsymbol{k})\Delta\boldsymbol{u}(k+N_{\mathrm{p}}-1)+\boldsymbol{d}(k+N_{\mathrm{p}}-1)\end{aligned}\tag{5-49}$$

式中，$(k+1\mid k)$ 表示在 k 时刻对 $k+1$ 时刻的预测状态，上式表达了 k 时刻在 N_{p} 时域内的状态预测。系统在 k 时刻的预测输出如下所示：

$$\begin{aligned}\boldsymbol{\eta}(k+1|k)&=\widetilde{\boldsymbol{C}}_k\widetilde{\boldsymbol{A}}_k\boldsymbol{\xi}(k)+\widetilde{\boldsymbol{C}}_k\widetilde{\boldsymbol{B}}_k\boldsymbol{\xi}(k)\Delta\boldsymbol{u}(k)+\widetilde{\boldsymbol{C}}_k\boldsymbol{d}(k)\\\boldsymbol{\eta}(k+2|k)&=\widetilde{\boldsymbol{C}}_k\widetilde{\boldsymbol{A}}_k\boldsymbol{\xi}(k+1|k)+\widetilde{\boldsymbol{C}}_k\widetilde{\boldsymbol{B}}_k\boldsymbol{\xi}(k)\Delta\boldsymbol{u}(k+1)+\widetilde{\boldsymbol{C}}_k\boldsymbol{d}(k+1)\\&=\widetilde{\boldsymbol{C}}_k\widetilde{\boldsymbol{A}}_k^2\boldsymbol{\xi}(k)+\widetilde{\boldsymbol{C}}_k\widetilde{\boldsymbol{A}}_k\left(\widetilde{\boldsymbol{B}}_k(k)\Delta\boldsymbol{u}(k)+\widetilde{\boldsymbol{C}}_k\boldsymbol{d}(k)\right)+\\&\quad\boldsymbol{C}_k\boldsymbol{B}_k(k)\Delta\boldsymbol{u}(k+1)+\widetilde{\boldsymbol{C}}_k\boldsymbol{d}(k+1)\\&\quad\vdots\\\boldsymbol{\eta}(k+N_{\mathrm{p}}|k)&=\widetilde{\boldsymbol{C}}_k\widetilde{\boldsymbol{A}}_k^{N_{\mathrm{p}}}\boldsymbol{\xi}(k)+\widetilde{\boldsymbol{C}}_k\widetilde{\boldsymbol{A}}_k^{N_{\mathrm{p}}-1}\left(\widetilde{\boldsymbol{B}}_k(k)\Delta\boldsymbol{u}(k)+\boldsymbol{d}(k)\right)+\\&\quad\widetilde{\boldsymbol{C}}_k\widetilde{\boldsymbol{A}}_k^{N_{\mathrm{p}}-2}\left(\widetilde{\boldsymbol{B}}_k(k)\Delta\boldsymbol{u}(k+1)+\boldsymbol{d}(k+1)\right)+\cdots+\\&\quad\widetilde{\boldsymbol{C}}_k\widetilde{\boldsymbol{A}}_k^{N_{\mathrm{p}}-N_{\mathrm{c}}}\left(\widetilde{\boldsymbol{B}}_k(k)\Delta\boldsymbol{u}(k+N_{\mathrm{c}}-1)+\widetilde{\boldsymbol{C}}_k\boldsymbol{d}(k+N_{\mathrm{c}}-1)\right)+\\&\quad\widetilde{\boldsymbol{C}}_k\widetilde{\boldsymbol{A}}_k^{N_{\mathrm{p}}-N_{\mathrm{c}}-1}\boldsymbol{d}(k+N_{\mathrm{c}})+\cdots+\widetilde{\boldsymbol{C}}_k\boldsymbol{d}(k+N_{\mathrm{p}}-1)\end{aligned}\tag{5-50}$$

定义预测步长为 N_{p},控制步长为 N_{c} 的系统输出量、输入控制变量以及预测偏差如下：

$$\boldsymbol{Y}(k)=\begin{pmatrix}\boldsymbol{\eta}(k|k)\\\boldsymbol{\eta}(k+1|k)\\\vdots\\\boldsymbol{\eta}(k+N_{\mathrm{p}}|k)\end{pmatrix}\tag{5-51}$$

$$\Delta\boldsymbol{U}(k)=\begin{pmatrix}\Delta\boldsymbol{u}(k|k)\\\Delta\boldsymbol{u}(k+1|k)\\\vdots\\\Delta\boldsymbol{u}(k+N_{\mathrm{c}}|k)\end{pmatrix}\tag{5-52}$$

$$
\boldsymbol{D}(k)=\begin{pmatrix} \boldsymbol{d}(k|k) \\ \boldsymbol{d}(k+1|k) \\ \vdots \\ \boldsymbol{d}(k+N_{\mathrm{p}}-1|k) \end{pmatrix} \tag{5-53}
$$

令离散化线性系统的线性预测模型为

$$
\boldsymbol{Y}(k)=\boldsymbol{\psi}_k\xi(k,k)+\boldsymbol{\Theta}_k\Delta\boldsymbol{U}(k)+\boldsymbol{\Phi}_k\boldsymbol{D}(k) \tag{5-54}
$$

$$
\boldsymbol{\psi}_k=\begin{pmatrix} \widetilde{\boldsymbol{C}}_k\widetilde{\boldsymbol{A}}_k \\ \widetilde{\boldsymbol{C}}_k\widetilde{\boldsymbol{A}}_k^2 \\ \vdots \\ \widetilde{\boldsymbol{C}}_k\widetilde{\boldsymbol{A}}_k^{N_{\mathrm{c}}} \\ \vdots \\ \widetilde{\boldsymbol{C}}_k\widetilde{\boldsymbol{A}}_k^{N_{\mathrm{p}}} \end{pmatrix}
$$

$$
\boldsymbol{\Theta}_k=\begin{pmatrix} \widetilde{\boldsymbol{C}}_k\widetilde{\boldsymbol{B}}_k & 0 & 0 & 0 \\ \widetilde{\boldsymbol{C}}_k\widetilde{\boldsymbol{A}}_k\widetilde{\boldsymbol{B}}_k & \widetilde{\boldsymbol{C}}_k & 0 & 0 \\ \vdots & \vdots & \vdots & \vdots \\ \widetilde{\boldsymbol{C}}_k\widetilde{\boldsymbol{A}}_k^{N_{\mathrm{c}}} & \widetilde{\boldsymbol{C}}_k\widetilde{\boldsymbol{A}}_k^{N_{\mathrm{c}}-1} & \cdots & \widetilde{\boldsymbol{C}}_k\widetilde{\boldsymbol{A}}_k \\ \vdots & \vdots & & \vdots \\ \widetilde{\boldsymbol{C}}_k\widetilde{\boldsymbol{A}}_k^{N_{\mathrm{p}}} & \widetilde{\boldsymbol{C}}_k\widetilde{\boldsymbol{A}}_k^{N_{\mathrm{p}}-1} & \cdots & \widetilde{\boldsymbol{C}}_k\widetilde{\boldsymbol{A}}_k^{N_{\mathrm{p}}-N_{\mathrm{c}}} \end{pmatrix}
$$

通过上式可知，系统在预测时域内的状态量和输出量可以通过当前时刻的状态量 $\boldsymbol{\xi}(k)$ 与控制增量 $\Delta\boldsymbol{U}(k)$ 求出，这就实现了模型预测控制的模型预测功能。

2. 优化求解

上一节中将控制量作为目标函数的优化量，其优点在于目标函数设计简单，易于实现，但无法对控制增量进行约束，若控制器输出的控制增量超出被控系统物理极限，解出的控制量与模型发生失配，容易使输出量发生振荡，会极大影响控制效果。因此，有必要对系统的控制增量进行约束。建立包含控制增量的目标函数如下：

$$
J(\boldsymbol{\xi}(t),\Delta\boldsymbol{U}(k))=\sum_{i=1}^{N_{\mathrm{p}}}\|\boldsymbol{\eta}(k+i)-\boldsymbol{\eta}_{\mathrm{ref}}(k+i)\|_{\boldsymbol{Q}}^2+\sum_{i=1}^{N_{\mathrm{c}}}\|\Delta\boldsymbol{u}(k+i)\|_{\boldsymbol{R}}^2 \tag{5-55}
$$

式中，第一项描述了模型预测控制器对参考轨迹的跟踪性能；第二项反映了控制器对控制增量平稳性变化的要求；$\boldsymbol{Q}$，$\boldsymbol{R}$ 分别为输入输出偏差和控制增量的权重矩阵。具体的约束设置如下：

控制量约束为

$$
u_{\min}(k+i)\leqslant u(k+i)\leqslant u_{\max}(k+i),\quad i=0,1,2,\cdots,N_{\mathrm{c}}-1 \tag{5-56}
$$

控制增量约束为

$$
\Delta u_{\min}(k+i)\leqslant \Delta u(k+i)\leqslant \Delta u_{\max}(k+i),\quad i=0,1,2,\cdots,N_{\mathrm{c}}-1 \tag{5-57}
$$

输出约束为

$$
\eta_{\min}(k+i)\leqslant \eta(k+i)\leqslant \eta_{\max}(k+i),i=0,1,2,\cdots,N_{\mathrm{p}}-1 \tag{5-58}
$$

质心侧偏角约束为

$$-12° \leqslant \beta \leqslant 12°(\text{良好路面}) \tag{5-59}$$

$$-2° \leqslant \beta \leqslant 2°(\text{冰雪路面}) \tag{5-60}$$

由于系统在运行时是实时变化的，因此不能保证在每一个时刻都能求到最优可行解。为保证优化控制的顺利求解，在优化目标中加入松弛因子，加入松弛因子后的表达如下：

$$J(\boldsymbol{\xi}(k),\Delta \boldsymbol{U}(k)) = \sum_{i=1}^{N_p} \| \boldsymbol{\eta}(k+i) - \boldsymbol{\eta}_{\text{ref}}(k+i) \|_{\boldsymbol{Q}}^2 + \sum_{i=1}^{N_c} \| \Delta \boldsymbol{u}(t+i) \|_{\boldsymbol{R}}^2 + \rho\varepsilon^2 \tag{5-61}$$

$$\begin{aligned} \text{s.t.} \quad & u_{\min}(k+i) \leqslant u(k+i) \leqslant u_{\max}(k+i), \quad i=0,1,2,\cdots,N_c-1 \\ & \Delta u_{\min}(k+i) \leqslant \Delta u(k+i) \leqslant \Delta u_{\max}(k+i), \quad i=0,1,2,\cdots,N_c-1 \\ & \eta_{\min}(k+i) \leqslant \eta(k+i) \leqslant \eta_{\max}(k+i), \quad i=0,1,2,\cdots,N_p-1 \end{aligned}$$

式中，ρ 为权重系数；ε 为松弛因子。

经过相应的推导，可以将优化目标函数表示为

$$J\big(\boldsymbol{\xi}(k),\Delta \boldsymbol{U}(k)\big) = \sum_{i=1}^{N_p} \| \boldsymbol{Y}(k) - \boldsymbol{Y}_{\text{ref}}(k) \|_{\boldsymbol{Q}}^2 + \sum_{i=1}^{N_c} \| \Delta \boldsymbol{U}(k) \|_{\boldsymbol{R}}^2 + \rho\varepsilon^2 \tag{5-62}$$

$$\boldsymbol{Y}(k) = \begin{pmatrix} \boldsymbol{\eta}(k|k) \\ \boldsymbol{\eta}(k+1|k) \\ \vdots \\ \boldsymbol{\eta}(k+N_p|k) \end{pmatrix} \tag{5-63}$$

$$\boldsymbol{Q}_e = \begin{pmatrix} \boldsymbol{Q} & \boldsymbol{0}_{ny\times ny} & \cdots & \boldsymbol{0}_{ny\times ny} \\ \boldsymbol{0}_{ny\times ny} & \boldsymbol{Q} & \cdots & \boldsymbol{0}_{ny\times ny} \\ \vdots & \vdots & & \vdots \\ \boldsymbol{0}_{ny\times ny} & \boldsymbol{0}_{ny\times ny} & \cdots & \boldsymbol{Q} \end{pmatrix} \tag{5-64}$$

$$\boldsymbol{R}_e = \begin{pmatrix} \boldsymbol{R} & \boldsymbol{0}_{ny\times ny} & \cdots & \boldsymbol{0}_{m\times m} \\ \boldsymbol{0}_{m\times m} & \boldsymbol{R} & \cdots & \boldsymbol{0}_{m\times m} \\ \vdots & \vdots & & \vdots \\ \boldsymbol{0}_{ny\times ny} & \boldsymbol{0}_{ny\times ny} & \cdots & \boldsymbol{R} \end{pmatrix} \tag{5-65}$$

将以上形式的目标函数进行 $\boldsymbol{Q}$，$\boldsymbol{P}$ 转换，使其转化为方便计算机计算的二次规划（quadratic programming）问题。

可令轨迹偏差 $E(k|k+1) = \psi_k \xi(k|k) + \boldsymbol{\Phi}_k D(k) - Y_{\text{ref}}(k)$

可得到

$$J\big(\boldsymbol{\xi}(k),\Delta \boldsymbol{U}(k)\big) = \sum_{i=1}^{N_p} \| \boldsymbol{\Theta}_k \Delta \boldsymbol{U}(k) - E(k|k+1) \|_{\boldsymbol{Q}}^2 + \sum_{i=1}^{N_c} \| \Delta \boldsymbol{U}(k) \|_{\boldsymbol{R}}^2 + \rho\varepsilon^2 \tag{5-66}$$

$$\begin{aligned} &= \begin{pmatrix} \Delta \boldsymbol{U}(k)^{\mathrm{T}} & \varepsilon \end{pmatrix}^{\mathrm{T}} \begin{pmatrix} \boldsymbol{\Theta}_k^{\mathrm{T}} Q_e \boldsymbol{\Theta}_k & 0 \\ 0 & \rho \end{pmatrix} \begin{pmatrix} \Delta \boldsymbol{U}(k)^{\mathrm{T}} & \varepsilon \end{pmatrix} \\ &+ [2E(k|k+1) Q_e \boldsymbol{\Theta}_k \quad 0]\mathrm{T}[\Delta \boldsymbol{U}(k)^{\mathrm{T}} \quad \varepsilon] + E(k|k+1)^{\mathrm{T}} Q_e E(k|k+1) \end{aligned}$$

令 $\boldsymbol{H}_t=\begin{pmatrix}\boldsymbol{\Theta}_k^{\mathrm{T}}Q_{\mathrm{e}}\boldsymbol{\Theta}_k & 0\\ 0 & \rho\end{pmatrix}$，$\boldsymbol{G}_t=[2E(k|k+1)Q_{\mathrm{e}}\boldsymbol{\Theta}_k \quad 0]$，$P_t=E(k+1|k)^{\mathrm{T}}Q_{\mathrm{e}}E(k+1|k)$

故带约束目标函数可简化为如下表达：

$$J(\boldsymbol{\xi}(k),\Delta\boldsymbol{U}(k))=[\Delta\boldsymbol{U}(k)^{\mathrm{T}} \quad \varepsilon]^{\mathrm{T}}\boldsymbol{H}_t[\Delta\boldsymbol{U}(k)^{\mathrm{T}} \quad \varepsilon]+\boldsymbol{G}_t[\Delta\boldsymbol{U}(k)^{\mathrm{T}} \quad \varepsilon] \tag{5-67}$$

因为求解运算为多维矩阵运算，为了使得上述二次规划问题顺利求解，需要将控制增量约束与系统输出约束转换为矩阵形式。转换过程如下：

(1) 控制增量矩阵转换

$$u(k+i)=u(k+i-1)+\Delta u(k+i) \tag{5-68}$$

令：$\boldsymbol{w}=\begin{pmatrix}1 & 0 & 0 & \cdots & 0\\ 1 & 1 & 0 & \cdots & 0\\ 1 & 1 & 1 & \cdots & 0\\ \vdots & \vdots & \vdots & & \vdots\\ 1 & 1 & 1 & \cdots & 1\end{pmatrix}$，$\boldsymbol{A}=\boldsymbol{w}\otimes\boldsymbol{I}_m$，$\boldsymbol{U}(k-1)=\boldsymbol{1}_{N_{\mathrm{c}}}\otimes u(k-1)$。

根据以上设定，可将输入量约束化为

$$\boldsymbol{U}_{\min}\leqslant\boldsymbol{A}\Delta\boldsymbol{U}(k)+\boldsymbol{U}(k-1)\leqslant\boldsymbol{U}_{\max} \tag{5-69}$$

(2) 系统输出约束 根据 $\boldsymbol{Y}(k)=\boldsymbol{\psi}_k\boldsymbol{\xi}(k,k)+\boldsymbol{\Theta}_k\Delta\boldsymbol{U}(k)+\boldsymbol{\Phi}_k\boldsymbol{D}(k)$，推出系统输出约束为

$$\boldsymbol{Y}_{\min}\leqslant\boldsymbol{Y}(k)=\boldsymbol{\psi}_k\boldsymbol{\xi}(k,k)+\boldsymbol{\Theta}_k\Delta\boldsymbol{U}(k)+\boldsymbol{\Phi}_k\boldsymbol{D}(k)\leqslant\boldsymbol{Y}_{\max} \tag{5-70}$$

综上，可将优化函数转化为以下带约束的二次规划求最优的问题：

$$\begin{gathered}[\Delta\boldsymbol{U}(k)^{\mathrm{T}} \quad \varepsilon]^{\mathrm{T}}\boldsymbol{H}_t[\Delta\boldsymbol{U}(k)^{\mathrm{T}} \quad \varepsilon]+\boldsymbol{G}_t[\Delta\boldsymbol{U}(k)^{\mathrm{T}} \quad \varepsilon]\\ \text{s. t.} \quad \Delta\boldsymbol{U}_{\min}\leqslant\Delta\boldsymbol{U}(k)\leqslant\Delta\boldsymbol{U}_{\max}\\ \boldsymbol{U}_{\min}\leqslant\Delta\boldsymbol{U}(k)+\boldsymbol{U}(k-1)\leqslant\boldsymbol{U}_{\max}\\ \boldsymbol{Y}_{\min}\leqslant\boldsymbol{Y}(k)=\boldsymbol{\psi}_k\boldsymbol{\xi}(k,k)+\boldsymbol{\Theta}_k\Delta\boldsymbol{U}(k)+\boldsymbol{\Phi}_k\boldsymbol{D}(k)\leqslant\boldsymbol{Y}_{\max}\end{gathered} \tag{5-71}$$

在每一个预测时域内对上述二次规划求解，可得到一组最优控制序列。

$$\Delta\boldsymbol{U}^*(k)=[\Delta u^*(k),\Delta u^*(k+1),\cdots,\Delta u^*(k+N_{\mathrm{c}}-1)] \tag{5-72}$$

将计算得到的最优控制增量序列中的第一个值 $u(k)$ 作为此时的控制增量，通过计算可得到系统此时的控制量。

$$\Delta u(k)=u(k-1)+\Delta u^*(k) \tag{5-73}$$

5.3 智能小车主动转向避撞系统实践

5.3.1 开发方法

智能小车总体架构包括感知层、决策层和执行层三部分，其基本构架如图 5-14 所示。感知层主要由超声波测距模块构成，作用是获取超声波测速传感器的数据，将数据优化后传输给决策层；决策层由数据处理、决策选择等模块组成，作用是根据传感器数据判断是否有障碍物、计算智能小车与障碍物的距离、是否选择规避策略等；执行层则由底层电机、舵机控制器组成，作用是根据决策层的策略选择，执行相应的策略行为。

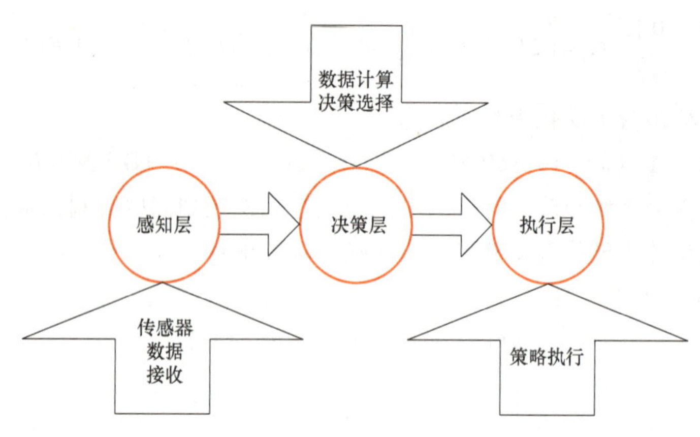

图 5-14　总体架构

智能小车的设计方案主要分为以下步骤：

1）检测小车前方是否存在障碍物，若不存在则继续行驶，若存在则需要测量障碍物与小车的实时距离。

2）根据上述实时距离判断小车与障碍物的距离是否进入预警范围，如果进入预警范围则通过决策层做出相对应决策，决策分为下列两类：小车与障碍物的距离未进入预警范围则继续当前行驶，且继续计算两者距离；小车与障碍物的距离进入预警范围则输入相应的制动与转向参数，通过执行层对小车实现控制。

3）执行层通过接收决策层的参数输入，对小车的电机与舵机进行控制，具体的设计方案如图 5-15 所示。

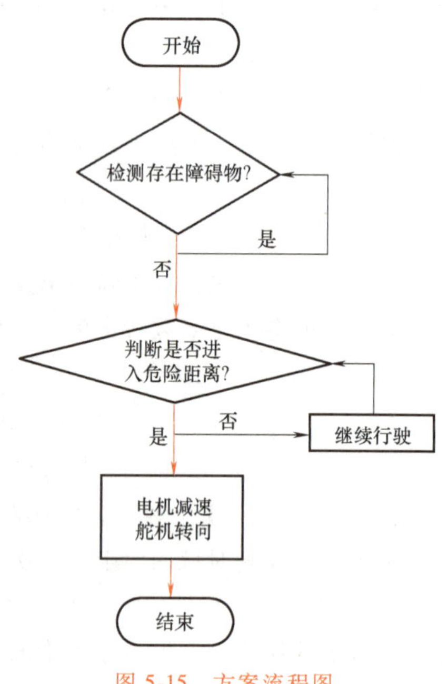

图 5-15　方案流程图

5.3.2　建模与分析

主动转向避撞系统的规避策略可以分为以下两种：主动避撞变道策略和主动避撞返回原车道策略。第一种策略在避开障碍物之后不再返回原车道行驶，适用于同向多车道或障碍物为同向行驶的小车等，第二种策略避开障碍物之后行驶至障碍物左/右前方时返回原车道行驶，适用于同向单车道或障碍物为不可移动物体。本节将对上述两种策略通过 Simulink 建立模型并分析策略的适用环境。

1. 主动避撞变道策略建模与分析

主动避撞变道策略模型建立如图 5-16 所示。该模型主要由三部分组成，第一部分模型是感知层，主要功能是触发超声波工作并且通过 GPIO 引脚接收超声波的反馈信息。第二部分模型是决策层，第一个功能是将超声波的反馈信息由模拟信号转换为数字信号，以便计算小车与障碍物的距离，判断是否存在障碍物、距离是否进入预警范围；第二个功能

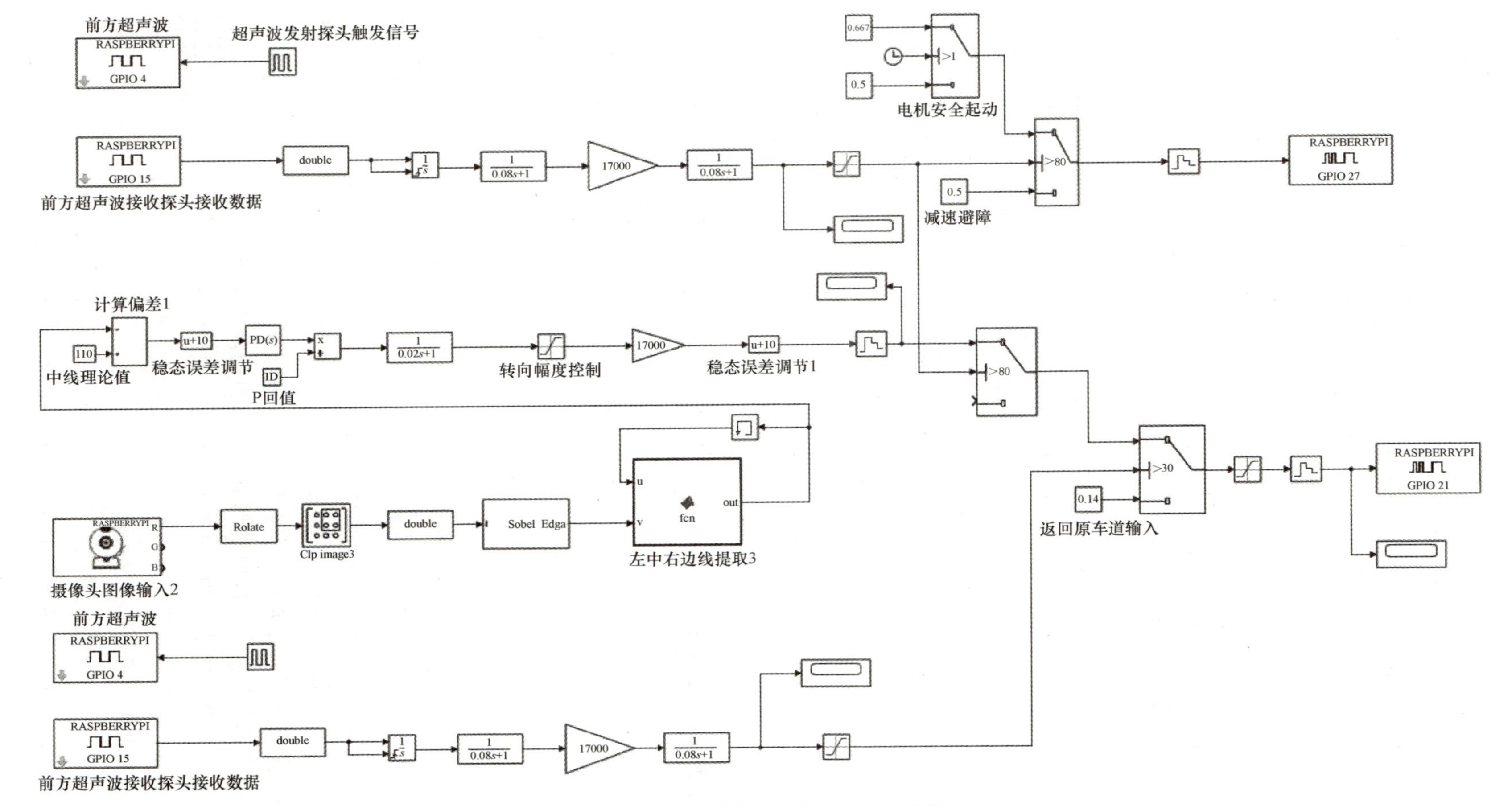

图 5-16　自动预防撞系统 Simulink 模型

是通过计算的距离进行决策的选择：若进入预警范围，对小车输入预先设置好的减速、转向参数，否则维持原方向、速度继续行驶。

第三部分模型是执行层，主要功能是接收决策层的参数，通过舵机驱动与电机驱动模块将命令传输至小车，完成对小车的速度与方向控制。以下将对各部分模型的参数设定、功能进行分析。

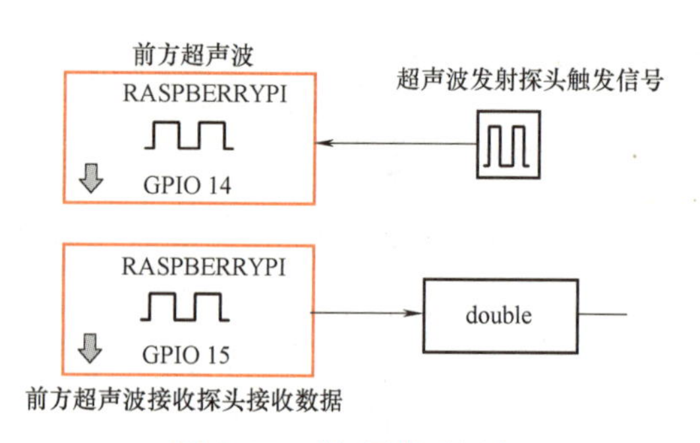

图 5-17 感知层模型组成

(1) 感知层 感知层由超声波测距模块触发、超声波数据接收两部分构成，如图 5-17 所示。超声波触发部分的触发信号模块实质是脉冲产生模块，从本书前面介绍的超声波测距原理可知，该模块产生的脉冲高电平持续时间至少为 10μs。将脉冲通过 Simulink 中的 GPIOWrite 模块传输到树莓派的引脚，从而触发超声波工作。超声波数据接收部分的数据接收模块实质是 GPIORead 模块，这个模块可以实现对树莓派引脚高低电平状态的读取，读取的信号是模拟信号。

(2) 决策层 决策层由数据类型转换模块、数据处理模块、策略选择模块组成，如图 5-18 所示。数据类型转换模块由数据类型转换、模/数转换组成。前者将感知层传输的数据类型转换为决策层所需要的数据类型，后者将超声波反馈的模拟信号转换为数字信

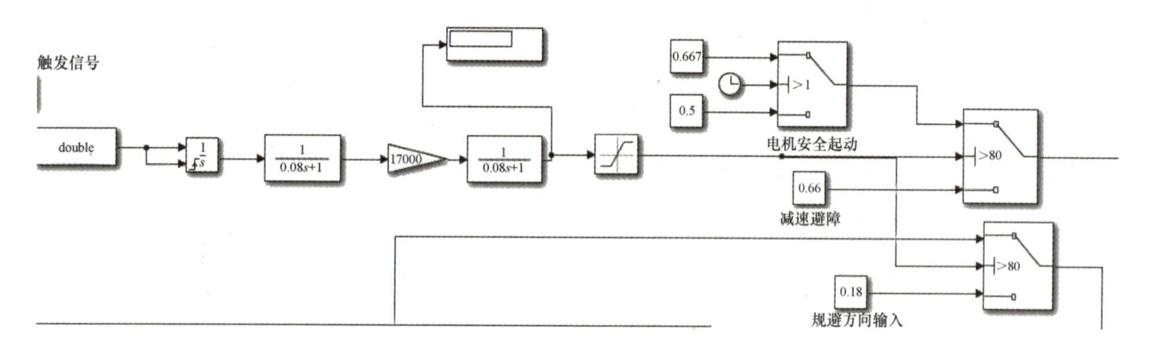

图 5-18 决策层模型组成

号，再传输给数据处理模块计算距离。策略选择模块包含预设的原始电机、舵机数据以及变道策略需要的电机减速数据和舵机转向数据，除此之外还有策略判别模块。预设的原始电机、舵机数据模拟小车未检测到障碍物的正常行驶过程，变道策略的数据模拟小车检测到障碍物采取的减速、变道过程。策略判别模块实质为 Switch 模块，该模块判断输入端口的距离值是否大于预设危险预警距离值，若判断为真，则输入预设的原始电机、舵机数据，否则输入变道策略需要的电机减速数据和舵机转向数据，以此模拟策略选择过程。

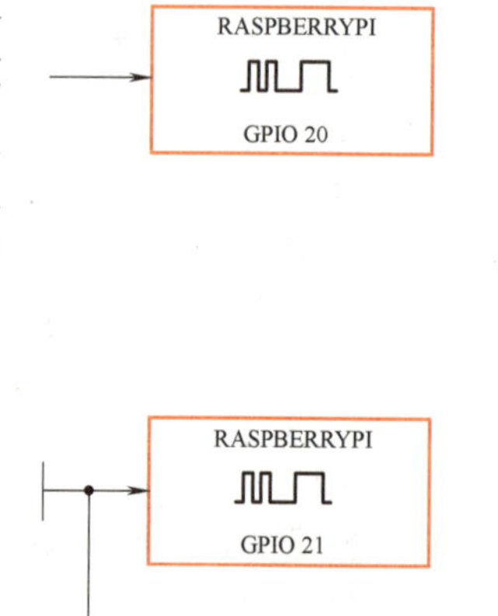

图 5-19 执行层模型组成

(3) 执行层 执行层由舵机驱动与电机驱动两部分组成，如图 5-19 所示，舵机驱动模块接收决策层传输的舵机数据，通

过对树莓派引脚的控制实现小车转向功能。电机驱动模块接收决策层传输的电机数据，也通过树莓派引脚的控制实现小车电机驱动调速功能。

2. 主动避撞返回原车道策略建模与分析

主动转向避撞系统返回原车道策略原理与自动预防撞系统变道策略相似，不同之处在于加入了小车侧方距离感知模块，因此感知层与决策层会相应地变化，完整的策略模型如图 5-20 所示。由图 5-21 可知感知层新增侧方超声波的数据接收模块，决策层策略判别模块更为复杂。因为模型原理、感知层超声波数据接收模块、决策层数据处理、预设数据以及执行层与主动转向避撞系统变道策略相同，接下来将重点分析决策层策略判别模块。

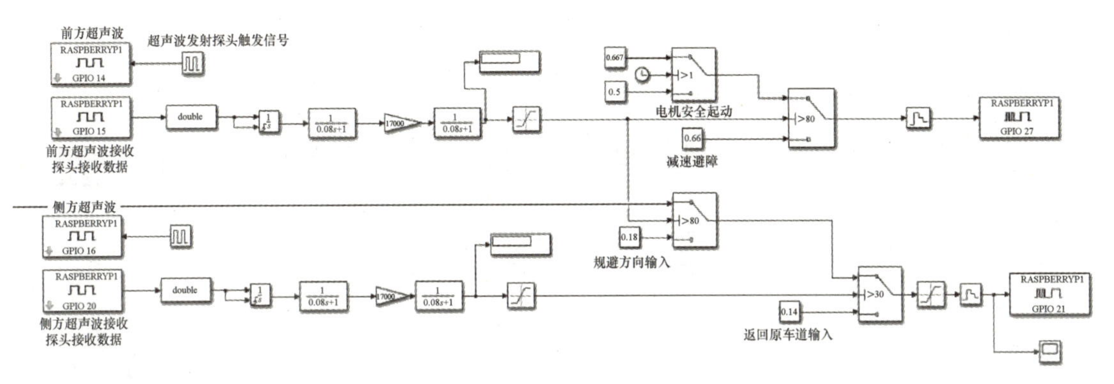

图 5-20 主动转向避撞系统返回原车道策略模型

决策层策略判别模块组成如图 5-21 所示，由图可知新增模块实质上为 Switch 模块，该新增模块功能为判别侧方超声波距离。该策略判别模块共实现以下三种策略判别：

1）当前方超声波未检测到障碍物或者输入的距离未达到危险预警距离，同时侧方超声波距离也不满足条件时，策略输出为保持原始行驶状态舵机、电机数据。

2）当前方超声波输入的距离进入危险预警距离，侧方超声波距离不满足条件时，策略输出变道策略时舵机、电机数据。

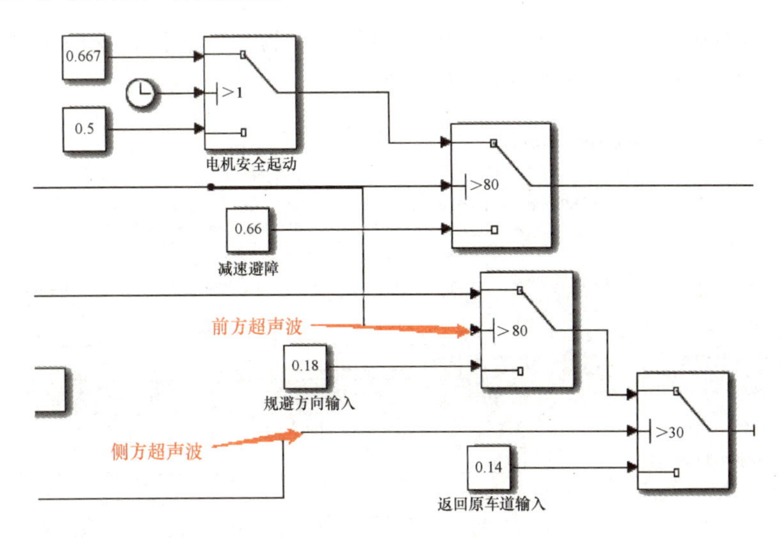

图 5-21 决策层策略判别模块组成

3）当前方超声波变道后未检测到障碍物，侧方超声波距离满足条件时，策略输出返回原车道的舵机、电机数据。

5.3.3 功能测试实践

本节重点介绍主动转向避撞算法与控制策略如何通过智能小车实现避撞功能。通过本章的小车搭建与测试可对搭建的控制策略与算法进行验证，也可对智能汽车控制算法与策略进行开发。

实际测试的 Simulink 模型如图 5-22 所示。

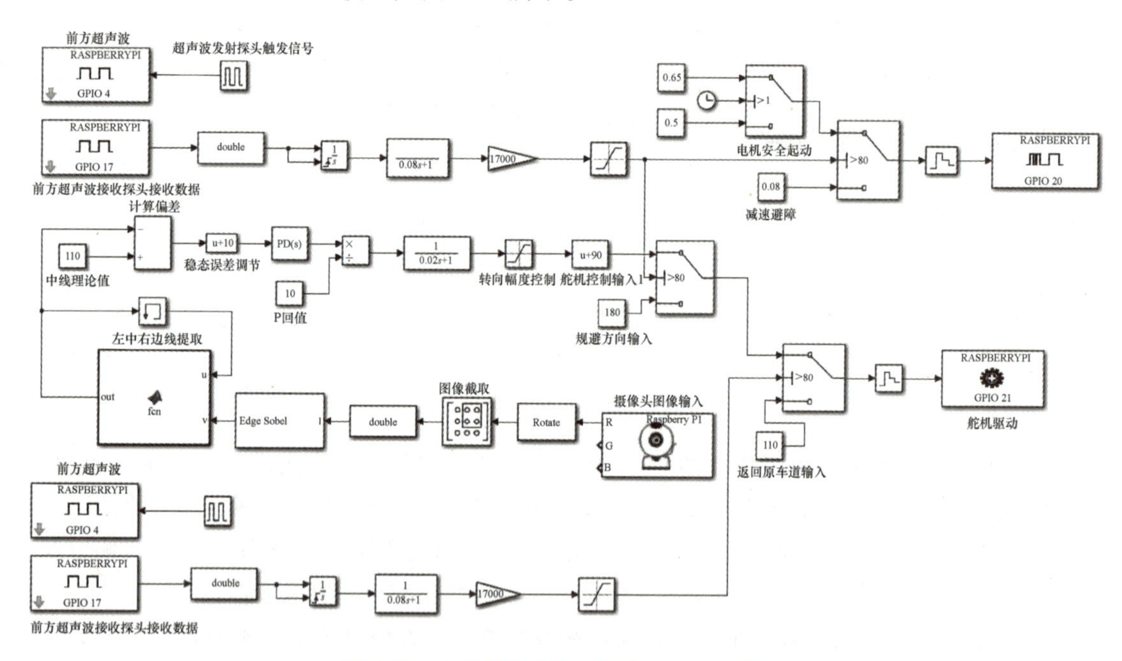

图 5-22 主动转向避撞系统的 Simulink 模型

其中 LKS 的部分需要调整摄像头的帧数设置，因为加入避撞系统的模型后内存占用过大，具体如图 5-23 所示，将 20 帧改为 10 帧。

Block Parameters: 摄像头图像输入

V4L2 Video Capture

Captures video from a USB camera using V4L2 driver framework. During simulation, the model outputs a moving colorbar image. While running on hardware, the block outputs video from a USB camera.

Set Image size parameter to the desired output size. Use Pixel format parameter to specify the format of the output video stream.

Device name:	/dev/video0
Image size:	320x240
Pixel format:	RGB
Sample time:	1/25

OK Cancel Help Apply

图 5-23 摄像头设置

1. 变道策略测试

通过超声波感知外部障碍物与车辆的距离以判断是否起动舵机达到避撞的效果。超声波具体的原理如图 2-18 所示。

变道策略功能测试主要包括探测障碍物、危险预警减速、转向三个方面，根据功能原理成功搭建模型后，即可构建测试场景对以上三个方面进行测试。

1）车道保持正常工作，在小车正常行驶时保证在道路中央行驶。

2）探测障碍物。能否成功探测障碍物是实现避撞功能的关键，根据前方超声波的反馈数据，选择适宜的探测距离并设定探测成功标志。

3）危险预警减速。当智能小车判定进入危险预警距离时，应使小车速度降低模拟紧急制动状态，给小车转向功能的实现预留时间。

4）转向变道。转向功能是变道策略的核心功能，在小车减速的同时对舵机进行控制，输入合理的转向参数使小车能够避开障碍物，实现变道行驶的功能。在转向以后通过车道保持功能将方向回正。

5）测试方法。设定智能小车的原始状态车速为 30cm/s，探测距离为 100cm，预警距离为 80cm。障碍物放置在同车道的 2.5m 处，除障碍物之外，测试环境应尽量减少干扰物体。

6）评价。小车起动之后，在到达探测距离之前车速应提升至 30cm/s。进入探测距离时体现探测成功标志。在小车进入危险预警距离后，车速降为 15cm/s，转向功能同时启动。最终小车能成功避开障碍物且无接触则认定避撞变道策略测试达标。若小车初始车速误差绝对值大于 10cm/s、预警车速误差绝对值大于 5cm/s、转向功能不能与降速（提速）同时开启（关闭）、与障碍物有接触或未成功避开障碍物，则认定避撞变道策略测试不达标。

变道时，超声波测量了实时距离并通过树莓派的引脚以高低电平的形式传递给小车，通过 Python 实现，具体程序及含义如下：

```
1        def text(a):
2        if a<=80:
3              GPIO.output(Flag_1,GPIO.HIGH)
4        else:
5              GPIO.output(Flag_1,GPIO.LOW)
```

检验前方障碍物是否进入 80cm 的预警距离，进入了则输出高电平，没有则输出低电平。

2. 返回原车道策略测试

车道返回策略功能测试除变道策略包含的测试功能外，还有侧方超声波距离测量、小车返回车道等功能。

侧方超声波距离测量原理是当小车变道经过障碍物侧方时，进行侧方距离判别，判别内容为实时距离判别。根据实时距离的大小判断小车是否通过障碍物。

返回原车道恢复行驶是车道返回策略区别于变道策略的关键，根据侧方超声波距离的判断，选择合理的转向时机，完成车道返回功能。

预警距离内减速与变道测试方法与变道策略测试方法相同，在障碍物后方应预留足够的车道距离以保证小车返回原车道的功能实现。

变道行驶之前的评判方案参考上一小节，本小节主要介绍侧方超声波距离判别与返回原车道的功能评判。

侧方超声波距离判别方案是当小车通过障碍物后 1s 内，舵机转向功能启动，进行返回原车道功能演示。返回原车道判别方案是小车转向过程中与障碍物无接触，且恢复行驶的距离尽可能短，行驶状态与原始状态相同。满足以上要求则认定避撞车道返回策略测试达标。

若小车侧方超声波距离判别失败或判别时间大于 2s、返回原车道过程中接触障碍物或恢复行驶距离大于 2m，则认定避撞车道返回策略测试不达标。

返回车道的实现与变道相同，只是调用的摄像头是侧方摄像头。具体程序及含义如下：

```
1        def judge(a,b):
2                if(a>=40):
3                        if(b>40):
4        GPIO.output(Flag_2,GPIO.HIGH)
5        time.sleep(1)
6        GPIO.output(Flag_2,GPIO.LOW)
7                        else:
8        GPIO.output(Flag_2,GPIO.LOW)
```

再检测一次前方 40cm 有无障碍物，若没有再执行回原车道指令。检测侧方距离是否大于 40cm，若大于则说明已经通过障碍物，则输出高电平 1s 以变车道；若没有大于 40cm，则说明还没有通过障碍物，继续前行。

第6章

自动紧急制动系统设计与实践

6.1 自动紧急制动系统简介

最初的车辆制动系统缺乏助力系统，制动能量完全由驾驶人提供，被称之为“人力制动系统”。为了减小驾驶人负担，在原有制动系统上增设了动力伺服系统，利用伺服能量来为制动提供助力。但是由于驾驶人在某些工况下难以掌握制动时机和力度，工程师又加入了被看作是车辆安全历史上最重要的三大发明之一“防抱制动系统”。但现实情况是即使车辆配备了众多先进的制动技术，驾驶人在遇到突发情况时仍然有些措手不及，甚至来不及制动，于是自动紧急制动系统（automatic emergency braking，AEB）应运而生。自动紧急制动系统属于辅助驾驶安全领域，能够在很大程度上主动预防由于驾驶人的操作不当而导致的追尾交通事故，也是车辆实现自动驾驶需要经历的过程。

6.1.1 系统组成及原理

自动紧急制动系统的原理是，利用车载传感器探测出自车与前方障碍物的相对距离、相对速度等，然后由控制策略模块对传感器测出的数据与预先设定的报警距离、安全制动距离进行比较。如果车辆有发生追尾事故的风险，而驾驶人没有采取任何制动行动，系统会紧急制动车辆；若是驾驶人制动不足，系统则会给予帮助进行制动以避免碰撞。总体来说，AEB的工作原理是按照“感知-决策-执行”这个逻辑来进行的。汽车上安装的传感器在感知到障碍物会对行车安全造成影响后，会先给予驾驶人相应的提醒，并进入预制动状态。此后，系统会根据实际决策，决定采取部分制动或全力制动来避免或者减轻车辆碰撞。

如图6-1所示，自动紧急制动系统的组成主要有三个模块：①环境信息探测模块；②控制策略模块；③执行器模块。

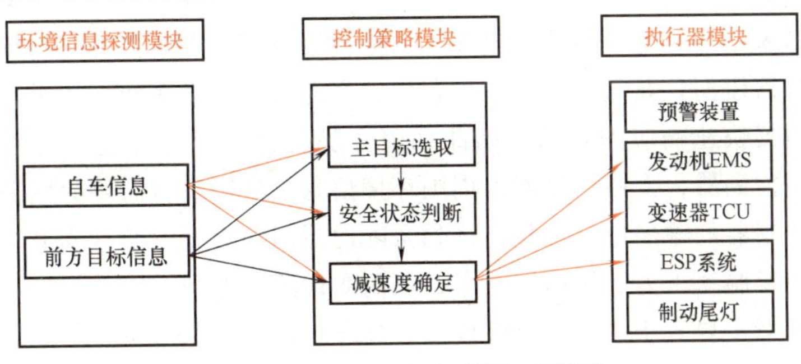

图6-1 自动紧急制动系统组成模块

1. 环境信息探测模块

环境信息探测模块主要包括自车行驶信息探测、前方目标信息探测，其目的是为控制策略模块提供数据输入。自车行驶信息主要包括自车的车速、发动机/电机转速、轮速、横摆角速度等信息，这些信息可以通过车辆上的传感器获取。

前方目标信息是确定自车行驶安全与否的关键因素。包括前方目标的方位信息、相对距离和相对速度。在辨识目标的信息时常用的传感器类型有两类：

（1）摄像头 如图6-2所示，采用双目摄像原理，通过对摄像头拍摄的画面进行目标识别，包括目标的相对距离及相对速度。该类传感器探测角度大，但是受天气影响大，而且存储数据量非常大，运算速度缓慢。

（2）毫米波雷达 如图6-3所示，毫米波测速雷达系统主要由高频头、预处理系统、终端系统和红外启动器等组成，通过发射天线发出相应波段的有指向性的毫米波，当毫米波遇到障碍目标后反射回来，通过接收天线接收反射回来的毫米波，数据处理部分的基本目标是消除不必要信号（如杂波）和干扰信号，并对经过中频放大的混频信号进行处理，从信号频谱中提取目标距离和速度等信息[30]。该类传感器具有探测距离远（达到150~250m）[31]、受天气影响小（在雨雪冰雹等恶劣天气能正常工作）、稳定性强和分辨率高的优点。

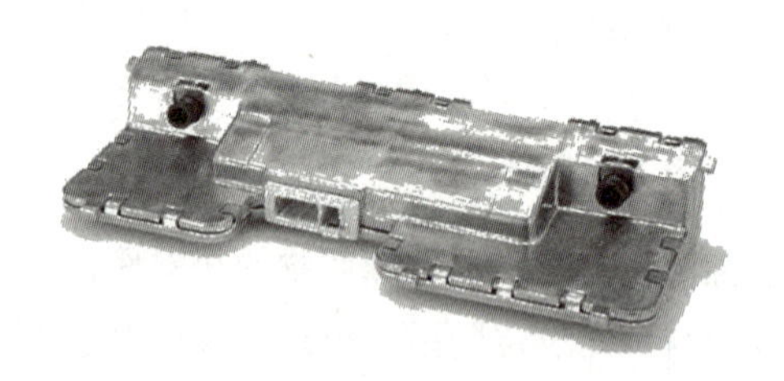

图6-2 车载双目摄像头

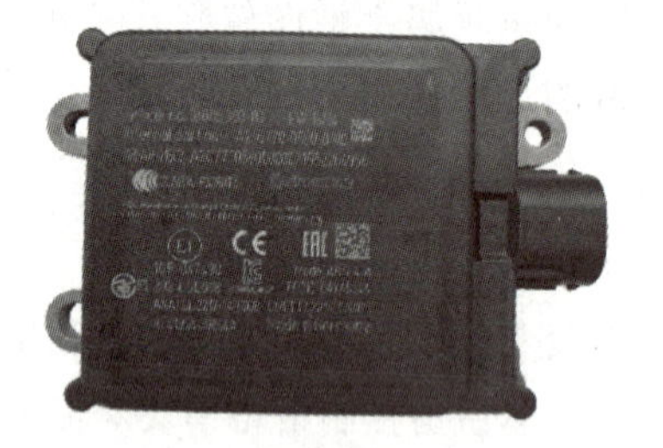

图6-3 车载毫米波雷达

2. 控制策略模块

控制策略模块获得环境信息探测模块提供的自车行驶信息和前方目标的方位、车速信息后，首先要把探测到的目标进行分类：探测到目标之后需要从所有目标中选取出对自车安全最具威胁的主目标，一般根据“同车道最近目标”为原则进行决策。其次是对接近主目标过程中自车的危险程度进行判断：接近主目标过程中自车的危险程度判断一般选用安全距离模型进行决策，即在系统内部设置安全距离，雷达探测到的相对距离值和此距离值进行比较，如果小于此值，系统快速介入。控制策略模块由两大主要的模型构成：安全距离模型和控制器模型。在汽车的行驶过程中，交通状况复杂多变，如果采用单层的控制器无法完成控制器快速响应的要求，因此采用分层控制器可以将复杂的控制功能进行分工，分为上下层控制器，上层控制器由周围环境信息收集得到所需要的期望加速度，下层控制器对上层控制器的输出进行调整，得到实际的控制加速度，经车辆逆动力学模型转化为节气门开度或者制动压力后作用于整车，从而实现闭环控制。

安全距离模型主要有五种：Mazda模型、Honda模型、Berkeley模型、SeungwukMoon模型，以及TTC（time to collision）模型，其中TTC模型即时间距离模型更能反映在危机

状态下留给驾驶人及制动系统的作用时间，因而最为常用。当 AEB 介入工作之后，需要确定对于车辆模型输入的控制量值，即制动减速度大小。车辆模型根据接收的制动减速度大小，执行制动操作。下面对这五种模型进行简单介绍：

(1) Mazda 模型

$$d_{br}=0.5\left[\frac{v^2}{a_1}-\frac{(v-v_{rel})^2}{a_2}\right]+vt_1+v_{rel}t_2+d_0 \tag{6-1}$$

式中，d_{br} 为制动距离；v 为本车车速；v_{rel} 为相对车速；a_1 为本车最大减速度（这里取 $6m/s^2$）；a_2 为目标车的最大减速度（取 $8m/s^2$）；t_1 为驾驶人反应延迟时间（取 0.1s）；t_2 为制动器延迟时间（取 0.6s）；d_0 为距离（取 3m）。

当相对车速过小时，制动危险距离为零；当自车全力制动时，设置的最小停车距离能够保证自车与前方障碍物不会发生碰撞。增设的驾驶人反应时间和制动器延迟时间能够使系统更加保守，更加安全。

(2) Honda 模型

$$d_w=2.2v_{rel}+6.2 \tag{6-2}$$

$$d_{br}=t_2v_{rel}+t_1t_2a_1-0.5a_1t_1^2(v_2/a_2)\geqslant t_2 \tag{6-3}$$

$$d_{br}=t_2v-0.5(t_2-t_1)^2-\frac{v_2^2}{2a_2}\ \frac{v_2}{a_2}<t_2 \tag{6-4}$$

式中，v 为自车速度；v_{rel} 为相对车速；v_2 为前方目标车速；a_1、a_2 分别为自车和前方目标的最大减速度；t_1、t_2 分别为系统延迟时间和制动时间。在本式中 a_1、a_2 一般取 $7.8m/s^2$、$t_1=0.5s$、$t_2=1.5s$。

Honda 模型的避撞逻辑包含碰撞预警（CW）和碰撞避免（CA）两个部分。当满足式（6-3）时进行预警、满足式（6-4）时进行制动。

(3) Berkeley 模型　建立目标车突然匀减速制动，后车匀速向前运动的运动场景。在碰撞预警阶段，本车如果发生碰撞，则公式是：

$$x_1(t)=x_{10}+v_1 \tag{6-5}$$

$$x_2(t)=x_{20}+v_2t-0.5a_2t_2^2 \tag{6-6}$$

$$x_1(t)=x_{20}-x_{10}+x_2(t) \tag{6-7}$$

$$v_{rel}=v_1-v_2 \tag{6-8}$$

$$t=t_1-t_2 \tag{6-9}$$

$$d=x_{20}-x_{10} \tag{6-10}$$

$$d_{br}=v_{rel}(t_2-t_1)+0.5a_2(t_2+t_1)^2 \tag{6-11}$$

式中，v_{rel} 为两车相对速度；t_1 为驾驶人反应时间（取 1s）；t_2 为制动系统延迟时间（取 0.2s）；a_2 为两车最大制动减速度（取 $6m/s^2$）。

(4) SeungwukMoon 模型

$$d_{br}=v_{rel}t_{delay}+f(u)(2v_{sv}-v_{rel})v_r/(2a_{max}) \tag{6-12}$$

式中，d_{br} 为制动距离；v_{sv} 为本车车速；v_{rel} 为相对车速；a_{max} 为最大减速度（取 $6m/s^2$），t_{delay} 为驾驶人反应延迟时间（取 1.2s）；$f(u)$ 为制动因数（取 1）。

(5) TTC 模型

$$\mathrm{TTC}=D/v_{\mathrm{rel}} \tag{6-13}$$

$$d_{\mathrm{br}}=\mathrm{TTC}v_{\mathrm{rel}}+d_0 \tag{6-14}$$

式中，D 为两车相对距离；v_{rel} 为两车相对车速；d_0 为安全停车距离，这里取 3m。

TTC 是指两车相撞所需的时间，也被称为碰撞时间避撞算法。在定义危险制动距离时，TTC 的制动距离被用在算法逻辑中，如果 TTC 小于所有延迟时间（系统制动延迟时间与驾驶人反应时间），驾驶人没有对碰撞预警做出反应，则在这时候系统应该自动制动。

3. 执行器模块

在紧急情况下，系统先通过声光预警警示驾驶人。如果驾驶人此时仍不进行制动，系统会关闭电子节气门，使得发动机怠速，降低档位，促使制动系统工作，同时点亮制动尾灯，防止后车驾驶人觉察不到自车正在制动。所以本系统的执行器模块主要有五个部分：

(1) 预警装置　一般为声光报警。当危险程度比较低时，会在仪表盘出现闪烁亮灯，提醒驾驶人。当危险程度更高时，通过蜂鸣器报警提醒驾驶人。

(2) 发动机 EMS　当开始制动时需要关闭节气门，利用发动机制动。

(3) 制动装置　当需要紧急制动时，即使驾驶人没有踩制动踏板，自动紧急制动系统能自动对车辆进行制动，一般是通过 ESP 系统来实现的。自动紧急制动系统控制策略发出减速请求和减速度值，ESP 系统通过 CAN 总线接收。接收后 ESP 工作，主动增加制动回路油压，促使制动系统工作，主动制动。

(4) 变速器控制单元 TCU　车辆减速过程中，需要变速器降档配合。

(5) 制动尾灯　当自动紧急制动系统工作时需要自动点亮制动尾灯，给后车驾驶人提醒。

6.1.2 设计要求

为了使自动紧急制动系统具有普适性，并且能发挥出应有的功能，所以在自动紧急制动系统设计时应满足如下要求：

1）AEB 能检测到的目标障碍物应包括在公共道路上行驶的机动车及行人。

2）AEB 应具备自检功能。系统应在车辆发动的 30s 内启动并完成对所有主要的系统传感器和组件的自检，通过信号灯或者显示屏明确标识系统当前工作状态，包括车辆行驶状态采集、数据存储、通信模块工作状态、主电源状态、与 AEB 主机相连接的其他设备状态信息。

3）AEB 应具备自诊断功能，对于运行过程中发生的故障及时提示驾驶人并实时生成故障码信息。

4）AEB 应为驾驶人提供人机交互界面，与驾驶人进行信息交互。提供包括以听觉、视觉或触觉中至少两种方式的预警信息、制动信息以及 AEB 的运行、停止或故障状态信息。显示的信息应在阳光直射下或夜晚均能清晰显示。

5）当自车处于紧急制动阶段时，应能确保 AEB 的工作状态不受驾驶人对制动踏板操作的影响。

6）AEB应在车辆点火时自动恢复至正常工作状态，AEB功能解除后应采用光学预警信号向驾驶人预警指示，提示驾驶人AEB处于关闭/开启状态。

7）紧急制动不应该引发比防抱制动装置或稳定性控制装置所允许的更长的轮胎抱死时间。

8）当AEB实施自动制动时，制动信号灯应同时亮起并至少保持点亮0.5s。

9）对于AEB触发事件数据，应进行本地数据备份和远程数据备份。本地数据备份的最近存储时间不应该少于48h，远程数据存储时间不应该少于60天。

10）AEB触发事件数据应至少包括以下信息：

① 操作行为：AEB产生的具体操作行为，包括的信息应不少于启动碰撞预警功能、启动紧急制动功能、终止碰撞预警功能、终止紧急制动功能。

② 操作状态：系统响应指定操作行为的状态，至少应包括状态正常、状态异常、未响应。

③ 时间戳：系统产生相应的操作行为的时刻信息。

11）AEB系统应根据制造商所提供的使用说明书进行安装和使用，包括系统的校准、最小启动车速，以及适用和不适用的工况等。

6.1.3 功能要求

自动紧急制动系统的功能主要有以下几个方面：

1）AEB应至少在运行车速为15km/h至最大设计速度的范围内，且在车辆所有负载状态下正常运行。

2）AEB的最小检测距离应不大于2m，对目标车辆的最大检测距离应不小于150m，对行人的最大检测距离应不小于60m。AEB对目标车辆在最大检测距离位置的最小检测水平横向宽度应不小于3.75m。AEB应能在曲率半径不大于250m的弯道上检测到目标车辆。

3）TTC或ETTC大于4.4s，AEB不应发出碰撞预警。

4）在AEB检测到可能与前方车辆、行人发生碰撞时，应能输出不低于两种不同等级的预警。一级碰撞预警应在紧急制动阶段1.4s前产生，二级碰撞预警应在紧急制动阶段0.8s前产生。一级碰撞预警至少应支持一种预警方式，二级碰撞预警至少应支持两种预警方式。行人预警应与车辆预警方式区分。预警方式见表6-1。

表6-1 预警方式

预警级别	预警方式		
	视觉预警	听觉预警	触觉预警
一级碰撞预警	无	音量：应超过背景杂音 间歇：建议长间隔间歇，单一声，或语音提醒	可采用驾驶人座椅震动、安全带预紧、转向盘震动等方式
二级碰撞预警	颜色：红色 位置：主视方向 亮度：高亮 间隔：用短间隔间歇	音量：应超过背景杂音 音调：应容易听到且与车内其他不相关的预警易区分 间歇：应使用短间隔间歇	可采用驾驶人座椅震动、安全带预紧、转向盘震动等方式

5）在预警阶段，任何自车减速量不应超过 15km/h 与总减速量 30%两者间的最大值。

6）紧急制动阶段不应在 TTC 或 ETTC 大于或等于 3s 前开始。

7）对静止目标车辆，自车速度为 80km/h 时，通过紧急制动阶段，发生碰撞时自车减速量应不小于 30km/h。

对静止目标车辆，自车速度为 40km/h 时，通过紧急制动阶段，应避免两车相撞。

对行驶速度为 12km/h 的目标车辆，自车速度为 80km/h 时，通过紧急制动阶段，应避免两车相撞。

8）针对具有行人紧急制动功能的 AEB，自车速度为 60km/h 时，通过紧急制动阶段，发生碰撞时自车减速量应不小于 20km/h。

9）AEB 应能从车内通信网络提取所需的信息，车内通信网络提供的信息至少包括车速信息、制动、加速和转向灯等信号。

6.1.4 开发流程

自动紧急制动系统的开发一般是基于 V 模型开发流程，如图 6-4 所示。

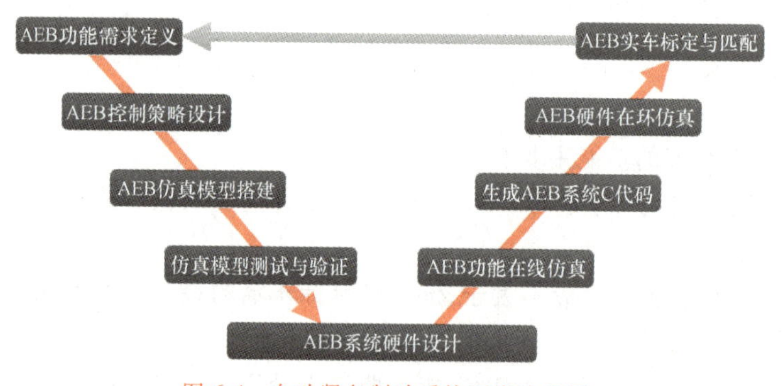

图 6-4 自动紧急制动系统开发流程图

（1）第一阶段 功能需求定义和控制方案设计。首先需要确定自动紧急制动系统的功能需求，包括设计要求和功能要求。具体的要求参见 6.1.2 节和 6.1.3 节。然后确定控制方案，可使用 MATLAB/Simulink 等计算机软件建模，建立的模型包括控制策略模型、车辆动力学模型、车辆轮胎模型、节气门控制模型、制动压力控制模型等。并按照 Euro-NCAP、IIHS、C-NCAP 等法规规定的场景，如 AEB City（AEB 城市测试）、速度较高的 AEB Urban（AEB 城际测试）、AEB Pedestrian（AEB 行人测试）、AEB Bicycle（AEB 自行车测试）等对仿真模型进行测试与评价，并根据系统的功能进行硬件设计与匹配。

（2）第二阶段 系统在线仿真。利用计算机软件将自动紧急制动系统仿真模型转化为代码。即移除离线仿真模型中的车辆动力学模型，接入 dSPACE（也可以采用其他硬件在环实时控制系统）提供的 RTI 接口模块，建立实时仿真模型；通过 MATLAB 下的 RTW（real time workshop）生成实时代码并下载到 dSPACE 原型系统中；接入实际被控对象，对象中必须包含实际系统的各种 I/O 口、软件及硬件的中断实时特性等，进行快速控制原型实验，以验证控制系统软硬件方案的可行性。dSPACE 功能集成盒如图 6-5 所示。该过程主要包括以下三步：

1）为满足 dSPACE 系统的 I/O 和 A/D 接口对输入电压范围和输入信号品质的要求，须对传感器输入信号进行滤波、整形处理。

2）针对具体的乘用车开发对象制作相应的接口并改装线路，使实车传感器如轮速传感器、毫米波雷达传感器、节气门位置传感器的处理电路满足 dSPACE 原型系统的 I/O 接口要求。

3）利用 dSPACE 提供的 RTI 接口模块修改 AEB 控制器模型，使之与真实车辆组成闭环控制系统，进行 AEB 的快速控制原型（rapid control prototyping，RCP）试验。

图 6-5　dSPACE 功能集成盒

（3）第三阶段　生成代码。采用 dSPACE 的产品代码生成软件 Target link 对 Simulink/Stateflow 中离线仿真模型进行定点数定标和转换，自动生成产品代码，这个过程中可针对特定 ECU 进行代码优化。生成代码的运行效率不低于手工代码的 10%，内存占用量不超过手工代码的 10%。

（4）第四阶段　硬件在环回路仿真。采用真实控制器，被控对象或者系统运行环境部分采用实际物体，部分采用仿真模型来模拟，进行整个系统的仿真测试，如图 6-6 所示。硬件在环仿真检验 AEB 控制程序在各种路面（高附路面、低附路面、高附转低附的对接路面、低附转高附的对接路面和车轮两边附着系数不一样的对开路面）上的控制效果、标定控制参数和门限值，并仿真研究一些极限工况。主要步骤如下：

1）在离线仿真模型中保留被控对象模型，增加 RTI 接口模块，以实现 AEB 控制器、传感器与 dSPACE 的系统通信。

2）设计硬件在环实验台，加装制动系统、动力系统、信号系统、ESC 系统等的真实硬件和毫米波雷达、车载摄像头，将毫米波雷达、车载摄像头和控制器实物通过接口线路与 dSPACE 连接。

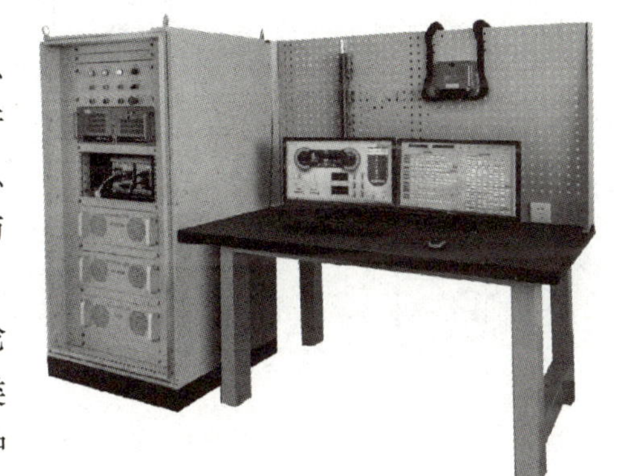

图 6-6　硬件在环测试系统

3）进行硬件在环实验，修改车辆模型中轮胎模型参数或车辆模型结构参数以模拟不同类型车辆，或设定不同的路面附着系数模拟各种路面工况。根据仿真结果修改 AEB 控制算法及其参数，重新生成代码并下载到控制器，达到完善 AEB 控制逻辑的目的。

(5) 第五阶段 标定与匹配。dSPACE 的标定系统允许用户对 ECU 进行所有的标定和测试，可在最便利的情况下及最短的时间内对 ECU 进行参数调整，最后进行系统集成测试。

如果一次 V 模型流程开发结束后没有达到要求，就需要继续按照本开发流程继续进行下去，直至达到要求。

6.2 自动紧急制动系统算法及仿真

现阶段存在多种 AEB 系统算法，下面就列举出三种常见的 AEB 系统的算法及仿真模型。

6.2.1 基于 TTC 模型的算法与仿真

在所有的安全距离模型中，TTC 模型能够反映驾驶人的避撞特性，保证尽量不干扰驾驶人正常避撞操作的前提下，牺牲一定的避撞效果，是目前汽车厂商及研究机构采用最多的避撞策略。

在 TTC 算法中，设定预警危险 TTC 为 2.6s，部分制动 TTC 为 1.6s，全力制动 TTC 为 0.6s。在 MATLAB/Simulink 中搭建的仿真模型如图 6-7 所示。

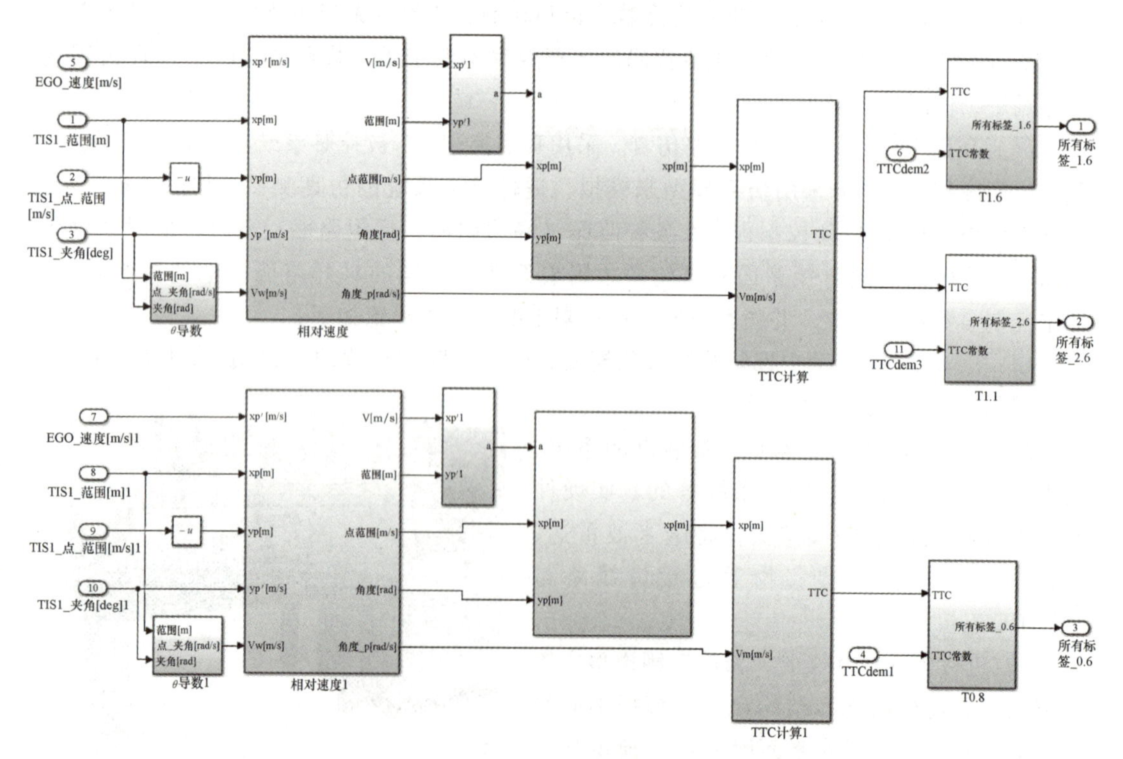

图 6-7 TTC 仿真模型

在实际交通道路中通常要面对多个可能的潜在碰撞目标，因此测距传感器有必要具有

测量多个目标的能力，避撞算法也要相应能够处理多目标的潜在碰撞工况。在 Simulink 中，多目标的检测信息以列向量的形式存储，因此在处理多目标检测信息时，应该将此列向量的值与一个列向量安全阈值进行大小对比，如果小于安全阈值，则生成一个二进制列向量信号，其中 0 表示信号发出，1 表示信号无须发出。最终用或（OR）模块将此列向量进行逻辑处理，如果其中有一个及以上的信号需要发出时，则输出此信号，给出系统判断的当目标车距及车速会导致车辆发生碰撞危险的信号。

在正常驾驶过程中，存在本车与目标车位于不同车道平行行驶的情况。这时，即使两车的相对速度与相对距离达到危险情况的因素，系统也不应该给出制动的请求。

$$X_{\mathrm{p}}=\sin(\theta)R \tag{6-15}$$

$$Y_{\mathrm{p}}=\cos(\theta)R \tag{6-16}$$

式中，X_{p} 为纵向距离；Y_{p} 为横向距离。

车道宽度为 3.5m，所以横向距离大于半个车道宽度时，可以判断目标车与本车位于不同车道。如果两车的横向距离保持不变，则表明两车平行行驶。

横向避撞场景算法的 Simulink 模型如图 6-8 所示。

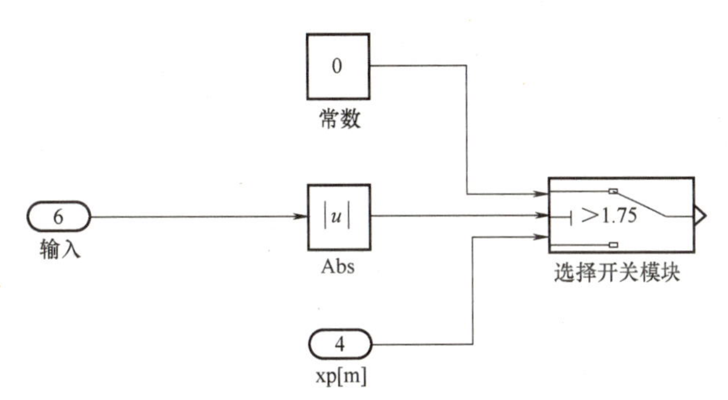

图 6-8　横向避撞场景算法

当驾驶人有变道的意图时，驾驶人就已经有避免碰撞的意图，如果 AEB 系统进行制动动作，附着系数下降，侧向加速度变大，将会导致车辆的不稳定。因此在驾驶人有变道的动作时，AEB 系统将不会起作用，否则会干扰正常驾驶。

因此在 Simulink 中建立一个选择开关判断逻辑，如图 6-9 所示，如果驾驶人的转向角速度大于零，则输入的 ind flag 大于零，此时无论部分自动制动、全力制动、警告的信号值为多少，输出对应的值都为零。

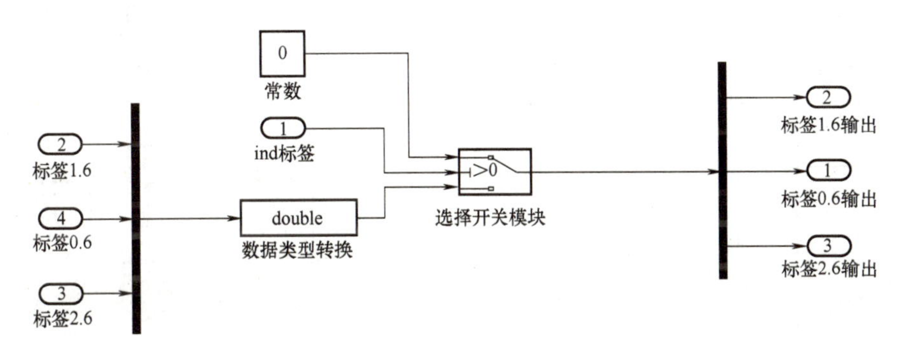

图 6-9　驾驶人变道 AEB 控制算法

如图 6-10 所示，在 AEB 系统模型中，执行逻辑算法会根据驾驶人输入信号、AEB 系统的安全距离模型输出，决定最终 AEB 系统输出的信号。驾驶人操作包括踩制动踏板、

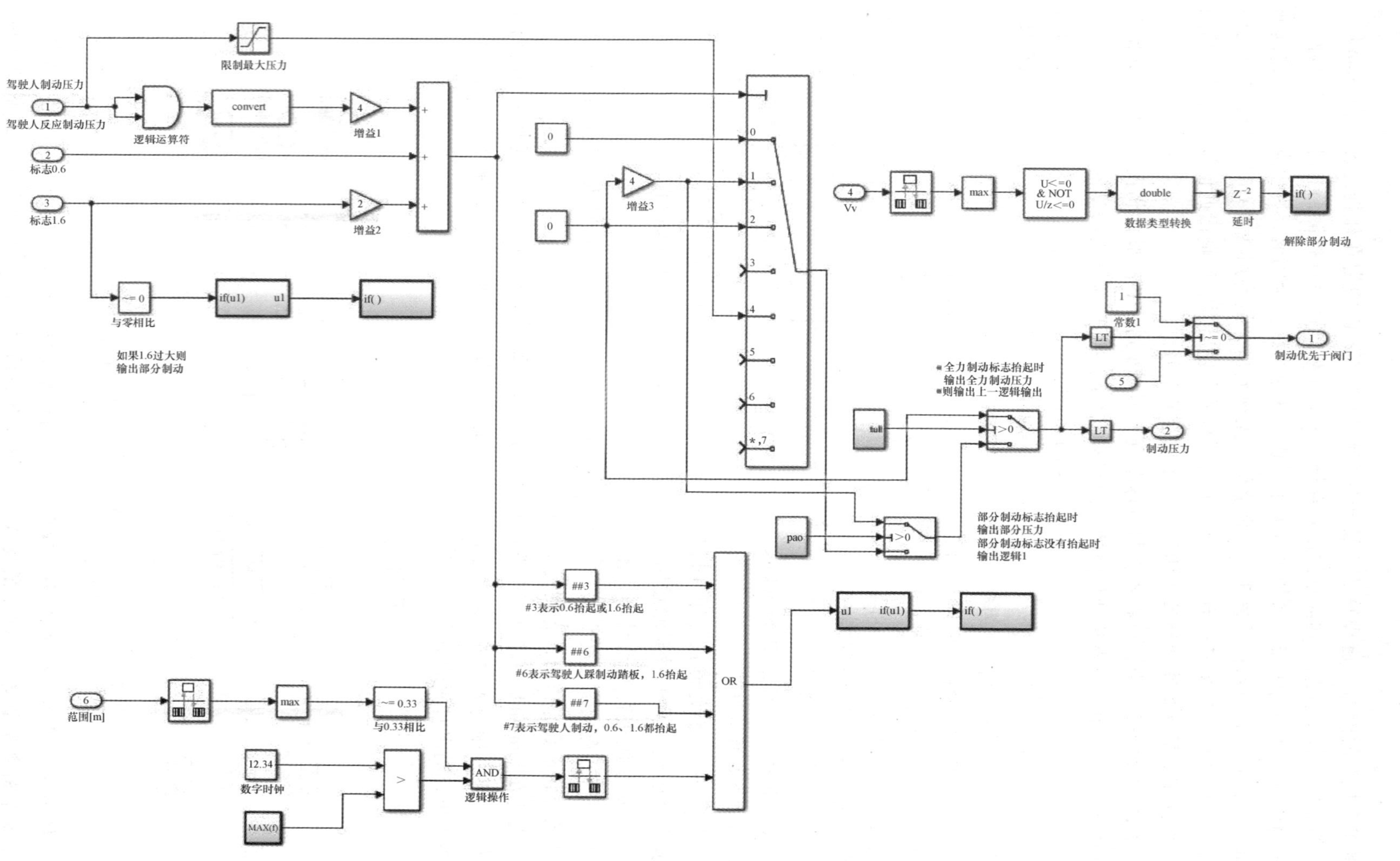

图 6-10　AEB 系统控制算法执行逻辑仿真模型

踩加速踏板和转向盘转动等。AEB 系统的安全距离模型输出包括预警信号、部分力制动信号和全力制动信号等。当仅只有驾驶人踩下制动踏板，然而没有任何 AEB 系统安全距离模型输出的信号，执行逻辑仅输出驾驶人制动力；没有 AEB 系统安全距离模型输出的信号，并且驾驶人无制动，则输出制动压力为零；当仅部分力制动信号输出，驾驶人无制动或者转向动作时，输出部分制动的制动压力；当仅只有全力制动信号输出，而部分制动信号为输出时，表明 AEB 系统可能出现错误信号，因此在这种情况下，如果驾驶人没有踩下制动踏板，则输出制动压力为零；当部分制动信号和全力制动信号输出时，输出全力制动的制动压力；驾驶人踩下制动踏板，并且部分制动信号和全力制动信号输出时，输出全力制动的制动压力。

6.2.2　基于驾驶人特性的算法与仿真

自动紧急制动系统在碰撞避免方面发挥了巨大的作用，现有的自动紧急制动系统产品较少考虑驾驶人自身因素，对于所有的驾驶人采取相同的控制策略，很难符合整个驾驶人群体的行为特性，导致一些驾驶人对于纵向驾驶辅助系统的满意度较低而拒绝使用。随着驾驶人数量的增加以及驾驶人整个群体的多样化，对自动紧急制动系统也提出了新的要求，即考虑驾驶人的行为特性，从而在保证汽车行驶安全的情况下实现个性化的驾驶辅助，提高系统的适应性以及驾驶人的驾驶舒适性与接受度[43-44]。于是考虑驾驶人特性的自动紧急制动系统随之产生并开始应用。

考虑驾驶人特性的自动紧急制动系统首先需要对驾驶人制动意图进行分类，通常来说驾驶人制动意图主要分为三类：持续制动（slight braking，SB）、常规制动（medium braking，MB）和紧急制动（urgent braking，UB）。然后需要 AEB 系统能够快速识别出驾驶人的制动意图，这对基于驾驶人特性的自动紧急制动系统来说非常关键。但是驾驶人的制动意图会随着周围驾驶环境的改变而改变，这就需要选择出合适的参数来对驾驶人的制动意图进行识别。驾驶人的制动意图可以在制动踏板的开合程度上得以准确的体现，可以选取制动踏板开合程度及其变化率和制动减速度这三个参数作为识别参数。

根据相关学者的研究，选取自适应神经模糊推理系统（adaptive neural fuzzy inference system，ANFIS）作为辨识驾驶人制动意图的应用模型。该系统基于自学获得的模糊规则，可以有效避免传统设定中控制精度低、计算量大、考虑因素不周全等缺陷，使得系统具有精度高、收敛速度快、训练样本少等优点。同时在 MATLAB 中同样具备该神经网络编辑器，可通过 anfisedit 命令开启此编辑器，具有较好的普适性。MATLAB 中 ANFIS 编辑器窗口如图 6-11 所示。

然后通过搭建的试验工况来进行驾驶人制动意图相关参数的数据采集以及神经网络的训练。图 6-12 所示为利用 ANFIS 构造的模糊神经网络结构。参照上文所说的驾驶人制动意图的分类，将工况设置为以下三种：

（1）持续制动　通过软件提前设置好既定参数，为确保车辆在平直路面以较小车距行驶而采取的制动措施即持续制动。

（2）常规制动　提前设定好相关参数，当车辆行驶在路面时，目标车辆出现在驾驶人前方，驾驶人此时主动采取的制动措施即常规制动。

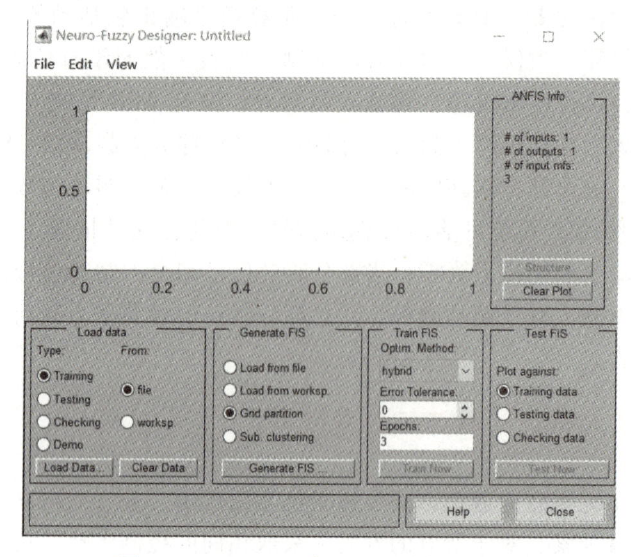

图 6-11 MATLAB 中 ANFIS 编辑器窗口

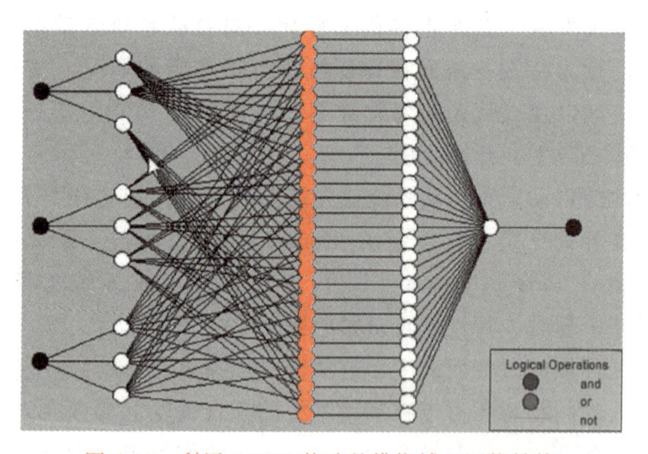

图 6-12 利用 ANFIS 构造的模糊神经网络结构

(3) 紧急制动 当驾驶人驾驶车辆正在路面行驶时，现场辅助人员通过突然大喊“紧急目标车辆出现”，使驾驶人立刻采取紧急制动措施来模拟紧急制动情况。

通过对模糊神经网络的驾驶人制动意图训练，以反馈方式进行数据训练，最终就能得到精度较高的驾驶人制动意识的辨识模型。该辨识模型能够以较高的精度识别如图 6-13 所示的驾驶人制动意图的三维示意图（X 轴表示制动踏板开合度；Y 轴表示制动踏板开合度变化率；Z 轴表示制动意图）。说明通过模糊神经网络训练的制动模型能够准确辨识出驾驶人想要采取的车辆制动意图。

安全距离算法同样是自动紧急制动系统的关键部分。本节将选用带有碰撞预警（d_w）逻辑和碰撞避免（d_{br}）逻辑的 Honda 模型作为安全距离模型。模型的算法如下：

$$d_w = 2.2v_{rel} + 6.2 \tag{6-17}$$

$$d_{br} = t_2 v_{rel} + t_1 t_2 a_1 - \frac{a_1 t_1^2 v_2}{2a_2} \geqslant t_2 \tag{6-18}$$

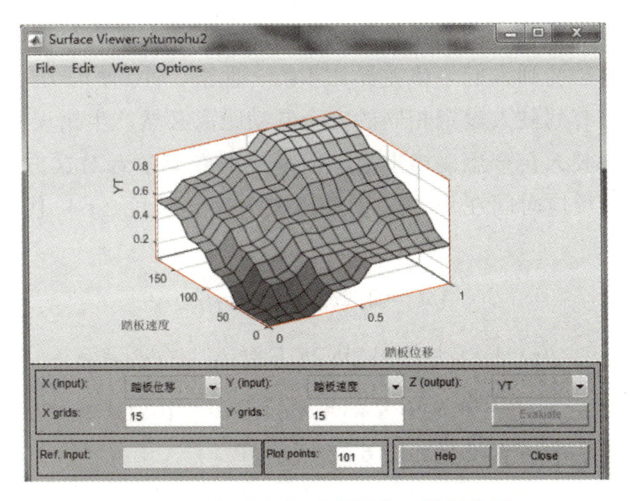

图 6-13　驾驶人制动意图的三维示意图

$$d_{br}=t_2v-0.5(t_2-t_1)^2-\frac{v_2^2}{2a_2}\frac{v_2}{a_2}<t_2 \tag{6-19}$$

式中，v 为自车速度；v_{rel} 为相对车速；v_2 为前方目标车速；a_1、a_2 分别为自车和前方目标的最大减速度；t_1、t_2 分别为系统延迟时间和制动时间。

在式（6-18）和式（6-19）中a_1、a_2 一般取 $7.8\mathrm{m/s^2}$、$t_1=0.5\mathrm{s}$、$t_2=1.5\mathrm{s}$。Honda 安全距离仿真模型如图 6-14 所示。

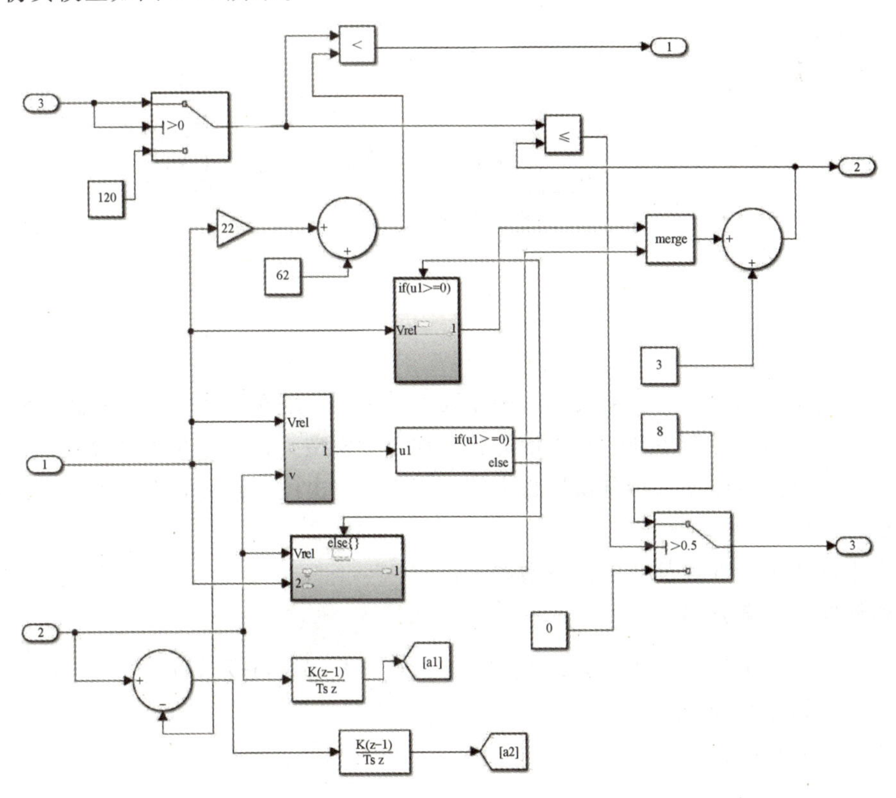

图 6-14　Honda 安全距离仿真模型

然而在驾驶人采取制动之前仍需要一定的反应时间，驾驶人反应时间在计算安全距离时同样至关重要。由于受到人们个体差异如年龄、性格、性别的影响，驾驶人的反应时间也不尽相同，若对所有驾驶人设定相同的安全制动距离必然产生错误制动情况的发生，甚至反应时间较长的驾驶人会产生碰撞事故。但是根据专家学者对这方面的统计研究显示，大部分驾驶人的制动反应时间在 1s 左右。将驾驶人反应时间（t_t）代入到 Honda 算法中，结果如下：

$$d_w = 2.2v_{rel} + 6.2 + v_1 t_t \tag{6-20}$$

$$d_{br} = t_2 v_{rel} + t_1 t_2 a_1 - 0.5a_1 t_1^2 + v_1 t_t (v_2/a_2) \geqslant t_2 \tag{6-21}$$

$$d_{br} = t_2 v - 0.5(t_2 - t_1)^2 - (v_2)^2/(2a_2) + v_1 t_t (v_2/a_2) < t_2 \tag{6-22}$$

优化后 Honda 算法的仿真模型如图 6-15 所示。

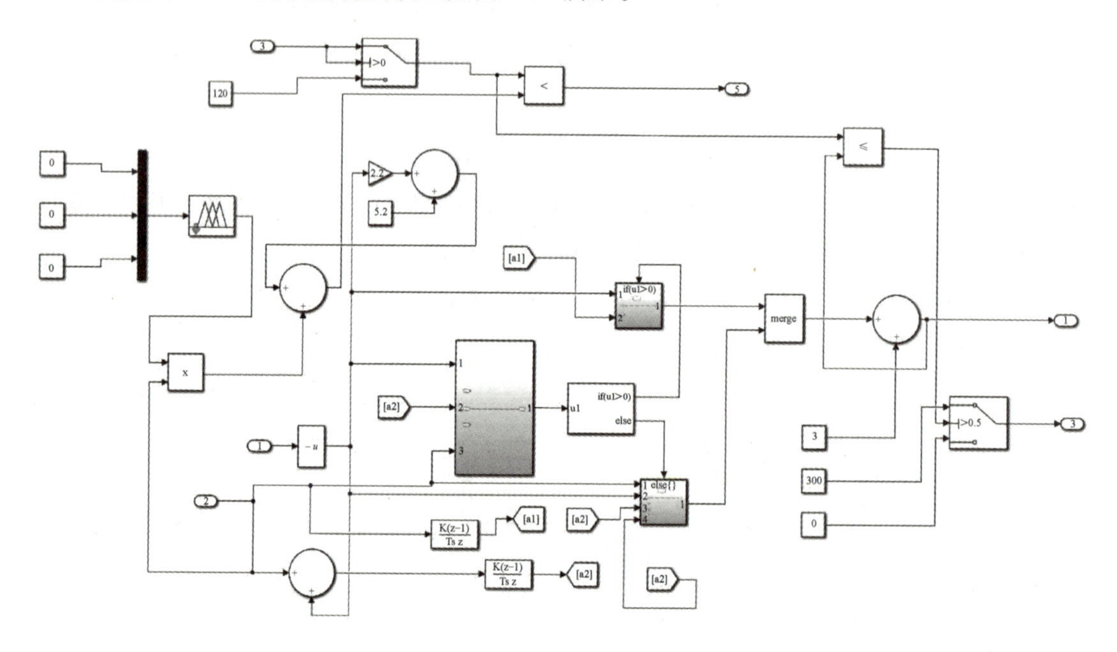

图 6-15　改进后 Honda 模型

建立好安全距离模型后，需要加入整车动力学模型。整车动力学模型是控制系统控制策略的基础。本节中将会搭建七自由度的整车动力学模型，这七个自由度分别为车身纵向自由度、车身侧向自由度、车身横摆自由度、左前轮自由度、左后轮自由度、右前轮自由度、右后轮自由度。

七自由度的平衡方程及其仿真模型如下：

车辆侧向力平衡方程：

$$m(\dot{V}_y + rV_x) = (F_{xfl} + F_{xfr})\sin\delta + (F_{yfl} + F_{yfr})\cos\delta + F_{yrl} + F_{yrr} \tag{6-23}$$

仿真模型如图 6-16 所示。

车辆纵向力平衡方程：

$$m(\dot{V}_x - rV_y) = (F_{xfl} + F_{xfr})\cos\delta - (F_{yfl} + F_{yfr})\sin\delta + F_{xrl} + F_{xrr} \tag{6-24}$$

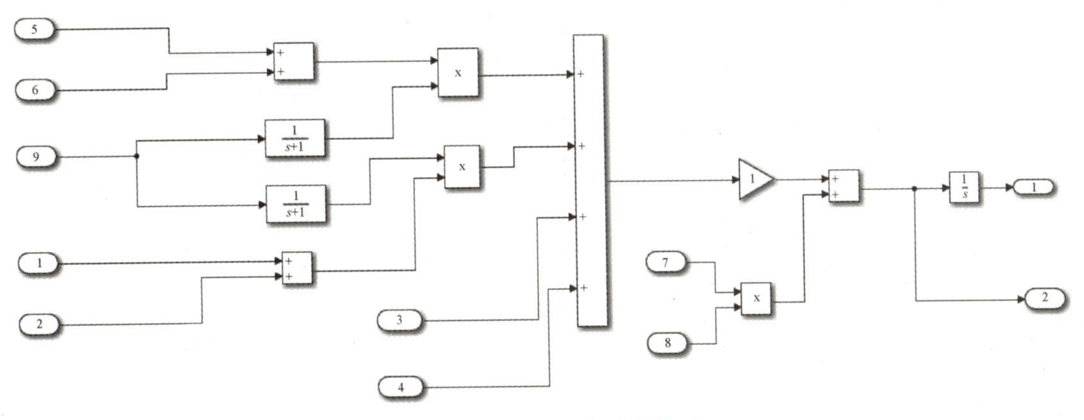

图 6-16　车辆侧向力平衡模型

仿真模型如图 6-17 所示。

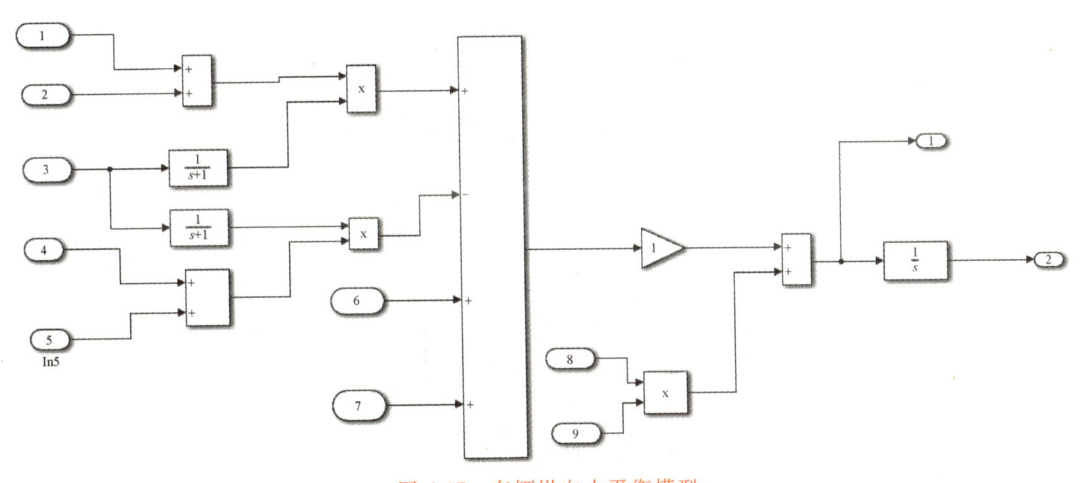

图 6-17　车辆纵向力平衡模型

车辆绕 z 轴力矩平衡方程：

$$I_r\dot{r}=[(F_{xfl}+F_{xfr})\sin\delta+(F_{yfl}+F_{yfr})\cos\delta]a+[(F_{xfl}+F_{xfr})\cos\delta-(F_{yfl}+F_{yfr})\sin\delta]\frac{t_{w1}}{2}+(F_{xrr}-F_{xrl})\frac{t_{w2}}{2}-(F_{yrl}+F_{yrr})b \tag{6-25}$$

仿真模型如图 6-18 所示。

车辆的四车轮力矩平衡方程为

$$I_{tw}\dot{w}_i=-R_wF_{xi}-T_{bi}+T_{di} \tag{6-26}$$

可得车辆轮胎的垂向载荷表达公式为

$$F_{z\_fl}=mg\frac{b}{2l}-m\dot{V}_x\frac{h_g}{2l}-m\dot{V}_y\frac{h_g}{t_{w1}}\frac{b}{l}$$

$$F_{z\_fr}=mg\frac{b}{2l}-m\dot{V}_x\frac{h_g}{2l}+m\dot{V}_y\frac{h_g}{t_{w1}}\frac{b}{l}$$

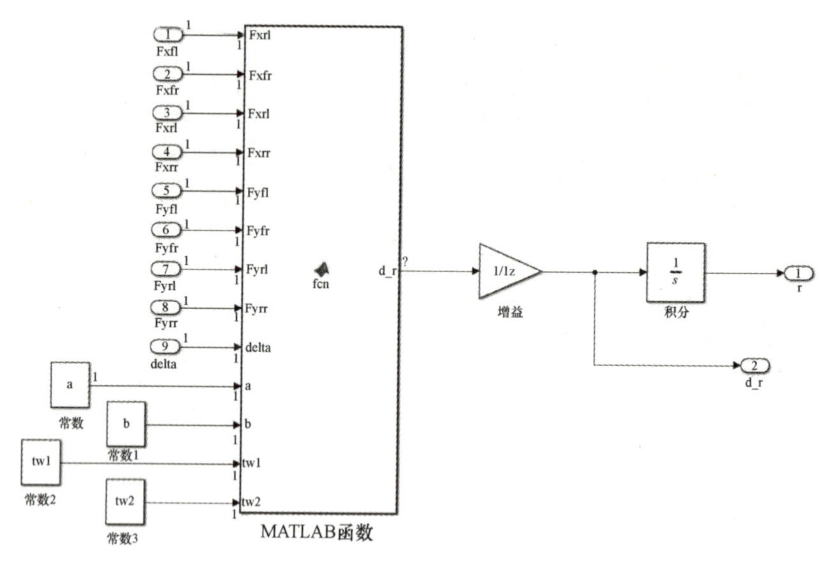

图 6-18 车辆横摆角速度模型

$$F_{z\_rl}=mg\frac{a}{2l}+m\dot{V}_x\frac{h_g}{2l}-m\dot{V}_y\frac{h_g}{t_{w1}}\frac{a}{l}$$

$$F_{z\_rr}=mg\frac{a}{2l}-m\dot{V}_x\frac{h_g}{2l}+m\dot{V}_y\frac{h_g}{t_{w1}}\frac{a}{l} \tag{6-27}$$

四个轮胎的侧偏角表达式为

$$\alpha_{fl}=\delta-\arctan\left(\frac{V_y+ar}{V_x-r\frac{t_{w1}}{2}}\right)$$

$$\alpha_{fr}=\delta-\arctan\left(\frac{V_y+ar}{V_x+r\frac{t_{w1}}{2}}\right)$$

$$\alpha_{rl}=-\arctan\left(\frac{V_y-br}{V_x-r\frac{t_{w2}}{2}}\right)$$

$$\alpha_{rr}=-\arctan\left(\frac{V_y-br}{V_x+r\frac{t_{w2}}{2}}\right) \tag{6-28}$$

在车轮坐标系下，四个轮心的纵向速度表达式为

$$V_{t\_fl}=\left(V_x-\frac{t_{w1}}{2}r\right)\cos\delta+(V_y+ar)\sin\delta$$

$$V_{t\_fr}=\left(V_x+\frac{t_{w1}}{2}r\right)\cos\delta+(V_y+ar)\sin\delta$$

$$V_{t\_rl}=V_x-\frac{t_{w2}}{2}r$$

$$V_{t\_rr}=V_x+\frac{t_{w2}}{2}r \tag{6-29}$$

可得四个车轮滑移率表达式：

$$\lambda_{fl}=\frac{w_{fl}R-V_{t\_fl}}{V_{t\_fl}}$$

$$\lambda_{fr}=\frac{w_{fr}R-V_{t\_fr}}{V_{t\_fr}}$$

$$\lambda_{rl}=\frac{w_{rl}R-V_{t\_rl}}{V_{t\_rl}}$$

$$\lambda_{rr}=\frac{w_{rr}R-V_{t\_rr}}{V_{t\_rr}} \tag{6-30}$$

可以得到车辆轮胎的 Simulink 模型如图 6-19 所示。

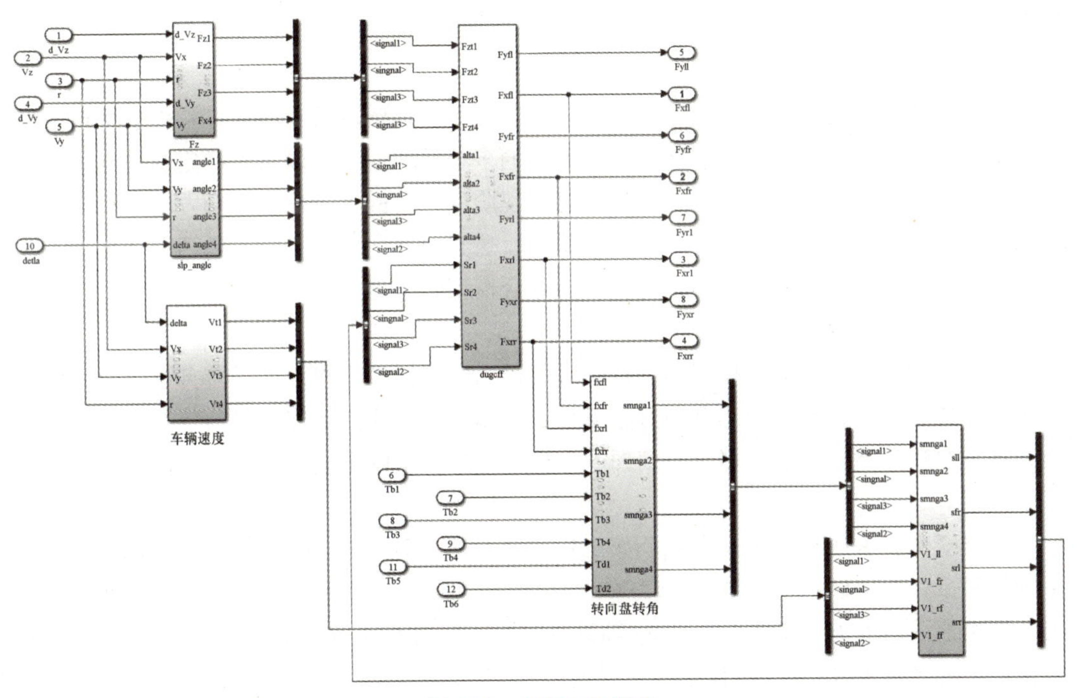

图 6-19　车辆轮胎模型

给七自由度车辆动力学模型一个初始车速，模型的输入为四个制动力矩与两个驱动力矩，调用模型中的车速，计算安全距离模型，得出期望的加速度值，利用自车速度与期望加速度值来计算出期望的驱动力矩与制动力矩，整个系统的 Simulink 模型如图 6-20 所示。

6.2.3　基于多传感器融合的算法与仿真

现阶段自动紧急制动系统更多的是基于毫米波雷达等单一的传感器来获取前方目标信息的，很难满足智能驾驶全天候、多信息、高精度、高鲁棒性的环境感知要求。如何快速、有效、精准地识别车辆前方的障碍物，是进行自动紧急制动系统研究的前提，因此研

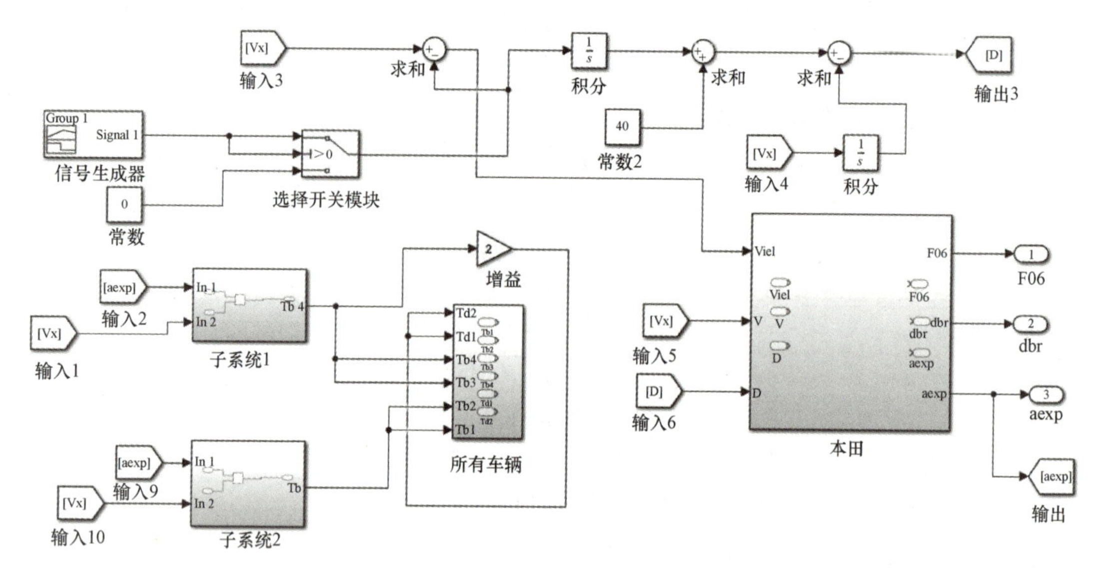

图 6-20　AEB 系统控制算法仿真模型

究学者逐渐探索研究多传感器融合的车辆检测方法。多传感器信息融合是指将多个传感器的信息在同一空间、同一时间或同一个传感器的多个特征信息，以某种确定的规则进行合并和配合，从而获得完整、准确的环境信息。现阶段主要的多传感器融合方法是视觉传感器与毫米波雷达相融合来对前方目标进行检测，这其中最主要的部分就是两个传感器的融合算法。这里主要介绍毫米波雷达与摄像头融合模型的搭建。

1. 毫米波雷达与摄像头空间融合

毫米波雷达与摄像头在检测前方目标时所得到的目标坐标均为传感器自身的坐标系中的坐标。要想实现这两个传感器的数据融合，首先应该对这两个传感器的数据进行坐标转换，将两个传感器检测的数据统一到同一个坐标系中，可以将毫米波雷达坐标系设定为统一坐标系。

根据毫米波雷达和摄像头在试验车上的安装位置，建立如图 6-21 所示的毫米波雷达坐标系和摄像头坐标系。其中 $x_c y_c z_c - O_c$ 为摄像头坐标系，坐标系原点 O_c 为摄像头光心处，距离地面高度 $H = 1255\text{mm}$，$O_c x_c$ 轴垂直车辆的纵向对称面，指向车辆右侧；$O_c z_c$ 轴与摄像头的光轴重合；$O_c y_c$ 位于车辆纵向对称面内且与摄像头的光轴垂直，指向地面。$x_r y_r z_r - O_r$ 为毫米波雷达坐标系，坐标系原点 O_r 为毫米波雷达工作面几何中心，距离地面高度 $H = 487\text{mm}$，距离车辆纵向对称面的距离 $B = 48\text{mm}$，$O_r x_r$ 轴垂直于雷达工作平面，指向车辆前进方向；$O_r y_r$ 轴垂直于车辆纵向对称面，指向车辆左侧；$O_r z_r$ 轴垂直于车辆支撑平面，向上为正。

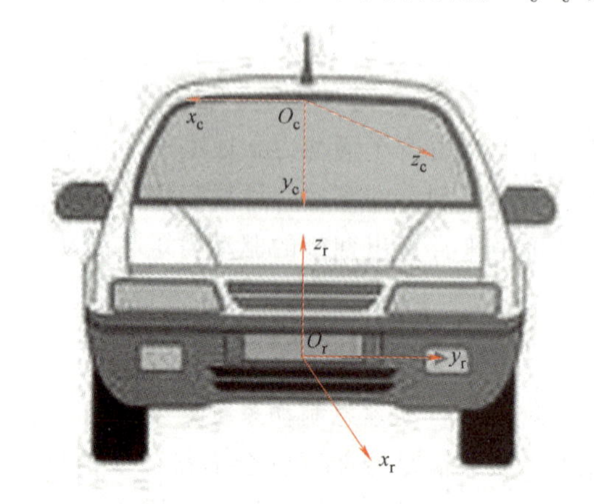

图 6-21　毫米波雷达与摄像头坐标系

根据空间坐标转换理论，可以得到毫米波雷达坐标系与摄像头坐标系之间的转

换关系为

$$\begin{bmatrix} x_c \\ y_c \\ z_c \end{bmatrix} = \begin{bmatrix} 0 & -1 & 0 \\ -\sin\theta & 0 & -\cos\theta \\ \cos\theta & 0 & -\sin\theta \end{bmatrix} \begin{bmatrix} x_r \\ y_r \\ z_r \end{bmatrix} - \begin{bmatrix} 0 & -1 & 0 \\ -\sin\theta & 0 & -\cos\theta \\ \cos\theta & 0 & -\sin\theta \end{bmatrix} \begin{bmatrix} \Delta L \\ B \\ \Delta H \end{bmatrix} \tag{6-31}$$

式中，ΔH 表示摄像头与雷达的竖直安装高度之差；ΔL = 1952mm 表示摄像头与雷达在沿车辆前进方向上安装距离之差的绝对值；$\theta = 4°$ 表示摄像头俯仰角。

对于摄像头而言，其成像原理可简化为图 6-22 所示，$x_c y_c z_c$-O_c 为摄像头坐标系，对应点 P 的坐标为（x_c，y_c，z_c）；$x_p O_p z_p$ 为图像平面坐标系，对应点的坐标 P_p 为（x_p，y_p），uOv 为图像像素坐标系，对应点 P_p 的像素坐标为（u，v）。点 P_p 为 P 点在图像平面的像点。

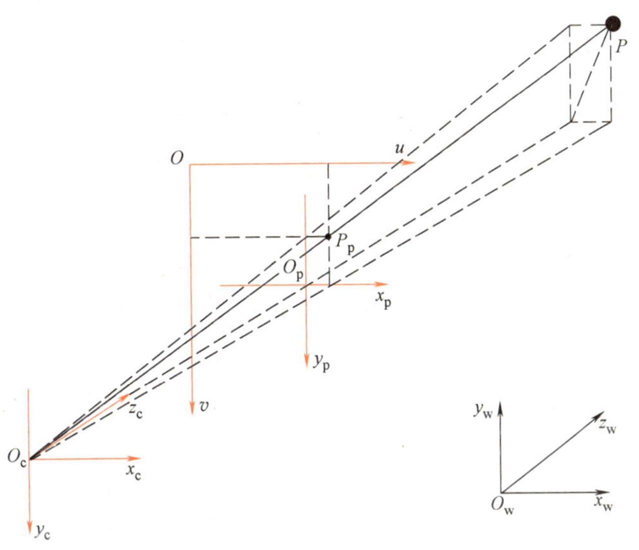

图 6-22 摄像头的成像模型原理简化图

据空间坐标转换关系，可得摄像头坐标系向图像像素坐标系的转换关系为

$$\begin{cases} u = u_0 + f_x \dfrac{x_c}{z_c} \\ v = v_0 + f_y \dfrac{y_c}{z_c} \end{cases} \tag{6-32}$$

根据式（6-31）和式（6-32）可得，毫米波雷达坐标系向图像像素坐标系的转换关系为

$$\begin{cases} u = u_0 + f_x \dfrac{B - y_r}{(\Delta H - z_r)\sin\theta + (\Delta L + x_r)\cos\theta} \\ v = v_0 + f_y \dfrac{(\Delta H - z_r)\cos\theta - (\Delta L + x_r)\sin\theta}{(\Delta H - z_r)\sin\theta + (\Delta L + x_r)\cos\theta} \end{cases} \tag{6-33}$$

由于雷达无法直接测得物体 z_r 的坐标值，且物体的 z_r 坐标只是用来在图像上确定目标车辆可能存在的像素区域。为了尽可能地使车辆尾部图案的几何中心与 ROI（region of interest，感兴趣区域。机器视觉、图像处理中，从被处理的图像以方框、圆、椭圆、不规则多边形等方式勾勒出需要处理的区域，称为感兴趣区域）的几何中心重合，z_r 的取值应尽可能使 Δ 的取值趋于零。

$$\Delta = |z_r + H_r - 0.5h| \tag{6-34}$$

式中，h 为前方车辆的高度；H_r 为毫米波雷达检测中心距地面的高度。

考虑到现实道路交通中主要以轿车和越野车居多，且轿车和越野车的高度大致分布在1.6~2.2m，故取 $h=1.9\text{m}$，则有 $z_r=0.42\text{m}$。

2. 毫米波雷达与摄像头时间融合

为了保证两个传感器能够进行数据融合，还需要解决时间上同步的问题。本节使用毫米波雷达目标的更新频率为17Hz，即采样周期约为58.8ms。但在实际的测试中，毫米波雷达的采样周期为75ms。使用摄像头的帧率为30Hz，即采样周期为33.3ms。为了最大程度上降低融合系统的采样周期，提高系统的实时性，则可以通过利用采样速率较快的传感器来兼容采样速率较慢的传感器进行时间融合。因此本节采取毫米波雷达采样周期作为整个融合系统的采样周期。

接下来就需要对毫米波雷达传感器和摄像头采集到的良好数据进行融合。这就需要对数据进行筛选，由于探测到前车的图形形状为矩形，因此选择矩形为车辆 ROI 形状。根据相关研究发现车辆 ROI 与目标车纵向距离存在如下关系：

$$\begin{cases} B_{\mathrm{ROI}}=f_x\dfrac{3200}{\Delta L+x_r} \\ H_{\mathrm{ROI}}=f_y\dfrac{3000}{\Delta L+x_r} \end{cases} \tag{6-35}$$

式中，B_{ROI}、H_{ROI} 分别为 ROI 的宽度和高度；x_r 为目标的纵向距离。

利用图像识别算法对划定好的目标 ROI 区域进行车辆检测后会得到车辆中心在图像中的像素坐标，此时可以通过图像像素坐标系向毫米波雷达坐标系的坐标变换对目标的位置信息和尺寸信息进行修正。主要包括两个方面：目标信息位置修正、目标信息宽度修正。

本节利用 Carsim 和 Simulink 搭建自动紧急制动系统仿真模型，其中车辆动力学模型为 Carsim 中自带模型，需要在 Simulink 中搭建 AEB 的控制策略，包括制动控制策略和安全距离策略。

（1）制动控制策略 在 AEB 系统工作时需要对动力系统和制动系统进行控制，才能有效地控制车辆进行制动减速。而其中最为重要的是对制动系统的控制，而其中最为常见的是对制动压力进行控制，来达到对车辆进行制动的效果。可以列出车辆运动方程如下：

$$ma_{\mathrm{E}}=F_t-F_b-\sum F(v) \tag{6-36}$$

$$\sum F(v)=\frac{1}{2}C_{\mathrm{D}}A\rho v^2+mgf \tag{6-37}$$

式中，F_t 为车辆的驱动力，在本章节中设置为0；v 为本车车速；$\sum F(v)$ 为汽车所有阻力和；F_b 表示车辆受到的制动力，在 Carsim 中，其可由下式获得

$$F_b=K_bP_b \tag{6-38}$$

式中，K_b 为制动时制动主缸压力；P_b 为制动力与制动主缸压力的比值。联立式（6-36）~式（6-38）可以得到制动时主缸制动压力 P_b 与期望减速度 a_{E} 的表达式：

$$P_b=\left(-ma_{\mathrm{E}}-\frac{1}{2}C_{\mathrm{D}}A\rho v^2-mgf\right)/K_b \tag{6-39}$$

利用 Simulink 搭建制动压力控制模型如图 6-23 所示。

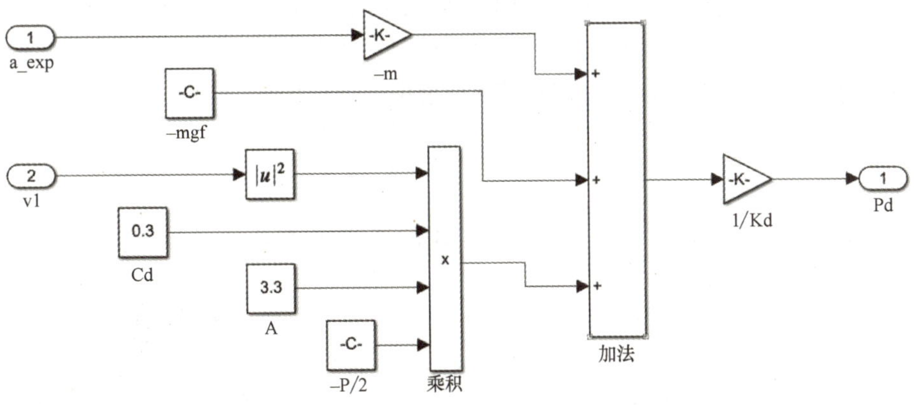

图 6-23 制动压力控制模型

（2）安全距离模型 在本章节采用 TTC 模型进行搭建安全距离模型，时间距离模型更能反映在危机状态下留给驾驶人及制动系统的作用时间，同时 TTC 模型能够符合大部分驾驶人的避撞特性，保证在尽量不干扰驾驶人正常避撞操作的前提下，牺牲一定的避撞效果，是目前汽车厂商及研究机构采用最多的避撞策略。在 6.2.1 节中搭建了基于 TTC 模型的安全距离模型，在这里就不多做赘述，详情请参考 6.2.1 节。

最后将各个模型模块进行整合搭建，得到本节仿真的总体模型，如图 6-24 所示。

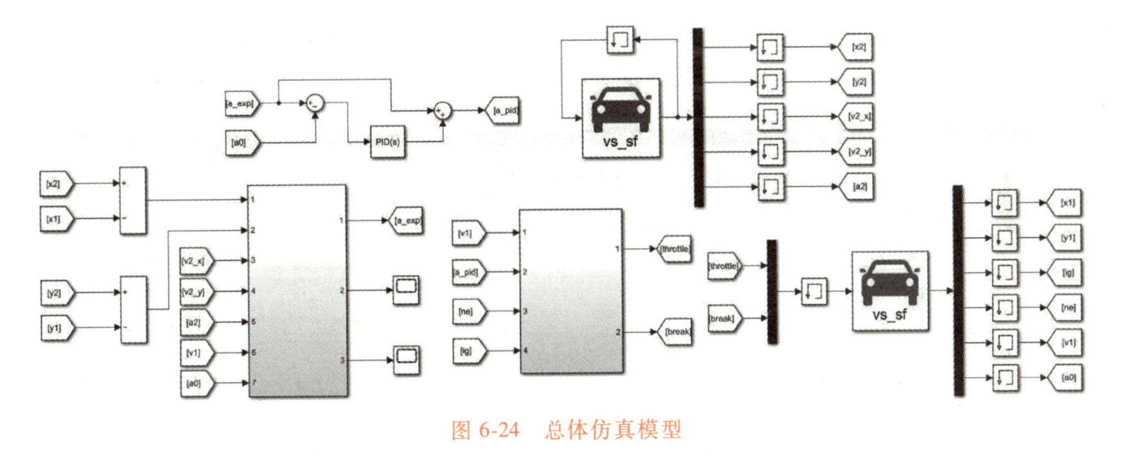

图 6-24 总体仿真模型

6.3 智能小车 AEB 系统实践

6.3.1 开发方法

本书设计的 AEB 系统主要是能够使智能小车在模拟的道路环境中，完成紧急制动和分级制动功能。智能小车 AEB 系统主要由三个部分组成，即感知装置、控制装置和执行装置。感知装置所选用的传感器为超声波传感器，控制模块则是利用 MATLAB/Simulink 软件建立 AEB 仿真控制算法距离模型，通过距离来进行简单的判断，而执行机构则是通过控制电机的转动来实现制动。

在建立好 AEB 系统总体架构的基础上，使用树莓派与智能小车进行有线连接，通过树莓派来对小车进行控制，然后使计算机端与树莓派进行无线连接，最后在 Simulink 软件中运行距离模型，观察智能小车在模拟道路环境中的运行状态。

6.3.2 建模与分析

智能小车在 MATLAB/Simulink 软件中搭建的 AEB 模型主要包括感知模块、控制模块、执行模块三个部分。

1. 感知模块

本次使用 Y401 型号超声波传感器进行测距。该传感器有 5 个触角，分别是 GND（公共地）、Vcc（电源端）、Trig（控制端）、Echo（接收端）以及 OUT（开关量输出端），如图 6-25 所示，每个触角控制不同的信号。

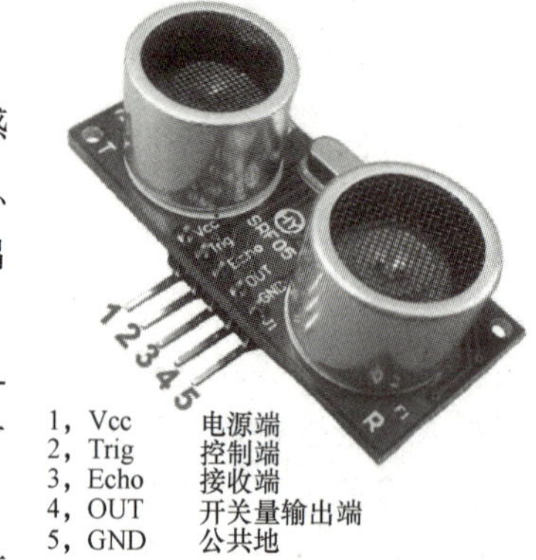

图 6-25　Y401 超声波传感器

打开 MATLAB 软件（MATLAB2021a 版本）里的 Simulink 工作界面，如图 6-26 所示。在此环境基础下，就可以进行超声波模块的搭建。

搭建超声波传感器时，需要调用“Pulse Generator”模块、“GPIO Write/Read”模块、“Integrator”模块、“Gain”模块、“Data Type Conversion”模块等，主要作用是对超声波接收到的数据信号进行处理，转换成能够识别的信号。具体的搭建模块方式可参考图 6-27。

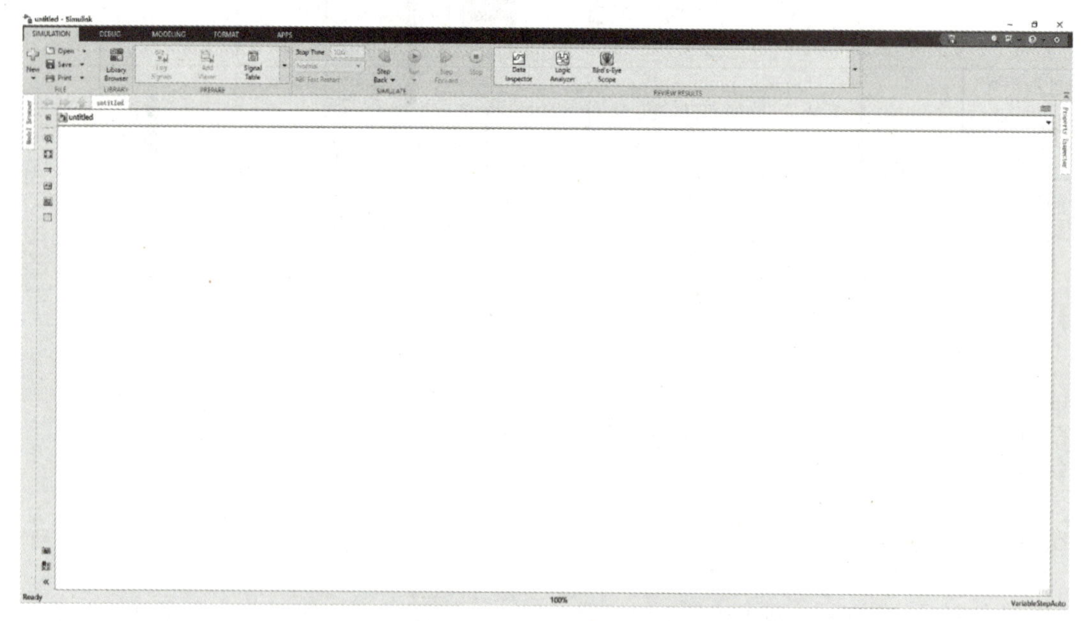

图 6-26　Simulink 操作界面

如图 6-27 所示，模块 1 中“Pulse Generator”模块会每隔一定时间产生方波脉冲信号，使树莓派的 GPIO 端口 Trig 触发测距信号，检测本车与前方障碍物的距离，其中触发信号最少为 10μs 的高电平信号；模块 2 自动发送 8 个 40kHz 的方波，自动检测是否有信

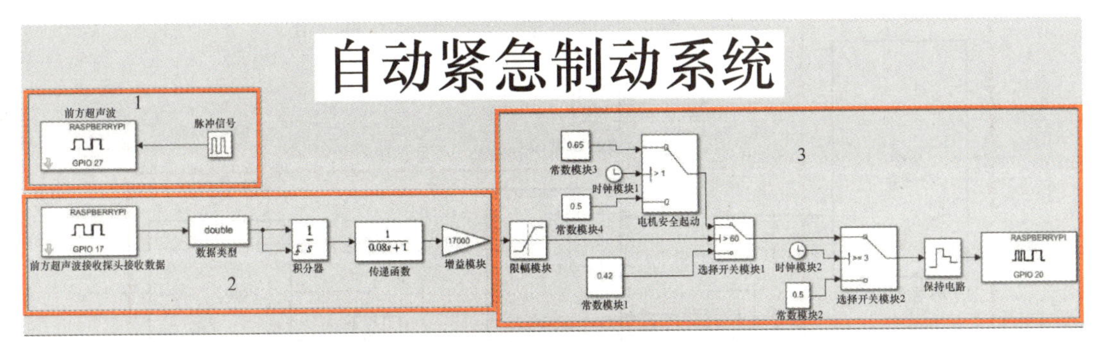

图 6-27 超声波传感器模块

号返回，若超声波接收器接收到信号，GPIO 端口持续输出一个高电平，通过“Data Type Conversion”模块进行数据转换，“Integrator”模块对连续时间进行积分，将超声波接收器接收的信号转化为从超声波发射到返回所经历的时间信号；模块 3 是控制电机安全起动的驱动模块，这里的安全起动速度设置为 0.5，经过“Switch”模块选择，检测到 60cm 内有障碍物后小车会紧急制动。

在实验沙盘中放置两个小车，小车的距离为 60cm，如图 6-28 所示，实践测 60cm 距离结果如图 6-29 所示。

图 6-28 测试距离小车

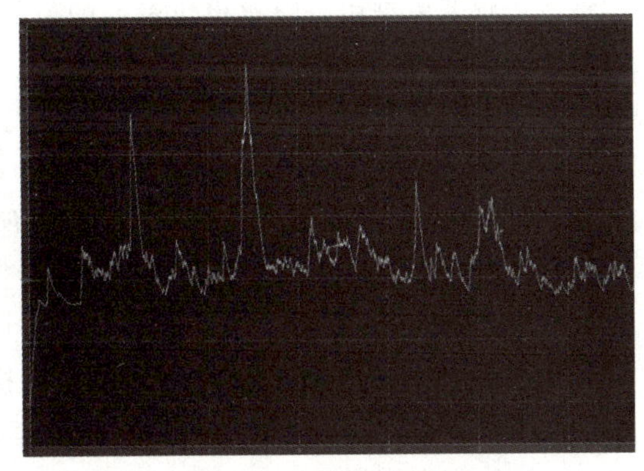

图 6-29 测距模块结果

2. 控制模块

对于本次实践使用的是距离控制模型，实现 AEB 系统在模拟道路环境中的两个功能，一是对于“鬼探头”的紧急制动，二是对于障碍物实现分级制动。

（1）“鬼探头”紧急制动模块 “鬼探头”就是指车辆在路上正常行驶的时候，因为左右两边的障碍物产生了盲区，而在盲区后有人或者车辆突然横穿马路，这时驾驶人来不及紧急制动，就需要辅助安全来进行介入。对于这个模块的搭建方法，与搭建超声波传感器的方法一样，在 Simulink 里进行搭建。在这个模块，主要采用了 MATLAB 函数模块、选择判断模块、常数模块，具体搭建模型可参考图 6-30。

其中 MATLAB 函数模块是一个支持使用 M 语言编写的模块，打开此模块可在里面进行对制动距离算法的编写，具体如图 6-31 所示。function[y,k1]=fcn (u) 为定义函数表

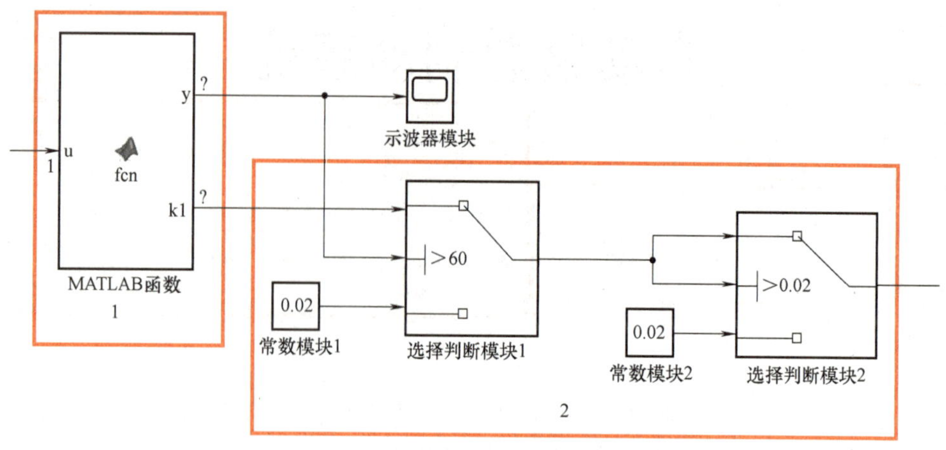

图 6-30 “鬼探头”紧急制动模块

达式，字母 u 代表超声波传感器测出的本车与前方障碍物的距离，字母 k1 代表电机的转动速度。

```
function [y, k1] = fcn(u)
k1=0;
if u>=60
    k1=0.07;
elseif u>20&&u<60
        k1=0.02;
end
y = u;
```

图 6-31 function 模块的距离逻辑

通过 if 和 elseif 语句建立逻辑关系，根据如图 6-31 所示的逻辑关系，可解释为：当本车与前方障碍物的距离保持在大于 80cm 时，u 只能输出 80，其原因是在超声波传感器模型中，限幅模块对 u 的值进行了控制输出。当本车与前方障碍物的距离保持在大于 60cm 时，此时电机的转速正常，小车保持正常行驶；当本车与前方障碍物的距离保持在大于 20cm、小于 60cm 时，u 值的输出与小车及前方障碍物的距离保持一致，此时电机的转速急剧降低至近似为零，其目的是实现小车的紧急制动；除此，当本车与前方障碍物的距离保持在小于 20cm 时，电机转速为零，小车停止行驶。

在这个部分中，通过选择判断模块进行执行判断，可根据判断条件选择多个输入端口中的某个进行输出。因为在 MATLAB 函数模块中已经对本车与前方障碍物的距离进行了规定，当汽车在模拟环境中行驶时，超声波传感器会实时传送本车与前方障碍物距离的数据，然后经过 MATLAB 函数模块里的条件，输出的距离大小会经过选择判断模块的选择，然后再输出在对应距离下的电机转速。

（2）障碍物分级制动模块 分级制动就是指当智能小车在正常行驶时，AEB 系统检测到智能小车前方存在障碍物有碰撞危险时，通过电机进行自动制动来避免碰撞。对于智能小车分级制动的距离模型搭建如图 6-32 所示。在此模型中，主要采用了 MATLAB 函数模块，打开 MATLAB 函数模块后，即可编辑智能小车分级制动过程中的逻辑语句，具体如图 6-33 所示。

其中的工作原理具体如下：

function k = fcn（u）为定义函数表达式，字母 u 代表超声波传感器测出的本车与前方障碍物的距离，字母 k 代表电机的转动速度。当本车与前方障碍物的距离保持在大于 100cm 时，u 只能输出 100，其原因是在超声波传感器模型中，限幅模块对 u 的值进行了

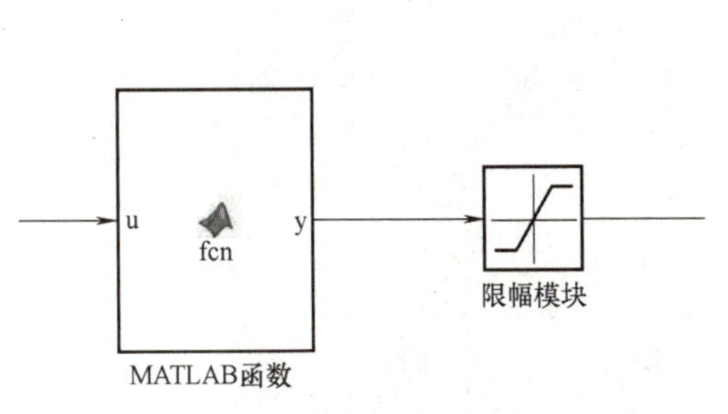

图 6-32　分级制动距离模型

```
function k = fcn(u)
k=0;
if u>=90
    k=0.1;
elseif (90>u)&&(u>=60)
    k=0.06;
elseif (60>u)&&(u>=30)
    k=0.02;
end
```

图 6-33　function 模块的距离逻辑

控制输出。当本车与前方障碍物的距离保持在大于 90cm 时，此时电机的转速正常，小车保持正常行驶；当本车与前方障碍物的距离保持在大于 60cm、小于 90cm 时，u 值的输出与小车及前方障碍物的距离保持一致，此时电机转速降低使车辆速度减慢，本次设计参考值为 k=0.06；当本车与前方障碍物的距离保持在大于 30cm、小于 60cm 时，电机转速再次降低使车辆速度近似为零，本次设计参考值为 k=0.02；当本车与前方障碍物的距离保持在小于 30cm 时，电机转速为零，小车停止行驶。

3. 执行模块

智能小车 AEB 系统的执行模块是其驱动电机，本次使用的电机型号为 Quicruy-3650SD-21.5T 电机。电机驱动模块有三个最基本的接口，分别是控制信号接口、电源接口和电机接口，分别连接着树莓派、电源和电机。在电机 PWM 模块搭建中，主要使用了选择判断模块、零阶保持器模块、常数模块、“PWM”模块和 GPIO 写入模块。搭建方法与前面模块一样，在 Simulink 中对电机进行建模，具体模型可参考图 6-34。

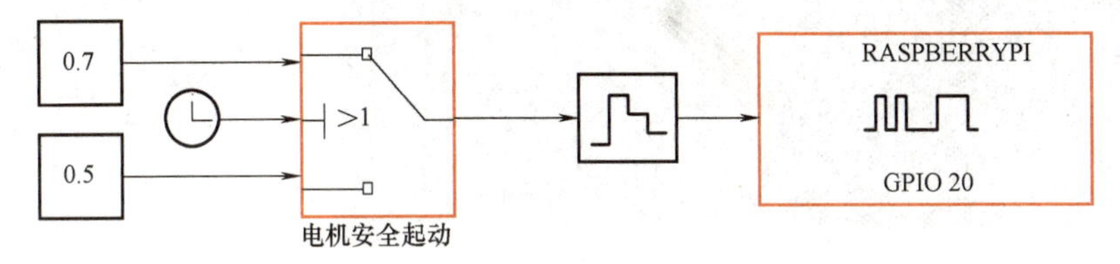

图 6-34　电机模型

图 6-34 为电机模型，这里采用了电机的安全起动模式，设置 0.5 为静止速度，具体速度可以根据不同需求进行选择。

其中的工作原理具体如下：

1）实现对电机转速大小的控制，其中零阶保持器模块是使输入的信号更加稳定。

2）实现对电机正转、反转和停止的控制。在模块搭建中，通过使用常数模块控制电机的转向。

6.3.3　功能测试实践

1. 模拟沙盘

为建立测试环境，可以参考图 6-35 搭建一个交通沙盘，用于模拟测试场景，其中右侧深色的柱体代表道路的障碍物，小人代表行人（紧急障碍物）。

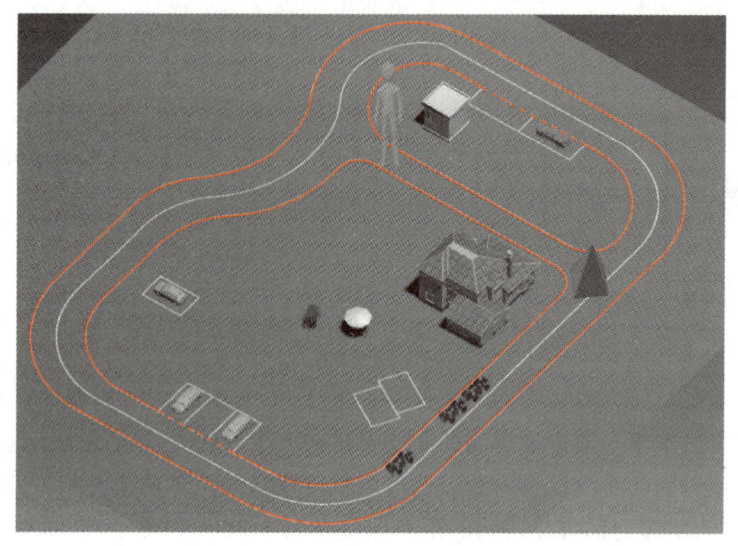

图 6-35　道路环境模拟图

2. 硬件搭建

测试智能小车之前，需要做好相应设备的连接，主要有三个：智能小车、树莓派、PC 端上的 Simulink 模型。设备示意图如图 6-36 所示。

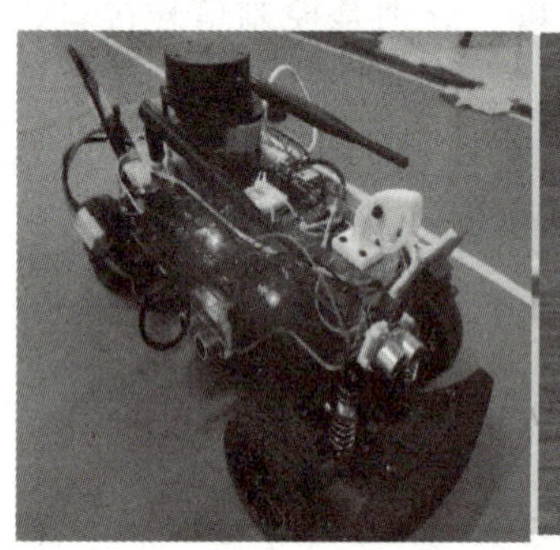
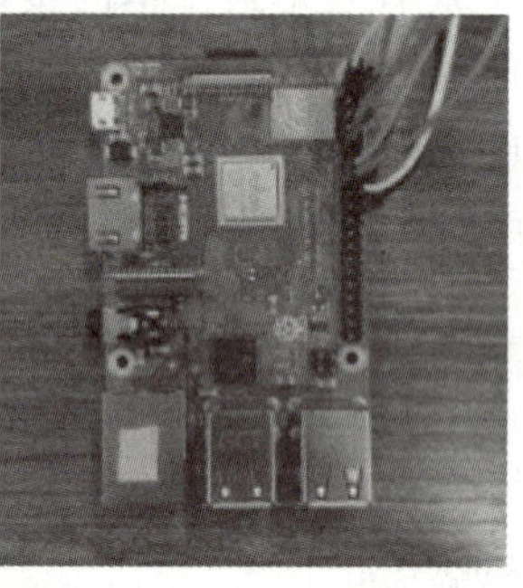

图 6-36　设备示意图

首先在计算机上对树莓派进行系统安装，设置好相应的用户名和连接密码，找到正确的 IP 地址；在 Simulink 软件中，单击“Configuration Parameters”进行对树莓派的设置；确保计算机和树莓派连接在同一个网络账号中，然后打开 MATLAB 面板，输入“! ping (树莓派的 IP 地址)”，保证智能小车、树莓派、PC 端相互连接；将小车放在事先设计的沙盘模型（自建）中模拟交通场景。在 Simulink 模型中，单击“Run”按钮就可以开始测试了。

3. “鬼探头”紧急制动测试

首先在 Simulink 中完成对超声波传感器、障碍物紧急制动模块和电机 PWM 模块的搭建。再把几个模型块连接在一起，就完整构成了智能小车“鬼探头”紧急制动的模型，如图 6-37 所示。

在本模型实验中，设置的场景如图 6-35 所示。本次对智能小车 AEB 系统的测试方案

自动紧急制动系统

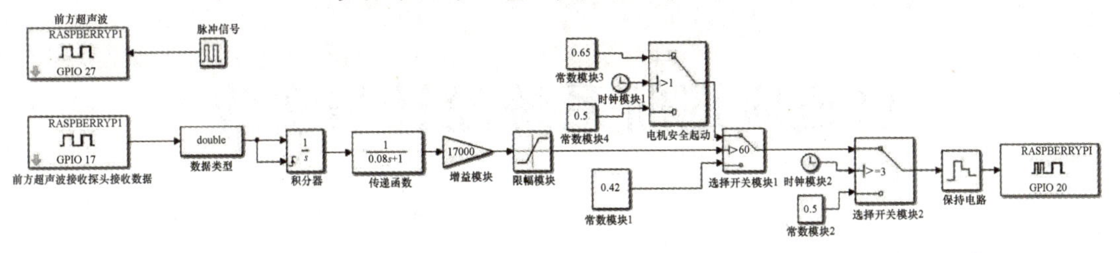

图 6-37 “鬼探头”紧急制动模型

是让智能小车在行驶的过程中遇到突然出现的小人（紧急障碍物）后紧急制动。根据距离模型设计，当智能小车与小人（紧急障碍物）的距离大于60cm时，系统不会触发AEB系统工作；而当距离小于60cm时，系统就会触发AEB系统工作，进行紧急的制动，防止智能小车撞上行人，避免意外事故的发生。

第7章

自适应巡航系统设计与实践

7.1 自适应巡航系统简介

7.1.1 组成及原理

自适应巡航（adaptive cruise control，ACC）系统是一种根据交通条件来控制车辆速度的方法，是在传统的定速巡航控制（cruise control，CC）系统的基础之上发展而来的，是先进驾驶辅助系统的重要组成部分之一。自适应巡航系统能够接管驾驶过程中的部分操纵任务，减轻驾驶人驾驶疲劳，减少交通事故的发生，提高汽车的安全性。ACC 主要包含定速巡航与自适应巡航两种工作模式，如图 7-1 所示，当主车前方同车道内不存在行车目标时，系统将执行定速巡航模式；当主车前方同车道内存在行车目标时，系统将执行自适应巡航模式。

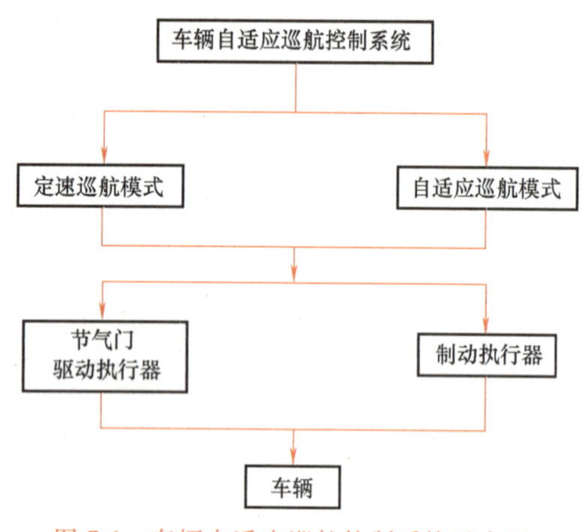

图 7-1 车辆自适应巡航控制系统示意图

在定速巡航模式下，驾驶人可根据当前的行车环境及个人的驾驶习惯设定主车的行车速度，车辆将通过控制节气门开度及制动压力使车辆以驾驶人设定的速度进行巡航行驶；在自适应巡航模式下，驾驶人可根据当前的行车环境及个人的驾驶习惯设定主车的行车速度及与前方目标车辆的安全车距，车辆通过控制节气门开度及制动压力使车辆在与前方目标车辆保证安全车距的前提下以预设的车速进行跟车行驶。

在整个控制系统中主要包括感知层、决策层、控制层（执行层）与人机交互层四大部分。目前车辆 ACC 系统的架构已经趋于标准化和规范化，其通常是由信号采集单元（感知层）、信号控制单元（决策层）、执行单元（执行层）与人机交互界面四个方面组成，如图 7-2 所示。信号采集单元主要用于

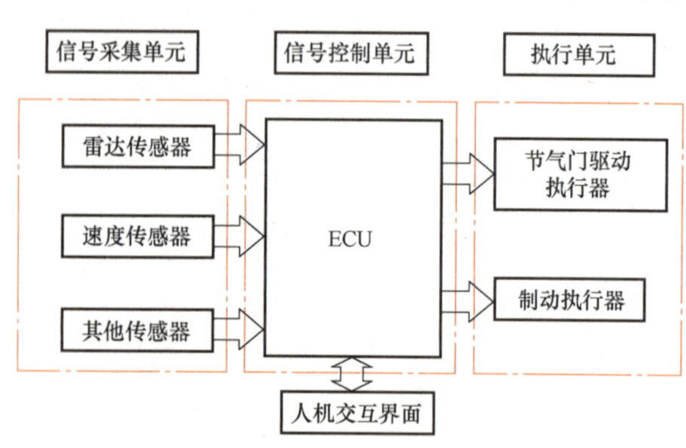

图 7-2 车辆自适应巡航控制系统原理框架图

检测本车状态及周围行车环境等信息，如车间距离、相对速度等；信号控制单元主要是根据车辆传感器的相关数据与控制策略模型计算出本车所需加速度大小，并且将加速度数值转化为车辆节气门开度与制动力模拟量的大小，最后将控制命令输出给加速与制动执行机构的控制单元；执行单元主要是根据决策层输入的相关命令控制节气门与制动执行机构动作，以实现车辆的实时控制；人机交互界面主要用于驾驶人对 ACC 系统的功能选择及参数设定。

7.1.2 设计要求

1. 基本设计要求

1）系统激活时，车速可以自动控制在与前车保持设定距离或保持设定速度（以速度更低的为目标）。两种控制模式的切换由系统自动完成。

2）稳定状态下的车距可以由系统自动调整，也可以由驾驶人调整。

3）如果前方不止一辆车，系统必须自动选择跟踪目标。

4）停车后，系统必须在 3s 内将状态从跟踪控制切换到保持状态。

5）在保持状态时，自动制动控制必须启动，使车辆保持静止。

2. 不同工况要求

（1）巡航工况

1）定速控制兼顾舒适，纵向冲击和速度浮动小。

2）系统能够主动制动，以防出现低速目标和坡道。

（2）跟随工况

1）自车相对前车的速度控制要有迟滞，以防跟随前车时车速波动。

2）前车切入导致超过设定时间间隔时要渐进减速，尽量与驾驶人的行为保持一致。

3）控制的车辆动力特性与驾驶人期望一致。

4）跟随其他 ACC 车辆时，要保持稳定性。

5）要有足够的加速能力。

6）能够在绝大多数工况中减速。

7）切入/切出工况中要能主动地识别目标。

（3）靠近工况

1）低速靠近时，快速进行速度控制，以达到目标跟车距离。

2）快速靠近时，预测减速过程以便判断是否要驾驶人干预。

3）当与前车的距离小于理想距离时，减速要符合驾驶人期望。

（4）停止工况

1）控制适当的跟车距离（2~5m）。

2）制动系统能提供更大的制动力和耐用性。

3）系统失效时由停止状态切换到保持状态。

3. 系统功能边界

1）最低的设定车速为 7m/s。

2）设定时间间隔不能低于 1s。

3）驾驶人动作的优先级最高。

4）由驾驶人来设定需要的车速和时间间隔。

5）当系统失效，尤其是在驾驶过程中，纵向控制交由驾驶人处理。

6）速度低于 5m/s 时，控制加速度在 $a_{min}=-5m/s^2$ 到 $a_{max}=4m/s^2$，冲击小于 $5m/s^3$。

7）速度超过 20m/s 时，控制加速度在 $a_{min}=-3.5m/s^2$ 到 $a_{max}=2.5m/s^2$，冲击小于 $2.5m/s^3$。

8）速度处于 5~20m/s 时，控制加速度在 $a_{min}=-5.5+(v/10)m/s^2$ 到 $a_{max}=4.67-(2v/15)m/s^2$，冲击小于 $5.83-(v/6)m/s^3$。

7.1.3 功能要求

1. 基础功能要求

（1）启动与取消功能 在行车途中，驾驶人可根据车辆实时行车状况与环境通过操纵拨杆相关操作适时启动 ACC 系统。在 ACC 系统运行的过程中，当驾驶人按下取消按钮或踩下制动踏板时，汽车会立即退出巡航状态，此时驾驶人方可接管对车辆的操纵权。

（2）车速车距设定功能 驾驶人可根据自己的行车习惯设定 ACC 系统的巡航速度和安全车距，ACC 系统将根据驾驶人设定的参数自主决策并控制车辆的纵向运动，按照驾驶人期望的车速与安全车距巡航行驶。

2. 辅助功能要求

（1）制动预警 当前方目标车辆突然制动或者本车以较高车速接近前方的目标车辆时，ACC 系统可根据本车与前方目标的间距对危险程度进行分析，根据距离的大小进行预警和制动警告，以此来避免发生交通事故，提高汽车的安全性。

（2）走停控制 为了适应交通堵塞、城市行驶等多种复杂工况，避免传统的 ACC 系统只适用于较高车速行驶工况的局限性。将 ACC 系统的行驶速域扩展到 0~120km/h，增设自动停止和行驶的功能。可以解决在堵车、车流较大状况下驾驶人需要频繁启动和关闭 ACC 系统的问题，使得 ACC 系统的功能性和便利性都得到提升。

（3）起步监控 起步监控主要应用于 ACC 系统启动前，通过车载雷达、摄像头等检测车辆周围环境并评估是否适合启动 ACC 系统。避免在危险工况下启动 ACC 系统，可以提高 ACC 系统的安全性。

同时在设计时要尽可能实现对车速的平顺控制，提高乘坐舒适性和满足燃油经济性的要求，也要尽可能避免如下问题：当本车与目标车辆的安全车距设定较大时，易于被其他车辆加塞；系统在突发情况及复杂的交通环境下很难达到精确控制；雷达对特殊尺寸车辆识别度较低，难以保证车辆的安全等。

7.1.4 开发流程

类似汽车电控系统的开发流程，为了在保证功能可靠性的前提下尽量缩短开发流程各个环节的周期，降低开发成本，通常采用基于 V 流程的开发方式，如图 7-3 所示。这样能

实现对各种方案的快速验证，及时发现整车控制策略中存在的问题，根据问题研究出相应的解决方案且做进一步的验证，通过反复验证之后最终形成一个合适的控制策略。

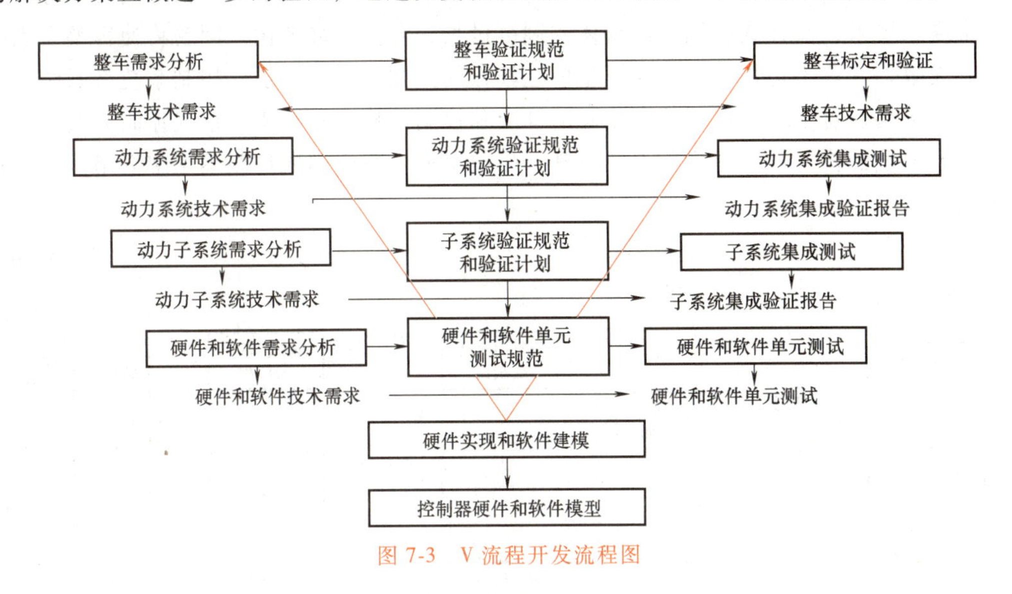

图 7-3 V 流程开发流程图

1）首先进行需求分析，通过调研确定需要实现的功能，同时在进行需求分析时即可确定进行测试的目标。

2）根据功能需求进行系统设计和各子系统设计，主要包括策略研究、各子系统仿真模型的建立，并针对不同的设计阶段采用不同的测试进行验证，若某一步的测试出现问题则可查找对应左侧部分进行功能优化，亦可进行纵向问题查找。在这个过程中利用 MATLAB/Simulink 建立整车控制策略模型。

3）之后进行代码生成与集成，在模型中根据控制策略对输入信号进行一系列的算法处理，进行离线仿真，获得正确可用的控制策略。

4）为了进一步验证控制策略模型，需要进行硬件在环仿真测试，在整车环境下进行硬件在环测试，通过测试进一步改进优化策略模型。

5）最后进行实车测试，具体评价方法与评价可参考 i-Vista 测试规程。

7.2 ACC 系统算法及仿真

7.2.1 控制方法

车辆自适应巡航控制系统有直接式和分层式控制两种方式。直接式控制方法是通过传感器采集到数据，如车速和车距等信息，处理加工后输出为对加速和制动的控制量，即对底层执行器的直接式控制方法；分层式控制方法是由上层控制器和下层控制器两部分组成，如图 7-4 所示。上层控制器通过传感器采集车速、车距信息，按照搭建的控制策略与控制算法在处理计算后得到期望加速度，并将期望车速数据传送至下层控制器。而下层控制器往往是一个汽车动力学的逆模型，以上层控制器的输出，即期望加速度值为输入，从而计算得到节气门开度或制动压力信号，最终形成对主车期望加速度的闭环控制。

由于汽车是一个非线性很强的系统，其对控制系统的鲁棒性、时效性与精确性等均具有非常高的要求。直接式控制方法整体控制链过长，若某一环节出现问题将使得整个系统的控制失效，其并不适用于汽车这样整体性较强的控制系统；分层式控制系统将系统分为多层控制结构，每个控制层可采用不同的算法和控制策略，相对于直接式控制方法控制链较短，且系统的稳定性等得到极大的提升。目前车辆自适应巡航控制系统多采用分层式控制方法。

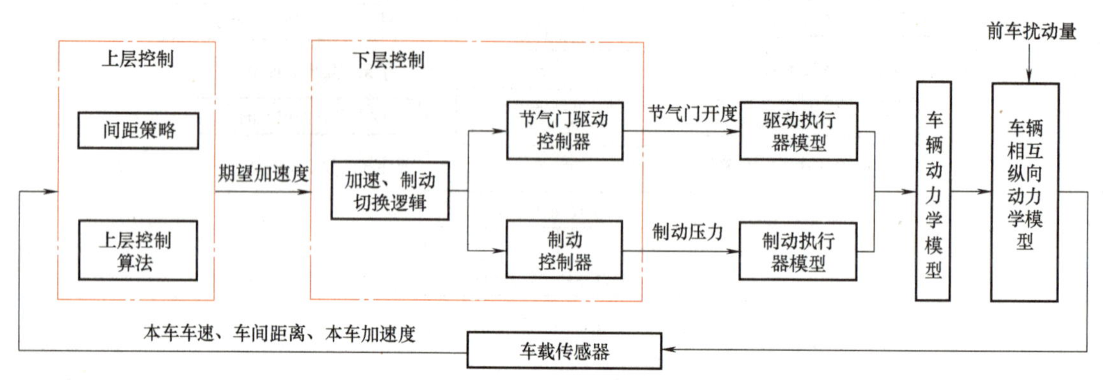

图 7-4　车辆自适应巡航控制系统分层式架构

7.2.2　控制策略

1. 模式控制策略

车辆自适应巡航控制系统工作模式分为定速巡航模式和自适应巡航模式，系统应能自动根据行驶路况，选择合适的功能模式，以保证行车安全。在定速巡航模式下一般采用速度控制策略，即控制车辆以一个稳定的速度行驶；在自适应巡航模式下采用间距策略，即控制车辆在行驶过程中与前车保持稳定的安全车距。设定的控制策略如下：

1）汽车正常行驶时，若没有检测到目标车辆，则使用定速巡航模式，以设定车速匀速行驶。若雷达检测到目标车辆，则进行下一步判断。

2）雷达发现目标车辆后，将目标车辆的车速和相对车距信号反馈给主车，若目标车辆车速大于或等于主车设定车速，则进入或保持定速巡航模式。如目标车辆车速小于主车设定车速，则结合安全车距，控制主车车速并进入跟车模式。

3）雷达探测到目标车辆驶离后，若无新的目标车辆出现，则切换到定速巡航模式。若目标车辆驶离后出现新的目标车辆，则重新判断新目标车辆的车速和相对距离，来选择使用跟车模式或定速巡航模式。

4）系统应遵循驾驶人优先的原则，若出现驾驶人进行主动干预的情况，则应立刻退出 ACC 系统，等待激活指令。

2. 速度控制策略

在对车速进行主动控制时，通常使用不同的间距策略，根据相对车速和车距进行判断。间距策略大体上可以归结为两类：固定间距策略和可变间距策略。固定间距策略即无

论车辆当前所处的行驶环境如何，本车与前车始终保持一个恒定的车间距，这种车间距策略的优点就是计算量少、结构简单，但由于道路环境的复杂多变，这种策略往往无法平衡行驶过程中的多目标要求，对道路的适应性比较差。可变间距策略即可以根据当前的行车环境，控制本车与前车保持稳定的安全车距，该控制策略适用于复杂多变的交通环境。

可变间距策略是基于车头时距（车头时距是指在同一车道上行驶的车辆队列中，两连续车辆车头端部通过某一断面的时间间隔，如图 7-5 所示）的控制策略，包含恒定车头时距和可变车头时距。恒定车头时距（constant time headway，CTH）策略认为车头时距是固定值，也就是说期望的两车间距与本车速度成正比，本车速度越大期望的两车间距也就越大，因为本车速度越大需要的制动距离也就越长；可变车头时距（variable time headway，VTH）策略认为车头时距不再是恒定不变的，而是随着周围行驶环境的改变不断发生变化。目前 ACC 系统中多采用可变车头时距策略。

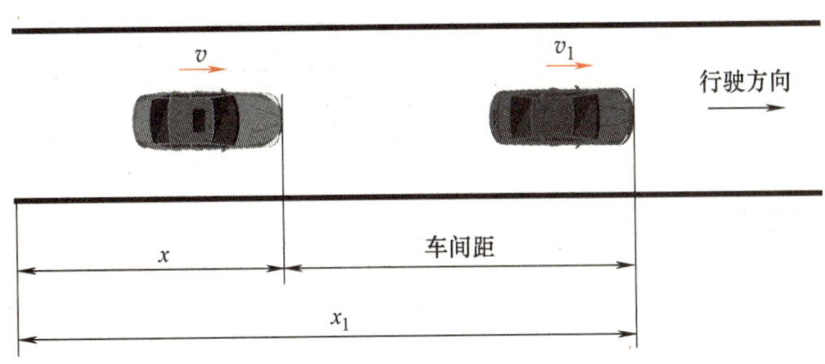

图 7-5 车头时距示意图

7.2.3 控制算法

1. 自适应巡航系统的控制算法

车辆自适应巡航控制系统分为上层控制与下层控制两大部分，通常上层控制包括巡航模式算法和跟车模式算法，下层控制则包含了驱动和制动控制等。其中上层控制相对于下层控制较为复杂，需要同时兼顾车辆安全性、舒适性、燃油经济性与时效性等要求。

目前，常用的上层控制算法有模糊控制、人工神经网络控制与模型预测控制算法等，常用的下层控制算法有 PID、模糊 PID、前馈补偿式 PID 等。其中模糊 PID、前馈补偿式 PID 等是在 PID 与模糊控制算法的基础之上衍生而成的，而人工神经网络算法较为复杂，计算量较大，控制过程的实时性较难保证。因此，本节将着重介绍 PID 控制、模糊控制与模型预测控制算法的基本内容与原理。

2. PID 控制算法

PID（proportional-integral-derivative）控制器，即比例积分微分控制器，是一个在工业控制应用中使用最为广泛的反馈回路控制系统之一，由比例单元 P、积分单元 I 和微分单元 D 组成。PID 控制的优点：原理简单，使用方便，适应性强，鲁棒性强，其控制品质对被控对象的变化不太敏感，非常适用于环境恶劣的工业生产现场，该方法最大的缺点是调参复杂且不适用于较为复杂的对象。

PID 控制器的原理如图 7-6 所示。

其数学表达式如下：

$$u(t)=k_p\left[e(t)+\frac{1}{T_i}\int_0^t e(\tau)\mathrm{d}\tau+T_d\frac{\mathrm{d}e(t)}{\mathrm{d}t}\right] \tag{7-1}$$

式中，$e(t)$ 为系统的偏差量；k_p 为比例系数；T_i 为积分时间常数；T_d 为微分时间常数。

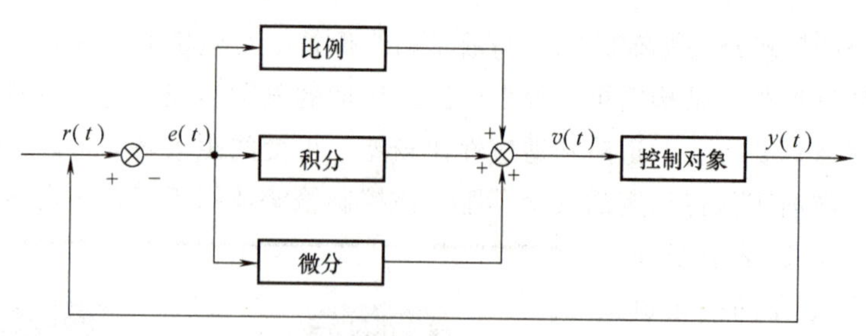

图 7-6　PID 控制算法原理

经变形可得

$$u(t)=k_p e(t)+k_i\int_0^t e(\tau)\mathrm{d}\tau+k_d\frac{\mathrm{d}e(t)}{\mathrm{d}t} \tag{7-2}$$

式中，k_p 为比例系数；$k_i=k_p/T_i$ 为积分系数；$k_d=T_d\,k_p$ 为微分系数。

其中 PID 控制器的系统偏差 $e(t)$= 期望车速 v_d-实际车速 v_r。

3. 模糊控制算法

模糊控制是以模糊集合理论、模糊语言及模糊逻辑为基础的控制，它是模糊数学在控制系统中的应用，是一种非线性智能控制。模糊控制是利用人的知识与经验对控制对象进行控制的一种控制方法，一般用于无法以严密的数学表示的控制对象模型。模糊控制主要包含模糊化、模糊推理和解模糊三个模块，如图 7-7 所示。虽其具有较佳的鲁棒性、适应性和容错性，但如何获得模糊规则及隶属函数即系统的设计办法，完全凭经验进行。

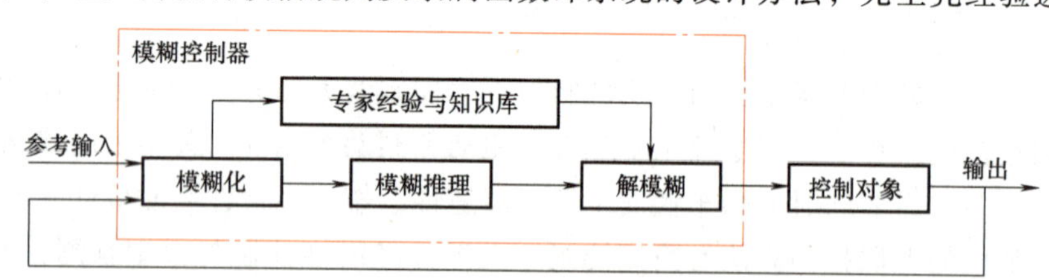

图 7-7　模糊控制算法原理

4. 模型预测控制算法

模型预测控制（model predictive control，MPC）因其更能满足车辆非线性系统与多目标优化的要求，是近年来在车辆底层系统控制中运用较多的控制算法，具有控制效果良好、抗干扰性强、能处理多变量和系统约束的优点，但该算法的理论推导、代码编写与调试较为困难。其算法的基本原理包括预测模型、滚动优化、反馈校正三个基本过程，如图 7-8 所示。

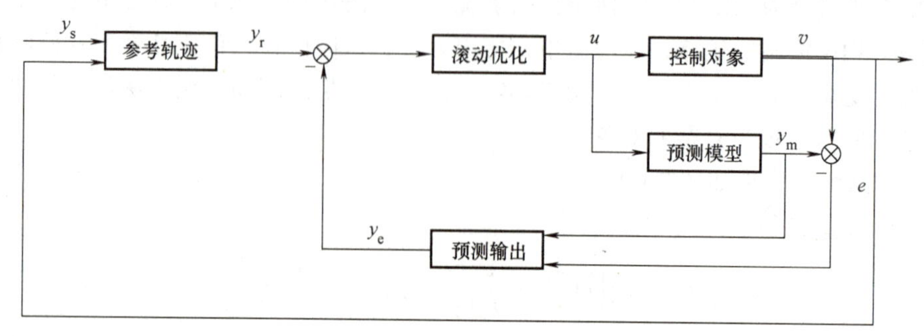

图 7-8　模型预测控制算法原理

模型预测控制算法的基本原理可归结为：控制系统在每个采样时刻，根据预测模型对未来一段时间内的行为进行预测，并结合系统的多目标约束对未来时刻的系统性能进行优化。随后结合实测对象的输出对预测模型进行反馈校正，将求解的控制序列的第一个控制量作用于控制系统，因而整个控制系统转化为一个在线优化的进程，如图 7-9 所示。

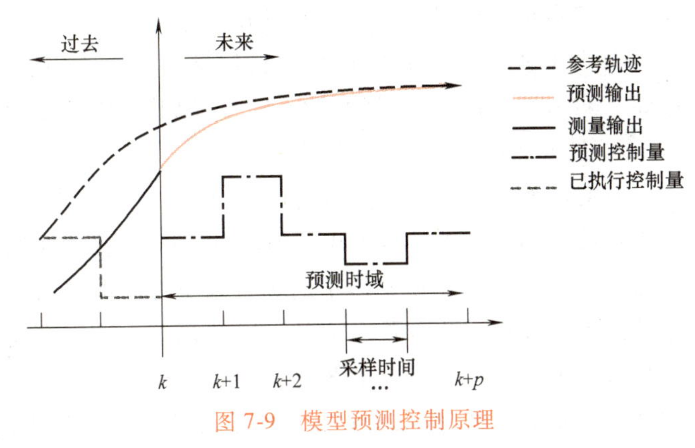

图 7-9 模型预测控制原理

(1) 预测模型 图 7-9 中 k 时刻为当前控制时刻，其左边代表已经过去的系统状态，右边代表系统预测的未来状态，参考轨迹是设定系统的一种较为理想的控制过程与状态，预测输出会根据测量输出不断进行在线优化逐步接近参考轨迹。预测模型根据当前时刻的测量值，即上一个步长控制输出量的反馈值，预测未来一段时间内（即时间区间 $[k,\ k+p]$，又称预测时域）的系统输出，这个过程称为模型预测。

(2) 滚动优化 预测控制最关键且与其他控制算法的最大区别之处在于在线滚动优化过程，通过求解满足设定控制目标以及其他约束条件形成的临时优化问题，得到未来一段预测时域下对控制量的局部最优解，即图中的预测控制量。在每个采样时刻 k，系统都会重复进行上述求解过程，对未来有限时间序列内的状态进行求解并输出预测控制量，并将预测控制量的第一个参量作用于整个控制系统。总之，以上求解过程在控制步长向前推进一步时都会进行一次，在整个控制过程会持续进行，所以称之为滚动优化。

(3) 反馈校正 MPC 是一种基于模型的控制算法，模型是整个系统的根基，但一般情况下都无法得到系统精确模型，加上实际系统中的时变与干扰等因素，系统的输出可能会由于这些干扰而使得整个控制系统发生突变等不稳定现象。反馈校正的作用是保证系统在自身时变与外界干扰等因素下，保证系统输出稳定，是一个自调节的过程。在下一个 $k+1$ 步长时刻，系统观测到 k 时刻控制产生的控制结果（即图 7-9 中“测量输出”曲线），将其偏差作为该时刻的输出量反馈值代入当前时刻的预测模型中，完成一次反馈校正过程。反馈机制与滚动机制使得 MPC 控制构成了闭环状态。

7.2.4 系统仿真

1. 汽车 ACC 系统 Simulink 仿真

根据所使用的控制算法，在 MATLAB 中建立 ACC 系统的控制仿真模型。

若使用 PID 控制算法，一般将整个控制系统的输入变量设定为驾驶人的设定车速和实际车速，将 PID 调节模块的输入变量设定为车速和实际车速差值，将模糊控制模块输入变量设定为车速和实际车速差值及其变化率。

若使用模型预测控制算法，一般将加速度设定为输出的控制信号。将主车车速、实际车距和期望车距设定为反馈信号，同时计算出偏差作为自变量。将目标车车速设定为系统

干扰，参考信号则设为期望车距和设定车速。

对汽车 ACC 控制系统进行仿真建模之后，使用巡航工况和跟车工况对模型进行仿真测试，对所建立的仿真模型进行评价，以验证仿真模型的可靠性。

2. 汽车 ACC 系统联合仿真

在对汽车 ACC 系统进行仿真时，可结合专业的第三方车辆动力学软件进行联合仿真，如 Carsim、VeDYNA、CarMaker 等。以 Carsim 软件为例，不仅可以为系统提供车辆动力学模型，还可以提供典型、简单的场景来更方便地展示仿真系统的控制效果。联合仿真的基本原理为在建模时将软件中要使用的车辆动力学模型发送到 Simulink 中，使用外部信号直接控制车辆，同时将车辆的各传感器信号输出，实现不同软件的联合仿真。根据所使用第三方车辆动力学软件的不同和车辆模型的不同，具体操作方式差异较大，但基本原理相同，在此不一一赘述。

7.3 智能小车 ACC 系统实践

7.3.1 开发方法

1. 总体设计方案

智能小车 ACC 控制系统的实现方法主要包括三大方面。第一，根据车辆 ACC 控制系统理论知识设计适合于智能小车 ACC 控制系统的控制方案并利用 MATLAB/Simulink 软件搭建控制策略与算法模型；第二，搭建智能小车 ACC 控制系统的测试与开发平台，即建立树莓派、智能小车、控制策略与算法模型之间的数据传输与通信；第三，测试与开发，将 MATLAB/Simulink 算法模型植入到树莓派硬件中控制智能小车进行自主巡航行驶，实现智能小车 ACC 控制系统所设定的定速巡航和跟随行驶功能。接下来将重点介绍智能小车 ACC 控制系统的设计方案与各个控制部分的 MATLAB/Simulink 模型搭建方法。

在设计智能小车 ACC 控制系统时，首先，根据理论部分所述的车辆 ACC 系统总体架构、设计方案和控制算法与原理，结合智能小车的结构特征、驱动方式、运动特性及传感器配置情况等，将智能小车 ACC 控制系统分为定速巡航与自适应巡航两部分；然后，根据树莓派的运行效率与控制系统需求制定智能小车 ACC 系统整体控制策略与方案，并选择合适的控制算法。在评估树莓派的运行效率和分析实现智能小车 ACC 控制系统功能的需求之后，选用整体式系统结构，在智能小车 ACC 控制系统定速与跟随模式下分别选用 PID 与模糊控制算法。

2. 物理架构

根据车辆 ACC 系统的物理架构将智能小车 ACC 系统总体架构分为感知层、决策层、执行层与人机交互层四个方面，其基本架构如图 7-10 所示。

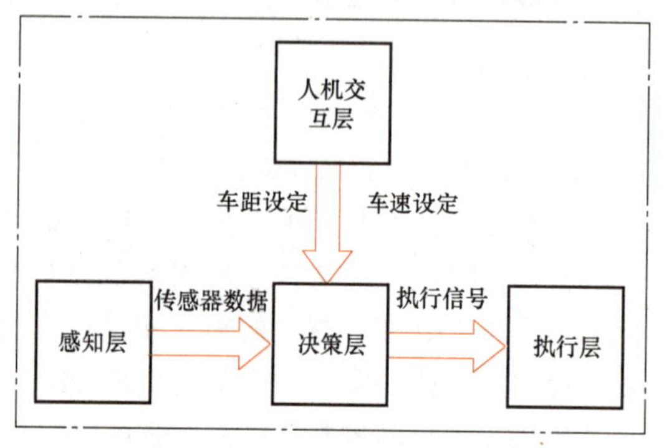

图 7-10 智能小车 ACC 系统总体架构

感知层的主要作用是通过超声波测距模块与光电编码器测速模块获取主车与前车的车距和主车的行驶速度；决策层的主要作用是根据智能小车 ACC 系统的控制算法与策略对感知层的数据信息进行处理，计算出电机的控制量并将数据传输给底层的执行层；底层电机执行层用于控制小车前进与停止、加速与减速；人机交互层可以通过 PC 端对智能小车的行驶车速进行调控并且可实时对主车的实时车速、主车与前车的车距进行实时监控。

3. 设计方案

智能小车 ACC 系统根据小车前方 70cm 范围之内是否存在目标车辆将工作模式划分为定速巡航模式和自适应巡航模式。定速巡航模式是指小车前方 70cm 范围之内不存在跟车目标时，此时只需要控制小车的速度达到预先设定的小车车速即可；自适应巡航模式是指小车前方 70cm 范围之内存在跟车目标时，此时需要控制小车在一定的安全车距之下跟随前方目标车辆。

根据智能小车的纵向运动特性与车辆 ACC 系统的控制原理，智能小车在定速巡航模式下采用速度控制策略，即控制小车行驶速度；在自适应巡航跟车模式下采用间距控制策略，即控制小车行驶速度使小车与目标车辆的车距保持在安全车距。智能小车 ACC 系统的设计方案如图 7-11 所示。

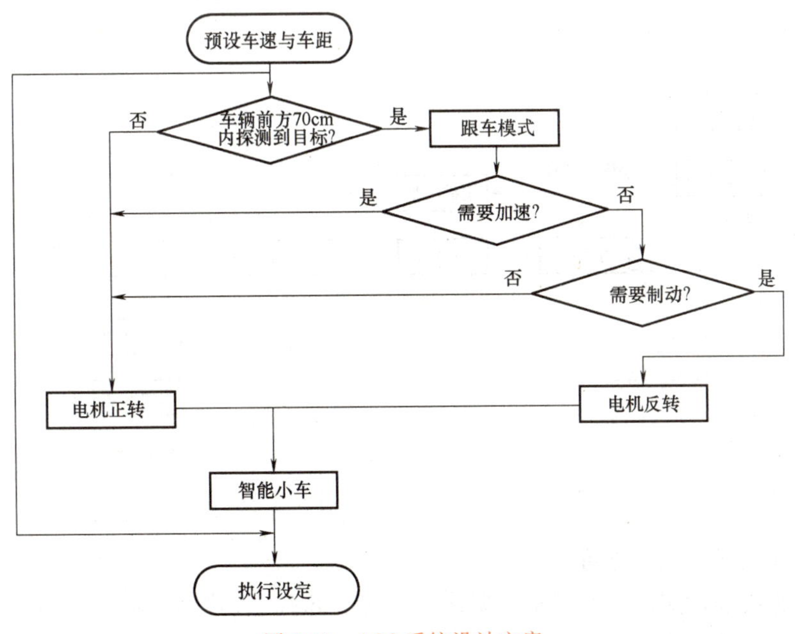

图 7-11 ACC 系统设计方案

根据智能小车的纵向运动特性设定智能小车的巡航车速为 50cm/s、安全车距为 70cm。当智能小车在运行过程中同车道内不存在目标车辆或者障碍物时，小车将执行定速巡航模式，反之将执行跟车模式。在定速巡航模式下只需控制电机正转（小车前进）使得小车的车速达到 50cm/s 即可，在跟车模式下需要同时控制电机的正转（小车前进）和反转（小车减速、停止）使得主车与目标车辆的车间距离保持在 70cm，以实现智能小车的跟车功能。

4. 控制策略

智能小车 ACC 系统主要用到 PID 控制算法与模糊控制算法，下面将重点对智能小车 PID 控制、模糊控制算法原理及其实现方法进行重点说明。

（1）智能小车 PID 控制原理实现方法 智能小车 ACC 系统中的定速巡航控制模块采用 PID 控制算法，其控制结构与原理如图 7-12 所示。

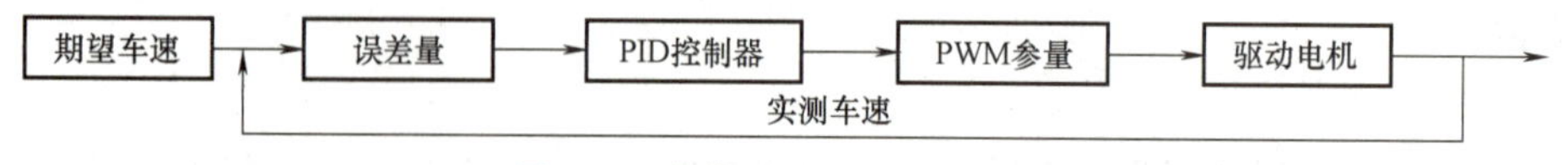

图 7-12 智能小车 PID 控制原理

智能小车 PID 控制原理可归结为人为设定一个期望车速给控制器，同时光电编码器车速传感器测得的实测车速也输入给控制器，计算得到实测车速和设定车速的偏差量 Δv。PID 控制器比例单元根据偏差的大小输出相应的控制量，控制 PWM 参数驱动电机，使车速迅速趋近设定车速，以加快系统响应、减小偏差。积分单元的作用是将偏差量累加起来加大控制量消灭偏差，使车速保持恒定，以消灭稳态误差。比例单元具有预见性的控制作用，当 $\Delta v>0$ 时，表示偏差量在加大，此时应及时增加控制量；当 $\Delta v<0$ 时，表示偏差量在减小，则应及时减小控制量，使 Δv 趋近于零以保证系统的动态性能。

（2）智能小车模糊控制原理实现方法 智能小车 ACC 系统的跟车模式采用模糊控制方法，其控制原理与结构如图 7-13 所示。

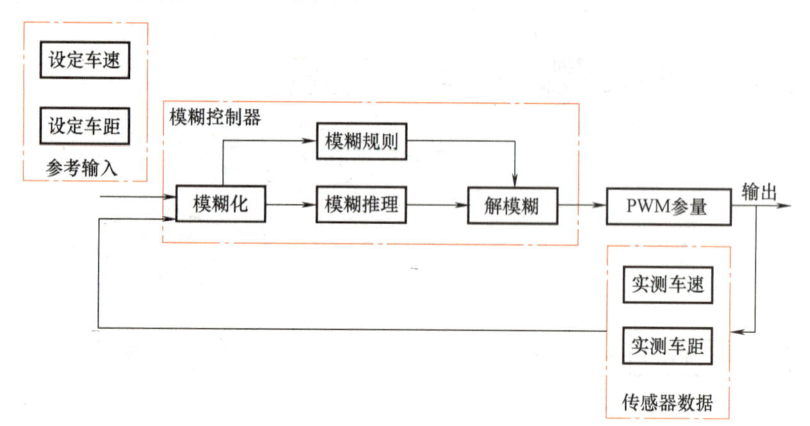

图 7-13 智能小车模糊控制原理与结构

智能小车模糊控制原理可归结如下：

首先根据提前设定的小车跟车期望速度、安全车距及小车纵向运动特性建立自适应巡航的模糊控制规则，在设定规则时必须考虑车速与安全车距两个方面的因素。结合小车的纵向运动特性与 ACC 系统自适应巡航相关原理制定模糊规则。模糊控制器会根据设定的规则将输入的参量分别通过模糊化、模糊推理及解模糊三个过程输出驱动电机的 PWM 参量，以控制智能小车跟随前车稳定行驶。

7.3.2 建模与分析

智能小车 ACC 系统包含四大部分，如图 7-14 所示。其中 1 对应的是车载传感器数据

感知层，2 对应的是决策层，3 对应的是执行层，4 对应的是人机交互层。下面将重点对智能小车 ACC 系统这四大层面建模过程和各个部分的原理进行详细的介绍。

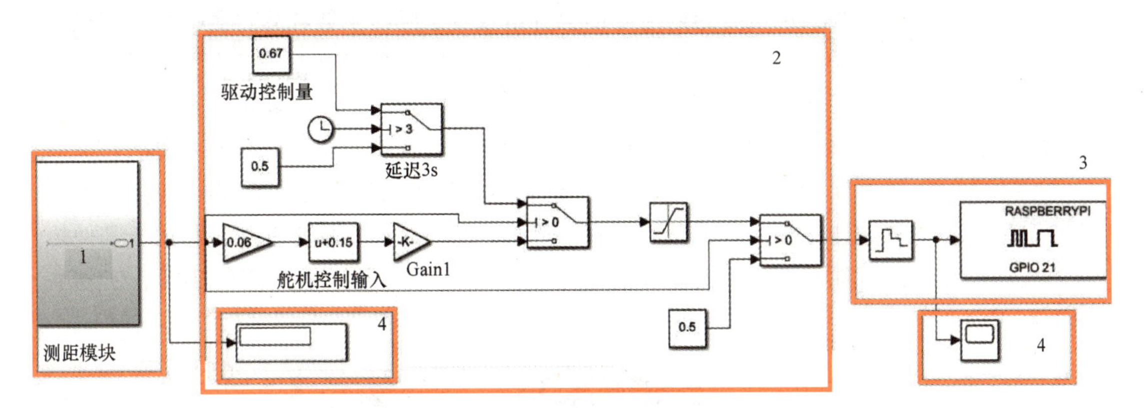

图 7-14 智能小车 ACC 系统

1. 感知层建模与分析

车载传感器数据感知层是通过车载传感器监测主车周围的环境状况，主要包含超声波测距模块和光电编码器测距模块，感知层将接收的数据实时传输给决策层进行数据处理与分析，本节将重点介绍光电编码器测速与超声波测距模块的原理与 MATLAB/Simulink 建模方法。

(1) 光电编码器测速模块测速原理与建模方法 目前智能小车的常用测速方法有光电式和磁电式，光电式主要利用光电传感器，磁电式主要是利用磁电传感器。采用光电编码器测速相对于磁电编码器测速方法简单且误差较小，目前大多数智能小车的开发过程均采用光电编码器测速。因此，在本节智能小车的开发过程中采用光电编码器测速方法。

1）光电编码器测速原理。测速编码器与智能小车的半轴相连，测速编码器的脉冲量是固定的，在半轴旋转的时候测速编码器就会输出脉冲，根据脉冲量与实际的计数时间就可以计算得到智能小车的行驶速度（光电编码器低电平有效，即当码盘遮挡住光电门时便会输出脉冲）。

若令小车的实测行驶速度为 v_r，小车的车轮直径为 d，单位时间内光电传感器采集的电平上升沿个数为 x，则可得其数学模型如下：

$$v_r = \frac{x}{6} d\pi \times 2 \tag{7-3}$$

2）MATLAB/Simulink 建模方法。根据上述数学模型，在 MATLAB/Simulink 中建立光电编码器测速模型，主要包括 1 和 2 两个部分，如图 7-15 所示。

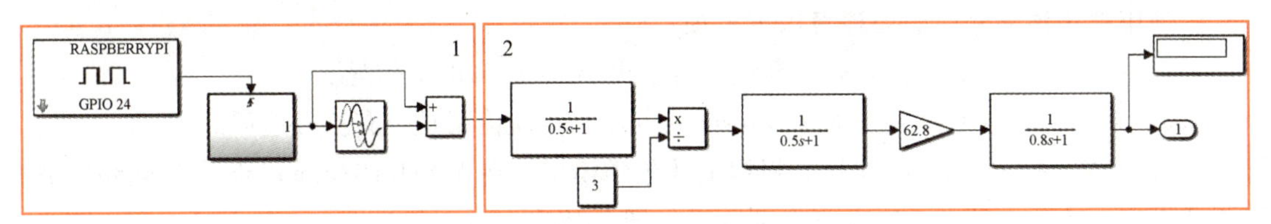

图 7-15 测速模块 MATLAB/Simulink 模型

第 1 部分的作用是利用光电传感器和编码器采集单位时间内电平上升沿的个数。其原理是当码盘随车轮一起转动经过光电传感器时，光电传感器将输出高电平，反之则输出低电平。因此，只需要采集单位时间内电平的上升沿或者下降沿个数计算得到小车的车速。

第 2 部分的作用是将测量得到的上升沿个数转化为小车的实际车速。其原理是将第 1 部分中采集得到的电平上升沿个数转化为单位时间内小车车轮转动圈数，通过式（7-3）求出小车的实测车速（注：单位时间在满足系统稳定的情况下尽可能选取较小的数值）。

（2）超声波测距建模方法与分析 目前智能小车常用的测距方法包括红外测距、超声波测距、激光雷达测距等，其中超声波测距传感器结构简单、价格低廉，相比于其他传感器更适用于开发智能小车。因此，智能小车采用 HC-SR04 超声波测距传感器，实物如图 7-16 所示。

图 7-16 HC-SR04 超声波测距传感器

超声波测距原理。超声波发射器正前方发射超声波，在发射的同时开始计时，超声波在空气中传播时遇到障碍物便立刻反射回来，超声波接收器接收到超声波就立刻停止计时，如图 7-17 所示。

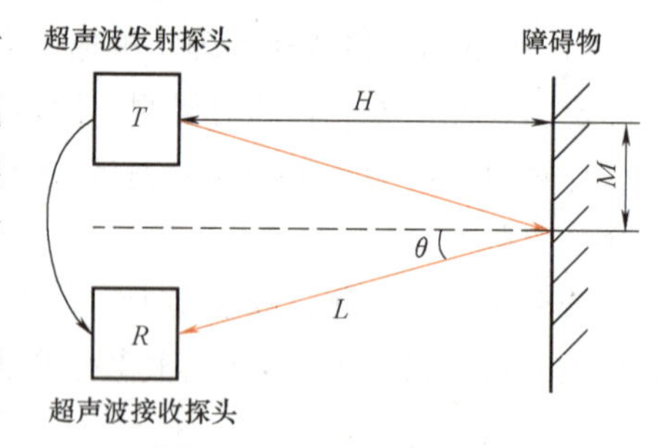

图 7-17 超声波测距原理

令 S 为实测的车距，t 表示计时器记录的时间，v_s 表示超声波在空气中传播的速度，则超声波测距的数学模型如下：

$$S=v_s\frac{t}{2} \tag{7-4}$$

利用超声波测距时需要注意以下事项：

1）采用 GPIO 端口 Trig 触发测距，给最少 10μs 的高电平信号。

2）超声波模块自动发送 8 个 40kHz 的方波，自动检测是否有信号返回。

3）MATLAB/Simulink 建模。根据上述数学模型，在 MATLAB/Simulink 中建立超声波测速模型，主要包括 1、2、3 三个部分，如图 7-18 所示。

第 1 部分的作用是触发 HC-SR04 超声波传感器测距信号。其原理是利用树莓派 GPIO

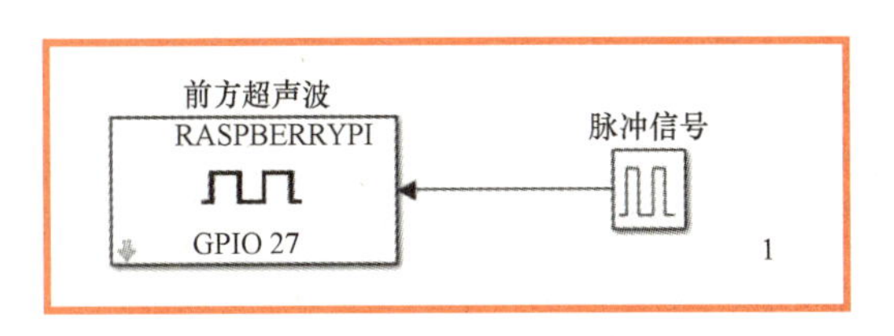

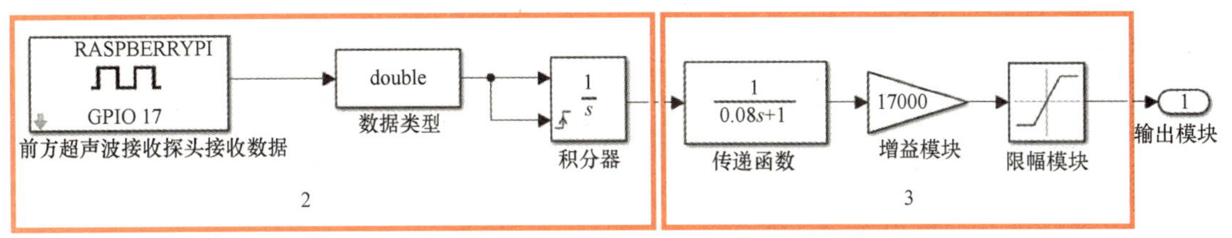

图 7-18　测距模块 MATLAB/Simulink 模型

端口 Trig 触发测距信号，触发信号最少为 10μs 的高电平信号。第 2 部分的作用是将超声波接收器接收的信号转化为从超声波发射到返回所经历的时间信号。其原理是若超声波接收器接收到信号，GPIO 端口持续输出一个高电平，利用 double 模块将该信号转化为时间信号。第 3 部分的作用是通过数据计算得到小车与目标车辆的距离。其原理是将计时器记录的时间和超声波在空气中传播的速度参数代入式（7-4）计算，即可得到实际的车距。

2. 决策层建模与分析

智能小车 ACC 系统决策层主要是将感知层采集得到的车速、车距数据进行处理，计算得到期望的电机 PWM 输入参量。ACC 系统主要包含定速巡航（CC）和自适应巡航（ACC）两个子系统，其中定速巡航系统采用该 PID 控制算法，自适应巡航系统采用模糊控制算法。

（1）定速巡航系统建模与分析　当感知层超声波传感器探测小车前方 80cm 内没有障碍物或者其他小车时，决策层将执行定速巡航系统。即将小车的车速保持在一个稳定的数值，其 MATLAB/Simulink 模型如图 7-19 所示。

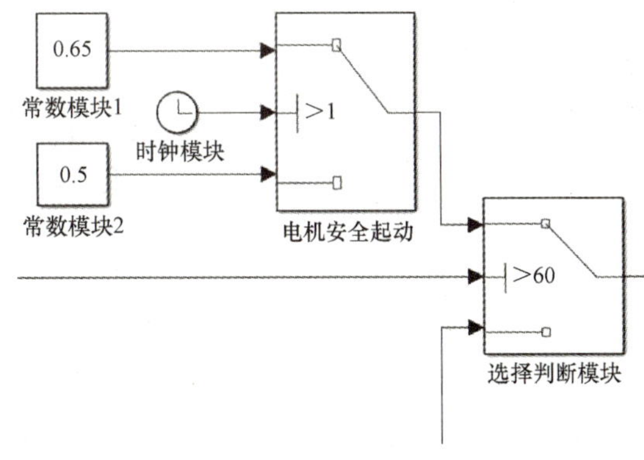

图 7-19　定速巡航系统 MATLAB/Simulink 模型

（2）自适应巡航系统建模与分析　当感知层超声波传感器探测小车前方 20～80cm 内有障碍物或者其他小车时，决策层将执行自适应巡航系统。自适应巡航系统采用距离控制策略，即将小车车速与前车距离成正比，其 MATLAB/Simulink 模型如图 7-20 所示。

该系统主要部分的作用是前进与制动切换逻辑，其原理是根据智能小车的纵向运动特性和驱动电机的特点，将驱动电机反转的 PWM 值设定为 0.5 可实现小车的制动，即小车前进与制动的驱动电机临界 PWM 值为 0.5。当选择判断模块 1 输出的电机 PWM 参量大于 0.5 时认定小车需要进行前进控制，若小于 0.5 则认定小车需要进行制动控制。

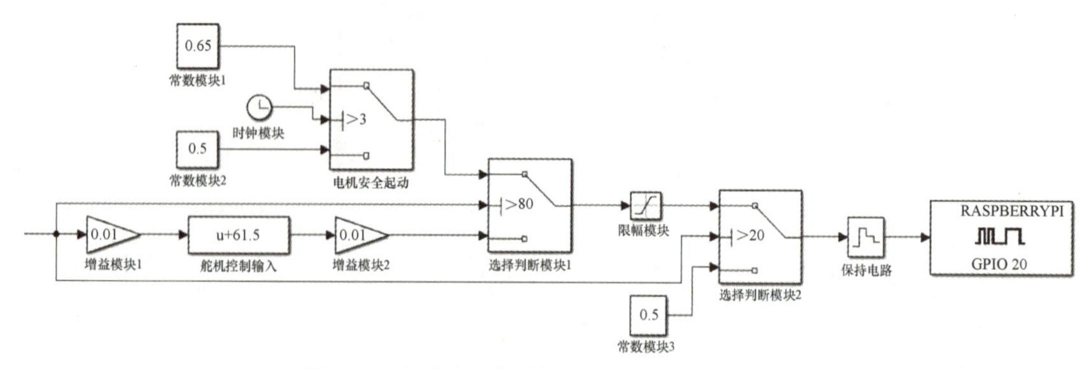

图 7-20　自适应巡航系统 MATLAB/Simulink 模型

3. 执行层建模与分析

(1) 执行层电机驱动原理　根据智能小车的电机特性，选取适配的驱动模块如图 7-21 所示，主要包括控制信号接口、电源接口、电机接口三个部分。

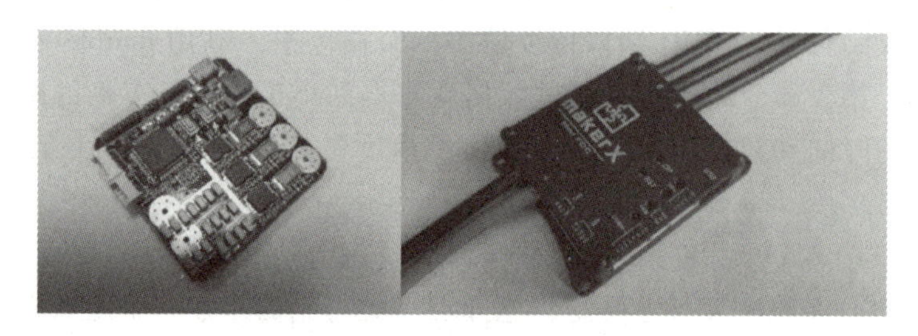

图 7-21　电机驱动模块

(2) 执行层建模与分析　智能小车 ACC 系统执行层主要是执行决策层输出的电机 PWM 参量指令，以控制智能小车实现相应的巡航功能。根据智能小车纵向运动特性和驱动电机的特性，搭建 ACC 系统执行层 MATLAB/Simulink 模型如图 7-22 所示。

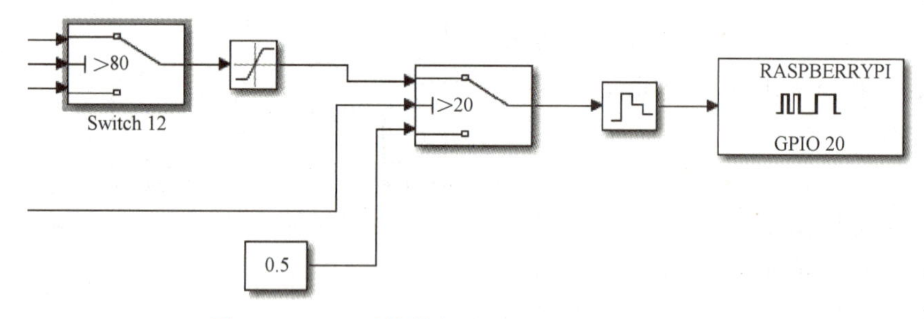

图 7-22　ACC 系统执行层 MATLAB/Simulink 模型

ACC 系统执行层主要包含两个部分。第一部分的作用是根据超声波传感器测得的车距数据，确定 ACC 系统执行模式。其原理是设定定速巡航和自适应巡航的车距临界值为 80cm，即当车距大于 80cm 时驱动电机输入的参量为定速巡航系统输出的驱动电机 PWM 参量；反之，则为自适应巡航系统输出的驱动电机 PWM 参量。第二部分的作用是控制电机正反转的转换逻辑，以控制智能小车实现前进、减速与停车等功能。其原理是根据驱动电机的特性，控制智能小车前进与停止的驱动电机 PWM 参量为 0.5，即当 PWM 参量大

于 0.5 时认为小车进行前进控制，反之认为小车进行减速或者制动控制。

4. 人机交互层建模

智能小车 ACC 系统人机交互层是与智能小车进行信息交互的重要通道，如图 7-23 所示，人机交互层不仅可以对智能小车的车速和安全车距进行实时修改与调整，而且可以实时观察小车的车速、车距等参数的变化情况。

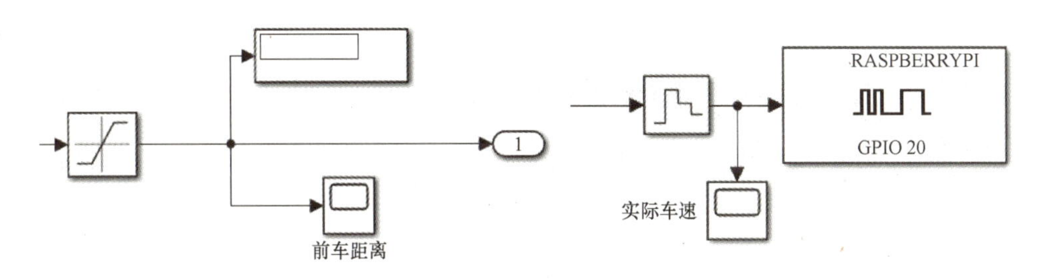

图 7-23　ACC 系统人机交互层

7.3.3　功能测试实践

本节重点介绍如何利用智能小车平台实现前文介绍的智能小车 ACC 系统的巡航与跟车功能，使得算法模型更具现实意义。另外，根据智能小车的纵向运动特性，制定了针对智能小车 ACC 系统的性能测评方案，以便于对搭建的智能小车 ACC 系统模型算法与控制策略进行客观的评价。

1. 硬件搭接

智能小车 ACC 系统测试平台的搭建主要包括三大方面。第一，给智能小车安装测距传感器（超声波）及主控板（树莓派），并按照各传感器的使用方法利用杜邦线连接好相应的控制信号线路。其中，树莓派 4B 引脚定义参见图 2-23。第二，通过局域网将主控板与 PC 端连接起来，即建立控制算法模型植入到树莓派的传输通道。第三，根据相应的测试评判方法，建立合适的测试场景并进行多次测试，以验证模型算法的有效性。

2. 软硬件搭接

在智能小车 ACC 系统功能测试之前，首先需要搭接树莓派、智能小车与 PC 端之间的联系，如图 7-24 所示。其基本原理是将 MATLAB/Simulink 算法与控制策略通过同一局域网络传输给树莓派，树莓派将其转化为智能小车驱动电机与转向舵机的控制信号，同时树莓派接收车载传感器的距离车速等数据并反馈给 PC 端以实现智能小车的闭环控制，最终实现智能小车的巡航与跟车功能。

图 7-24　软硬件联系示意图

（1）树莓派与 MATLAB/Simulink 搭接方法　在树莓派与 MATLAB/Simulink 搭接之前必须完成树莓派基本信息及参数的设置，同时 PC 端与树莓派端必须同时连接到同一网络，一般情况下手机 4G 网络可以满足两者之间的数据传输，因此也可采用手机端热点分别连接到树莓派端与 PC 端这种灵活度高的方法。两者之间搭接的具体步骤与方法如下：

首先在 PC 端打开 MATLAB 软件，在 MATLAB 命令编辑栏输入“！ping 192.168.43.34”命令并运行，如若两者连接成功，在统计信息中将会显示“0%丢失”，如图 7-25 所示。

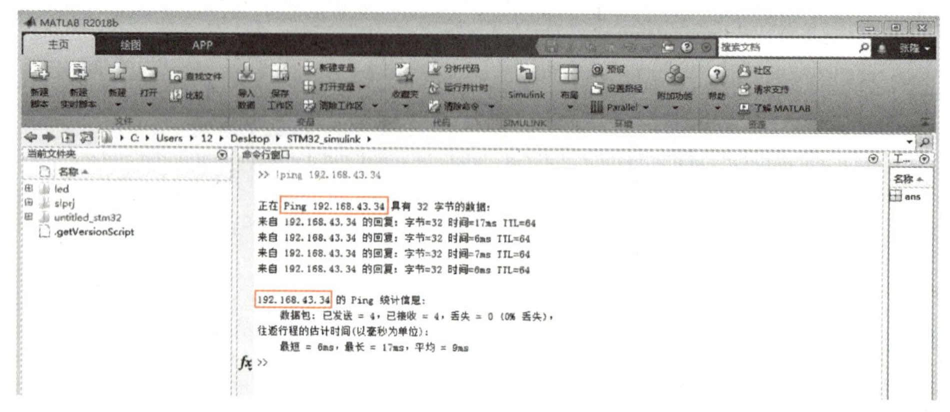

图 7-25　搭接命令

（2）控制算法模型植入到树莓派方法　在确保树莓派与 PC 端 MATLAB 搭接成功且各个部分的信号线连接正确后，方可将智能小车 ACC 系统控制算法模型植入到树莓派当中，以便于进行智能小车的调试与功能测试。其具体方法步骤如下：

1）打开搭建的 MATLAB/Simulink 算法模型。

2）设置 Simulink 端树莓派相关硬件信息。

首先单击工具栏中的“设置”下拉按钮，在下拉列表中单击“Model Configuration Parameters”命令，便会弹出树莓派硬件参数设置的界面，如图 7-26 所示。

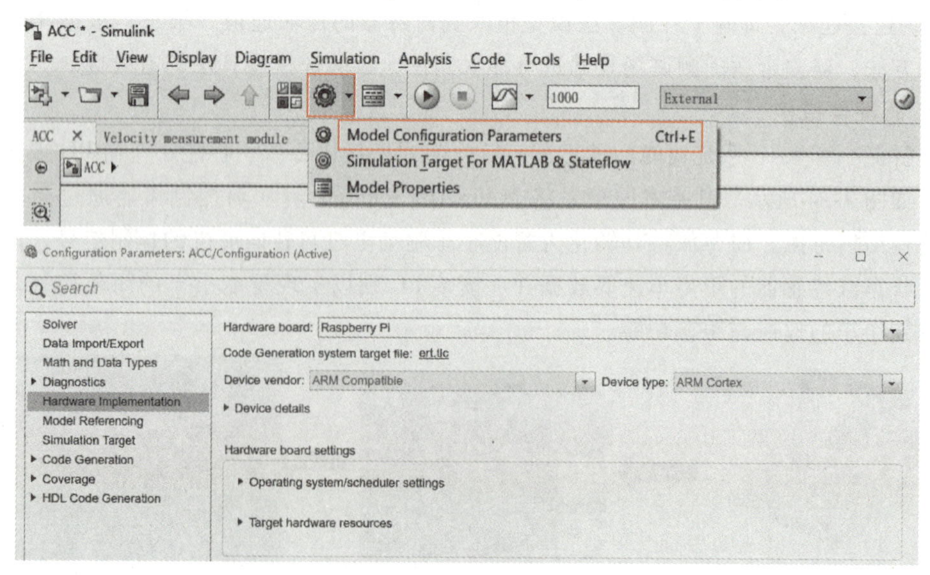

图 7-26　硬件参数设置

在参数编辑界面中选择“Hardware implementation”选项，随后在“Hardware board”下拉列表框中选择“Raspberry Pi”，最后单击“Target hardware resources”选项，弹出树莓派基本信息设置界面，如图7-27所示。

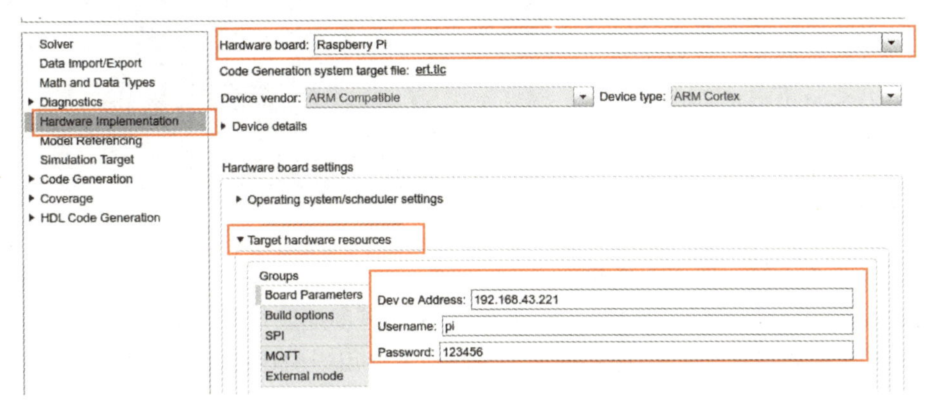

图7-27 基本信息设置

注：硬件参数更改必须要与树莓派的硬件信息相同。

3）将算法模型植入到树莓派中。首先选择“External”外部运行模式，随后单击“开始”按钮即可将算法模型植入到树莓派中，如图7-28所示。

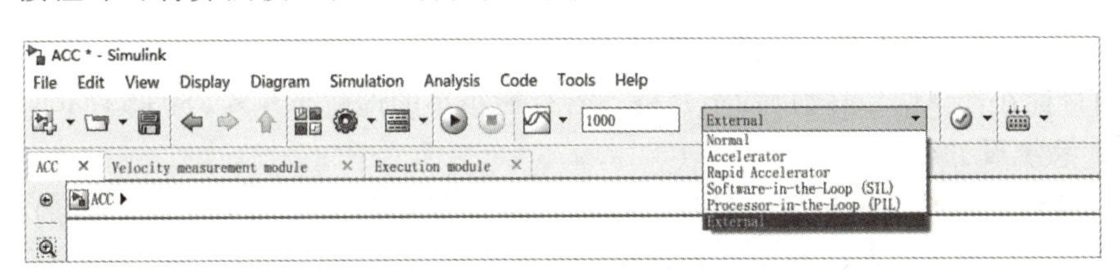

图7-28 算法植入

3. 测评方案

在ACC系统的实际应用中，可将复杂多变的交通场景归结为平稳跟车、前车插入、前车驶离、接近前车以及前车制动这五种典型的交通场景，且实际复杂多变的交通场景基本是由该五种场景组合而成，如图7-29所示。

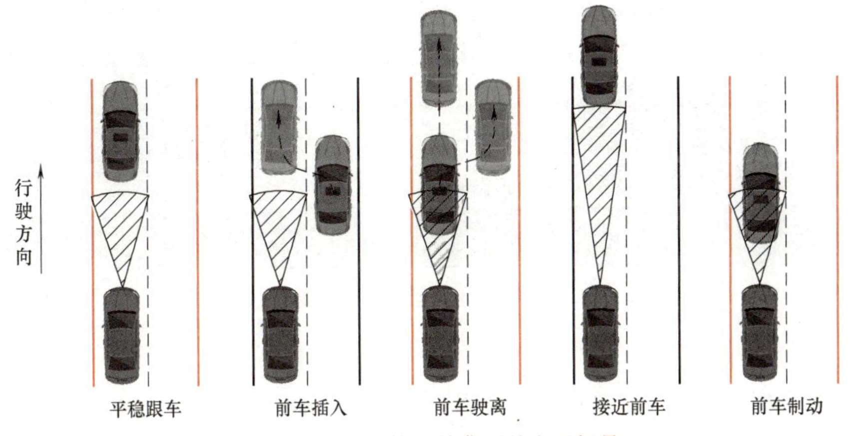

图7-29 ACC系统五种典型的交通场景

根据车辆 ACC 系统的测试与测评方案、车辆 ACC 系统五种典型的交通场景、智能小车的纵向运动特性，设计无目标车、目标车稳态行驶、目标车静止、目标车减速四种有代表性的典型场景作为智能小车的测试场景。

图 7-30　无目标车场景示意图

(1) 无目标车场景　无目标车场景是指主车前方同车道内不存在目标车辆或者障碍物，即主车将执行定速巡航模式。试验时设定智能小车以 50cm/s 的速度巡航行驶，主车前方同车道内无目标车辆和任何障碍物，如图 7-30 所示。该试验主要用于测评智能小车 ACC 系统检测前方目标、工作模式选择、自主巡航的能力。

1）试验实施方法：

① 主车前方同车道内无目标车辆。

② 设定主车的巡航速度为 50cm/s。

③ 设定一段 5m 长的赛道，反复多次（5 次）进行测试。

2）试验结果评价方案。分别记录每次试验的结果，若智能小车的巡航车速>(50±5) cm/s，则智能小车 ACC 系统设计不合格；若智能小车的巡航车速≤(50±5)cm/s，则智能小车 ACC 系统设计合格。

(2) 目标车稳态行驶场景　目标车稳态行驶场景是指主车前方同车道内的目标车辆以平稳的车速行驶，主车探测到前方目标车辆并跟随前方目标车辆行驶，即执行智能小车 ACC 系统的跟随模式。试验时前方目标车辆以 50cm/s 的速度行驶，主车跟随前方车辆行驶，如图 7-31 所示。该试验主要用于测评智能小车 ACC 系统检测前方目标、工作模式选择、跟随前方目标车辆行驶的能力。

图 7-31　目标车稳态行驶场景

1）试验实施方法：

① 前方目标车放置在试验道路的中间，车辆纵向轴线平行于车道线。

② 主车与前方目标车辆的初始位置纵向距离为 80cm。

③ 设定前方目标车辆的行驶速度为50cm/s。

④ 设定一段5m长的赛道，反复多次（5次）进行测试。

2）试验结果评价方案。分别记录每次试验的结果，若主车与前方目标车辆的车间距离>(80±10)cm时，则智能小车ACC系统设计不合格；若该距离≤(80±10)cm时，则该系统设计合格。

(3) 目标车静止场景　目标车静止场景是指本车在行驶过程中前方车辆静止或者前方存在障碍物等，试验时主车分别以40cm/s、50cm/s、60cm/s的速度巡航行驶，目标车辆放置于车道正中间保持静止不动，如图7-32所示。该试验主要用于测评智能小车ACC系统检测前方静止目标并制动的能力。

图7-32　目标车静止场景

1）试验实施方法：

① 目标车静止放置在试验道路的中间，车辆纵向轴线平行于车道线。

② 主车设定速度为40cm/s。

③ 主车逐渐接近目标车，两车间距100cm时开始记录有效数据，直到主车在ACC控制下制动至速度为零，则本次试验结束。

④ 主车速度增加10cm/s，继续做下一次试验，直至测试车速达到60cm/s后结束实验。

2）试验结果评价方案。在不同的测试速度下分别记录智能小车速度为0时，主车与前方目标车辆或者障碍物的距离，若该距离<5cm，则智能小车ACC系统设计不合格；若该距离≥5cm，则该系统设计合格。

(4) 目标车减速场景　目标车减速场景是指本车在行驶过程中前方车辆逐渐减速，试验时主车以50cm/s的速度巡航行驶，目标车辆放置于车道正中间以不同的加速度减速行驶，如图7-33所示。该试验主要用于测评智能小车ACC系统检测前方减速目标并减速跟随的能力。

1）试验实施方法：

① 目标车放置在试验道路的中间，车辆纵向轴线平行于车道线。

② 主车设定速度为50cm/s，与目标车相距80cm同步巡航。

③ 目标车以最大制动能力减速至40cm/s，直到主车在ACC控制下与前车到达同速，则本次试验结束。

图 7-33　目标车减速场景

④ 目标车减速至 30cm/s，继续做下一次试验。

⑤ 目标车减速至 20cm/s，继续做下一次试验。

⑥ 目标车减速至 10cm/s，结束试验。

2）试验结果评价方案。在不同的测试速度下分别记录智能小车与前方目标车辆达成同速行驶的距离 S_{follow} 与主车时速 v_1、目标车最终速度 v_2 两者速度差绝对值的乘积 D_{safe}。

$$D_{\text{safe}} = |v_1 - v_2| S_{\text{follow}} \tag{7-5}$$

若式（7-5）的值不小于 200，则智能小车 ACC 系统设计不合格；反之系统设计合格。

第8章 自动泊车系统设计与实践

8.1 自动泊车系统简介

8.1.1 组成及原理

自动泊车系统（automatic parking system，APS）作为高级驾驶辅助系统（advanced driver assistance system，ADAS）的重要组成部分。如图 8-1 所示，该系统能自动寻找车位，泊车过程无须驾驶人操纵转向盘、观察周边环境情况，为驾驶人尤其是一些驾驶新手节省大量的时间与精力，极大地弥补驾驶人因泊车经验不足而导致的碰撞事故，同时还可以降低汽车燃油消耗，节省停车空间，改善杂乱无章的泊车环境。

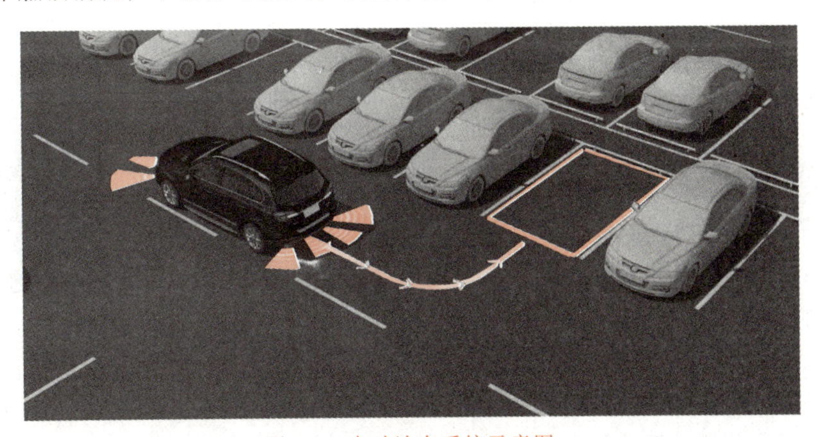

图 8-1 自动泊车系统示意图

自动泊车系统能使车辆快速、安全地自动驶入车位，首先是通过超声波和图像传感器感知车辆周围环境信息来识别泊车车位，并根据车辆与停车位的相对位置信息，产生相应的泊车轨迹并控制车辆踏板和转向盘完成泊车。常见的泊车类型有平行泊车、垂直泊车和斜式泊车，平行泊车过程示意图如图 8-2 所示，W 为泊车位宽度；L 为泊车位长度；D 为泊车起始位置车身与障碍物的距离；H 为完成泊车时车身与障碍物的距离；d_r，d_f 分别为完成泊车时，车尾、车头与障碍物的距离。

自动泊车系统主要由三大模块组成，分别是环境感知模块（环境数据采集）、中央处理器模块（决策运算）、车辆策略控制系统（执行泊车操作）和人机协同模块（人机交互），如图 8-3 所示。

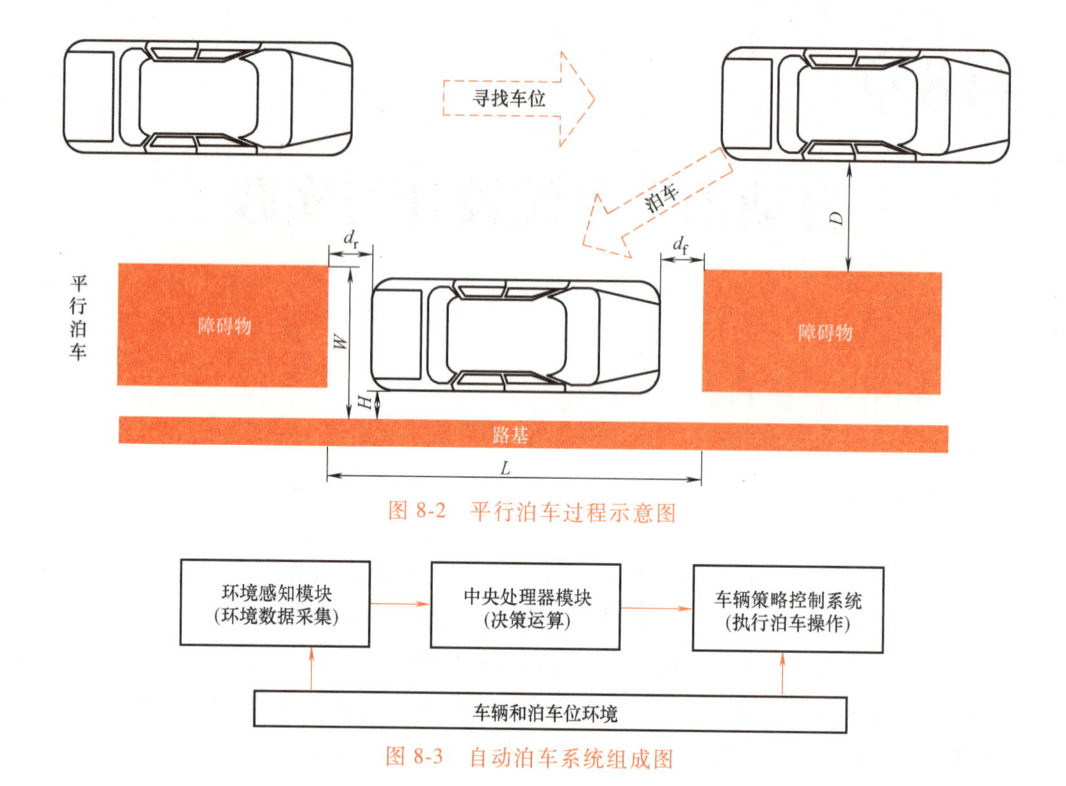

图 8-2　平行泊车过程示意图

图 8-3　自动泊车系统组成图

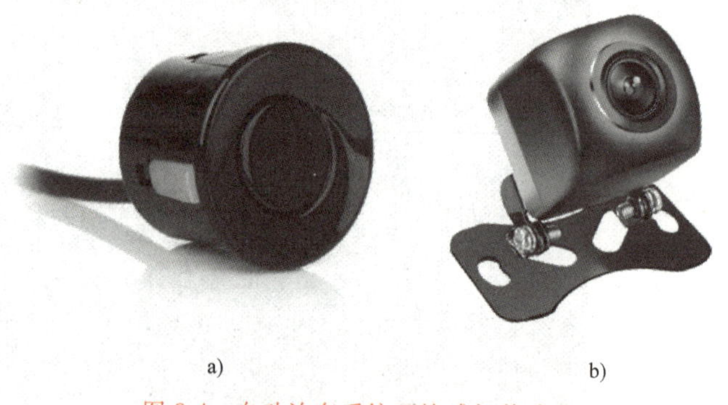

a)　　b)

图 8-4　自动泊车系统环境感知传感器

a）超声波传感器　b）图像传感器

环境感知模块的主要任务是泊车位识别和泊车过程避障，该模块依赖各种传感器进行数据采集，一般采用超声波传感器、图像传感器等，如图 8-4a、b 所示。环境感知的关键技术是车位识别、车辆与车位定位，车位识别的重点在于传感器信息融合，一般是将超声波雷达和惯性导航仪结合，得到泊车位的尺寸信息和车辆的位置信息，间接获得车辆姿态信息等一系列泊车相关的信息，这些信息作为整个自动泊车系统的输入量。

中央处理器模块的决策运算功能是指根据这些输入信息，决定该车是否能够泊入车位，采取哪种方式泊入，其中关键技术是泊车的路径规划。路径规划就是根据车辆自身状态、环境障碍信息、车位的位置和大小，规划出无障碍路径并形成泊车指令。最后将指令文件传给车辆策略控制系统。路径规划的关键在于算法可支持任意车位的自动泊车规划，且具有实时无障碍性与车辆可执行性。

车辆策略控制系统则是指在收到决策单元传过来的信号文件后，开始路径跟踪。路径跟踪就是通过转向盘转角、加速和制动的协调控制，使汽车跟踪预先规划的泊车路径，实现泊车入库；当车辆偏离预定路径时，应具有校正的能力和相应的措施，使车辆能够按照

预想的轨迹行驶泊入车位。路径跟踪的关键技术在于有效耦合纵向及侧向控制，保证车辆跟踪的精确度。

8.1.2 设计要求

为了使自动泊车系统（APS）具有普适性，并且能发挥出应有的功能，所以在设计APS时应满足如下要求：

1）APS能检测到空闲车位、障碍物。

2）APS应具备自检功能。系统应在车辆发动的30s内启动并完成对所有主要的系统传感器和组件的自建，通过信号灯或者显示屏明确标识系统当前工作状态，包括车辆行驶状态采集、数据存储、通信模块工作状态、主电源状态、与APS主机相连接的其他设备状态信息。

3）APS应具备自诊断功能，对于运行过程中发生的故障及时提示驾驶人并实时生成故障码信息。

4）APS应为驾驶人提供人机交互界面，与驾驶人进行信息交互。提供包括以听觉、视觉或触觉中至少两种方式的车位识别信息以及APS的运行、停止或故障状态信息。显示的信息应在阳光直射下或夜晚均能清晰显示。

5）当车辆处于泊车状态时，确保驾驶人对转向盘、制动踏板和加速踏板的接管。

6）APS应在车辆点火时自动恢复至正常工作状态，APS功能解除后应采用光学预警信号向驾驶人预警指示，提示驾驶人APS处于关闭/开启状态。

7）对于APS触发事件数据，应进行本地数据备份和远程数据备份。本地数据备份的最近存储时间不应该少于48h，远程数据备份的存储时间不应该少于60天。

8）APS触发事件数据应至少包括以下信息：

① 操作行为：APS产生的具体操作行为，包括的信息应不少于启动车位识别、终止车位识别。

② 操作状态：系统响应指定操作行为的状态，至少应包括状态正常、状态异常、未响应。

③ 时间戳：系统产生相应的操作行为的时刻信息。

9）APS应根据制造商所提供的使用说明书进行安装和使用，包括系统的校准、最小启动车速，以及适用和不适用的工况等。

8.1.3 功能要求

本书所设计的自动泊车系统应满足如下基本功能。

1）具有自动识别车位功能。

2）具有车位调节功能。

3）具有基于整车参数的路径生成功能。

4）具有基于路径规划的轨迹控制功能。

5）具有车速控制功能。

通过对泊车系统的功能和泊车的过程进行分析，设计一套满足泊车需求的泊车系统架构，如图 8-5 所示，该系统架构图主要由三大模块构成。其中第一个模块是最核心的模块，是以工控板（industrial control board，ICB）为核心的整车控制单元和图像处理单元。第二个模块是以电动助力转向控制板（electronic power steering board，EPSB）为核心的转向控制单元。第三个模块是以超声波车速控制板（ultrasonic board，ULB）为核心的车位识别、车速控制单元。

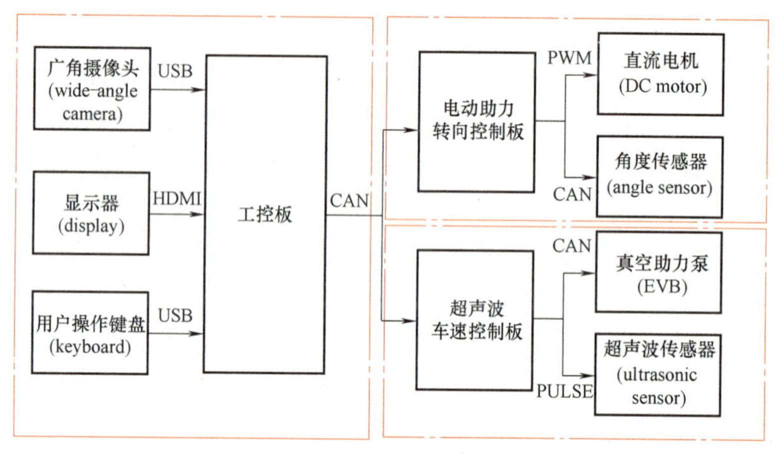

图 8-5　自动泊车系统架构图

以上三个模块主要构建了五个控制系统：超声波控制系统、图像处理系统、电动助力转向控制系统、车速控制系统和整车控制系统。上述系统构成了自动泊车系统的控制系统，各个系统之间具有统一的 CAN（controller area network）通信协议，整车控制系统可以采集各个模块的通信信息并协调模块之间互相协同工作，实现在泊车过程中对整车执行机构的控制，从而安全、快速地完成泊车操作。

超声波控制系统实现车位检测和障碍物检测功能。其中，两个超声波探测器分别安装在车辆右侧的前后端，在泊车的过程中，超声波探头发送和接收回波，通过计算超声波发送和接收回波的时间差值来确定车辆与障碍物之间的距离，从而实现车位识别功能。

图像处理系统实现车位调节功能。其中，互补金属氧化物半导体型（complementary metal oxide semiconductor，CMOS）的广角摄像头安装在车辆的尾部，广角摄像头的水平视角大于 160°，广角摄像头采集环境信息并传送给图像处理系统，图像处理系统能够实现图像测距，并能够在图像中建立一个与实际车位大小相同的虚拟车位，通过在图像中调节虚拟车位便可实现虚拟车位与实际车位之间的匹配。

电动助力转向控制系统实现转向盘转向控制功能。首先将原车转向系统进行改装，在原转向系统的基础上安装直流电机和角度传感器，形成电机闭环控制系统，通过对角度传感器的 CAN 协议解析，便可根据转向盘的实际角度对电机角度进行控制，进而实现转向盘转向目标角度控制。

车速控制系统实现车辆速度控制功能。首先将制动踏板进行改装，在制动踏板上安装真空助力泵系统，通过对真空助力泵系统的压力调节，可以改变其作用在制动踏板上的作用力，采集当前的车速信息便可实时地根据车速需求，改变真空助力泵系统的压力值，实

现对目标速度的控制。自动泊车系统的一般过程为：当驾驶人准备进行泊车操作时，开启自动泊车系统，由配置在车上的各种传感器搜集环境信息，即系统对车辆行进道路附近区域进行分析和建模，根据搜集到的环境信息，对泊车位进行识别；当识别到泊车位后，系统自动提示驾驶人驻车并匹配泊车位，获取车位精确尺寸信息和车辆初始姿态角，然后由轨迹生成算法计算泊车轨迹，最后通过轨迹跟踪控制车辆驶入泊车位。

从机理上分析，系统运行的基本过程为信息采集、车位识别、车位调节、轨迹生成和轨迹跟踪，自动泊车系统软件流程图如图 8-6 所示。

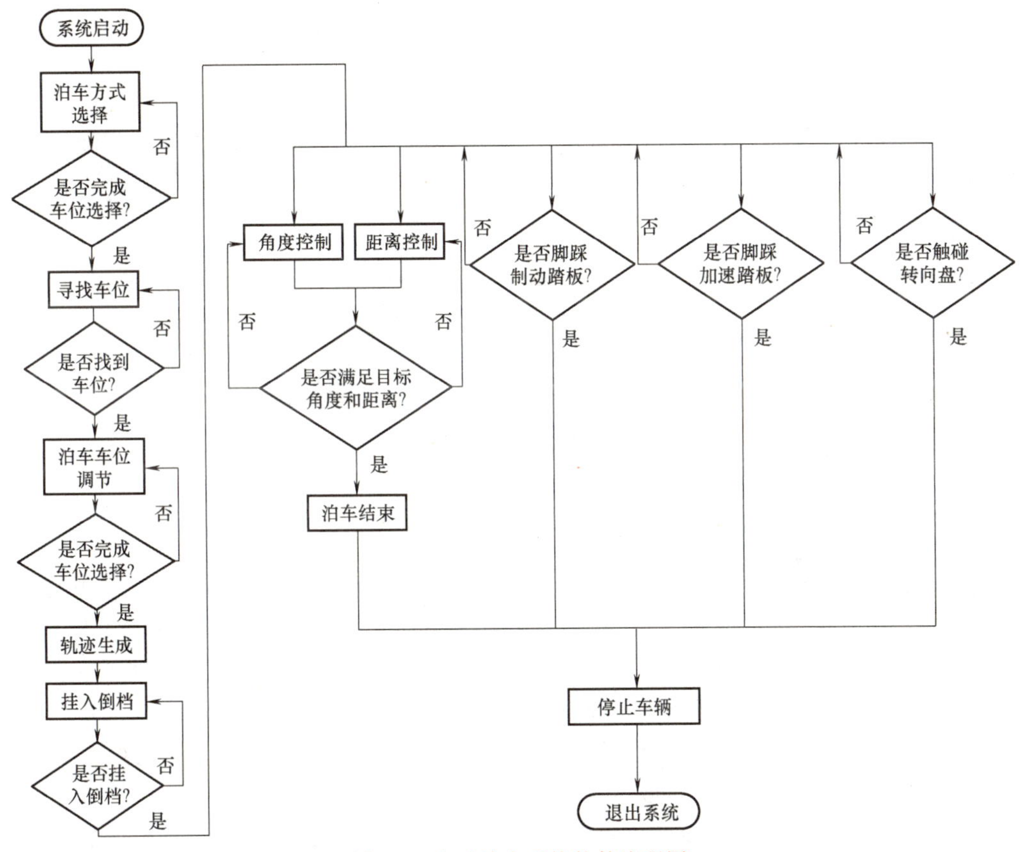

图 8-6 自动泊车系统软件流程图

由图 8-6 可知，当驾驶人准备进行泊车操作时，开启该自动泊车系统，此时，系统会提示驾驶人选择泊车方式，泊车方式分为平行泊车和垂直泊车（为以后开发打下基础）。当驾驶人选择泊车方式后，超声波传感器车位检测系统和图像传感器测距系统开始工作，超声波传感器发送和接收超声波回波数据并将数据传送给超声波控制系统进行相应的车位检测处理。当检测到合适的车位信息后，系统提示驾驶人停车并提示驾驶人进行泊车车位调节，驾驶人可以通过上、下、左、右、左旋、右旋按键对人机交互界面中的虚拟车位进行调节来选择中意的泊车区域。当驾驶人确定泊车区域后，图像处理系统根据虚拟车位的位置确定车辆与实际车位之间的距离信息，整车控制系统根据距离信息生成合适的泊车轨迹，此时，提示驾驶人挂入倒档开始泊车。在泊车过程中，整车控制系统一方面根据轨迹信息产生角度控制信号和车速控制信号，并传送给电动助力转向控制系统和车速控制系

统，电动助力转向控制系统和车速控制系统根据控制信号控制转向盘和车速，当转向盘角度和车辆行驶距离达到目标轨迹要求时，整车控制系统发送指令停止车辆，从而实现泊车操作；另一方面检测制动踏板信号、加速踏板信号、触碰转向盘信号进行紧急的安全操作处理。

8.1.4 开发流程

自动泊车系统的开发一般是基于V模型开发流程，如图8-7所示。

(1) 第一阶段 功能需求定义和控制方案设计。首先需要确定自动泊车系统的功能需求，包括设计要求和功能要求，具体的要求参见8.1.2节和8.1.3节。然后确定控制方案，可使用MATLAB/Simulink等计算机软件建模，建立的模型包括控制策略模型、车辆动力学模型、车辆轮胎模型、节气门控制模型、制动压力控制模型等，最后对仿真模型进行测试与评价。

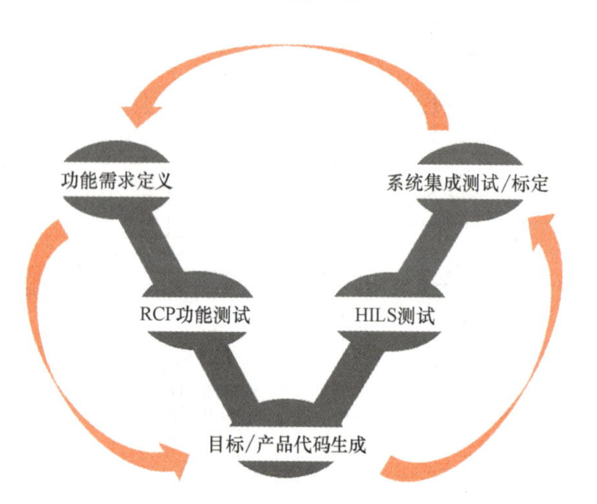

图 8-7 自动泊车系统开发流程图

(2) 第二阶段 快速控制原型。利用计算机软件将自动泊车系统仿真模型转化为代码，即移除离线仿真模型中的车辆动力学模型，接入dSPACE提供的RTI接口模块，建立实时仿真模型；通过MATLAB下的RTW（real time workshop）生成实时代码并下载到dSPACE原型系统中；接入实际被控对象，对象中必须包含实际系统的各种I/O口、软件及硬件的中断实时特性等，进行快速控制原型实验，以验证控制系统软硬件方案的可行性。该过程主要包括以下三步：

1）为满足dSPACE系统的I/O和A/D接口对输入电压范围和输入信号品质的要求，须对传感器输入信号进行滤波、整形处理。

2）针对具体的乘用车开发对象制作相应的接口并改装线路，使实车传感器如超声波传感器、图像传感器、激光雷达传感器、轮速传感器、节气门位置传感器等的处理电路满足dSPACE原型系统的I/O接口要求。

3）利用dSPACE提供的RTI接口模块修改APS控制器模型，使之与真实车辆组成闭环控制系统，进行ABS的RCP试验。

(3) 第三阶段 生成代码。采用dSPACE的产品代码生成软件Targetlink对Simulink/Stateflow中离线仿真模型进行定点数定标和转换，自动生成产品代码，这过程中可针对特定ECU进行代码优化。生成代码的运行效率不低于手工代码的10%，内存占用量不超过手工代码的10%。

(4) 第四阶段 硬件在环回路仿真。采用真实控制器，被控对象或者系统运行环境部分采用实际物体，部分采用仿真模型来模拟，进行整个系统的仿真测试。硬件在环仿真检验APS控制程序在各种路面（高附路面、低附路面、高附转低附对接路面、低附转高

附对接路面和车轮两边附着系数不一样的对开路面）上的控制效果，标定控制参数和门限值，并仿真研究一些极限工况。主要步骤如下：

1）在离线仿真模型中保留被控对象模型，增加 RTI 接口模块，以实现 APS 控制器、传感器与 dSPACE 的系统通信。

2）设计硬件在环实验台，加装制动系统、动力系统、信号系统、ESC 系统等的真实硬件和超声波雷达、车载摄像头，将超声波雷达、车载摄像头和控制器实物通过接口线路与 dSPACE 连接。

3）进行硬件在环实验，修改车辆模型中轮胎模型参数或车辆模型结构参数以模拟不同类型车辆，或设定不同的路面附着系数模拟各种路面工况。根据仿真结果修改 APS 控制算法及其参数，重新生成代码并下载到控制器，达到完善 APS 控制逻辑的目的。

（5）第五阶段 标定与匹配。dSPACE 的标定系统允许用户对 ECU 进行所有的标定和测试，可在最便利的情况下及最短的时间内对 ECU 进行最后的参数调整，最后需要进行系统集成测试。

如果一次 V 模型流程开发结束后没有达到要求，就需要继续按照本开发流程继续进行下去，直至达到要求。

8.2 自动泊车系统算法及仿真

8.2.1 环境感知算法

环境感知的重点和难点是车位识别。一般的车位识别算法有基于超声波的测距算法、基于图像传感器的视觉检测算法、基于深度学习的目标检测算法、基于图像传感器和超声波融合的算法、基于图像传感器与激光雷达融合的语义分割算法等。由于硬件成本的限制，目前主流应用的算法还是基于超声波和图像传感器。

1. 基于超声波传感器的车位识别算法

基于超声波传感器的泊车辅助系统已成为汽车的标准配置，在泊车过程中，超声波传感器可探测视野盲区中的障碍物，并通过提示音的频率变化为驾驶人反馈距离信息。

基于超声波的车位识别算法设计简单。超声波测距传感器由发射器和接收器两部分组成。超声波发射探头向要探测的方向发射多个超声波脉冲，与此同时计时器开始计时，超声波在空气中传播，途中碰到障碍物就立即返回来，超声波接收器收到反射波就立即停止计时。根据超声波在空气中的传播速度 $c=340\text{m/s}$，以及计时器记录的时长 Δt，可通过式（8-1）计算出发射点距离障碍物的距离 S。原理如图 8-8 所示。

$$S=c\Delta t \tag{8-1}$$

为了能快速探测距离，超声波发射器需要每隔一段时间即发射一组脉冲，具体发射的间隔由最大探测距离而定。即在最大探测距离内，如果有障碍物，则必须保证接收器能够接收到探测脉冲的发射信号。如果没有接收到反射脉冲信号，则发射器才可以继续发射下一组探测脉冲信号。假定最大探测距离为 $d_{\max}=6\text{m}$，那么发射器发射脉冲之间的最小时间间隔通过式（8-2）计算：

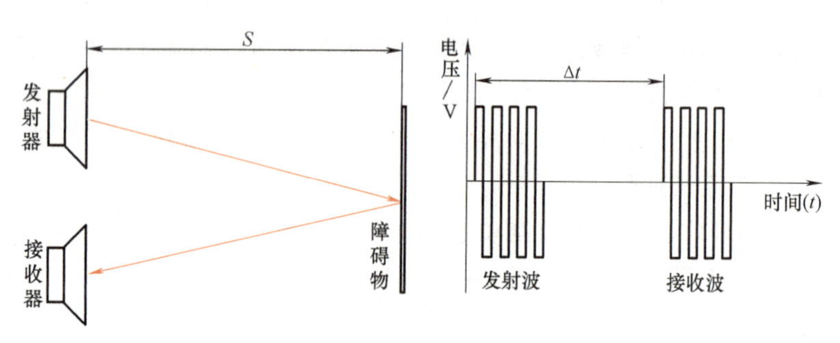

图 8-8　超声波测距原理图

$$t_{\text{send-min}}=\frac{2d_{\max}}{c}=\frac{2\times 6}{340}\text{s}\approx 35\text{ms} \tag{8-2}$$

实际泊车过程中，超声波测距是进行车位识别的前提，由于在进行自动泊车过程中不止需要通过超声波传感器来检测泊车位，还需要在泊车过程中实时检测泊车路径上的障碍物信息，防止车辆产生碰撞事故。因此需要在车身周围安装多个超声波传感器，形成车载环境感知系统，实现泊车过程中的泊车位和障碍物信息检测。根据泊车的特点，在汽车四周安装 12 个超声波传感器，其中车前 4 个，车后 4 个，车前车后的两侧分别安装 2 个，由此搭建基于超声波的环境感知架构如图 8-9 所示，其中原点代表探头安装位置，扇形部分为传感器的探测方向和范围。

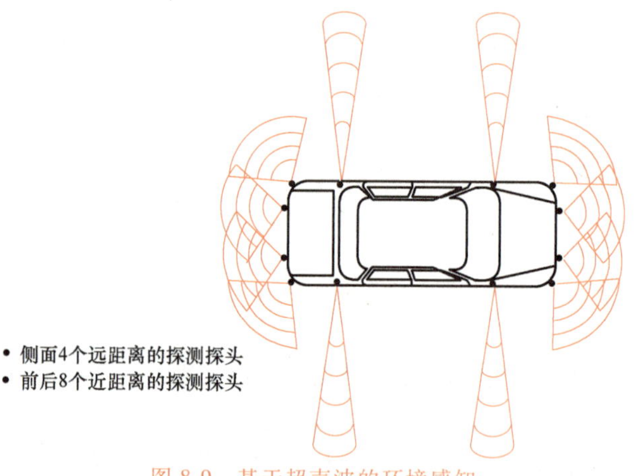

图 8-9　基于超声波的环境感知

车位探测示意图如图 8-10 所示，为了便于说明，将被研究车辆编为 1 号车，路边所停车辆编为 2 号车和 3 号车。对于路边空余车位的前后都有车的情况，驾驶人泊车往往难度较大。而对于前后有一方有车一方无车，或者都无车的情况，驾驶人完全不用借助自动

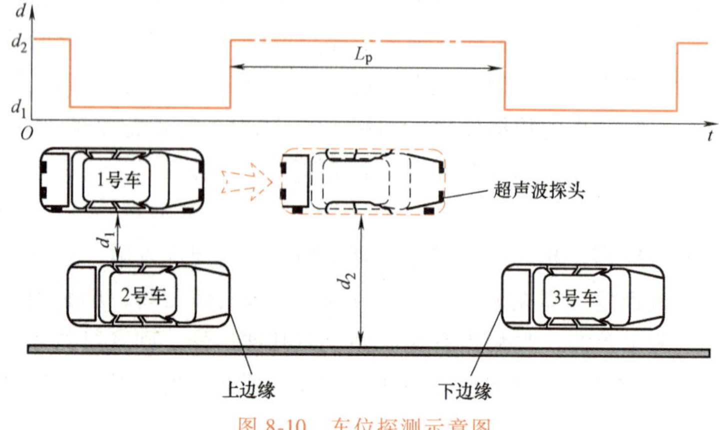

图 8-10　车位探测示意图

泊车系统就可以轻松完成泊车，所以本自动泊车系统的设计都是基于空余车位前后都有车的情况。

为了能够有效地探测车位以及确保泊车安全，在1号车的前方、后方和右侧各布设两个超声波探头，前后方的超声波探头用于探测泊车过程中1号车与3号车和2号车的前后距离，右侧的超声波探头用于探测车位。汽车准备靠边停车时，启动自动泊车系统，该系统通过汽车右侧的超声波探头检测车位信息，若路边有停靠车辆，则汽车右侧探头检测距离为 d_1（米），否则检测距离为 d_2（米）。对于 d_2 有两种情况，一是路边有障碍物，二是路边没有障碍物。有障碍物时，则超声波探头能正常探测出距障碍物的距离；若无障碍物，则传感器检测距离为很大或者系统默认为最大探测距离。对于无障碍物的情况，不会影响正常泊车。正常情况下，当1号车的超声波探头经过2号车的上边缘时，其所测距离会从 d_1 突变到 d_2。检测到此突变的同时系统开始计时。汽车继续向前探测，当超声波探头经过3号车的下边缘时，其所测距离会从 d_2 突变到 d_1。此刻，定时器停止计时。以上整个探测车位的过程会得到图8-10中的距离探测脉冲，其中的点画线脉冲即是由空余车位产生的。若此点画线脉冲探测范围内，汽车的速度为 v_{det}，计时器的计时时长为 Δt_{det}，则检测到的车位长度 $L_{\text{p}}=v_{\text{det}}\Delta t_{\text{det}}$，车位宽度 $W_{\text{p}}=d_2-d_1$。为了避免所测车位误差较大，汽车右侧的两个超声波探头会分别测量车位尺寸，最后求取均值作为最后所测车位的尺寸。系统根据所探测的车位长度和宽度与汽车本身的长度和宽度作对比，考虑安全距离以及最小可用车位长度 L_{pmin} 等问题，判定该车位是否可用。若车位不可用，则继续探测前进，直到找到可用车位。找到可用车位后，系统进入路径规划阶段。

超声波传感器探测车位过程中会遇到一些外界扰动，需要对探测数据进行滤波处理，常用的方法有中值滤波、算术平均滤波、加权滤波以及限幅滤波等。

2. 基于图像传感器的车位识别算法

基于图像传感器的环境感知克服了超声波传感器信息采集的局限性，可以获得车身周围更丰富、更准确的数据，为开发适用范围更广泛、更可靠的自动泊车系统提供了可能。基于图像传感器的车位识别算法可分为计算机视觉算法、深度学习目标检测算法、深度学习语义分割算法等。

计算机视觉算法一般是对车位引导线和车位分割线进行直线检测，引导线是指停车位平行于道路的直线，通常为白色实线，分割线则是指划分不同停车位的直线，分割线通常垂直于引导线，再经过图像处理的方法得到车位。在检测车位线之前，通常需要对相机直接采集到的图像做预处理，其中包括对图像畸变的校正，以便在图像中能直观地观察到实物的实际形状，如在图像进行畸变校正之前，入口线与分割线在图像中并不是直观地表现为严格的直线，而在图像进行畸变校正以后，引导线与分割线等线性物体更接近于实际的物理形状。车位检测过程将受到光照不均匀、光照强度变化等环境因素的干扰，为提高后续车位检测的精度和算法对环境的鲁棒性，须先对图像进行预处理，再经过边缘提取、车位识别，最终可以得到车位的信息，如图8-11所示。

深度学习算法可以通过前期大量的车位数据集训练，有效提升复杂场景下车位的识别率和准确率，有效避免车位内障碍物、地面纹理特征、环境光线等对检测结果的影响。一

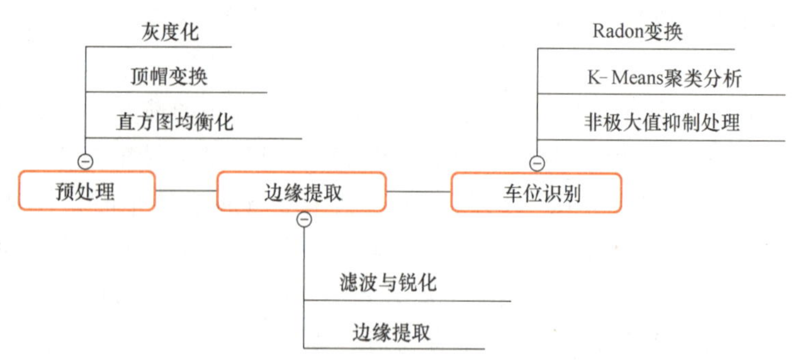

图 8-11 基于计算机视觉的车位检测算法

般先通过四个鱼眼相机生成车辆全景环视图，在此基础上设计基于深度学习的停车位检测算法，选择车位入口线、车位角点等为检测目标，如图 8-12 所示。

图 8-12 车位入口线与车位角点

部分学者使用常见的目标检测框架设计车位识别算法，如 YOLO、SSD、Faster RCNN 等，算法识别效果如图 8-13 所示。

基于深度学习的车位识别算法效果较好，但由于算法本身的参数过多，导致计算成本过高、实时性无法保证，所以在实车上部署的案例并不多。

3. 基于多传感器融合的车位识别算法

基于多传感器融合的车位识别目前处于研究阶段，此类算法有效弥补了单一传感器的不足，但对融合算法、计算平台要求较高，量产车上鲜有搭载。常见的融合算法有基于超声波与图像传感器的融合、基于图像传感器与激光雷达的融合。

在超声波与图像传感器融合的车位检测算法中，融合的方式可分为低层次融合与高层次融合。低层次融合分别将超声波的检测结果与图像的检测结果进行对比分析，通过设定优先级等方式确定最终的停车位信息。高层次融合中的一种方式为：通过其与相机的位置关系，将超声波的信息投影到图像中，以此对视觉检测的范围等进行优化，再通过视觉方式进行停车位检测，得到更好的检测结果。

在图像与激光雷达融合的算法中，使用环视监视器（around view monitor，AVM）和激光雷达传感器来提供车位与环境信息。如图 8-14 所示，停车线特征通过 AVM 和激光雷

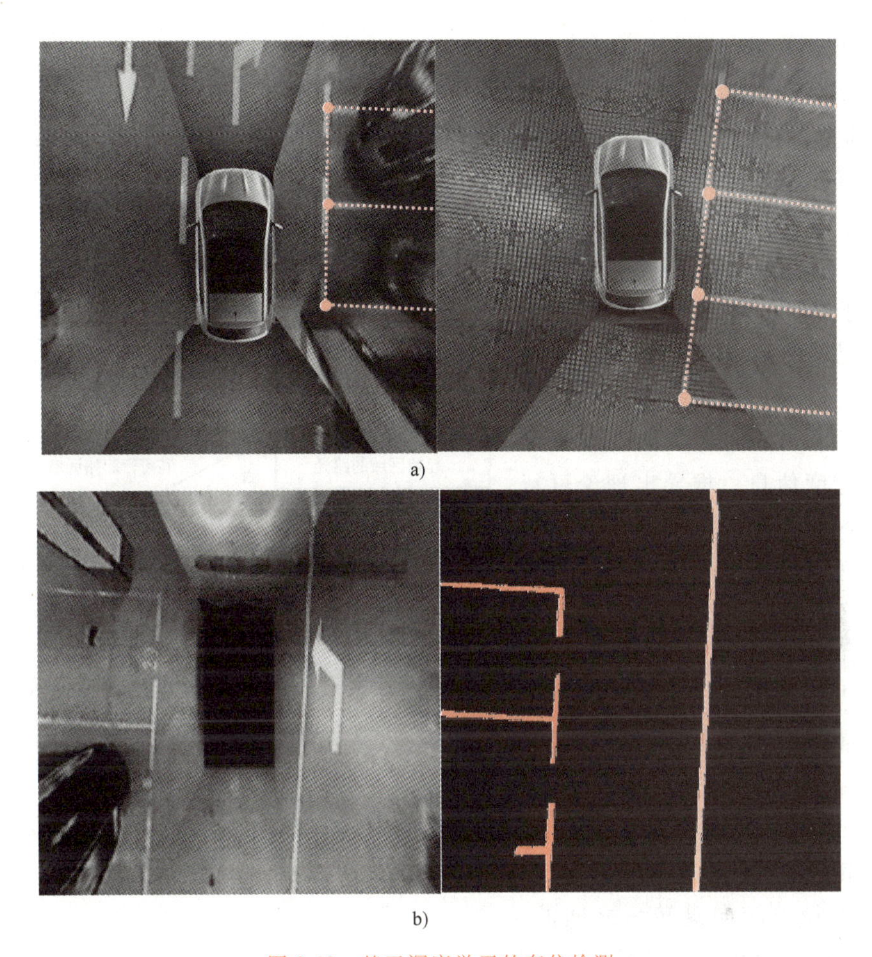

图 8-13 基于深度学习的车位检测

a）基于目标检测算法的车位识别效果图 b）基于语义分割算法的车位识别效果图

达传感器数据融合来提取，由于这些特征可以通过地图中累积的停车线来检测停车位，算法运算成本降低，但对算法本身的设计要求较高。

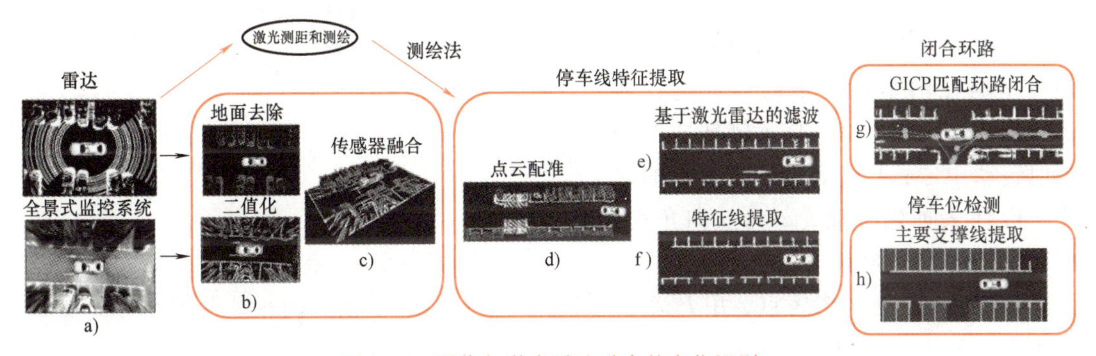

图 8-14 图像与激光雷达融合的车位识别

8.2.2 路径规划算法

自动泊车系统的路径规划是车辆在获取了周围环境信息后开始的，进行路径规划的前提是系统检测到有效车位，然后结合车辆和车位的相对位置、车辆自身运动学、车辆初始位姿、道路边界等约束条件，以车辆参考点行驶轨迹为设计对象，生成起始点至泊车终止点的路径曲线，且路径曲线需满足连续、避障和易于跟踪等条件。

路径规划的基本流程如图 8-15 所示。首先，根据车辆相关参数确定所需最小车位尺寸；然后，结合车位尺寸和道路宽度信息，推导出理论可行泊车起始区域；接着，根据泊车过程的约束条件和泊车曲线类型，对理论可行起始区域进行更新，得到实际满足泊车要求的起始区域；最后，根据车辆起始点位置和泊车终止点位置，规划泊车路径。

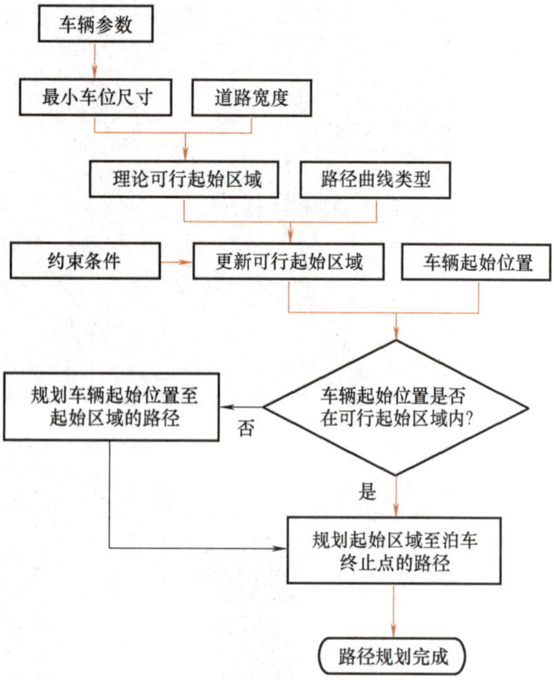

车辆参数
最小车位尺寸
道路宽度
理论可行起始区域
路径曲线类型
约束条件
更新可行起始区域
车辆起始位置
车辆起始位置是否在可行起始区域内?
否
规划车辆起始位置至起始区域的路径
是
规划起始区域至泊车终止点的路径
路径规划完成

图 8-15　路径规划基本流程

1. 车辆运动学建模

路径规划的前提是要保证安全性和可行性，所以需要对车辆模型进行运动学数学建模并施加约束。除了分析车辆转弯过程中车辆运动半径与转向盘转角之间的关系，还要分析车辆在泊车过程中会遇到的碰撞区域。

泊车过程中速度一般很低，车轮不会发生侧滑现象，忽略车辆的俯仰和侧倾，泊车的过程可以看作刚体的平面运动，双轴二自由度的两轮模型可以很好地对车辆在泊车过程中的运动进行描述。在图 8-16 中，O_C 是车辆转向时的瞬时转动中心；V 代表后轴中心点的速度，V_f 代表前轮速度，φ 为航向角度；δ 为前轮的等效转角。

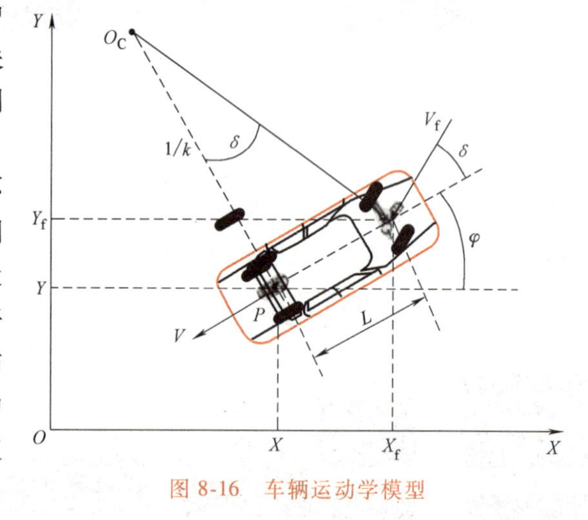

图 8-16　车辆运动学模型

选取后轴中心为参考点，用 P 表示，下面是车辆动力学模型的相关公式推导。在后轴中心（X_r，Y_r）处，速度为

$$v_r=\dot{X}_r\cos\varphi+\dot{Y}_r\sin\varphi \tag{8-3}$$

由于前、后轴无侧滑，故后轴轨迹在垂直方向上的速度为 0，因此前、后轴有约束方程：

$$\begin{cases}\dot{X}_f\sin(\varphi+\delta_f)-\dot{Y}_f\cos(\varphi+\delta_f)=0\\ \dot{X}_r\sin\varphi-\dot{Y}_r\cos\varphi=0\end{cases} \tag{8-4}$$

由式（8-3）和式（8-4）两式联合可得

$$\begin{cases}\dot{X}_r=v_r\cos\varphi\\ \dot{Y}_r=v_r\sin\varphi\end{cases} \tag{8-5}$$

根据前后轮的几何关系可得

$$\begin{cases}X_f=X_r+l\cos\varphi\\ Y_f=Y_r+l\sin\varphi\end{cases} \tag{8-6}$$

将式（8-5）和式（8-6）代入式（8-4），可解得横摆角速度为

$$\omega=\frac{v_r}{l}\tan\delta_f \tag{8-7}$$

式中，ω 为车辆横摆角速度；同时，由 ω 和 v_r 可得到转向半径 R 和前轮偏角 δ_f：

$$\begin{cases}R=v_r/\omega\\ \delta_f=\arctan(l/R)\end{cases} \tag{8-8}$$

由式（8-5）和式（8-7）可得到车辆运动学模型为

$$\begin{pmatrix}\dot{X}_r\\ \dot{Y}_r\\ \dot{\varphi}\end{pmatrix}=\begin{pmatrix}\cos\varphi\\ \sin\varphi\\ \tan\delta_f/l\end{pmatrix}v_r \tag{8-9}$$

该模型可被进一步表示为更为一般的形式：

$$\dot{\xi}_{kin}=f_{kin}(\xi_{kin},u_{kin}) \tag{8-10}$$

式中，状态量 $\xi_{kin}=(X_r,Y_r,\varphi)^T$，控制量 $u_{kin}=(v_r,\delta_f)^T$。

在无人驾驶车辆的路径跟踪控制过程当中，往往希望以 $(v_r,\ \omega)$ 作为控制量，该车辆运动学模型可以被转换为如下形式：

$$\begin{pmatrix}\dot{X}_r\\ \dot{Y}_r\\ \dot{\varphi}\end{pmatrix}=\begin{pmatrix}\cos\varphi\\ \sin\varphi\\ 0\end{pmatrix}v_r+\begin{pmatrix}0\\ 0\\ 1\end{pmatrix}\omega \tag{8-11}$$

2. 路径规划

泊车路径规划常用方法有两段弧式轨迹（见图 8-17a）、圆弧直线轨迹（见图 8-17b）、圆弧回旋曲线轨迹（见图 8-17c）、B 样条曲线、五次样条曲线等。

平行泊车过程按照驾驶人的驾驶经验，通常分为四个阶段完成，即直线倒车、右打轮倒车、轮回正直线倒车、左打轮倒车至终点。路径规划参考图 8-17 的方案，并在此基础上做了改进。具体泊车路径示意图如图 8-18 所示，三块矩形分别为三个停车位，其中两边的停车位已被 1 号车和 2 号车占用，中间停车位可用。图中 W_c 为汽车宽度，L_c 为汽车

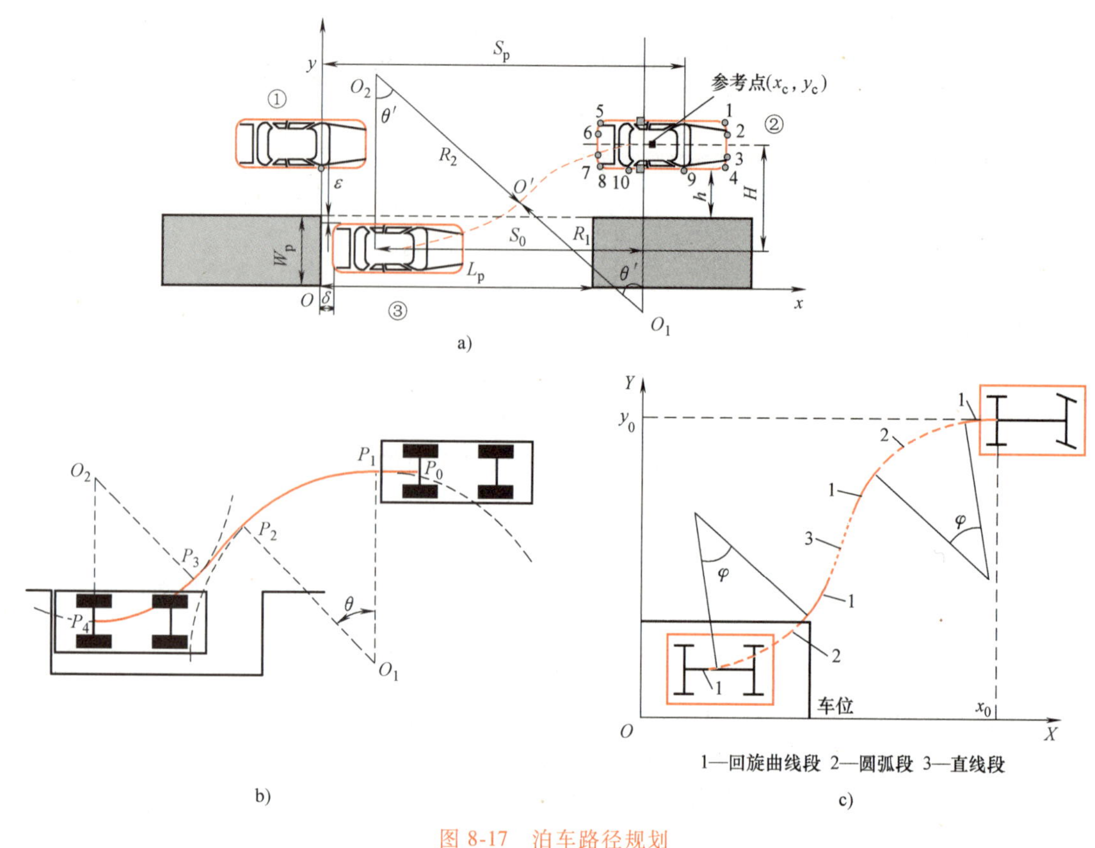

图 8-17 泊车路径规划

a）两段弧式轨迹 b）圆弧直线轨迹 c）圆弧回旋曲线轨迹

长度，L_p 为泊车位长度，L 为前后轮轴距，ΔS 为两车之间的安全距离，d 为车身纵向中轴线与路边车辆的距离。按照图 8-18 所示建立直角坐标系，其中停车位纵向中轴线为 x 轴，距后方车头 ΔS 为 y 轴。由于后轮轨迹在车体运动过程中能够完全体现车体的运动轨迹，这里将后轮轴线中心坐标作为车体运动坐标，泊车路径即为后轮轴线中点的运动路径。自动泊车始点为 P_5，终点为坐标原点 O，四个阶段的泊车路径分别为 P_5P_4 直线段、P_4P_2 圆弧、P_2P_0 直线段和 P_0O 圆弧。P_0O 圆弧与 X 轴相切于原点 O，汽车泊车过程中，圆弧半径 R_1 不得小于汽车的最小转弯半径 R_{min}。

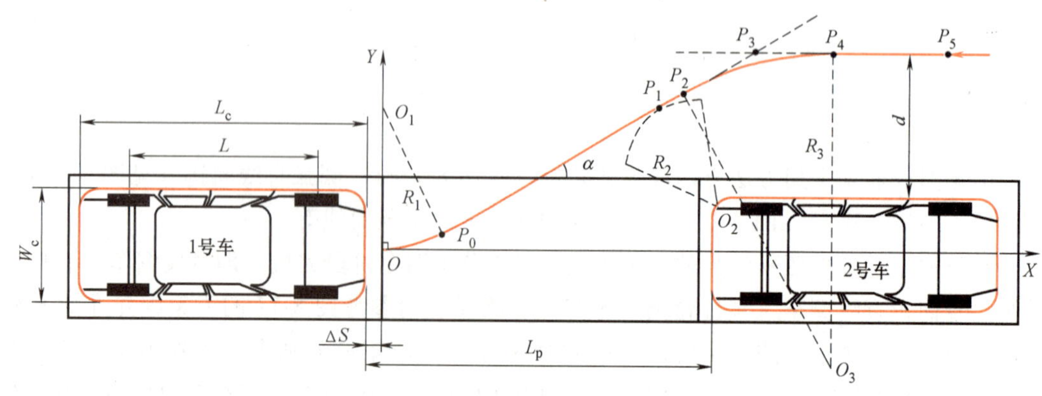

图 8-18 自动泊车路径规划

为了能够消除圆弧段 P_0O 的轨迹追踪误差，给控制系统留有更大的控制余量，同时又综合考虑尽量减小对泊车空间的尺寸要求，本系统半径 R_1 取为

$$R_1=\frac{L}{\tan\left(\frac{\beta_{\max}}{1.1}\right)} \tag{8-12}$$

式中，$\beta_{\max}$ 为前轮最大转角。

$$P_0:(R_1\sin\alpha, R_1(1-\cos\alpha)) \tag{8-13}$$

$$P_2:(X_{P4}-L_{34}(1+\cos\alpha), Y_{P4}-L_{34}\sin\alpha) \tag{8-14}$$

$$P_4:(X_{P4}, Y_{P4}) \tag{8-15}$$

式中，$X_{P4}=(R_1/\cos\alpha-R_1+d+0.5W_c)/\tan\alpha$，$Y_{P4}=d+0.5W_c$。

L_{34} 为线段 P_3P_4 的长度，α 为直线 P_3P_0 与 X 轴正向的夹角，α 可通过以下方程求得

$$\tan_\alpha=\frac{\frac{W_c}{2}+R_2\cos\alpha-R_1(1-\cos\alpha)}{L_p-R_1\sin\alpha-R_2\sin\alpha-\Delta S} \tag{8-16}$$

根据路径规划可知，当线段 P_0P_1 长度等于车长 L_c 时，得到最短可用泊车位 L_{pmin}。

$$\begin{aligned}L_{\text{pmin}}&=(R_1-R_2)\sin\alpha_0+L_c\cos\alpha_0\\&=\left(\frac{L}{\tan(\beta_{\max}/1.1)}+0.5W_c+\Delta S\right)\sin\alpha_0+L_c\cos\alpha_0\end{aligned} \tag{8-17}$$

其中，α_0 通过以下方程求得

$$L_c\sin\alpha_0=(R_1+R_2)\cos\alpha_0+W_c/2-R_1 \tag{8-18}$$

从式（8-18）中可以看出，最短泊车位长度与小车长度、前后车轮轴距、小车宽度、两车间的安全距离正相关，与前轮最大转向角负相关，这与实际经验相吻合。

8.2.3　泊车控制算法

准确的车位检测和合理的路径规划是完成泊车的前提，而控制车辆精确地跟踪规划出的泊车路径则是整个泊车系统成功的关键。因此泊车的运动控制方法是整个泊车系统的核心内容。得到参考泊车轨迹之后，控制系统需要根据车辆自身位姿与参考泊车轨迹之间的偏差，控制车辆跟踪当前参考轨迹，完成泊车操作。

泊车运动控制主要包括车辆速度控制和方向控制两大部分，而车辆状态估计是实现路径跟踪的前提，控制系统架构如图 8-19 所示。

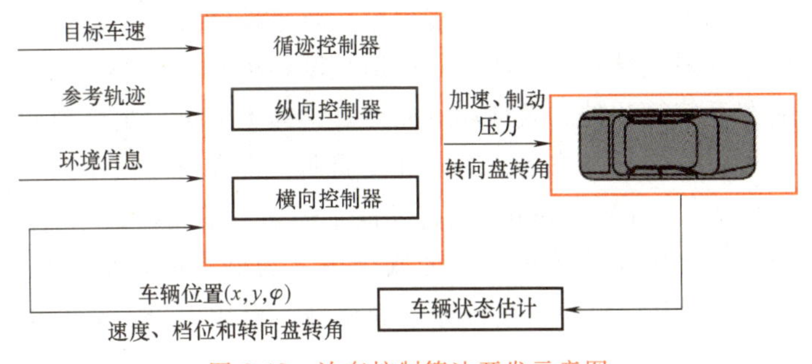

图 8-19　泊车控制算法开发示意图

在纵向方向上，为了使车辆保持低速且尽可能匀速行驶，并且为了车辆能更好地跟踪期望路径，需要精确控制车速的大小。控制车速的原理是控制器根据车辆实时反馈的车速进行计算，得到加速或制动控制量，使得车辆的实际速度维持在期望车速附近。

不同的控制算法都能达到控制车速的目的，如 PID 控制、滑模控制、模糊控制和神经网络等。由于车速控制属于自动泊车系统中的小规模控制系统，车速控制器可以看作是单输入和单输出的反馈系统，因此常用结构简单、无须依赖精确模型的 PID 控制。

首先，泊车的过程要求车辆低速平稳行驶，纵向方向基于 PID 控制算法设计了车速控制器，通过控制加速和制动的方式使车速保持在期望车速附近；然后，横向方向基于模型预测控制算法设计了路径跟踪控制器，通过控制转向的方式控制车辆跟踪期望路径；最后，结合车辆搭载的超声波雷达信号，通过控制制动的方式使车辆在泊车过程中实现避障的功能。

为了使车辆顺利跟踪期望路径，当车速已知时，在横向方向上，需要对车辆的转向进行精确控制。路径跟踪控制的原理是根据车辆实时反馈的状态信息进行计算，得到最优的前轮转角或转向盘转角控制量，将控制量反馈到车辆，以此来控制车辆跟踪期望路径。

路径跟踪的过程实际是对期望路径上的一系列点的逐个跟踪过程，当路径跟踪过程中车速发生变化时，将会影响到跟踪效果。许多研究学者研究路径跟踪控制方法时，将车速视为匀速条件进行研究，忽略了车速变化对跟踪效果的影响。车辆在泊车过程中可能会遇到行人、动物等动态障碍物，此时就需要停车避让，传统的路径跟踪控制策略中，对车速要求较高，在泊车过程中车速需要尽可能保持匀速状态，转角变化与时间相关，制动后就失去了跟踪能力。

为了减小车速变化对跟踪效果的影响，以及考虑泊车过程中遇到动态障碍物的避障控制，本章基于模型预测控制算法设计了路径跟踪控制器，模型预测控制算法可以根据车辆位姿信息和车速信息实时调整预测模型，修正转角控制量，降低车速对路径跟踪效果的影响。

泊车过程中的避障方法一般有横向和纵向两种方法，主要通过控制车速的方式来实现避障功能。避障控制的判断依据是根据超声波雷达反馈的距离信号进行判断。

8.2.4 自动泊车系统仿真

自动泊车系统仿真技术是实现自动泊车系统开发的核心技术之一，是提高自动泊车系统综合性能、可靠性、安全性和降低开发成本的重要环节。对自动泊车系统仿真技术的研究，不仅能够快捷地模拟泊车环境（车辆尺寸、泊车位尺寸、车辆起始位置等），仿真验证不同环境下的车位调节、转向控制、轨迹生成、轨迹控制等算法的有效性，从而提高算法在不同泊车环境下的适应性；而且能够很好地预测各种环境下的系统性能，验证在实车工作环境下自动泊车系统算法的有效性和可靠性。这样不但可以灵活地调整设计方案，合理优化参数，而且可以降低开发成本，缩短开发周期，提高自动泊车系统开发的效率。常用的仿真方法是使用 MATLAB/Simulink 联合其他车辆动力学和虚拟环境仿真等软件。

本书以 veDYNA、PreScan 和 Simulink 的联合仿真为例，进行平行泊车控制系统的功能验证。veDYNA 车辆动力学软件建立目标车辆模型，使用 PreScan 场景软件建立平行泊车场景模型。

1. 动力学模型搭建

常用的动力学模型搭建软件有 Carmaker、Carsim、veDYNA 等，本书以 veDYNA 为例搭建动力学模型。

veDYNA 模型定义和仿真控制都是通过图形化的用户操作界面实现，veDYNA 提供了标准工程接口，模型可编译成 C 代码在实时环境下运行，由于 veDYNA 是在 Simulink 环境下运行，因此模型数据的输入输出可在 Simulink 中进行配置，veDYNA 软件的主操作界面和 Simulink 模型界面如图 8-20 所示。

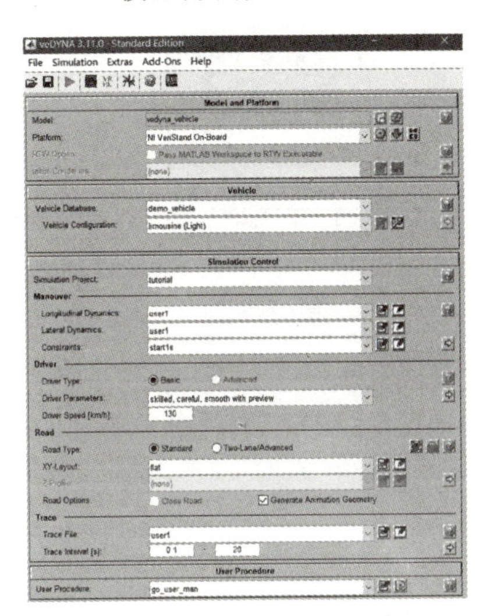

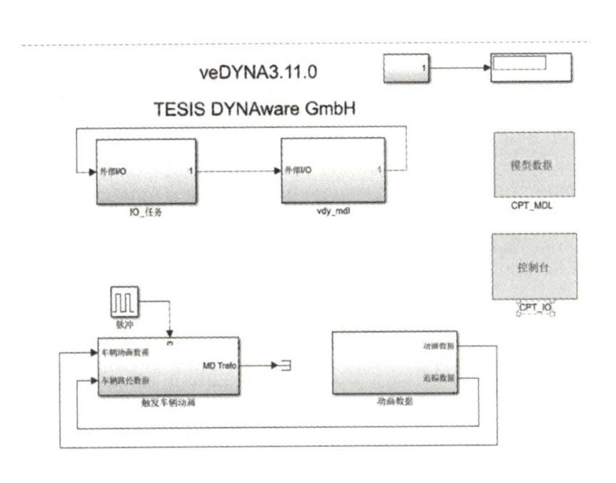

图 8-20 veDYNA 软件界面及 Simulink 模型界面

在使用 veDYNA 软件进行仿真前，需要修改软件中仿真车辆的参数，在主操作界面中选择 Vehicle 栏进行参数设置，弹出如图 8-21 所示的界面，在该界面中可以详细设置车辆的几何尺寸、空气动力学、制动系统、前后悬架、转向系统、发动机和变速器等参数。

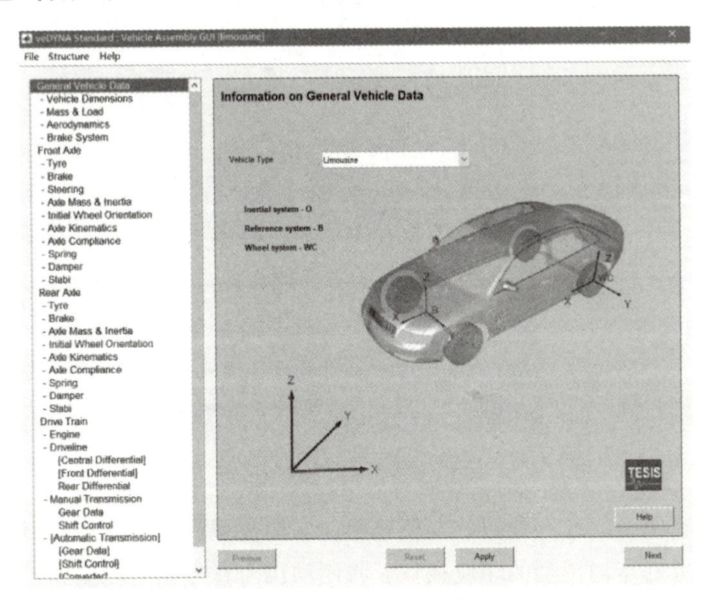

图 8-21 veDYNA 车辆参数设置界面

设置参数如图 8-22 所示。除了对车身结构参数进行设置，还需要对档位进行设置，档位的设置将根据车辆的起始位置和跟踪的路径曲线进行切换，当车辆需要向前行驶时，设置档位为 1，当车辆需要向后行驶时，设置档位为-1，切换操作使用 Simulink 中的 Switch 模块完成。

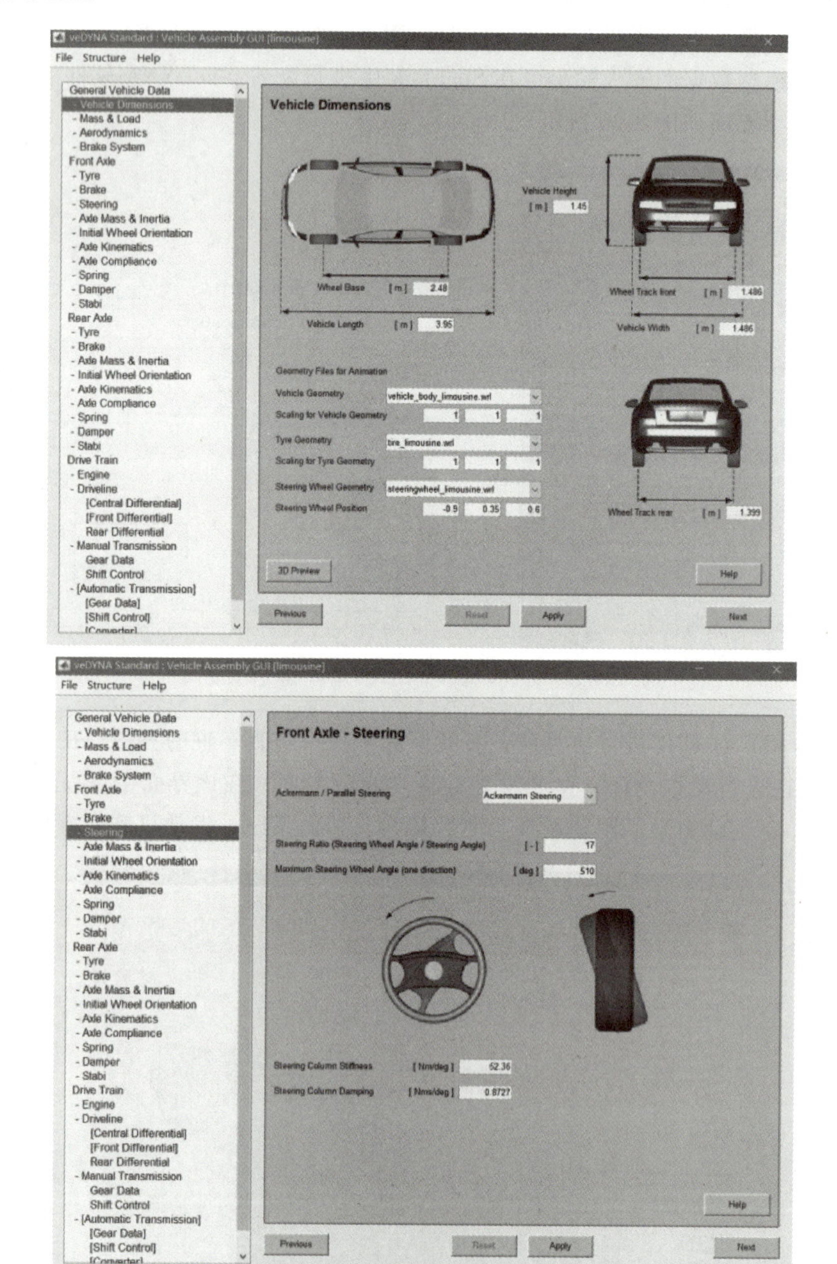

图 8-22　车辆几何参数和转向系统参数设置

为了保证车辆模型能顺利地跟踪期望路径，车辆模型和控制模型需要完整地结合在一起，首先需要配置好车辆模型的相应接口。将制动压力百分比、档位和转向盘转角作为输入，车辆的横纵向位移、横摆角、横摆角速度和车速作为输出，如图 8-23 所示。

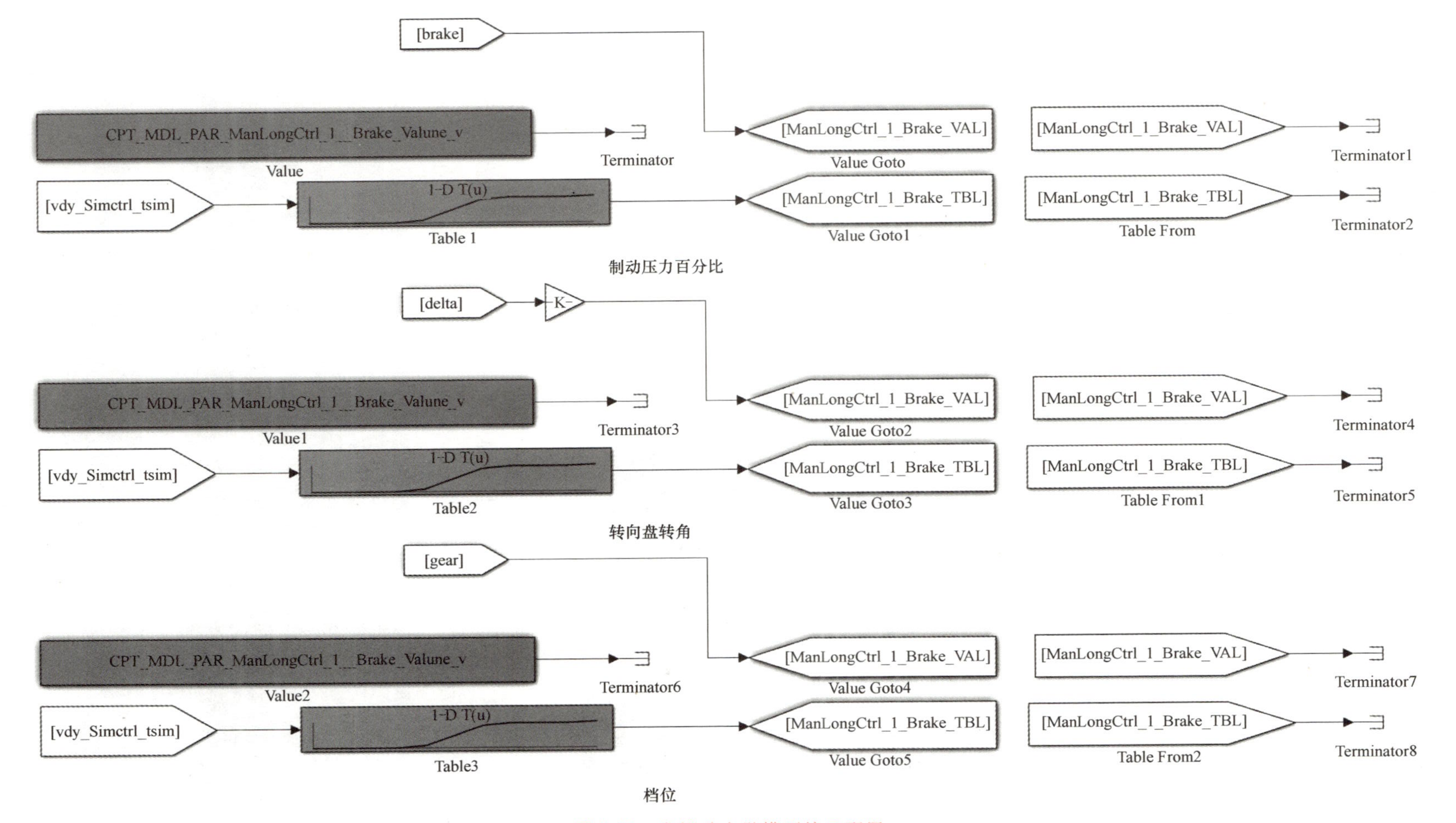

图 8-23 车辆动力学模型接口配置

2. 泊车场景模型搭建

常用的场景模型搭建有 PreScan、VTD、SCANeR 等，本书以 PreScan 为例搭建场景，图形用户界面如图 8-24 所示，在该界面下可以进行场景和传感器建模，PreScan 的 Simulink 界面如图 8-25 所示，在该界面下可以添加控制系统，还可以导入现有的 Simulink 模型。

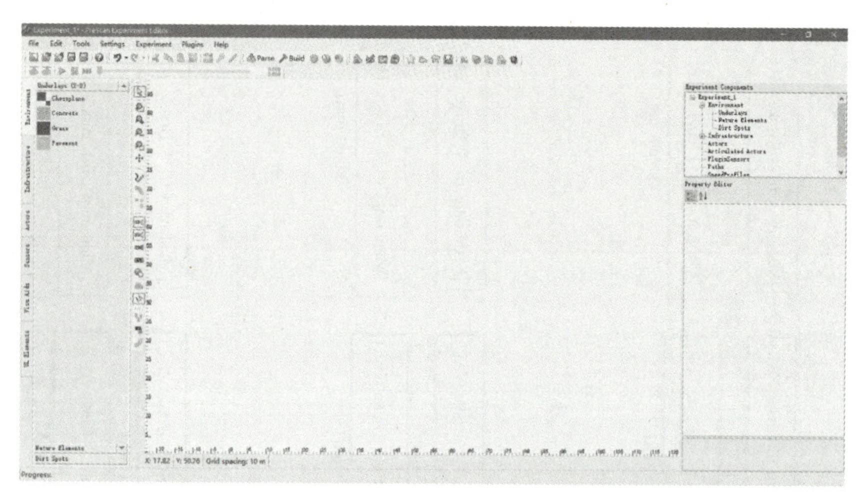

图 8-24　PreScan 软件图像用户界面

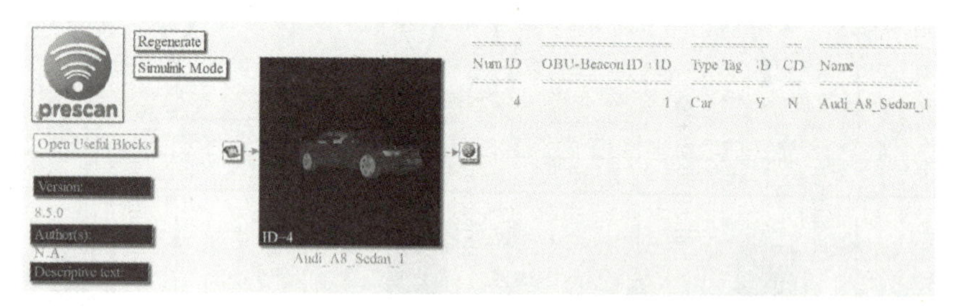

图 8-25　PreScan 软件 Simulink 界面

泊车仿真场景主要分为无障碍物和有障碍物两大类，其中无障碍物时的泊车场景又分为正常车位尺寸场景和车位尺寸偏小场景。本书以平行泊车场景为例，如图 8-26 所示。

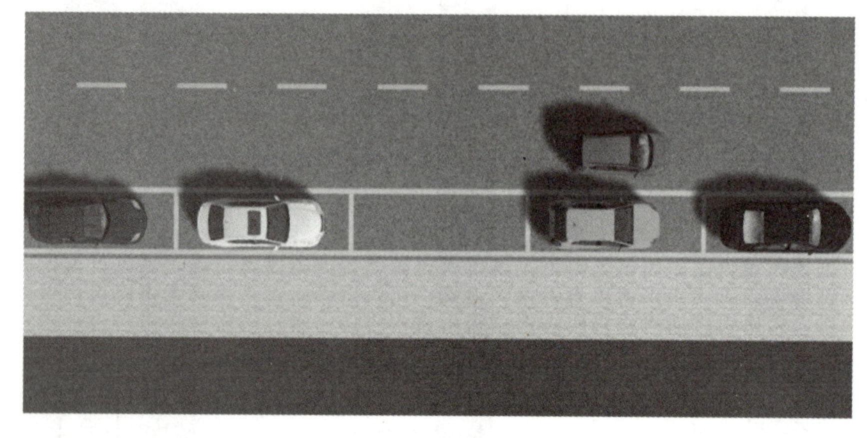

图 8-26　平行泊车场景

为了保证场景模型顺利与动力学模型和控制模型进行联合仿真，需要配置好场景模型的相应接口。首先是场景车辆的设置，PreScan 软件中车辆在场景中的位姿状态是由 9 个参数确定的，将这 9 个参数作为场景模型的输入，以此来更新场景车辆的位置和姿态，如图 8-27 所示。除了场景车辆的配置，还需要配置超声波雷达的接口，需要将超声波雷达的距离信号作为输出信号，输入到控制算法中，如图 8-28 所示。

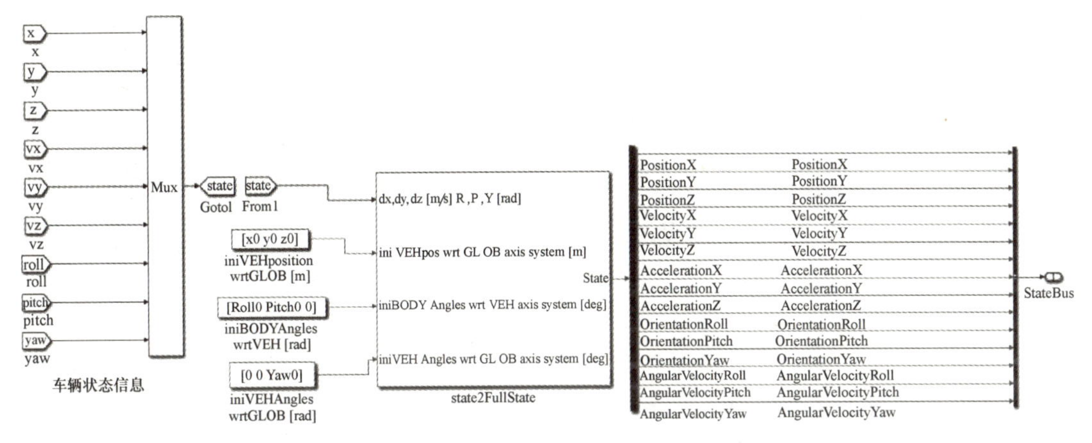

图 8-27　车辆状态接口配置

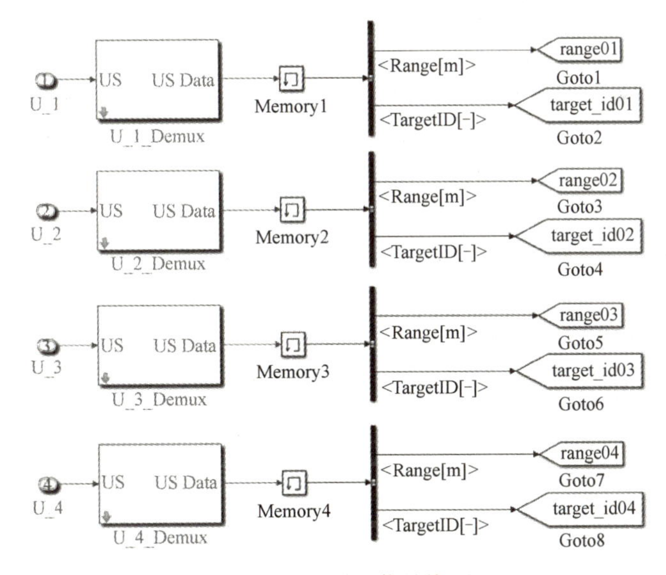

图 8-28　超声波雷达信号接口配置

3. 联合仿真平台搭建

结合 veDYNA 车辆动力学模型、PreScan 场景模型和 Simulink 的运动控制模型，搭建联合仿真平台，如图 8-29 所示。由于不同软件之间需要保持一定的兼容性，因此需要选用合适的软件版本，本章搭建联合仿真平台所使用的软件版本分别为：DYNAwareR3. 4. 0、PreScan 8. 5. 0、MATLAB 2015b。由于 veDYNA 软件和 PreScan 软件都可以与 Simulink 进行相互

调用仿真，因此可以将 veDYNA 的车辆动力学模型状态参数和 PreScan 的超声波雷达信号传递到 Simulink 中的运动控制模型中，同时也可以通过 Simulink 将运动控制模型的输出控制量传递到 veDYNA 车辆动力学模型中，另外还需要通过 Simulink 将 veDYNA 车辆动力学模型的状态参数传递到 PreScan 中，实时更新车辆在泊车场景中的位姿信息。

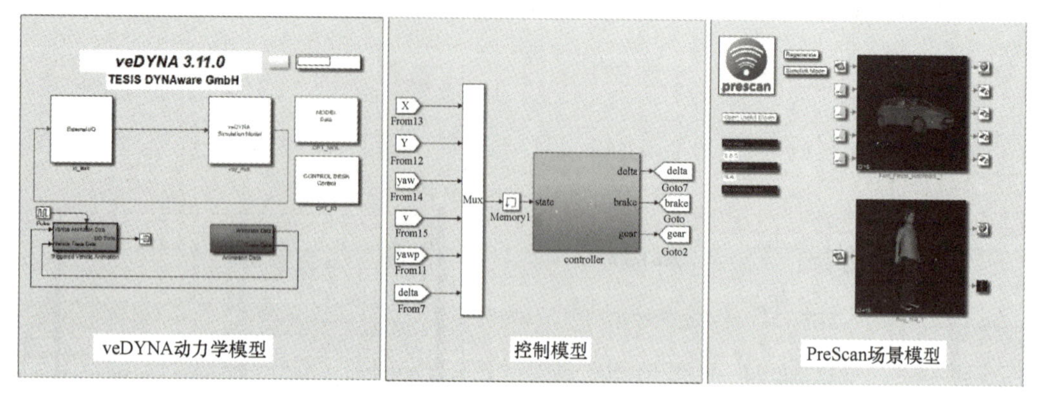

图 8-29 联合仿真平台

联合仿真平台需要使用同一参考坐标系，需要保证车辆横纵向坐标的一致性，由于 veDYNA 动力学模型的车辆坐标以前轴中心为参考，PreScan 场景模型的车辆坐标以质心为参考，路径跟踪控制模型中的车辆坐标以后轴中心为参考，因此需要转换三个模型的车辆坐标，需要使用同一个参考坐标系表示，如图 8-30 所示。对于 veDYNA 动力学模型的车辆坐标，为了与运动控制模型保持坐标一致性，需要将其转换成以后轴中心为参考的车辆坐标；为了与 PreScan 场景模型保持坐标一致性，需要将其转换成以质心为参考的车辆坐标。

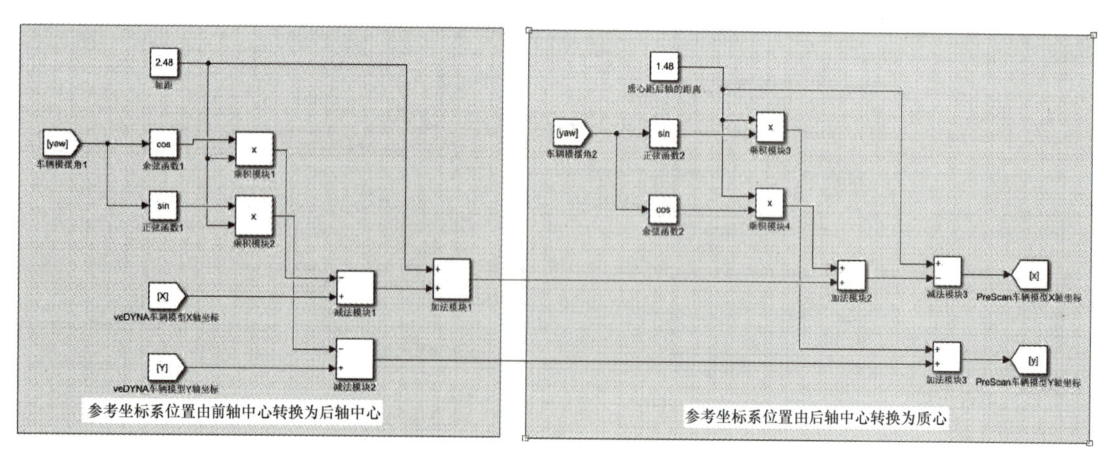

图 8-30 参考坐标系转换

4. 仿真结果及分析

仿真过程见表 8-1，从表中可以看出，当车辆起始位置在区域一中时，控制器控制车辆进行泊车操作时，车辆没有与车位线和道路边界线发生碰撞，能控制车辆安全驶进车位。

表 8-1　工况一仿真过程示意图

时间	示意图	时间	示意图
0s	区域	6s	
1s		7s	
2s		8s	
3s		9s	
4s		10s	
5s		11s	

仿真结果如图 8-31 所示，从图 8-31a 和 b 中可以看出，路径跟踪控制模型能很好地控制车辆沿着期望路径行驶，Y 方向误差范围在 0.006m 以内，误差能得到很好的控制。由图 8-31c 可知，车辆横摆角随时间变化连续，车辆实际横摆角与期望路径横摆角误差范围保持在 0.01rad 以内，车辆沿着期望路径行驶至路径终止点时，横摆角保持在零附近，车身与车位保持平行。由图 8-31d 可知，车速控制器能很好地控制车辆行驶速度保持在 -1m/s 附近，使得泊车过程车辆能保持平稳行驶，降低了纵向方向车速变化对路径跟踪效果的影响。由图 8-31e 可知，车辆转向盘转角随时间变化连续，无突变情况，且转向盘转角的变化范围在 8.9rad 以内，满足车辆转向机构要求，车辆行驶至路径终止点时，转向盘转角为回正状态，避免了原地转向的情况。由图 8-31f 可知，车辆转向盘转角转速随时间的变化连续，无突变情况，且转向盘转角转速的变化范围在 8.9rad/s 以内，满足车辆转向机构的要求。

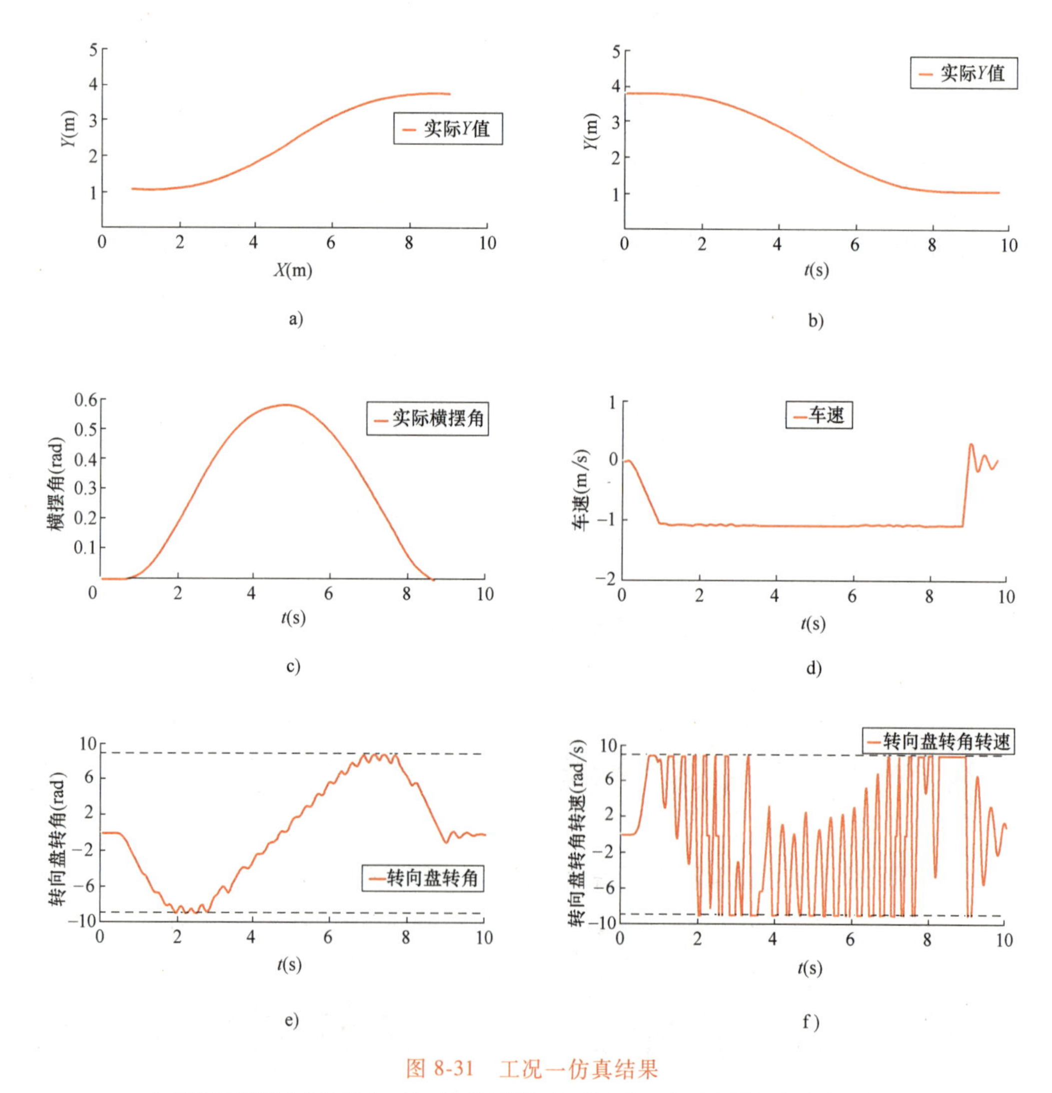

图 8-31 工况一仿真结果

a）车辆 Y 值随 X 轴的变化 b）车辆 Y 值随时间的变化 c）车辆横摆角随时间的变化
d）车速随时间的变化 e）转向盘转角随时间的变化 f）转向盘转角转速随时间的变化

8.3　智能小车 APS 系统实践

8.3.1　组成及原理

1. 系统组成

自动泊车系统组成图如图 8-3 所示，泊车系统的环境感知模块主要依赖各种传感器系统进行数据采集。常用超声波传感器、图像传感器、惯性导航仪等，如图 8-32 所示，它们主要用来探测环境信息，包括寻找可用车位与泊车过程中实时探测车辆位置信息和车身状态信息。在车位探测阶段，传感器系统根据车位的长度和深度来判断车位是否可用。在倒车泊车阶段，传感器系统可以检测汽车相对于目标停车位的相对位置坐标，并且可以确保泊车过程中成功避障，提升泊车过程中的安全性与可靠性。在车位检测方面本书主要采用超声波传感器。

图 8-32　超声波传感器、图像传感器、惯性导航仪

本书选用型号为 HC-SR04 的超声波传感器，该传感器可提供 2～400cm 的非接触式距离感测功能，测距精度达到 3mm，包括超声波发射器、接收器和控制电路，如图 7-16 中所示，有 Vcc（提供 5V 电源）、Trig（触发控制信号输入）、Echo（回响信号输出）及 GND 等四根线。

基本工作原理：采用 I/O 口 Trig 触发测距，给至少 10μs 的高电平信号，如图 8-33 所示；模块自动发送 8 个 40kHz 的方波，自动检测是否有信号返回；若有信号返回，通过 I/O

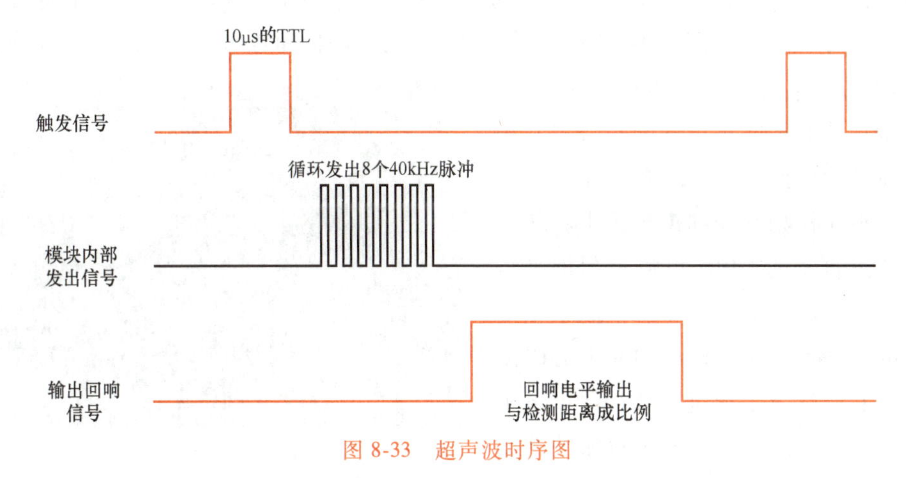

图 8-33　超声波时序图

口 Echo 输出一个高电平，高电平持续时间就是超声波从发射到返回的时间。

$$S=\frac{ct}{2} \tag{8-19}$$

式中，c 为传播速度，$c=340\text{m/s}$；t 为计时器记录的时间，单位为 s。

本书选用智能小车如图 8-34 所示，车模与真实车辆相似，小车的基本参数见表 8-2。

图 8-34 智能小车

表 8-2 智能小车基本参数

车辆参数	数值大小	单位
车身长度	0.423	m
车身宽度	0.19	m
轴距	0.26	m
前轮最大转角	85	°
前轮转角最大转速	0.872	rad/s

选用树莓派作为智能小车的控制器，如图 2-23 所示。树莓派是一款基于 ARM 的微机主板，以 SD/MicroSD 卡为内存硬盘，卡片主板周围有 USB 接口和以太网接口，可连接键盘、鼠标和网线，并且 4 代以后的版本集成了无线网卡和蓝牙，具有低能耗、移动便携性、GPIO 等特性。

为了实时获取小车车速和车身姿态信息，在小车上搭载了霍尔传感器。为了使驱动电机具备制动功能，更换小车驱动电机控制板为电调，将驱动板和转向舵机控制更换为通过树莓派 GPIO 口进行控制，如图 8-35 所示。

图 8-35 改装后的智能小车

本章搭建的智能小车试验平台基本结构如图 8-36 所示。首先，将 Simulink 搭建的运动控制模型编译到树莓派中；然后树莓派通过自身的 GPIO 口将控制信号传递到驱动电机和转向舵机中，控制小车横纵方向的运动；小车上搭载的光电编码测速传感器和陀螺仪实时通过 GPIO 口将车速信号和车身姿态信号传回树莓派的控制

模型中，以此循环实现路径跟踪的功能。

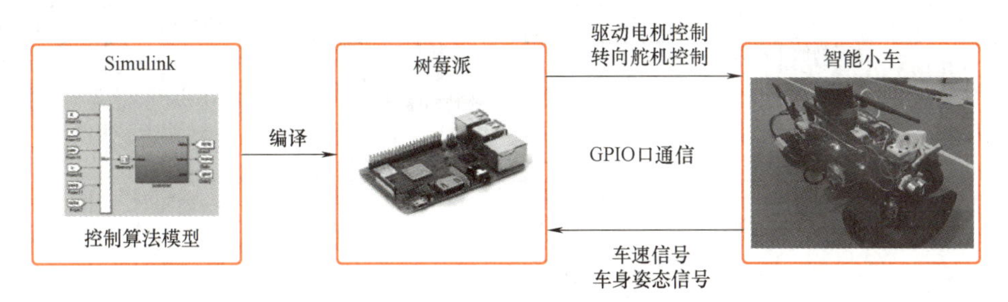

图 8-36 智能小车试验基本结构

2. 控制原理

(1) 车速控制 由于泊车是车辆低速运动的过程，车速一般控制在 1～2m/s 左右，发动机在怠速情况下，档位置于一档和倒车档时，车速一般在 10km/h（2.78m/s）以下，因此，泊车过程需要通过控制制动压力使车速减小到 5km/h 左右，以达到控制车辆的目的。

在 Simulink 中使用 PID 模块搭建车速控制器，将 PID 控制模型与车辆动力学模型进行联合，动力学模型输出的车速和设定的期望车速作为 PID 控制模型的输入，PID 控制模型输出的制动压力百分比作为动力学模型的输入，模型如图 8-37 所示。

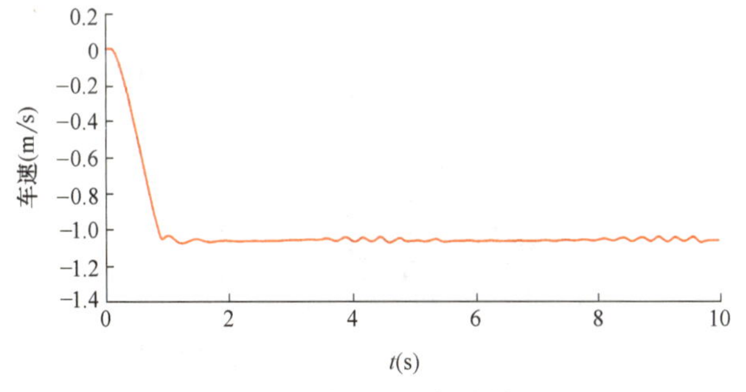

图 8-37 车速控制仿真结果

从图 8-38 中可以看出，车速在 -1s 左右达到期望车速位置，当车速达到期望车速后，车速保持在 -1～-1.1m/s 附近，波动范围较小，能够稳定在期望车速附近，说明 PID 控制模型能较好地控制车速，车速控制器控制效果稳定可靠，为后续的路径跟踪控制提供了基础。

(2) 路径跟踪控制 在自动泊车路径跟踪问题上，这里使用基于 MPC 的路径跟踪控制器。如图 8-38 所示，其中点画线框部分代表模型预测控制器主体，主要由车辆预测模型、目标函数和系统约束条件组成，控制器将控制序列的第一个控制量 u（前轮转角 δ_f 或转向盘转角 δ_s）输入到车辆模型中，更新 k 时刻的车辆状态（横向位移 x、纵向位移 y、车速 v、横摆角 φ 和横摆角速度 $\Delta\varphi$），根据 k 时刻的车辆状态和目标函数计算出的 N_u 个控制序列，可以推导出下一时刻（$k+1$）时刻至预测时域 $k+N_p$ 时刻车辆预测模型的输出（横向位移 x、纵向位移 y 和横摆角 φ），然后计算车辆预测模型的输出数据与参考路径数据的误差，将误差输入到目标函数中，同时结合系统约束（前轮最大转角约束和前轮转角最大转速约束），求解出下一时刻的最优控制序列，将控制序列的第一个控制量 u 输入到车辆模型中，以此循环实现路径跟踪功能。

为了验证控制模型的跟踪效果，结合目标车辆参数，在 Simulink 中搭建车辆运动学模型作为控制器目标车辆模型，对控制器进行初步检验。搭建的 Simulink 模型结构如图 8-39

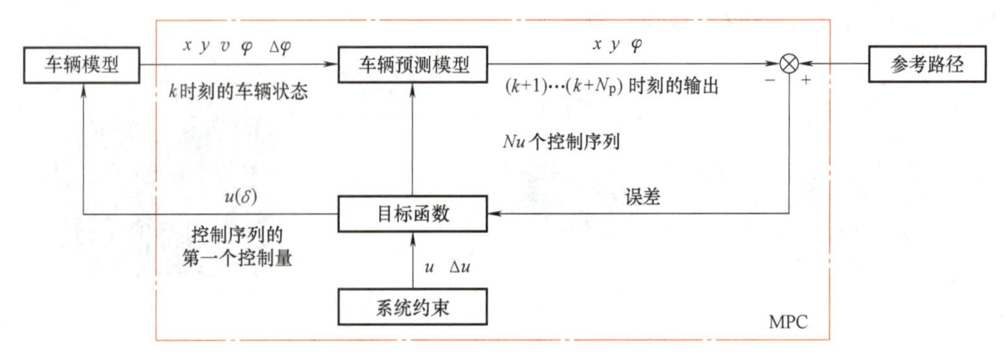

图 8-38　基于模型预测控制的路径跟踪控制器

所示，模型由模型预测控制器和车辆运动学模型组成。首先，设置车速为-1m/s，将车速信号输入进车辆运动学模型中；然后通过理论公式，根据车速信号和初始前轮转角信号计算出车辆运动学模型的横向位移、纵向位移、横摆角和横摆角速度，将车辆的各个状态量输入进模型预测控制器中，控制器根据设定的参考路径和车辆状态量计算出最优前轮转角控制量，将其反馈回车辆运动学模型和模型预测控制器中，由此进行循环操作，完成路径的跟踪过程。

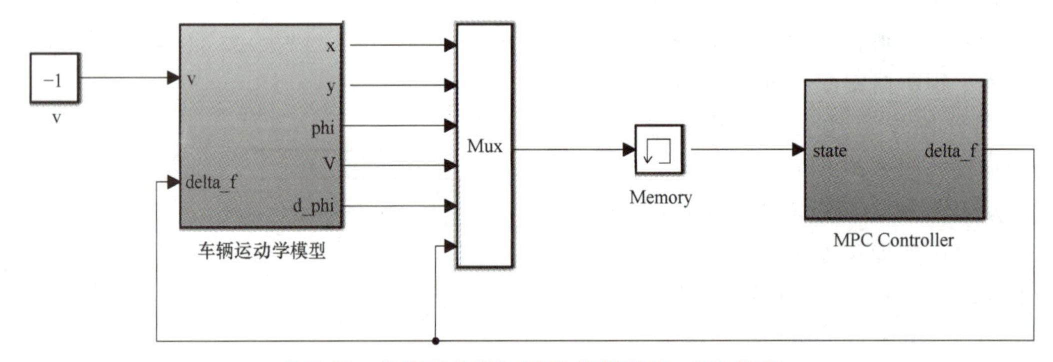

图 8-39　车辆运动学和 MPC 控制器 Simulink 模型

8.3.2　建模与分析

智能小车的自动泊车系统包含感知模块、车速检测模块、车位检测模块、路径规划跟踪模块、车辆运动学模型、路径规划 Function 模块和执行模块。图 8-40 为自动泊车系统的 MATLAB/Simulink 系统模型。

1. 感知模块

感知模块主要通过车载传感器感知小车的速度和距离信息。获得的速度数据用于系统的速度参数输入，便于车辆动力学模型计算和路径规划控制；距离信息主要用于检测车位大小，用于系统判定决定车位大小，适合泊车时才开始泊车。

2. 车速检测模块

使用霍尔传感器作为车速检测传感器。霍尔传感器是由一个红外发射装置和一个码盘构成。当红外光由发射器射出，码盘转动时，接收器将间断地接收到光信号，故接收器的

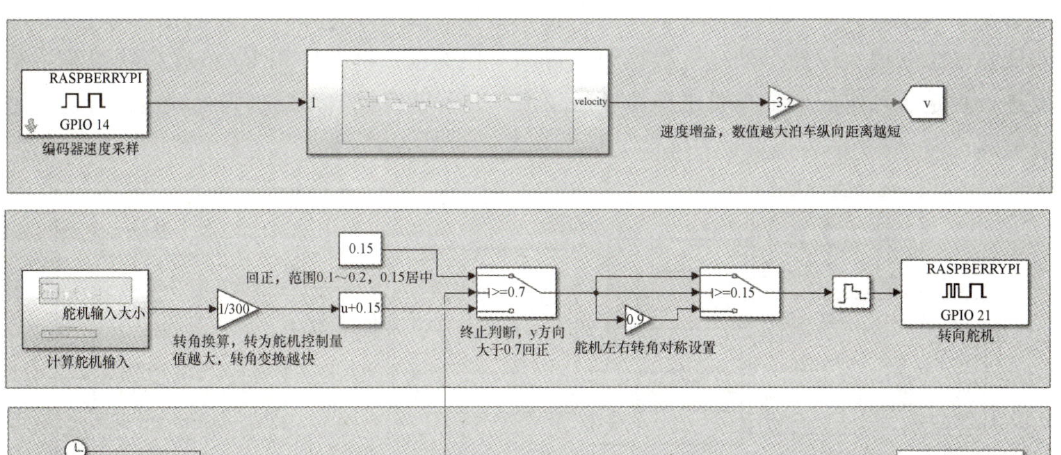

图 8-40 APS 系统模型

输入端会收到与轮子转速成正比的关系的光脉冲信号，再利用 MATLAB 搭建模块对脉冲信号进行计算，就可以得到小车的速度。计算公式为

$$L=\frac{2\pi d}{n}\cdot n_x \tag{8-20}$$

$$v_r=\frac{L}{t} \tag{8-21}$$

式中，L 为小车的行驶距离；d 为小车车轮半径；n 为码盘齿数；n_x 为光信号中上升沿个数。

根据以上数学模型，在 MATLAB/Simulink 中建立光电传感器测速模型即可实现对车速数据的获取，如图 8-41 所示。

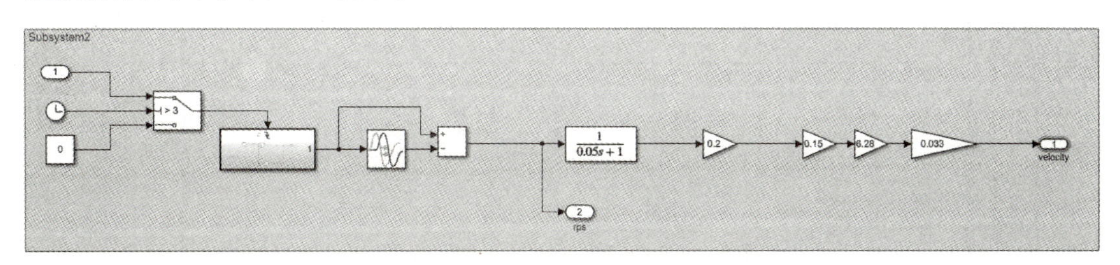

图 8-41 测速模块 MATLAB/Simulink 模型

霍尔传感器测速模块 MATLAB/Simulink 模型主要包括两个部分，各个模块的作用：①霍尔传感器和编码器采集单位时间内电平上升沿的个数；②通过数据计算得到小车车速。

3. 车位检测模块

车位检测模块如图 8-42 所示：框 1、2 中，D 是来自超声波检测的距离数据，0 用于停止触发。当检测的距离大于 30cm 时，框 3 中上升沿触发开始计时；当检测到第一个信

号突变点和距离大于100cm同时满足时，框4下降沿触发开始计时，框5用两计时数据的差值乘以感知模块中获得的速度数据即可得到车位宽度。框6中用function模块对车位宽度进行判定，判定符合泊车要求即停车触发泊车，若不符合泊车要求则继续向前行进，进行检测。

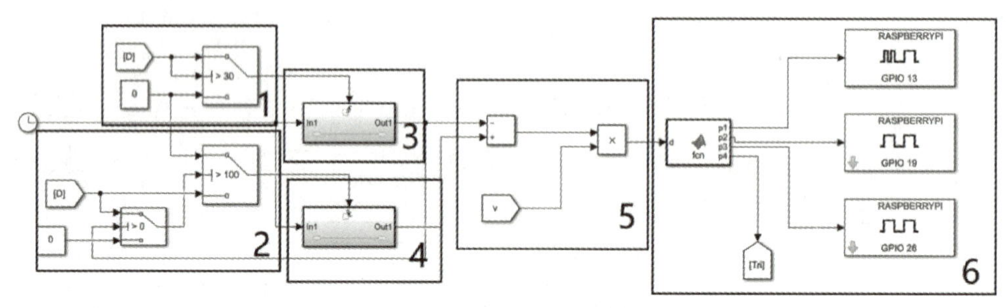

图 8-42　车位检测模块

4. 路径规划跟踪模块

路径跟踪模块主要根据车辆动力学模型和路径规划算法实时计算出小车转向角，以控制小车实现泊车，此模块由车辆动力学模型和一个function模块两个主要部分组成。转向模块如图8-43所示。

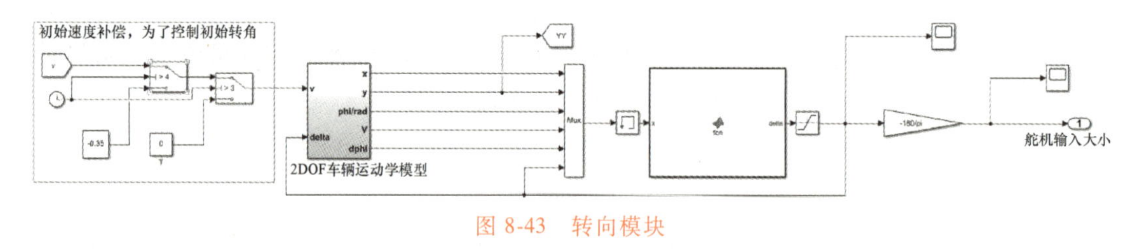

图 8-43　转向模块

5. 车辆运动学模型

主要根据第3章中车辆运动学数学模型在MATLAB/Simulink中建立运动学模型，如图8-44所示。

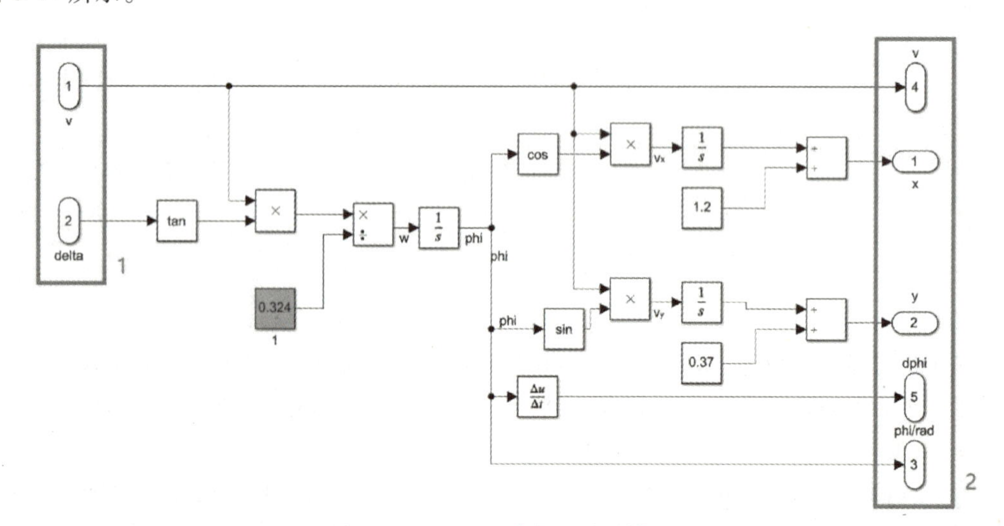

图 8-44　Simulink 车辆运动学模型

其中，框 1 中为输入量：速度、转向轮转角。速度参数由感知模块获得，转角由后面 Function 模块中 MPC 算法计算得出，是一个反馈控制量；框 2 中为输出量：x、y 后轴中心坐标、车身纵轴与 x 轴夹角 ϕ、ϕ 角角速度。该模块是车辆运动学数学模型的 Simulink 模块语言化，输出量用于路径规划时的计算参数输入，约束泊车路径。

6. 路径规划 Function 模块

Function 模块是 MATLAB/Simulink 中用于将输入信号进行指定的函数运算，最后计算出输出量的模块。Function 模块中输入的语言表达符合 C 语言的编程规范，是 MATLAB/Simulink 中的编程。

APS 系统中的路径预测控制依靠 MPC 算法，第 3 章中已对 MPC 算法进行了简单介绍，这里的 Function 模块的功能是对路径进行规划，根据车辆动力学模型的输出量，计算出转角 δ 的值，规划路径的数学模型已在前文路径规划中进行了阐述。

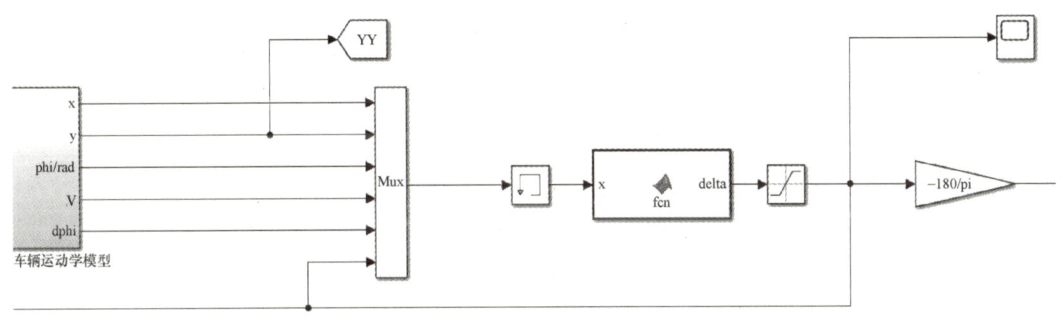

图 8-45　Function 模块

如图 8-45 所示，Function 模块的输入量有后轴中心坐标 x、y；车身偏转角 φ；车速 v；φ 的角速度 dφ；转角 σ，输出量为转角 σ。σ 在这里是一个反馈控制量。Function 模块采用模型预测控制（MPC）算法根据输入量和内部规划的路径计算出小车的转角。

7. 执行模块

预定路径的自动泊车执行模块相对简单，控制小车倒车的同时控制转向舵机的转向就能实现泊车，此模块主要用于向树莓派 GPIO 口输入信号控制小车实现泊车，如图 8-46 所示。

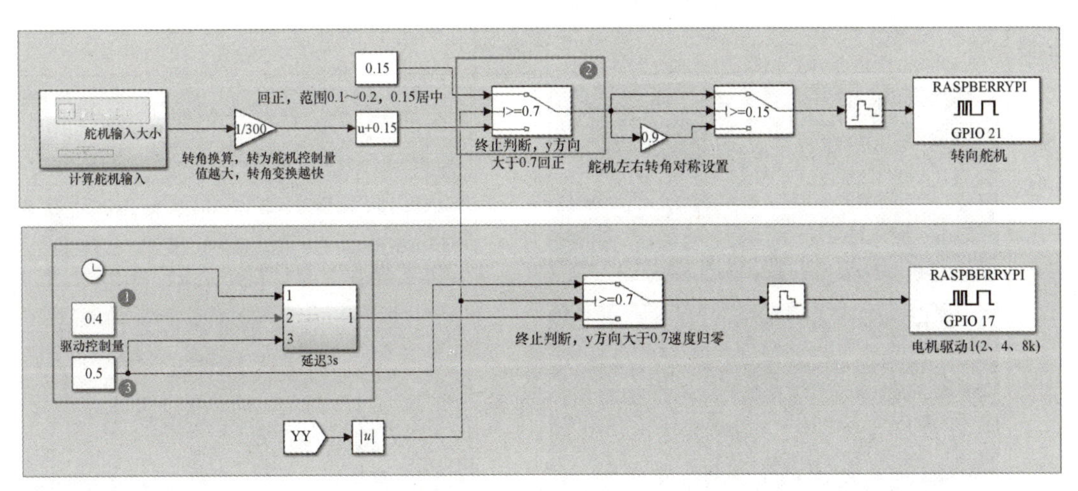

图 8-46　执行模块

框①中为电机 PWM 值的延迟调整，PWM 的数值大小与电机的转速成正比，由于泊车时车速较慢，一般设置为 0.4，switch 模块可用于后期优化过程中对倒车开始时间和速度的调整。

框②中是转向舵机输入值的延迟调整和倒车完成后的转向回正。

框③，PWM 值为 0.5 时速度为 0，为 0~0.5 电机反转，越靠近 0 速度越大，同理，PWM 值为 0.5~1 电机正转，越靠近 1 速度越大。

8.3.3 功能测试实践

根据智能小车的相关参数，按照现实生活中的车位进行相应的比例缩小构造一个车位并将控制模型编译进树莓派中控制小车进行试验，部分试验结果见表 8-3~表 8-5。从表中可以看出控制器能控制小车顺利驶入车位，泊车期间小车没有与车位线和道路边界线发生碰撞，保证了泊车过程的安全性。

表 8-3 第一次试验结果

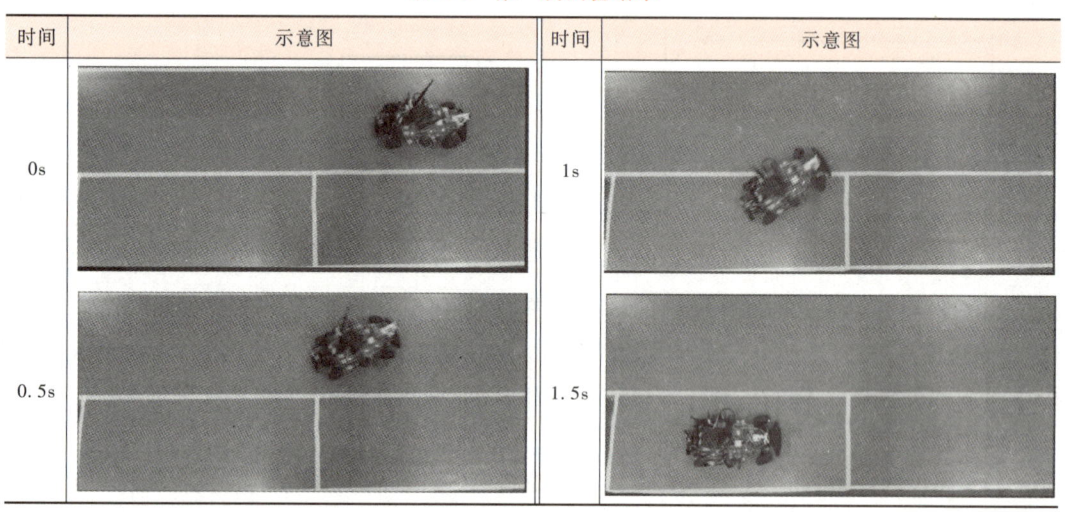

时间	示意图	时间	示意图
0s		1s	
0.5s		1.5s	

表 8-4 第二次试验结果

时间	示意图	时间	示意图
0s		1s	
0.5s		1.5s	

表 8-5　第三次试验结果

时间	示意图	时间	示意图
0s	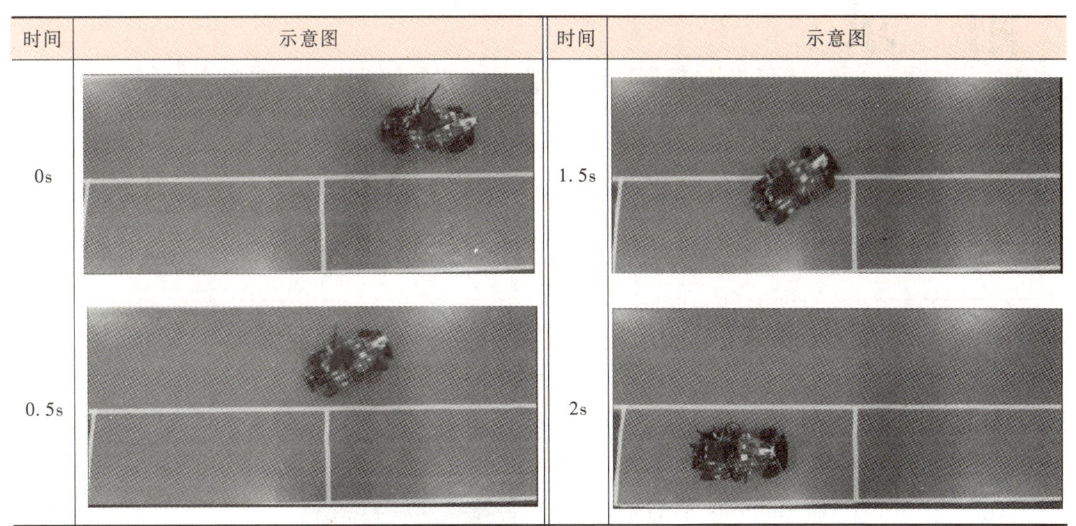	1. 5s	
0. 5s		2s	

综合上述试验结果可知：泊车系统的运动控制模型能较好地控制小车完成泊车功能，验证了控制模型的有效性和可靠性，同时也验证了试验平台的可行性，该试验平台为自动泊车系统控制算法的开发和测试提供了便利，节约了开发成本和开发周期。

经过多次试验，有时小车未能准确驶入停车位，分析原因主要有以下几个方面：

1）智能小车的车辆结构与真实汽车存在差异，且由于加工等原因车辆自身结构存在误差，如转向机构左右极限范围不一致，转向舵机和驱动电机变化为非线性变化，且控制响应存在一定延迟，不易控制，从而影响到泊车效果。

2）小车上搭载的霍尔传感器测速时存在一定的误差，由于泊车是车辆低速的运动过程，相比于车辆中高速的运动过程误差更大；并且树莓派扩展板 Sense HAT 中搭载的陀螺仪也存在一定的误差，使得反馈回控制模型的横摆角数据不准确，对泊车过程的精度产生影响。

附　录

附录 A　智能小车测试与开发平台搭建

测试与开发平台主要由搭载传感器的缩微智能车、缩微交通环境、MATLAB/Simulink软件及树莓派开发板等组成，其基本原理是首先利用 MATLAB/Simulink 软件进行车道保持控制器的设计，然后将设计好的控制器 Simulink 模型部署到树莓派开发板中，最后在缩微交通环境下实现缩微智能车的巡航功能，整个开发与测试平台的基本组成如图 A-1 所示。

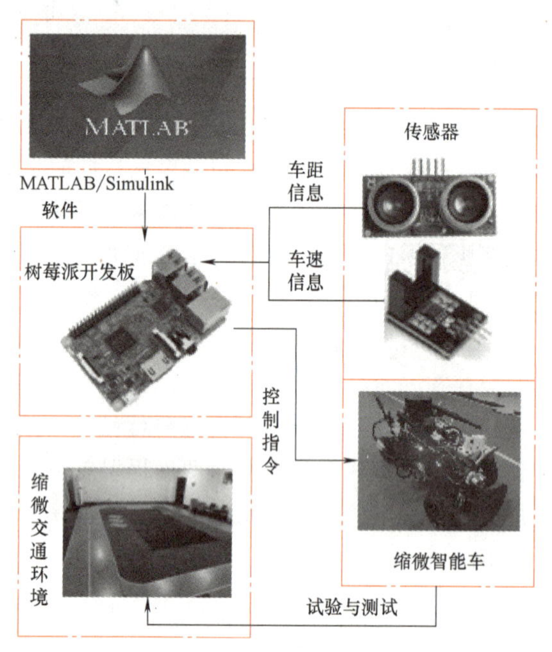

图 A-1　开发与测试平台

1. 缩微智能车

缩微智能车是由真实车辆 1 : 10 比例的智能小车、测速传感器、测距传感器与树莓派开发板四大部分组成，如图 A-2 所示，该缩微智能车具备环境感知和规划决策的能力。测速传感器主要用于智能小车实时车速信息的获取；测距传感器主要用于本车与前方有效目标的车间距离信息的获取；树莓派开发板是整个控制系统的数据处理和运算平台，即中央控制器。

2. 树莓派开发板

树莓派（Raspberry Pi）开发板是基于 ARM 的微机主板，可运行 Linux 和 Windows 两种系统，目前在物联网与工业控制领域得到了广泛的应用。树莓派开发板自身是可以用计算机编程语言 C/C++与 Python 进行开发和应用的，而 MathWorks 公司于 2013 年开发的树莓派 MATLAB/Simulink 支持包，使得利用 MATLAB/Simulink 软件

图 A-2　缩微智能车

图形化编程方法进行树莓派相关应用的开发成为可能。

树莓派从早期的 B 版本到现在的 4B 版本，其外部接口更加丰富、功能更加强大、使用更加广泛。MATLAB/Simulink 软件从 R2014a 版本开始提供了树莓派开发板的支持包，其两者的版本匹配情况见表 A-1。

注：高版本的 MATLAB/Simulink 软件均支持低版本的树莓派硬件。

本书选用 MATLAB 2021a 和树莓派 4B+进行缩微智能车车道保持系统的开发与测试。

3. 智能小车

智能小车以 AMO 5200mA 电池（2S 7.4V 锂电池）为动力源，驱动方式为四驱，驱动电机为 QUICRUN-3650SD-21.5T 电机，转向采用 SPT4412LV-180 舵机（金属齿轮 12kg 扭矩），其基本的结构尺寸见表 A-2。

表 A-1　树莓派与 MATLAB/Simulink 版本匹配

树莓派版本	MATLAB/Simulink 版本支持
1 Model B	R2014a
1 Model B+	R2014b
2 Model B	R2014b
3 Model B	R2016a
Zero W	R2018a
3 Model B+	R2018b
4 Model B+	R2021a

表 A-2　智能小车结构尺寸

车辆参数	数值大小
总宽度	0.19m
总长度	0.423m
轴距	0.26m
前轮最大转角	85°
前轮转轮最大速度	0.872m/s

附录 B　模糊控制器的设计与实现

本设计中模糊控制器应用于智能小车自适应巡航控制策略与算法中，主要包含加速和制动两个方面。模糊控制器设计的主要步骤与方法如下：

1. 模糊控制器的设计

首先打开 MATLBA 软件，在 MATLBA 编程界面输入“fuzzy”指令，系统将自动弹出模糊控制器设计界面，如图 B-1 所示。

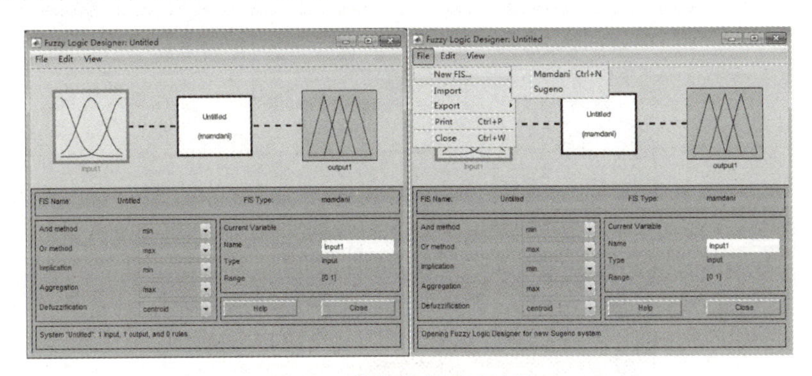

图 B-1　模糊控制器设计界面

单击“File”→“New FIS”→“Sugeno”命令，即可创建 Sugeno 算法的模糊控制器，如图 B-1 所示。

单击 “Edit”→“Add Variable”→“input/output” 命令，创建模糊控制器的输入和输出，如图 B-2 所示。本设计有车距（distance）和车速（speed）两个输入量、小车制动时电机 PWM 参量一个输出量。

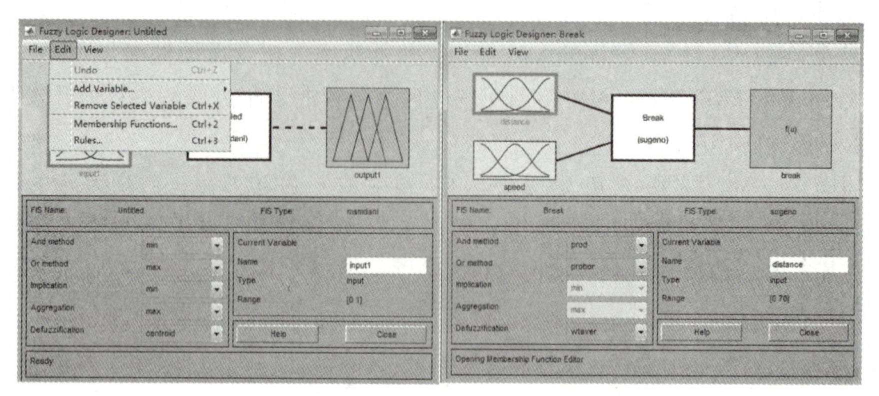

图 B-2 创建模糊控制器的输入和输出

单击 distance、break 及 speed 分别对各自所在界面的输出与输入参数进行设置，如图 B-3 所示。

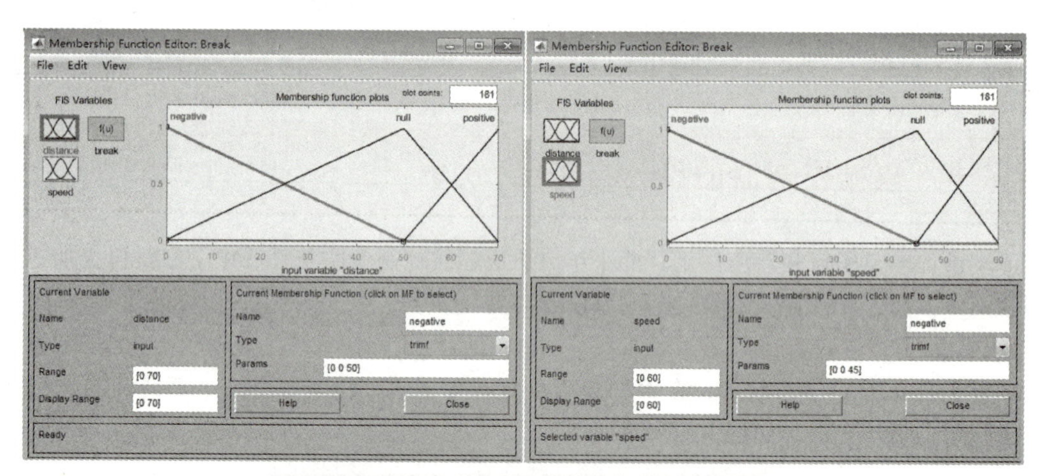

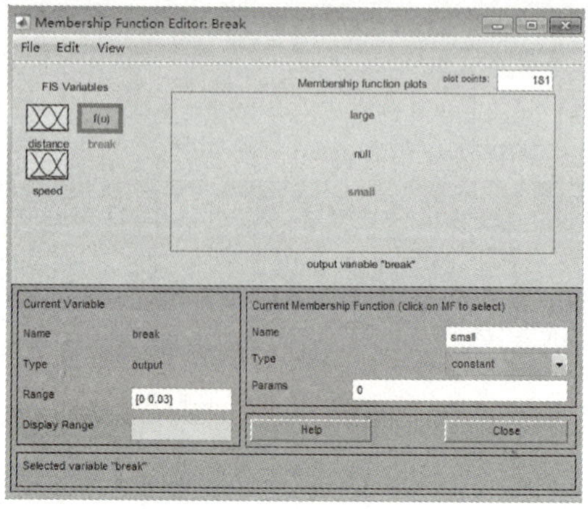

图 B-3 输出与输入参数设置

单击“Edit”→“Rules”命令，创建智能小车制动模糊规则，如图 B-4 所示。

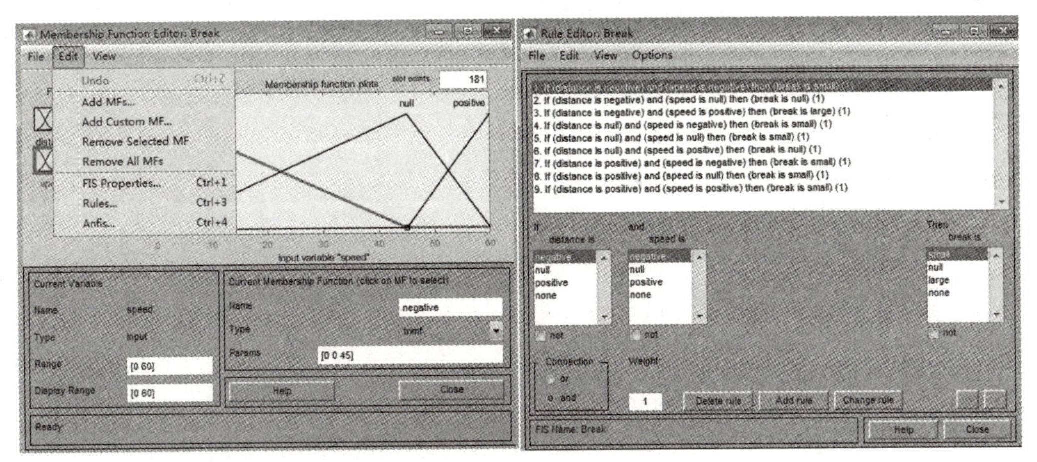

图 B-4　创建智能小车制动模糊规则

由此，即可完成对制动控制模糊控制器的设计。

由于智能小车加速控制模糊控制器的设计与制动控制模糊控制器的设计方法相同，这里不再详细对其进行介绍。

下面给出加速控制模糊控制器的模糊规则，如图 B-5 所示。

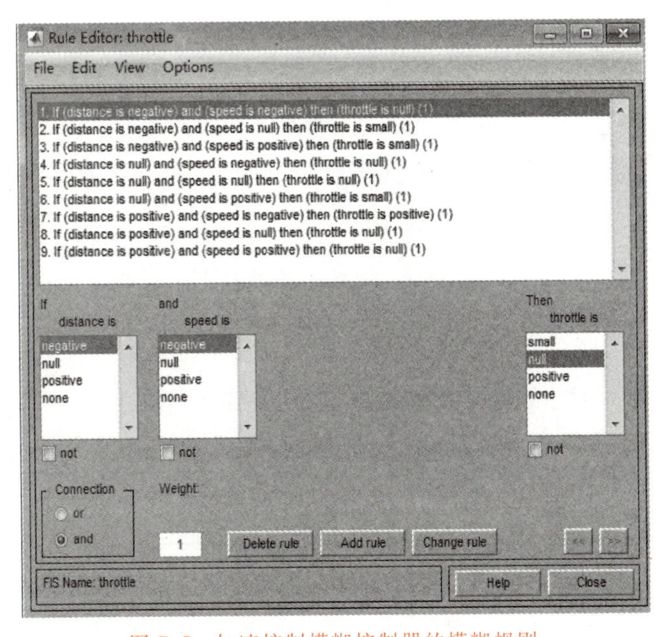

图 B-5　加速控制模糊控制器的模糊规则

2. 模糊控制器 Simulink 实现步骤

首先将 Fuzzy logic controller 模块拖入 Simulink 界面中，单击 Fuzzy logic controller 模块会弹出如图 B-6 所示的界面，在“FIS name”文本框中输入模糊控制器的文件名（本设计为“break”和“throttle”），最后单击 OK 按钮即可将控制器导入到 Simulink 中。

PID 控制器参数调节方法：首先打开 PID 控制器的参数调节界面，如图 B-7 所示，

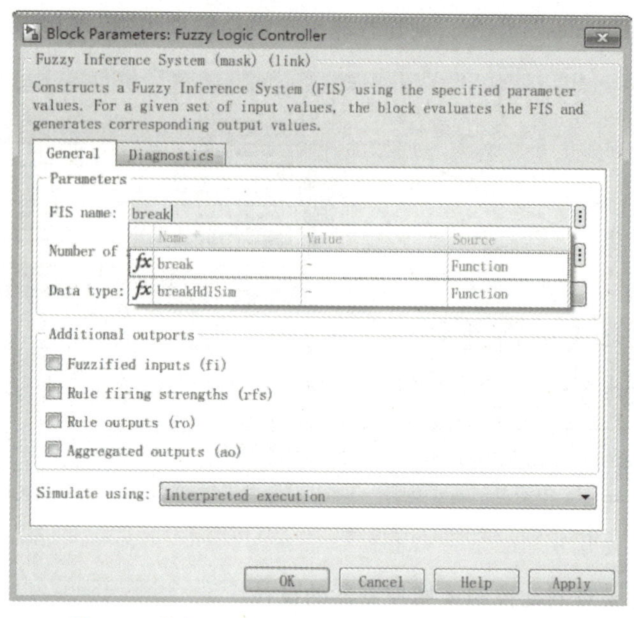

图 B-6 单击 Fuzzy logic controller 模块弹出的界面

PID 控制器主要调节参数包括 P、I、D 三个方面，根据系统输入输出在线调节 PID 控制器中三个参量，使小车能够以平稳的车速运行即可。

Block Parameters: PID Controller
PID 1dof (mask) (link)
This block implements continuous- and discrete-time PID control algorithms and includes advanced features such as anti-windup, external reset, and signal tracking. You can tune the PID gains automatically using the 'Tune...' button (requires Simulink Control Design).
Controller: PID
Form: Parallel
Time domain:
Continuous-time
Discrete-time
Discrete-time settings
Sample time (-1 for inherited): -1
Compensator formula

$$P+I\frac{1}{s}+D\frac{N}{1+N\frac{1}{s}}$$

Main
Initialization
Output saturation
Data Types
State Attributes
Controller parameters
Source: internal
Proportional (P): 0.001
Integral (I): 0.00005
Derivative (D): 0
Use filtered derivative
Filter coefficient (N): 100
Automated tuning
Select tuning method: Transfer Function Based (PID Tuner App)
Tune...
Enable zero-crossing detection
OK
Cancel
Help
Apply

图 B-7 PID 控制器的参数调节界面

PID 参数调节口诀如下：

参数整定找最佳，从小到大顺序查
先是比例后积分，最后再把微分加
曲线振荡很频繁，比例度盘要放大
曲线漂浮绕大弯，比例度盘往小扳
曲线偏离回复慢，积分时间往下降
曲线波动周期长，积分时间再加长
曲线振荡频率快，先把微分降下来
动差大来波动慢，微分时间应加长
理想曲线两个波，前高后低 4 比 1
一看二调多分析，调节质量不会低

参考文献

[1] SAE International. 驾驶自动化分级：SAE J3016—2016 [S]. New York：SAE，2016.

[2] NHTS A. Preliminary Statement of Policy Concerning Automated Vehicles [Z]. 2013.

[3] 王建，徐国艳，陈竞凯，等. 自动驾驶技术概论 [M]. 北京：清华大学出版社，2019.

[4] 杨世春，曹耀光，陶吉，等. 自动驾驶汽车决策与控制 [M]. 北京：清华大学出版社，2020.

[5] 《中国公路学报》编辑部. 中国汽车工程学术研究综述：2017 [J]. 中国公路学报，2017，30 (6)：1-197.

[6] 刘宗巍，匡旭，赵福全. V2X 关键技术应用与发展综述 [J]. 电讯技术，2019，59 (1)：117-124. DOI：10.3969/j.issn.1001-893x.2019.01.020.

[7] 陈家瑞. 汽车构造 [M]. 北京：人民交通出版社，2009.

[8] 王江伟，刘青. 玩转树莓派 Raspberry Pi [M]. 北京：北京航空航天大学出版社，2013.

[9] 屈伟平. 锂电池的发展概述 [J]. 城市车辆，2009 (5)：51-54.

[10] 胡寿松. 自动控制原理 [M]. 4 版. 北京：科学出版社，2001.

[11] 吴宏鑫，沈少萍. PID 控制的应用与理论依据 [J]. 控制工程，2003，10 (1)：37-42.

[12] 刘永信，陈志梅. 现代控制理论 [M]. 北京：北京大学出版社，2006.

[13] 龚建伟，姜岩，徐威. 无人驾驶车辆模型预测控制 [M]. 北京：北京理工大学出版社，2014.

[14] 田宏奇. 滑模控制理论及其应用 [M]. 武汉：武汉出版社，1995.

[15] 李士勇，夏承光. 模糊控制和智能控制理论与应用 [M]. 哈尔滨：哈尔滨工业大学出版社，1990.

[16] 徐丽娜. 神经网络控制 [M]. 北京：电子工业出版社，2009.

[17] H P 威，威鲁麦特. 车辆动力学模拟及其方法 [M]. 北京：北京理工大学出版社，1998.

[18] 郭景华，李克强，罗禹贡. 智能车辆运动控制研究综述 [J]. 汽车安全与节能学报，2016，7 (2)：151-159.

[19] ECKERT A，HARTMANN B，SEVENICH M，et al. Emergency steer & brake assist：a systematic approach for system integration of two complementary driver assistance systems [C] //22nd International Technical Conference on the Enhanced Safety of Vehicles (ESV) . 2011：13-16.

[20] SEEWALD A，HABC，KELLER M，et al. Emergency steering assist for collision avoidance [J]. ATZ Worldwide，2015，117 (1)：14-19.

[21] 董洁. 基于耦合安全距离模型的汽车主动避撞系统控制策略研究 [D]. 长春：吉林大学，2019.

[22] 喻凡，林逸. 汽车系统动力学 [M]. 北京：机械工业出版社，2016.

[23] 余志生. 汽车理论 [M]. 北京：机械工业出版社，2009.

[24] 陈家瑞，马天飞. 汽车构造 [M]. 北京：人民交通出版社，2007.

[25] 王望予. 汽车设计 [M]. 北京：机械工业出版社，2004.

[26] 黄丽琼. 基于制动/转向的汽车主动避撞控制系统研究 [D]. 南京：南京航空航天大学，2016.

[27] 龚建伟，姜岩，徐威. 无人驾驶车辆模型预测控制 [M]. 北京：北京理工大学出版社，2014.

[28] 肖航. 基于制动/转向的汽车主动避撞控制研究 [D]. 重庆：重庆理工大学，2020.

[29] 张立霞，贾同国，于涛. 汽车紧急制动控制模型及其安全性分析与研究 [J]. 微型电脑应用，2020，36 (3)：45-47+51.

[30] 胡明晖. 基于全向广域毫米波雷达精准感知技术的高速公路（隧道）运行监测及智能预警系统

研究 [J]. 机电信息，2020 (11)：55-56.

[31] 徐豪. 汽车主动防撞预警系统规避控制研究 [D]. 长春：吉林大学，2012.

[32] 裴晓飞，刘昭度，马国成，等. 汽车主动避撞系统的安全距离模型和目标检测算法 [J]. 汽车安全与节能学报，2012 (1)：26-33.

[33] DOI A, BUTSUEN T, NIIBE T, et al. Development of a rear end collision avoidance system with automatic brake control [J]. JSAE Review, 1994, 15 (4): 335-340.

[34] FUJITA Y, AKUZAWA K, SATO M. Radar brake system [J]. JSAE Review, 1995, 16 (2): 219.

[35] SEILER P, SONG B, HEDRICK J. Development of a collision avoidance system [J]. Neurosurgery, 1998, 46 (2): 492.

[36] MOON S, YI K. Human driving data-based design of a vehicle adaptive cruise control algorithm [J]. Vehicle System Dynamics, 2008, 46 (8): 661-690.

[37] 石博. 乘用车自动紧急制动系统研究 [D]. 长春：吉林大学，2019.

[38] 郑杰. 车辆自动紧急制动系统建模与仿真研究 [D]. 武汉：武汉理工大学，2015.

[39] AVERY M. AEB-autonomous emergency braking presentation [R]. The First Active Safety Test Workshop, 2011.

[40] ADAC. Comparative test of advanced emergency brake systems [R]. Test Report, 2011.

[41] ZHANG Y Z, ANTONSON E K, GROTE K. A new threat assessment measure for collision avoidance systems [C] //2006 IEEE Intelligent Transportation Systems Conference. [S. l.]: [s. n.], 2006.

[42] 王思哲，赵小羽. 纯电动汽车整车控制策略及其开发流程 [J]. 机电产品开发与创新，2016，29 (2)：84-86；90.

[43] ELKADY M, ELMARAKBI A, MACINTYRE J, et al. Collision mitigation and vehicle transportation safety using integrated vehicle dynamics control systems [J]. Journal of Traffic and Transportation Engineering (English Edition), 2017, 4 (1): 41-60.

[44] 马雷，陈珂，王明露，等. 车路协同环境下驾驶员行为识别方法研究 [J]. 汽车工程，2018，40 (11)：1330-1338.

[45] 萧超武. 基于 HMM 的驾驶模式识别方法研究及应用 [D]. 广州：华南理工大学，2015.

[46] 胡彬，赵春霞，刘家银. 基于毫米波雷达与图像融合的车辆检测 [J]. 华中科技大学学报（自然科学版），2011，39 (S2)：147-149.

[47] 余贵珍，周彬，王阳，等. 自动驾驶系统设计及应用 [M]. 北京：清华大学出版社，2019.

[48] 崔胜民，俞天一，王赵辉. 智能网联汽车先进驾驶辅助技术关键技术 [M]. 北京：化学工业出版社，2019.

[49] 俞立. 现代控制理论 [M]. 北京：清华大学出版社，2007.

[50] ISO. Intelligent transport systems—Adaptive cruise control systems: Performance requirements and test procedures: ISO 15622—2018 [S]. Geneva: IX-ISO, 2018.

[51] ISO. Intelligent transport systems: Full speed range adaptive cruise control (FSRA) systems—Performance requirements and test procedures: ISO 22179—2009 [S]. Geneva: IX-ISO, 2009.

[52] 胡远志，丁晓木，刘西，等. 全速域自适应巡航控制方法研究 [J]. 汽车安全与节能学报，2019，10 (3)：357-365.

[53] 边宁，赵保华，赖锋，等. 基于高速公路的半自动驾驶辅助系统的开发与应用 [J]. 汽车安全与节能学报，2017，8 (2)：149-156.

[54] 中国汽车工程研究院股份有限公司. i-VISTA SM-ADAS-ACCT-A0-2018. 自适应巡航控制系统试验规程. 2018. 1-11.

[55] LU C R, AAKRE A. A new adaptive cruise control strategy and its stabilization effect on traffic flow [J]. European Transport Research Review, 2018, 10 (2): 49-60.

[56] GAO Z H, WANG J, HU H Y, et al. Multi argument control mode switching strategy for adaptive cruise control system [J]. Procedia Engineering, 2016, 137: 581-589.

[57] AMOOZADEH M, DENG H, CHUAH C, et al. Platoon management with cooperative adaptive cruise control enabled by VANET [J]. VehiCommun, 2015, 2 (2): 110-123.

[58] 罗莉华. 车辆自适应巡航系统的控制策略研究 [M]. 上海: 上海交通大学出版社, 2013.

[59] SWAROOP D, HEDRICK J K, CHIEN C C, et al. A comparision of spacing and headway control laws for automatically controlled vehicles [J]. Vehi Syst Dyna, 1994, 23 (1): 597-625.

[60] MOON S, YI K. Human driving data-based design of a vehicle adaptive cruise control algorithm [J]. Vehi Syst Dyna, 2008, 46 (8): 661-690.

[61] SRIRANGAM S K, ANUPAM K, KASBERGEN C, et al. Study of influence of operating parameters on braking friction and rolling resistance [J]. Transport Res Record, 2015, 2525 (1): 16.

[62] 章桐, 刘普辉. 汽车燃油经济性及动力性与驾驶性客观评价体系 [J]. 同济大学学报: 自然科学版, 2015, 43 (12): 1865-1872.

[63] RAWLINGS J B, MAYNE D Q, DIEHL M. Model Predictive Control: Theory, Computation, and Design [M]. San Francisco: Nob Hill Publishing, 2017.

[64] 王秋. 基于滚动优化的车辆自适应巡航控制 [D]. 长春: 吉林大学, 2017.

[65] 彭涛. 协同式走-停巡航控制策略研究 [D]. 长春: 吉林大学, 2018.

[66] 余志生. 汽车理论 [M]. 北京: 机械工业出版社, 2009.

[67] 史晓磊. 基于激光雷达的自动泊车系统研究 [D]. 上海: 上海交通大学, 2010.

[68] 宋金泽. 自主泊车系统关键技术研究 [D]. 长沙: 中国人民解放军国防科学技术大学, 2009.

[69] 王国军. 超声波测距传感器的研究 [D]. 哈尔滨: 黑龙江大学, 2014.

[70] 何朋声. 平行泊车路径规划及跟踪控制研究 [D]. 重庆: 重庆理工大学, 2020.